公路建设市场管理常用法规选编

（2017年版）

交通运输部公路局
华杰工程咨询有限公司　编

人民交通出版社股份有限公司
China Communications Press Co.,Ltd.

图书在版编目（CIP）数据

公路建设市场管理常用法规选编：2017年版／交通运输部公路局，华杰工程咨询有限公司编. —北京：人民交通出版社股份有限公司，2017.10
 ISBN 978-7-114-14266-6

Ⅰ.①公… Ⅱ.①交…②华… Ⅲ.①道路工程—建设—市场管理—法规—汇编—中国 Ⅳ.①D922.296.9

中国版本图书馆CIP数据核字（2017）第250173号

书　　名：公路建设市场管理常用法规选编（2017年版）
著　　作：交通运输部公路局　华杰工程咨询有限公司
责任编辑：韩亚楠　郭红蕊
出版发行：人民交通出版社股份有限公司
地　　址：(100011) 北京市朝阳区安定门外外馆斜街3号
网　　址：http://www.ccpress.com.cn
销售电话：(010) 59757973
总 经 销：人民交通出版社股份有限公司发行部
经　　销：各地新华书店
印　　刷：北京鑫正大印刷有限公司
开　　本：787×1092　1/16
印　　张：22.5
字　　数：512千
版　　次：2017年10月　第1版
印　　次：2017年10月　第1次印刷
书　　号：ISBN 978-7-114-14266-6
定　　价：80.00元

（有印刷、装订质量问题的图书由本公司负责调换）

编 辑 说 明

本书收录了自1999年至今出台的涉及公路建设管理方面的法律、法规、部门规章及规范性文件共计50篇。书中收集文件分为五大类，即综合管理、招标投标管理、信用管理、资质管理和廉政建设。各类法律法规均为现行有效，内容涉及公路建设管理的各个方面。

本书可供各级交通运输主管部门工作人员和公路工程从业人员查阅参考。

本书在编写过程中，得到了吴德金、王太、张建军、王海臣、李培源、石国虎、王宏元、彭耀军、李悦、袁静、高会晋等人员的大力支持，在此深表谢意。

交通运输部公路局

2017年9月

目　　录

第一部分　综合管理

- 中华人民共和国公路法
  中华人民共和国主席令第25号 ·· 3
- 关于修改《公路建设市场管理办法》的决定
  中华人民共和国交通运输部令2015年第11号 ································ 13
- 公路建设监督管理办法
  中华人民共和国交通部令2006年第6号 ·· 22
- 公路工程设计变更管理办法
  中华人民共和国交通部令2005年第5号 ·· 29
- 交通运输部关于印发公路建设市场督查工作规则的通知
  交公路发〔2015〕59号 ··· 33
- 关于印发公路工程施工分包管理办法的通知
  交公路发〔2011〕685号 ··· 55
- 交通运输部关于印发公路建设市场秩序专项整治行动方案的通知
  交公路函〔2015〕144号 ··· 60
- 交通运输部办公厅关于印发公路水运建设工程围标串标问题治理工作方案的通知
  交办公路〔2015〕113号 ··· 65
- 交通运输部关于印发公路水运建设工程设计变更违规行为治理工作方案的通知
  交水函〔2015〕573号 ··· 69
- 交通运输部办公厅关于切实做好清理规范公路水运工程建设领域保证金有关工作的通知
  交办公路〔2016〕108号 ··· 72

第二部分　招标投标管理

- 中华人民共和国招标投标法
  中华人民共和国主席令第21号 ·· 77
- 中华人民共和国招标投标法实施条例
  中华人民共和国国务院令第613号 ·· 85
- 关于国务院有关部门实施招标投标活动行政监督的职责分工意见的通知
  国办发〔2000〕34号 ··· 98
- 公路工程建设项目招标投标管理办法
  中华人民共和国交通运输部令2015年第24号 ································ 100

- 工程建设项目施工招标投标办法

  中华人民共和国国家发展计划委员会、建设部、铁道部、交通部、信息产业部、水利部、中国民用航空总局令第30号 …… 114

- 工程建设项目勘察设计招标投标办法

  中华人民共和国国家发展和改革委员会、建设部、铁道部、交通部、信息产业部、水利部、中国民用航空总局、国家广播电影电视总局令第2号 …… 127

- 工程建设项目货物招标投标办法

  中华人民共和国国家发展和改革委员会、建设部、铁道部、交通部、信息产业部、水利部、中国民用航空总局令第27号 …… 135

- 工程建设项目招标范围和规模标准规定

  中华人民共和国国家发展计划委员会令第3号 …… 145

- 评标委员会和评标方法暂行规定

  中华人民共和国国家发展计划委员会、国家经济贸易委员会、建设部、铁道部、交通部、信息产业部、水利部令第12号 …… 147

- 工程建设项目招标投标活动投诉处理办法

  中华人民共和国国家发展和改革委员会、建设部、铁道部、交通部、信息产业部、水利部、中国民用航空总局令第11号 …… 154

- 招标公告发布暂行办法

  中华人民共和国国家发展计划委员会令第4号 …… 158

- 公共资源交易平台管理暂行办法

  中华人民共和国国家发展和改革委员会、工业和信息化部、财政部、国土资源部、环境保护部、住房和城乡建设部、交通运输部、水利部、商务部、国家卫生和计划生育委员会、国务院国有资产监督管理委员会、国家税务总局、国家林业局、国家机关事务管理局令第39号 …… 160

- 电子招标投标办法

  中华人民共和国国家发展和改革委员会、工业和信息化部、监察部、住房和城乡建设部、交通运输部、铁道部、水利部、商务部令第20号 …… 165

- 交通运输部办公厅关于加快推行公路建设项目电子招标投标的指导意见

  交办公路〔2016〕116号 …… 173

- 关于印发《"互联网+"招标采购行动方案（2017—2019年）》的通知

  发改法规〔2017〕357号 …… 175

- 关于印发《国务院有关部门2017年推进电子招标投标工作要点》的通知

  发改办法规〔2017〕858号 …… 183

- 基础设施和公用事业特许经营管理办法

  中华人民共和国国家发展和改革委员会、财政部、住房和城乡建设部、交通运输部、水利部、中国人民银行令第25号 …… 186

- 关于修改《经营性公路建设项目投资人招标投标管理规定》的决定

  中华人民共和国交通运输部令 2015 年第 13 号 ·············· 194
- 关于印发评标专家专业分类标准（试行）的通知

  发改法规〔2010〕1538 号 ·············· 201
- 关于印发公路建设项目评标专家库管理办法的通知

  交公路发〔2011〕797 号 ·············· 202
- 交通运输部公路局关于发布《公路工程建设项目评标工作细则》的通知

  交公路发〔2017〕142 号 ·············· 208
- 关于发布公路工程标准施工招标资格预审文件和公路工程标准施工招标文件 2009 年版的通知

  交公路发〔2009〕221 号 ·············· 217
- 关于发布《公路工程标准勘察设计招标资格预审文件》和《公路工程标准勘察设计招标文件》的通知

  交公路发〔2010〕742 号 ·············· 218
- 关于发布公路工程施工监理招标文件范本的通知

  交质监发〔2008〕557 号 ·············· 219
- 关于发布《经营性公路建设项目投资人招标资格预审文件示范文本》和《经营性公路建设项目投资人招标文件示范文本》的通知

  交公路发〔2011〕135 号 ·············· 220

第三部分 信 用 管 理

- 国务院关于印发社会信用体系建设规划纲要（2014—2020 年）的通知

  国发〔2014〕21 号 ·············· 223
- 国务院关于建立完善守信联合激励和失信联合惩戒制度加快推进社会诚信建设的指导意见

  国发〔2016〕33 号 ·············· 239
- 关于印发建立公路建设市场信用体系的指导意见

  交公路发〔2006〕683 号 ·············· 245
- 关于印发公路建设市场信用信息管理办法的通知

  交公路发〔2009〕731 号 ·············· 251
- 交通运输部关于加强交通运输行业信用体系建设的若干意见

  交政研发〔2015〕75 号 ·············· 256
- 交通运输部办公厅关于开展部省两级公路建设市场信用信息管理系统互联互通工作的通知

  交办公路函〔2016〕984 号 ·············· 260

- 关于印发公路施工企业信用评价规则的通知
  交公路发〔2009〕733号 ……………………………………………………… 262
- 交通运输部关于印发公路设计企业信用评价规则的通知
  交公路发〔2013〕636号 ……………………………………………………… 277
- 交通运输部关于印发《公路水运工程监理信用评价办法》的通知
  交质监发〔2012〕774号 ……………………………………………………… 287
- 公路建设单位信用评价规则 …………………………………………………… 297

第四部分 资 质 管 理

- 公路水运工程监理企业资质管理规定 ………………………………………… 315
- 建筑业企业资质管理规定
  中华人民共和国住房和城乡建设部令第22号 ……………………………… 332
- 建设工程勘察设计资质管理规定
  中华人民共和国建设部令第160号 …………………………………………… 339

第五部分 廉 政 建 设

- 交通基础设施建设廉政合同考核暂行办法
  交监察发〔2003〕231号 ……………………………………………………… 349
- 交通部关于在交通基础设施建设中推行廉政合同的通知
  交监察发〔2000〕516号 ……………………………………………………… 351

第一部分　综合管理

第一部分　考查题型

中华人民共和国公路法

中华人民共和国主席令第 25 号

第一章 总　　则

第一条 为了加强公路的建设和管理，促进公路事业的发展，适应社会主义现代化建设和人民生活的需要，制定本法。

第二条 在中华人民共和国境内从事公路的规划、建设、养护、经营、使用和管理，适用本法。

本法所称公路，包括公路桥梁、公路隧道和公路渡口。

第三条 公路的发展应当遵循全面规划、合理布局、确保质量、保障畅通、保护环境、建设改造与养护并重的原则。

第四条 各级人民政府应当采取有力措施，扶持、促进公路建设。公路建设应当纳入国民经济和社会发展计划。

国家鼓励、引导国内外经济组织依法投资建设、经营公路。

第五条 国家帮助和扶持少数民族地区、边远地区和贫困地区发展公路建设。

第六条 公路按其在公路路网中的地位分为国道、省道、县道和乡道，并按技术等级分为高速公路、一级公路、二级公路、三级公路和四级公路。具体划分标准由国务院交通主管部门规定。

新建公路应当符合技术等级的要求。原有不符合最低技术等级要求的等外公路，应当采取措施，逐步改造为符合技术等级要求的公路。

第七条 公路受国家保护，任何单位和个人不得破坏、损坏或者非法占用公路、公路用地及公路附属设施。

任何单位和个人都有爱护公路、公路用地及公路附属设施的义务，有权检举和控告破坏、损坏公路、公路用地、公路附属设施和影响公路安全的行为。

第八条 国务院交通主管部门主管全国公路工作。

县级以上地方人民政府交通主管部门主管本行政区域内的公路工作；但是，县级以上地方人民政府交通主管部门对国道、省道的管理、监督职责，由省、自治区、直辖市人民政府确定。

乡、民族乡、镇人民政府负责本行政区域内的乡道的建设和养护工作。

县级以上地方人民政府交通主管部门可以决定由公路管理机构依照本法规定行使公路行政管理职责。

第九条 禁止任何单位和个人在公路上非法设卡、收费、罚款和拦截车辆。

第十条 国家鼓励公路工作方面的科学技术研究，对在公路科学技术研究和应用方面作出显著成绩的单位和个人给予奖励。

第十一条 本法对专用公路有规定的，适用于专用公路。

专用公路是指由企业或者其他单位建设、养护、管理，专为或者主要为本企业或者本单位提供运输服务的道路。

第二章 公 路 规 划

第十二条 公路规划应当根据国民经济和社会发展以及国防建设的需要编制，与城市建设发展规划和其他方式的交通运输发展规划相协调。

第十三条 公路建设用地规划应当符合土地利用总体规划，当年建设用地应当纳入年度建设用地计划。

第十四条 国道规划由国务院交通主管部门会同国务院有关部门并商国道沿线省、自治区、直辖市人民政府编制，报国务院批准。

省道规划由省、自治区、直辖市人民政府交通主管部门会同同级有关部门并商省道沿线下一级人民政府编制，报省、自治区、直辖市人民政府批准，并报国务院交通主管部门备案。

县道规划由县级人民政府交通主管部门会同同级有关部门编制，经本级人民政府审定后，报上一级人民政府批准。

乡道规划由县级人民政府交通主管部门协助乡、民族乡、镇人民政府编制，报县级人民政府批准。

依照第三款、第四款规定批准的县道、乡道规划，应当报批准机关的上一级人民政府交通主管部门备案。

省道规划应当与国道规划相协调。县道规划应当与省道规划相协调。乡道规划应当与县道规划相协调。

第十五条 专用公路规划由专用公路的主管单位编制，经其上级主管部门审定后，报县级以上人民政府交通主管部门审核。

专用公路规划应当与公路规划相协调。县级以上人民政府交通主管部门发现专用公路规划与国道、省道、县道、乡道规划有不协调的地方，应当提出修改意见，专用公路主管部门和单位应当作出相应的修改。

第十六条 国道规划的局部调整由原编制机关决定。国道规划需要作重大修改的，由原编制机关提出修改方案，报国务院批准。

经批准的省道、县道、乡道公路规划需要修改的，由原编制机关提出修改方案，报原批准机关批准。

第十七条 国道的命名和编号，由国务院交通主管部门确定；省道、县道、乡道的命名和编号，由省、自治区、直辖市人民政府交通主管部门按照国务院交通主管部门的有关规定确定。

第十八条 规划和新建村镇、开发区，应当与公路保持规定的距离并避免在公路两侧对应进行，防止造成公路街道化，影响公路的运行安全与畅通。

第十九条 国家鼓励专用公路用于社会公共运输。专用公路主要用于社会公共运输时，由专用公路的主管单位申请，或者由有关方面申请，专用公路的主管单位同意，并经省、自治区、直辖市人民政府交通主管部门批准，可以改划为省道、县道或者乡道。

第三章 公 路 建 设

第二十条 县级以上人民政府交通主管部门应当依据职责维护公路建设秩序，加强对公路建设的监督管理。

第二十一条 筹集公路建设资金，除各级人民政府的财政拨款，包括依法征税筹集的公路建设专项资金转为的财政拨款外，可以依法向国内外金融机构或者外国政府贷款。

国家鼓励国内外经济组织对公路建设进行投资。开发、经营公路的公司可以依照法律、行政法规的规定发行股票、公司债券筹集资金。

依照本法规定出让公路收费权的收入必须用于公路建设。

向企业和个人集资建设公路，必须根据需要与可能，坚持自愿原则，不得强行摊派，并符合国务院的有关规定。

公路建设资金还可以采取符合法律或者国务院规定的其他方式筹集。

第二十二条 公路建设应当按照国家规定的基本建设程序和有关规定进行。

第二十三条 公路建设项目应当按照国家有关规定实行法人负责制度、招标投标制度和工程监理制度。

第二十四条 公路建设单位应当根据公路建设工程的特点和技术要求，选择具有相应资格的勘察设计单位、施工单位和工程监理单位，并依照有关法律、法规、规章的规定和公路工程技术标准的要求，分别签订合同，明确双方的权利义务。

承担公路建设项目的可行性研究单位、勘察设计单位、施工单位和工程监理单位，必须持有国家规定的资质证书。

第二十五条 公路建设项目的施工，须按国务院交通主管部门的规定报请县级以上地方人民政府交通主管部门批准。

第二十六条 公路建设必须符合公路工程技术标准。

承担公路建设项目的设计单位、施工单位和工程监理单位，应当按照国家有关规定建立健全质量保证体系，落实岗位责任制，并依照有关法律、法规、规章以及公路工程技术标准的要求和合同约定进行设计、施工和监理，保证公路工程质量。

第二十七条 公路建设使用土地依照有关法律、行政法规的规定办理。

公路建设应当贯彻切实保护耕地、节约用地的原则。

第二十八条 公路建设需要使用国有荒山、荒地或者需要在国有荒山、荒地、河滩、滩涂上挖砂、采石、取土的，依照有关法律、行政法规的规定办理后，任何单位和个人不得阻挠或者非法收取费用。

第二十九条 地方各级人民政府对公路建设依法使用土地和搬迁居民，应当给予支持和协助。

第三十条 公路建设项目的设计和施工，应当符合依法保护环境、保护文物古迹和防止水土流失的要求。

公路规划中贯彻国防要求的公路建设项目，应当严格按照规划进行建设，以保证国防交通的需要。

第三十一条 因建设公路影响铁路、水利、电力、邮电设施和其他设施正常使用时，公路建设单位应当事先征得有关部门的同意；因公路建设对有关设施造成损坏的，公路建设单位应当按照不低于该设施原有的技术标准予以修复，或者给予相应的经济补偿。

第三十二条 改建公路时，施工单位应当在施工路段两端设置明显的施工标志、安全标志。需要车辆绕行的，应当在绕行路口设置标志；不能绕行的，必须修建临时道路，保证车辆和行人通行。

第三十三条 公路建设项目和公路修复项目竣工后，应当按照国家有关规定进行验收；未经验收或者验收不合格的，不得交付使用。

建成的公路，应当按照国务院交通主管部门的规定设置明显的标志、标线。

第三十四条 县级以上地方人民政府应当确定公路两侧边沟（截水沟、坡脚护坡道，下同）外缘起不少于一米的公路用地。

第四章 公路养护

第三十五条 公路管理机构应当按照国务院交通主管部门规定的技术规范和操作规程对公路进行养护，保证公路经常处于良好的技术状态。

第三十六条 国家采用依法征税的办法筹集公路养护资金，具体实施办法和步骤由国务院规定。

依法征税筹集的公路养护资金，必须专项用于公路的养护和改建。

第三十七条 县、乡级人民政府对公路养护需要的挖砂、采石、取土以及取水，应当给予支持和协助。

第三十八条 县、乡级人民政府应当在农村义务工的范围内，按照国家有关规定组织公路两侧的农村居民履行为公路建设和养护提供劳务的义务。

第三十九条 为保障公路养护人员的人身安全，公路养护人员进行养护作业时，应当穿着统一的安全标志服；利用车辆进行养护作业时，应当在公路作业车辆上设置明显的作业标志。

公路养护车辆进行作业时，在不影响过往车辆通行的前提下，其行驶路线和方向不受公路标志、标线限制；过往车辆对公路养护车辆和人员应当注意避让。

公路养护工程施工影响车辆、行人通行时，施工单位应当依照本法第三十二条的规定办理。

第四十条　因严重自然灾害致使国道、省道交通中断，公路管理机构应当及时修复；公路管理机构难以及时修复时，县级以上地方人民政府应当及时组织当地机关、团体、企业事业单位、城乡居民进行抢修，并可以请求当地驻军支援，尽快恢复交通。

第四十一条　公路用地范围内的山坡、荒地，由公路管理机构负责水土保持。

第四十二条　公路绿化工作，由公路管理机构按照公路工程技术标准组织实施。

公路用地上的树木，不得任意砍伐；需要更新砍伐的，应当经县级以上地方人民政府交通主管部门同意后，依照《中华人民共和国森林法》的规定办理审批手续，并完成更新补种任务。

第五章　路政管理

第四十三条　各级地方人民政府应当采取措施，加强对公路的保护。

县级以上地方人民政府交通主管部门应当认真履行职责，依法做好公路保护工作，并努力采用科学的管理方法和先进的技术手段，提高公路管理水平，逐步完善公路服务设施，保障公路的完好、安全和畅通。

第四十四条　任何单位和个人不得擅自占用、挖掘公路。

因修建铁路、机场、电站、通信设施、水利工程和进行其他建设工程需要占用、挖掘公路或者使公路改线的，建设单位应当事先征得有关交通主管部门的同意；影响交通安全的，还须征得有关公安机关的同意。占用、挖掘公路或者使公路改线的，建设单位应当按照不低于该段公路原有的技术标准予以修复、改建或者给予相应的经济补偿。

第四十五条　跨越、穿越公路修建桥梁、渡槽或者架设、埋设管线等设施的，以及在公路用地范围内架设、埋设管线、电缆等设施的，应当事先经有关交通主管部门同意，影响交通安全的，还须征得有关公安机关的同意；所修建、架设或者埋设的设施应当符合公路工程技术标准的要求。对公路造成损坏的，应当按照损坏程度给予补偿。

第四十六条　任何单位和个人不得在公路上及公路用地范围内摆摊设点、堆放物品、倾倒垃圾、设置障碍、挖沟引水、利用公路边沟排放污物或者进行其他损坏、污染公路和影响公路畅通的活动。

第四十七条　在大中型公路桥梁和渡口周围二百米、公路隧道上方和洞口外一百米范围内，以及在公路两侧一定距离内，不得挖砂、采石、取土、倾倒废弃物，不得进行爆破作业及其他危及公路、公路桥梁、公路隧道、公路渡口安全的活动。

在前款范围内因抢险、防汛需要修筑堤坝、压缩或者拓宽河床的，应当事先报经省、自治区、直辖市人民政府交通主管部门会同水行政主管部门批准，并采取有效的保护有关的公路、公路桥梁、公路隧道、公路渡口安全的措施。

第四十八条　除农业机械因当地田间作业需要在公路上短距离行驶外，铁轮车、履带车和其他可能损害公路路面的机具，不得在公路上行驶。确需行驶的，必须经县级以上地方人民政府交通主管部门同意，采取有效的防护措施，并按照公安机关指定的时间、路线行驶。

对公路造成损坏的，应当按照损坏程度给予补偿。

第四十九条 在公路上行驶的车辆的轴载质量应当符合公路工程技术标准要求。

第五十条 超过公路、公路桥梁、公路隧道或者汽车渡船的限载、限高、限宽、限长标准的车辆，不得在有限定标准的公路、公路桥梁上或者公路隧道内行驶，不得使用汽车渡船。超过公路或者公路桥梁限载标准确需行驶的，必须经县级以上地方人民政府交通主管部门批准，并按要求采取有效的防护措施；影响交通安全的，还应当经同级公安机关批准；运载不可解体的超限物品的，应当按照指定的时间、路线、时速行驶，并悬挂明显标志。

运输单位不能按照前款规定采取防护措施的，由交通主管部门帮助其采取防护措施，所需费用由运输单位承担。

第五十一条 机动车制造厂和其他单位不得将公路作为检验机动车制动性能的试车场地。

第五十二条 任何单位和个人不得损坏、擅自移动、涂改公路附属设施。

前款公路附属设施，是指为保护、养护公路和保障公路安全畅通所设置的公路防护、排水、养护、管理、服务、交通安全、渡运、监控、通信、收费等设施、设备以及专用建筑物、构筑物等。

第五十三条 造成公路损坏的，责任者应当及时报告公路管理机构，并接受公路管理机构的现场调查。

第五十四条 任何单位和个人未经县级以上地方人民政府交通主管部门批准，不得在公路用地范围内设置公路标志以外的其他标志。

第五十五条 在公路上增设平面交叉道口，必须按照国家有关规定经过批准，并按照国家规定的技术标准建设。

第五十六条 除公路防护、养护需要的以外，禁止在公路两侧的建筑控制区内修建建筑物和地面构筑物；需要在建筑控制区内埋设管线、电缆等设施的，应当事先经县级以上地方人民政府交通主管部门批准。

前款规定的建筑控制区的范围，由县级以上地方人民政府按照保障公路运行安全和节约用地的原则，依照国务院的规定划定。

建筑控制区范围经县级以上地方人民政府依照前款规定划定后，由县级以上地方人民政府交通主管部门设置标桩、界桩。任何单位和个人不得损坏、擅自挪动该标桩、界桩。

第五十七条 除本法第四十七条第二款的规定外，本章规定由交通主管部门行使的路政管理职责，可以依照本法第八条第四款的规定，由公路管理机构行使。

第六章 收 费 公 路

第五十八条 国家允许依法设立收费公路，同时对收费公路的数量进行控制。

除本法第五十九条规定可以收取车辆通行费的公路外，禁止任何公路收取车辆通行费。

第五十九条　符合国务院交通主管部门规定的技术等级和规模的下列公路，可以依法收取车辆通行费：

（一）由县级以上地方人民政府交通主管部门利用贷款或者向企业、个人集资建成的公路；

（二）由国内外经济组织依法受让前项收费公路收费权的公路；

（三）由国内外经济组织依法投资建成的公路。

第六十条　县级以上地方人民政府交通主管部门利用贷款或者集资建成的收费公路的收费期限，按照收费偿还贷款、集资款的原则，由省、自治区、直辖市人民政府依照国务院交通主管部门的规定确定。

有偿转让公路收费权的公路，收费权转让后，由受让方收费经营。收费权的转让期限由出让、受让双方约定并报转让收费权的审批机关审查批准，但最长不得超过国务院规定的年限。

国内外经济组织投资建设公路，必须按照国家有关规定办理审批手续；公路建成后，由投资者收费经营。收费经营期限按照收回投资并有合理回报的原则，由有关交通主管部门与投资者约定并按照国家有关规定办理审批手续，但最长不得超过国务院规定的年限。

第六十一条　本法第五十九条第一款第一项规定的公路中的国道收费权的转让，必须经国务院交通主管部门批准；国道以外的其他公路收费权的转让，必须经省、自治区、直辖市人民政府批准，并报国务院交通主管部门备案。

前款规定的公路收费权出让的最低成交价，以国有资产评估机构评估的价值为依据确定。

第六十二条　受让公路收费权和投资建设公路的国内外经济组织应当依法成立开发、经营公路的企业（以下简称公路经营企业）。

第六十三条　收费公路车辆通行费的收费标准，由公路收费单位提出方案，报省、自治区、直辖市人民政府交通主管部门会同同级物价行政主管部门审查批准。

第六十四条　收费公路设置车辆通行费的收费站，应当报经省、自治区、直辖市人民政府审查批准。跨省、自治区、直辖市的收费公路设置车辆通行费的收费站，由有关省、自治区、直辖市人民政府协商确定；协商不成的，由国务院交通主管部门决定。同一收费公路由不同的交通主管部门组织建设或者由不同的公路经营企业经营的，应当按照"统一收费、按比例分成"的原则，统筹规划，合理设置收费站。

两个收费站之间的距离，不得小于国务院交通主管部门规定的标准。

第六十五条　有偿转让公路收费权的公路，转让收费权合同约定的期限届满，收费权由出让方收回。

由国内外经济组织依照本法规定投资建成并经营的收费公路，约定的经营期限届满，该公路由国家无偿收回，由有关交通主管部门管理。

第六十六条　依照本法第五十九条规定受让收费权或者国内外经济组织投资建成经营的公路的养护工作，由各该公路经营企业负责。各该公路经营企业在经营期间应当按照国务院交通主管部门规定的技术规范和操作规程做好对公路的养护工作。在受让收费权的期限届满，或者经营期限届满时，公路应当处于良好的技术状态。

前款规定的公路的绿化和公路用地范围内的水土保持工作，由各该公路经营企业负责。

第一款规定的公路的路政管理，适用本法第五章的规定。该公路路政管理的职责由县级以上地方人民政府交通主管部门或者公路管理机构的派出机构、人员行使。

第六十七条　在收费公路上从事本法第四十四条第二款、第四十五条、第四十八条、第五十条所列活动的，除依照各该条的规定办理外，给公路经营企业造成损失的，应当给予相应的补偿。

第六十八条　收费公路的具体管理办法，由国务院依照本法制定。

第七章　监督检查

第六十九条　交通主管部门、公路管理机构依法对有关公路的法律、法规执行情况进行监督检查。

第七十条　交通主管部门、公路管理机构负有管理和保护公路的责任，有权检查、制止各种侵占、损坏公路、公路用地、公路附属设施及其他违反本法规定的行为。

第七十一条　公路监督检查人员依法在公路、建筑控制区、车辆停放场所、车辆所属单位等进行监督检查时，任何单位和个人不得阻挠。

公路经营者、使用者和其他有关单位、个人，应当接受公路监督检查人员依法实施的监督检查，并为其提供方便。

公路监督检查人员执行公务，应当佩戴标志，持证上岗。

第七十二条　交通主管部门、公路管理机构应当加强对所属公路监督检查人员的管理和教育，要求公路监督检查人员熟悉国家有关法律和规定，公正廉洁，热情服务，秉公执法，对公路监督检查人员的执法行为应当加强监督检查，对其违法行为应当及时纠正，依法处理。

第七十三条　用于公路监督检查的专用车辆，应当设置统一的标志和示警灯。

第八章　法律责任

第七十四条　违反法律或者国务院有关规定，擅自在公路上设卡、收费的，由交通主管部门责令停止违法行为，没收违法所得，可以处违法所得三倍以下的罚款，没有违法所得的，可以处二万元以下的罚款；对负有直接责任的主管人员和其他直接责任人员，依法给予行政处分。

第七十五条　违反本法第二十五条规定，未经有关交通主管部门批准擅自施工的，交通主管部门可以责令停止施工，并可以处五万元以下的罚款。

第七十六条　有下列违法行为之一的，由交通主管部门责令停止违法行为，可以处三万元以下的罚款：

（一）违反本法第四十四条第一款规定，擅自占用、挖掘公路的；

（二）违反本法第四十五条规定，未经同意或者未按照公路工程技术标准的要求修建桥梁、渡槽或者架设、埋设管线、电缆等设施的；

（三）违反本法第四十七条规定，从事危及公路安全的作业的；

（四）违反本法第四十八条规定，铁轮车、履带车和其他可能损害路面的机具擅自在公路上行驶的；

（五）违反本法第五十条规定，车辆超限使用汽车渡船或者在公路上擅自超限行驶的；

（六）违反本法第五十二条、第五十六条规定，损坏、移动、涂改公路附属设施或者损坏、挪动建筑控制区的标桩、界桩，可能危及公路安全的。

第七十七条　违反本法第四十六条的规定，造成公路路面损坏、污染或者影响公路畅通的，或者违反本法第五十一条规定，将公路作为试车场地的，由交通主管部门责令停止违法行为，可以处五千元以下的罚款。

第七十八条　违反本法第五十三条规定，造成公路损坏，未报告的，由交通主管部门处一千元以下的罚款。

第七十九条　违反本法第五十四条规定，在公路用地范围内设置公路标志以外的其他标志的，由交通主管部门责令限期拆除，可以处二万元以下的罚款；逾期不拆除的，由交通主管部门拆除，有关费用由设置者负担。

第八十条　违反本法第五十五条规定，未经批准在公路上增设平面交叉道口的，由交通主管部门责令恢复原状，处五万元以下的罚款。

第八十一条　违反本法第五十六条规定，在公路建筑控制区内修建建筑物、地面构筑物或者擅自埋设管线、电缆等设施的，由交通主管部门责令限期拆除，并可以处五万元以下的罚款。逾期不拆除的，由交通主管部门拆除，有关费用由建筑者、构筑者承担。

第八十二条　除本法第七十四条、第七十五条的规定外，本章规定由交通主管部门行使的行政处罚权和行政措施，可以依照本法第八条第四款的规定由公路管理机构行使。

第八十三条　阻碍公路建设或者公路抢修，致使公路建设或者抢修不能正常进行，尚未造成严重损失的，依照治安管理处罚条例第十九条的规定处罚。

损毁公路或者擅自移动公路标志，可能影响交通安全，尚不够刑事处罚的，依照治安管理处罚条例第二十条的规定处罚。

拒绝、阻碍公路监督检查人员依法执行职务未使用暴力、威胁方法的，依照治安管理处罚条例第十九条的规定处罚。

第八十四条　违反本法有关规定，构成犯罪的，依法追究刑事责任。

第八十五条　违反本法有关规定，对公路造成损害的，应当依法承担民事责任。

对公路造成较大损害的车辆，必须立即停车，保护现场，报告公路管理机构，接受公路管理机构的调查、处理后方得驶离。

第八十六条　交通主管部门、公路管理机构的工作人员玩忽职守、徇私舞弊、滥用职权,构成犯罪的,依法追究刑事责任;尚不构成犯罪的,依法给予行政处分。

第九章 附 则

第八十七条 本法自 1998 年 1 月 1 日起施行。

关于修改《公路建设市场管理办法》的决定

中华人民共和国交通运输部令 2015 年第 11 号

交通运输部决定对《公路建设市场管理办法》（交通运输部令 2011 年第 11 号）作如下修改：

将第二十四条修改为："公路建设项目依法实行施工许可制度。国家和国务院交通运输主管部门确定的重点公路建设项目的施工许可由省级人民政府交通运输主管部门实施，其他公路建设项目的施工许可按照项目管理权限由县级以上地方人民政府交通运输主管部门实施"。

本决定自 2015 年 6 月 26 日起施行。

《公路建设市场管理办法》根据本决定作相应修改，重新发布。

公路建设市场管理办法

（2004年12月21日交通部发布 根据2011年11月30日交通运输部《关于修改〈公路建设市场管理办法〉的决定》第一次修正 根据2015年6月26日交通运输部《关于修改〈公路建设市场管理办法〉的决定》第二次修正）

第一章 总 则

第一条 为加强公路建设市场管理，规范公路建设市场秩序，保证公路工程质量，促进公路建设市场健康发展，根据《中华人民共和国公路法》《中华人民共和国招标投标法》《建设工程质量管理条例》，制定本办法。

第二条 本办法适用于各级交通运输主管部门对公路建设市场的监督管理活动。

第三条 公路建设市场遵循公平、公正、公开、诚信的原则。

第四条 国家建立和完善统一、开放、竞争、有序的公路建设市场，禁止任何形式的地区封锁。

第五条 本办法中下列用语的含义是指：

公路建设市场主体是指公路建设的从业单位和从业人员。

从业单位是指从事公路建设的项目法人，项目建设管理单位，咨询、勘察、设计、施工、监理、试验检测单位，提供相关服务的社会中介机构以及设备和材料的供应单位。

从业人员是指从事公路建设活动的人员。

第二章 管 理 职 责

第六条 公路建设市场管理实行统一管理、分级负责。

第七条 国务院交通运输主管部门负责全国公路建设市场的监督管理工作，主要职责是：

（一）贯彻执行国家有关法律、法规，制定全国公路建设市场管理的规章制度；

（二）组织制定和监督执行公路建设的技术标准、规范和规程；

（三）依法实施公路建设市场准入管理、市场动态管理，并依法对全国公路建设市场进行监督检查；

（四）建立公路建设行业评标专家库，加强评标专家管理；

（五）发布全国公路建设市场信息；

（六）指导和监督省级地方人民政府交通运输主管部门的公路建设市场管理工作；

（七）依法受理举报和投诉，依法查处公路建设市场违法行为；

（八）法律、行政法规规定的其他职责。

第八条 省级人民政府交通运输主管部门负责本行政区域内公路建设市场的监督管理工作，主要职责是：

（一）贯彻执行国家有关法律、法规、规章和公路建设技术标准、规范和规程，结合本行政区域内的实际情况，制定具体的管理制度；

（二）依法实施公路建设市场准入管理，对本行政区域内公路建设市场实施动态管理和监督检查；

（三）建立本地区公路建设招标评标专家库，加强评标专家管理；

（四）发布本行政区域公路建设市场信息，并按规定向国务院交通运输主管部门报送本行政区域公路建设市场的信息；

（五）指导和监督下级交通运输主管部门的公路建设市场管理工作；

（六）依法受理举报和投诉，依法查处本行政区域内公路建设市场违法行为；

（七）法律、法规、规章规定的其他职责。

第九条 省级以下地方人民政府交通运输主管部门负责本行政区域内公路建设市场的监督管理工作，主要职责是：

（一）贯彻执行国家有关法律、法规、规章和公路建设技术标准、规范和规程；

（二）配合省级地方人民政府交通运输主管部门进行公路建设市场准入管理和动态管理；

（三）对本行政区域内公路建设市场进行监督检查；

（四）依法受理举报和投诉，依法查处本行政区域内公路建设市场违法行为；

（五）法律、法规、规章规定的其他职责。

第三章 市场准入管理

第十条 凡符合法律、法规规定的市场准入条件的从业单位和从业人员均可进入公路建设市场，任何单位和个人不得对公路建设市场实行地方保护，不得对符合市场准入条件的从业单位和从业人员实行歧视待遇。

第十一条 公路建设项目依法实行项目法人责任制。项目法人可自行管理公路建设项目，也可委托具备法人资格的项目建设管理单位进行项目管理。

项目法人或者其委托的项目建设管理单位的组织机构、主要负责人的技术和管理能力应当满足拟建项目的管理需要，符合国务院交通运输主管部门有关规定的要求。

第十二条 收费公路建设项目法人和项目建设管理单位进入公路建设市场实行备案制度。

收费公路建设项目可行性研究报告批准或依法核准后，项目投资主体应当成立或者明确项目法人。项目法人应当按照项目管理的隶属关系将其或者其委托的项目建设管理单位的有关情况报交通运输主管部门备案。

对不符合规定要求的项目法人或者项目建设管理单位，交通运输主管部门应当提出整改要求。

第十三条　公路工程勘察、设计、施工、监理、试验检测等从业单位应当按照法律、法规的规定，取得有关管理部门颁发的相应资质后，方可进入公路建设市场。

第十四条　法律、法规对公路建设从业人员的执业资格作出规定的，从业人员应当依法取得相应的执业资格后，方可进入公路建设市场。

第四章　市场主体行为管理

第十五条　公路建设从业单位和从业人员在公路建设市场中必须严格遵守国家有关法律、法规和规章，严格执行公路建设行业的强制性标准、各类技术规范及规程的要求。

第十六条　公路建设项目法人必须严格执行国家规定的基本建设程序，不得违反或者擅自简化基本建设程序。

第十七条　公路建设项目法人负责组织有关专家或者委托有相应工程咨询或者设计资质的单位，对施工图设计文件进行审查。施工图设计文件审查的主要内容包括：

（一）是否采纳工程可行性研究报告、初步设计批复意见；

（二）是否符合公路工程强制性标准、有关技术规范和规程要求；

（三）施工图设计文件是否齐全，是否达到规定的技术深度要求；

（四）工程结构设计是否符合安全和稳定性要求。

第十八条　公路建设项目法人应当按照项目管理隶属关系将施工图设计文件报交通运输主管部门审批。施工图设计文件未经审批的，不得使用。

第十九条　申请施工图设计文件审批应当向相关的交通运输主管部门提交以下材料：

（一）施工图设计的全套文件；

（二）专家或者委托的审查单位对施工图设计文件的审查意见；

（三）项目法人认为需要提交的其他说明材料。

第二十条　交通运输主管部门应当自收到完整齐备的申请材料之日起20日内审查完毕。经审查合格的，批准使用，并将许可决定及时通知申请人。审查不合格的，不予批准使用，应当书面通知申请人并说明理由。

第二十一条　公路建设项目法人应当按照公开、公平、公正的原则，依法组织公路建设项目的招标投标工作。不得规避招标，不得对潜在投标人和投标人实行歧视政策，不得实行地方保护和暗箱操作。

第二十二条　公路工程的勘察、设计、施工、监理单位和设备、材料供应单位应当依法投标，不得弄虚作假，不得串通投标，不得以行贿等不合法手段谋取中标。

第二十三条　公路建设项目法人与中标人应当根据招标文件和投标文件签订合同，不得附加不合理、不公正条款，不得签订虚假合同。

国家投资的公路建设项目，项目法人与施工、监理单位应当按照国务院交通运输主管部门的规定，签订廉政合同。

第二十四条 公路建设项目依法实行施工许可制度。国家和国务院交通运输主管部门确定的重点公路建设项目的施工许可由省级人民政府交通运输主管部门实施，其他公路建设项目的施工许可按照项目管理权限由县级以上地方人民政府交通运输主管部门实施。

第二十五条 项目施工应当具备以下条件：

（一）项目已列入公路建设年度计划；

（二）施工图设计文件已经完成并经审批同意；

（三）建设资金已经落实，并经交通运输主管部门审计；

（四）征地手续已办理，拆迁基本完成；

（五）施工、监理单位已依法确定；

（六）已办理质量监督手续，已落实保证质量和安全的措施。

第二十六条 项目法人在申请施工许可时应当向相关的交通运输主管部门提交以下材料：

（一）施工图设计文件批复；

（二）交通运输主管部门对建设资金落实情况的审计意见；

（三）国土资源部门关于征地的批复或者控制性用地的批复；

（四）建设项目各合同段的施工单位和监理单位名单、合同价情况；

（五）应当报备的资格预审报告、招标文件和评标报告；

（六）已办理的质量监督手续材料；

（七）保证工程质量和安全措施的材料。

第二十七条 交通运输主管部门应当自收到完整齐备的申请材料之日起20日内作出行政许可决定。予以许可的，应当将许可决定及时通知申请人；不予许可的，应当书面通知申请人并说明理由。

第二十八条 公路建设从业单位应当按照合同约定全面履行义务：

（一）项目法人应当按照合同约定履行相应的职责，为项目实施创造良好的条件；

（二）勘察、设计单位应当按照合同约定，按期提供勘察设计资料和设计文件。工程实施过程中，应当按照合同约定派驻设计代表，提供设计后续服务；

（三）施工单位应当按照合同约定组织施工，管理和技术人员及施工设备应当及时到位，以满足工程需要。要均衡组织生产，加强现场管理，确保工程质量和进度，做到文明施工和安全生产；

（四）监理单位应当按照合同约定配备人员和设备，建立相应的现场监理机构，健全监理管理制度，保持监理人员稳定，确保对工程的有效监理；

（五）设备和材料供应单位应当按照合同约定，确保供货质量和时间，做好售后服务工作；

（六）试验检测单位应当按照试验规程和合同约定进行取样、试验和检测，提供真实、完整的试验检测资料。

第二十九条　公路工程实行政府监督、法人管理、社会监理、企业自检的质量保证体系。交通运输主管部门及其所属的质量监督机构对工程质量负监督责任，项目法人对工程质量负管理责任，勘察设计单位对勘察设计质量负责，施工单位对施工质量负责，监理单位对工程质量负现场管理责任，试验检测单位对试验检测结果负责，其他从业单位和从业人员按照有关规定对其产品或者服务质量负相应责任。

第三十条　各级交通运输主管部门及其所属的质量监督机构对工程建设项目进行监督检查时，公路建设从业单位和从业人员应当积极配合，不得拒绝和阻挠。

第三十一条　公路建设从业单位和从业人员应当严格执行国家有关安全生产的法律、法规、国家标准及行业标准，建立健全安全生产的各项规章制度，明确安全责任，落实安全措施，履行安全管理的职责。

第三十二条　发生工程质量、安全事故后，从业单位应当按照有关规定及时报有关主管部门，不得拖延和隐瞒。

第三十三条　公路建设项目法人应当合理确定建设工期，严格按照合同工期组织项目建设。项目法人不得随意要求更改合同工期。如遇特殊情况，确需缩短合同工期的，经合同双方协商一致，可以缩短合同工期，但应当采取措施，确保工程质量，并按照合同规定给予经济补偿。

第三十四条　公路建设项目法人应当按照国家有关规定管理和使用公路建设资金，做到专款专用，专户储存；按照工程进度，及时支付工程款；按照规定的期限及时退还保证金、办理工程结算。不得拖欠工程款和征地拆迁款，不得挤占挪用建设资金。

施工单位应当加强工程款管理，做到专款专用，不得拖欠分包人的工程款和农民工工资；项目法人对工程款使用情况进行监督检查时，施工单位应当积极配合，不得阻挠和拒绝。

第三十五条　公路建设从业单位和从业人员应当严格执行国家和地方有关环境保护和土地管理的规定，采取有效措施保护环境和节约用地。

第三十六条　公路建设项目法人、监理单位和施工单位对勘察设计中存在的问题应当及时提出设计变更的意见，并依法履行审批手续。设计变更应当符合国家制定的技术标准和设计规范要求。

任何单位和个人不得借设计变更虚报工程量或者提高单价。

重大工程变更设计应当按有关规定报原初步设计审批部门批准。

第三十七条　勘察、设计单位经项目法人批准，可以将工程设计中跨专业或者有特殊要求的勘察、设计工作委托给有相应资质条件的单位，但不得转包或者二次分包。

监理工作不得分包或者转包。

第三十八条　施工单位可以将非关键性工程或者适合专业化队伍施工的工程分包给具有相应资格条件的单位，并对分包工程负连带责任。允许分包的工程范围应当在招标文件中规定。分包工程不得再次分包，严禁转包。

任何单位和个人不得违反规定指定分包、指定采购或者分割工程。

项目法人应当加强对施工单位工程分包的管理，所有分包合同须经监理审查，并报项目法人备案。

第三十九条 施工单位可以直接招用农民工或者将劳务作业发包给具有劳务分包资质的劳务分包人。施工单位招用农民工的，应当依法签订劳动合同，并将劳动合同报项目监理工程师和项目法人备案。

施工单位和劳务分包人应当按照合同按时支付劳务工资，落实各项劳动保护措施，确保农民工安全。

劳务分包人应当接受施工单位的管理，按照技术规范要求进行劳务作业。劳务分包人不得将其分包的劳务作业再次分包。

第四十条 项目法人和监理单位应当加强对施工单位使用农民工的管理，对不签订劳动合同、非法使用农民工的，或者拖延和克扣农民工工资的，要予以纠正。拒不纠正的，项目法人要及时将有关情况报交通运输主管部门调查处理。

第四十一条 项目法人应当按照交通部《公路工程竣（交）工验收办法》的规定及时组织项目的交工验收，并报请交通运输主管部门进行竣工验收。

第五章　动　态　管　理

第四十二条 各级交通运输主管部门应当加强对公路建设从业单位和从业人员的市场行为的动态管理。应当建立举报投诉制度，查处违法行为，对有关责任单位和责任人依法进行处理。

第四十三条 国务院交通运输主管部门和省级地方人民政府交通运输主管部门应当建立公路建设市场的信用管理体系，对进入公路建设市场的从业单位和主要从业人员在招投标活动、签订合同和履行合同中的信用情况进行记录并向社会公布。

第四十四条 公路工程勘察、设计、施工、监理等从业单位应当按照项目管理的隶属关系，向交通运输主管部门提供本单位的基本情况、承接任务情况和其他动态信息，并对所提供信息的真实性、准确性和完整性负责。项目法人应当将其他从业单位在建设项目中的履约情况，按照项目管理的隶属关系报交通运输主管部门，由交通运输主管部门核实后记入从业单位信用记录中。

第四十五条 从业单位和主要从业人员的信用记录应当作为公路建设项目招标资格审查和评标工作的重要依据。

第六章　法　律　责　任

第四十六条 对公路建设从业单位和从业人员违反本办法规定进行的处罚，国家有关法律、法规和交通运输部规章已有规定的，适用其规定；没有规定的，由交通运输主管部门根据各自的职责按照本办法规定进行处罚。

第四十七条 项目法人违反本办法规定，实行地方保护的或者对公路建设从业单位和从业人员实行歧视待遇的，由交通运输主管部门责令改正。

第四十八条 从业单位违反本办法规定，在申请公路建设从业许可时，隐瞒有关情况或者提供虚假材料的，行政机关不予受理或者不予行政许可，并给予警告；行政许可申请人在1年内不得再次申请该行政许可。

被许可人以欺骗、贿赂等不正当手段取得从业许可的，行政机关应当依照法律、法规给予行政处罚；申请人在3年内不得再次申请该行政许可；构成犯罪的，依法追究刑事责任。

第四十九条 投标人相互串通投标或者与招标人串通投标的，投标人以向招标人或者评标委员会成员行贿的手段谋取中标的，中标无效，处中标项目金额5‰以上10‰以下的罚款，对单位直接负责的主管人员和其他直接责任人员处单位罚款数额5%以上10%以下的罚款；有违法所得的，并处没收违法所得；情节严重的，取消其1年至2年内参加依法必须进行招标的项目的投标资格并予以公告；构成犯罪的，依法追究刑事责任。给他人造成损失的，依法承担赔偿责任。

第五十条 投标人以他人名义投标或者以其他方式弄虚作假，骗取中标的，中标无效，给招标人造成损失的，依法承担赔偿责任；构成犯罪的，依法追究刑事责任。

依法必须进行招标的项目的投标人有前款所列行为尚未构成犯罪的，处中标项目金额5‰以上10‰以下的罚款，对单位直接负责的主管人员和其他直接责任人员处单位罚款数额5%以上10%以下的罚款；有违法所得的，并处没收违法所得；情节严重的，取消其1年至3年内参加依法必须进行招标的项目的投标资格并予以公告。

第五十一条 项目法人违反本办法规定，拖欠工程款和征地拆迁款的，由交通运输主管部门责令改正，并由有关部门依法对有关责任人员给予行政处分。

第五十二条 除因不可抗力不能履行合同的，中标人不按照与招标人订立的合同履行施工质量、施工工期等义务，造成重大或者特大质量和安全事故，或者造成工期延误的，取消其2年至5年内参加依法必须进行招标的项目的投标资格并予以公告。

第五十三条 施工单位有以下违法违规行为的，由交通运输主管部门责令改正，并由有关部门依法对有关责任人员给予行政处分。

（一）违反本办法规定，拖欠分包人工程款和农民工工资的；

（二）违反本办法规定，造成生态环境破坏和乱占土地的；

（三）违反本办法规定，在变更设计中弄虚作假的；

（四）违反本办法规定，不按规定签订劳动合同的。

第五十四条 违反本办法规定，承包单位将承包的工程转包或者违法分包的，责令改正，没收违法所得，对勘察、设计单位处合同约定的勘察费、设计费25%以上50%以下的罚款；对施工单位处工程合同价款5‰以上10‰以下的罚款；可以责令停业整顿，降低资质等级；情节严重的，吊销资质证书。

工程监理单位转让工程监理业务的，责令改正，没收违法所得，处合同约定的监理酬金25%以上50%以下的罚款；可以责令停业整顿，降低资质等级；情节严重的，吊销资质证书。

第五十五条 公路建设从业单位违反本办法规定,在向交通运输主管部门填报有关市场信息时弄虚作假的,由交通运输主管部门责令改正。

第五十六条 各级交通运输主管部门和其所属的质量监督机构的工作人员违反本办法规定,在建设市场管理中徇私舞弊、滥用职权或者玩忽职守的,按照国家有关规定处理。构成犯罪的,由司法部门依法追究刑事责任。

第七章 附 则

第五十七条 本办法由交通运输部负责解释。

第五十八条 本办法自 2005 年 3 月 1 日起施行。交通部 1996 年 7 月 11 日公布的《公路建设市场管理办法》同时废止。

公路建设监督管理办法

中华人民共和国交通部令 2006 年第 6 号

第一章 总 则

第一条 为促进公路事业持续、快速、健康发展，加强公路建设监督管理，维护公路建设市场秩序，根据《中华人民共和国公路法》《建设工程质量管理条例》和国家有关法律、法规，制定本办法。

第二条 在中华人民共和国境内从事公路建设的单位和人员必须遵守本办法。

本办法所称公路建设是指公路、桥梁、隧道、交通工程及沿线设施和公路渡口的项目建议书、可行性研究、勘察、设计、施工、竣（交）工验收和后评价全过程的活动。

第三条 公路建设监督管理实行统一领导，分级管理。

交通部主管全国公路建设监督管理；县级以上地方人民政府交通主管部门主管本行政区域内公路建设监督管理。

第四条 县级以上人民政府交通主管部门必须依照法律、法规及本办法的规定对公路建设实施监督管理。

有关单位和个人应当接受县级以上人民政府交通主管部门依法进行的公路建设监督检查，并给予支持与配合，不得拒绝或阻碍。

第二章 监督部门的职责与权限

第五条 公路建设监督管理的职责包括：

（一）监督国家有关公路建设工作方针、政策和法律、法规、规章、强制性技术标准的执行；

（二）监督公路建设项目建设程序的履行；

（三）监督公路建设市场秩序；

（四）监督公路工程质量和工程安全；

（五）监督公路建设资金的使用；

（六）指导、检查下级人民政府交通主管部门的监督管理工作；

（七）依法查处公路建设违法行为。

第六条 交通部对全国公路建设项目进行监督管理，依据职责负责国家高速公路网建设项目和交通部确定的其他重点公路建设项目前期工作、施工许可、招标投标、工程质量、工程进度、资金、安全管理的监督和竣工验收工作。

除应当由交通部实施的监督管理职责外，省级人民政府交通主管部门依据职责负责本行政区域内公路建设项目的监督管理，具体负责本行政区域内的国家高速公路网建设项目、交通部和省级人民政府确定的其他重点公路建设项目的监督管理。

设区的市和县级人民政府交通主管部门按照有关规定负责本行政区域内公路建设项目的监督管理。

第七条 县级以上人民政府交通主管部门在履行公路建设监督管理职责时，有权要求：

（一）被检查单位提供有关公路建设的文件和资料；

（二）进入被检查单位的工作现场进行检查；

（三）对发现的工程质量和安全问题以及其他违法行为依法处理。

第三章 建设程序的监督管理

第八条 公路建设应当按照国家规定的建设程序和有关规定进行。

政府投资公路建设项目实行审批制，企业投资公路建设项目实行核准制。县级以上人民政府交通主管部门应当按职责权限审批或核准公路建设项目，不得越权审批、核准项目或擅自简化建设程序。

第九条 政府投资公路建设项目的实施，应当按照下列程序进行：

（一）根据规划，编制项目建议书；

（二）根据批准的项目建议书，进行工程可行性研究，编制可行性研究报告；

（三）根据批准的可行性研究报告，编制初步设计文件；

（四）根据批准的初步设计文件，编制施工图设计文件；

（五）根据批准的施工图设计文件，组织项目招标；

（六）根据国家有关规定，进行征地拆迁等施工前准备工作，并向交通主管部门申报施工许可；

（七）根据批准的项目施工许可，组织项目实施；

（八）项目完工后，编制竣工图表、工程决算和竣工财务决算，办理项目交、竣工验收和财产移交手续；

（九）竣工验收合格后，组织项目后评价。

国务院对政府投资公路建设项目建设程序另有简化规定的，依照其规定执行。

第十条 企业投资公路建设项目的实施，应当按照下列程序进行：

（一）根据规划，编制工程可行性研究报告；

（二）组织投资人招标工作，依法确定投资人；

（三）投资人编制项目申请报告，按规定报项目审批部门核准；

（四）根据核准的项目申请报告，编制初步设计文件，其中涉及公共利益、公众安全、工程建设强制性标准的内容应当按项目隶属关系报交通主管部门审查；

（五）根据初步设计文件编制施工图设计文件；

（六）根据批准的施工图设计文件组织项目招标；

（七）根据国家有关规定，进行征地拆迁等施工前准备工作，并向交通主管部门申报施工许可；

（八）根据批准的项目施工许可，组织项目实施；

（九）项目完工后，编制竣工图表、工程决算和竣工财务决算，办理项目交、竣工验收；

（十）竣工验收合格后，组织项目后评价。

第十一条 县级以上人民政府交通主管部门根据国家有关规定，按照职责权限负责组织公路建设项目的项目建议书、工程可行性研究工作、编制设计文件、经营性项目的投资人招标、竣工验收和项目后评价工作。

公路建设项目的项目建议书、工程可行性研究报告、设计文件、招标文件、项目申请报告等应按照国家颁发的编制办法或有关规定编制，并符合国家规定的工作质量和深度要求。

第十二条 公路建设项目法人应当依法选择勘察、设计、施工、咨询、监理单位，采购与工程建设有关的重要设备、材料，办理施工许可，组织项目实施，组织项目交工验收，准备项目竣工验收和后评价。

第十三条 公路建设项目应当按照国家有关规定实行项目法人责任制度、招标投标制度、工程监理制度和合同管理制度。

第十四条 公路建设项目必须符合公路工程技术标准。施工单位必须按批准的设计文件施工，任何单位和人员不得擅自修改工程设计。

已批准的公路工程设计，原则上不得变更。确需设计变更的，应当按照交通部制定的《公路工程设计变更管理办法》的规定履行审批手续。

第十五条 公路建设项目验收分为交工验收和竣工验收两个阶段。项目法人负责组织对各合同段进行交工验收，并完成项目交工验收报告报交通主管部门备案。交通主管部门在15天内没有对备案项目的交工验收报告提出异议，项目法人可开放交通进入试运营期。试运营期不得超过3年。

通车试运营2年后，交通主管部门应组织竣工验收，经竣工验收合格的项目可转为正式运营。对未进行交工验收、交工验收不合格或没有备案的工程开放交通进行试运营的，由交通主管部门责令停止试运营。

公路建设项目验收工作应当符合交通部制定的《公路工程竣（交）工验收办法》的规定。

第四章　建设市场的监督管理

第十六条 县级以上人民政府交通主管部门依据职责，负责对公路建设市场的监督管理，查处建设市场中的违法行为。对经营性公路建设项目投资人、公路建设从业单位和主要从业人员的信用情况应进行记录并及时向社会公布。

第十七条 公路建设市场依法实行准入管理。公路建设项目法人或其委托的项目建设管理单位的项目建设管理机构、主要负责人的技术和管理能力应当满足拟建项目的管理需要，符合交通部有关规定的要求。公路工程勘察、设计、施工、监理、试验检测等从业单位应当依法取得有关部门许可的相应资质后，方可进入公路建设市场。

公路建设市场必须开放，任何单位和个人不得对公路建设市场实行地方保护，不得限制符合市场准入条件的从业单位和从业人员依法进入公路建设市场。

第十八条 公路建设从业单位从事公路建设活动，必须遵守国家有关法律、法规、规章和公路工程技术标准，不得损害社会公共利益和他人合法权益。

第十九条 公路建设项目法人应当承担公路建设相关责任和义务，对建设项目质量、投资和工期负责。

公路建设项目法人必须依法开展招标活动，不得接受投标人低于成本价的投标，不得随意压缩建设工期，禁止指定分包和指定采购。

第二十条 公路建设从业单位应当依法取得公路工程资质证书并按照资质管理有关规定，在其核定的业务范围内承揽工程，禁止无证或越级承揽工程。

公路建设从业单位必须按合同规定履行其义务，禁止转包或违法分包。

第五章　质量与安全的监督管理

第二十一条 县级以上人民政府交通主管部门应当加强对公路建设从业单位的质量与安全生产管理机构的建立、规章制度落实情况的监督检查。

第二十二条 公路建设实行工程质量监督管理制度。公路工程质量监督机构应当根据交通主管部门的委托依法实施工程质量监督，并对监督工作质量负责。

第二十三条 公路建设项目实施过程中，监理单位应当依照法律、法规、规章以及有关技术标准、设计文件、合同文件和监理规范的要求，采用旁站、巡视和平行检验形式对工程实施监理，对不符合工程质量与安全要求的工程应当责令施工单位返工。

未经监理工程师签认，施工单位不得将建筑材料、构件和设备在工程上使用或安装，不得进行下一道工序施工。

第二十四条 公路工程质量监督机构应当具备与质量监督工作相适应的试验检测条件，根据国家有关工程质量的法律、法规、规章和交通部制定的技术标准、规范、规程以及质量检验评定标准等，对工程质量进行监督、检查和鉴定。任何单位和个人不得干预或阻挠质量监督机构的质量鉴定工作。

第二十五条 公路建设从业单位应当对工程质量和安全负责。工程实施中应当加强对职工的教育与培训，按照国家有关规定建立健全质量和安全保证体系，落实质量和安全生产责任制，保证工程质量和工程安全。

第二十六条 公路建设项目发生工程质量事故，项目法人应在 24 小时内按项目管理隶属关系向交通主管部门报告，工程质量事故同时报公路工程质量监督机构。

省级人民政府交通主管部门或受委托的公路工程质量监督机构负责调查处理一般工程质量事故；交通部会同省级人民政府交通主管部门负责调查处理重大工程质量事故；特别重大工程质量事故和安全事故的调查处理按照国家有关规定办理。

第六章 建设资金的监督管理

第二十七条 对于使用财政性资金安排的公路建设项目，县级以上人民政府交通主管部门必须对公路建设资金的筹集、使用和管理实行全过程监督检查，确保建设资金的安全。

公路建设项目法人必须按照国家有关法律、法规、规章的规定，合理安排和使用公路建设资金。

第二十八条 对于企业投资公路建设项目，县级以上人民政府交通主管部门要依法对资金到位情况、使用情况进行监督检查。

第二十九条 公路建设资金监督管理的主要内容：

（一）是否严格执行建设资金专款专用、专户存储、不准侵占、挪用等有关管理规定；

（二）是否严格执行概预算管理规定，有无将建设资金用于计划外工程；

（三）资金来源是否符合国家有关规定，配套资金是否落实、及时到位；

（四）是否按合同规定拨付工程进度款，有无高估冒算，虚报冒领情况，工程预备费使用是否符合有关规定；

（五）是否在控制额度内按规定使用建设管理费，按规定的比例预留工程质量保证金，有无非法扩大建设成本的问题；

（六）是否按规定编制项目竣工财务决算，办理财产移交手续，形成的资产是否及时登记入账管理；

（七）财会机构是否建立健全，并配备相适应的财会人员。各项原始记录、统计台账、凭证账册、会计核算、财务报告、内部控制制度等基础性工作是否健全、规范。

第三十条 县级以上人民政府交通主管部门对公路建设资金监督管理的主要职责：

（一）制定公路建设资金管理制度；

（二）按规定审核、汇总、编报、批复年度公路建设支出预算、财务决算和竣工财务决算；

（三）合理安排资金，及时调度、拨付和使用公路建设资金；

（四）监督管理建设项目工程概预算、年度投资计划安排与调整、财务决算；

（五）监督检查公路建设项目资金筹集、使用和管理，及时纠正违法问题，对重大问题提出意见报上级交通主管部门；

（六）收集、汇总、报送公路建设资金管理信息，审查、编报公路建设项目投资效益分析报告；

（七）督促项目法人及时编报工程财务决算，做好竣工验收准备工作；

（八）督促项目法人及时按规定办理财产移交手续，规范资产管理。

第七章 社会监督

第三十一条 县级以上人民政府交通主管部门应定期向社会公开发布公路建设市场管理、工程进展、工程质量情况、工程质量和安全事故处理等信息，接受社会监督。

第三十二条 公路建设施工现场实行标示牌管理。标示牌应当标明该项工程的作业内容，项目法人、勘察、设计、施工、监理单位名称和主要负责人姓名，接受社会监督。

第三十三条 公路建设实行工程质量举报制度，任何单位和个人对公路建设中违反国家法律、法规的行为，工程质量事故和质量缺陷都有权向县级以上人民政府交通主管部门或质量监督机构检举和投诉。

第三十四条 县级以上人民政府交通主管部门可聘请社会监督员对公路建设活动和工程质量进行监督。

第三十五条 对举报内容属实的单位和个人，县级以上人民政府交通主管部门可予以表彰或奖励。

第八章 罚则

第三十六条 违反本办法第四条规定，拒绝或阻碍依法进行公路建设监督检查工作的，责令改正，构成犯罪的，依法追究刑事责任。

第三十七条 违反本办法第八条规定，越权审批、核准或擅自简化基本建设程序的，责令限期补办手续，可给予警告处罚；造成严重后果的，对全部或部分使用财政性资金的项目，可暂停项目执行或暂缓资金拨付，对直接责任人依法给予行政处分。

第三十八条 违反本办法第十二条规定，项目法人将工程发包给不具有相应资质等级的勘察、设计、施工和监理单位的，责令改正，处50万元以上100万元以下的罚款；未按规定办理施工许可擅自施工的，责令停止施工、限期改正，视情节可处工程合同价款1%以上2%以下罚款。

第三十九条 违反本办法第十四条规定，未经批准擅自修改工程设计，责令限期改正，可给予警告处罚；情节严重的，对全部或部分使用财政性资金的项目，可暂停项目执行或暂缓资金拨付。

第四十条 违反本办法第十五条规定，未组织项目交工验收或验收不合格擅自交付使用的，责令改正并停止使用，处工程合同价款2%以上4%以下的罚款；对收费公路项目应当停止收费。

第四十一条 违反本办法第十九条规定，项目法人指定分包和指定采购，随意压缩工期，侵犯他人合法权益的，责令限期改正，可处20万元以上50万元以下的罚款；造成严重后果的，对全部或部分使用财政性资金的项目，可暂停项目执行或暂缓资金拨付。

第四十二条 违反本办法第二十条规定，承包单位弄虚作假、无证或越级承揽工程任务的，责令停止违法行为，对勘察、设计单位或工程监理单位处合同约定的勘察费、设计费或监理酬金1倍以上2倍以下的罚款；对施工单位处工程合同价款2%以上4%以下的罚款，可以责令停业整顿，降低资质等级；情节严重的，吊销资质证书；有违法所得的，予以没收。承包单位转包或违法分包工程的，责令改正，没收违法所得，对勘察、设计、监理单位处合同约定的勘察费、设计费、监理酬金的25%以上50%以下的罚款；对施工单位处工程合同价款0.5%以上1%以下的罚款。

第四十三条　违反本办法第二十二条规定，公路工程质量监督机构不履行公路工程质量监督职责、不承担质量监督责任的，由交通主管部门视情节轻重，责令整改或者给予警告。公路工程质量监督机构工作人员在公路工程质量监督管理工作中玩忽职守、滥用职权、徇私舞弊的，由交通主管部门或者公路工程质量监督机构依法给予行政处分；构成犯罪的，依法追究刑事责任。

第四十四条　违反本办法第二十三条规定，监理单位将不合格的工程、建筑材料、构件和设备按合格予以签认的，责令改正，可给予警告处罚，情节严重的，处50万元以上100万元以下的罚款；施工单位在工程上使用或安装未经监理签认的建筑材料、构件和设备的，责令改正，可给予警告处罚，情节严重的，处工程合同价款2%以上4%以下的罚款。

第四十五条　违反本办法第二十五条规定，公路建设从业单位忽视工程质量和安全管理，造成质量或安全事故的，对项目法人给予警告、限期整改，情节严重的，暂停资金拨付；对勘察、设计、施工和监理等单位视情节轻重给予警告、取消其2年至5年内参加依法必须进行招标项目的投标资格的处罚；对情节严重的监理单位，还可给予责令停业整顿、降低资质等级和吊销资质证书的处罚。

第四十六条　违反本办法第二十六条规定，项目法人对工程质量事故隐瞒不报、谎报或拖延报告期限的，给予警告处罚，对直接责任人依法给予行政处分。

第四十七条　违反本办法第二十九条规定，项目法人侵占、挪用公路建设资金，非法扩大建设成本，责令限期整改，可给予警告处罚；情节严重的，对全部或部分使用财政性资金的项目，可暂停项目执行或暂缓资金拨付，对直接责任人依法给予行政处分。

第四十八条　公路建设从业单位有关人员，具有行贿、索贿、受贿行为，损害国家、单位合法权益，构成犯罪的，依法追究刑事责任。

第四十九条　政府交通主管部门工作人员玩忽职守、滥用职权、徇私舞弊的，依法给予行政处分；构成犯罪的，依法追究刑事责任。

第九章　附　　则

第五十条　本办法由交通部负责解释。

第五十一条　本办法自2006年8月1日起施行。交通部2000年8月28日公布的《公路建设监督管理办法》（交通部令2000年第8号）同时废止。

公路工程设计变更管理办法

中华人民共和国交通部令 2005 年第 5 号

第一条 为加强公路工程建设管理，规范公路工程设计变更行为，保证公路工程质量，保护人民生命及财产安全，根据《中华人民共和国公路法》《建设工程质量管理条例》《建设工程勘察设计管理条例》等相关法律和行政法规，制定本办法。

第二条 对交通部批准初步设计的新建、改建公路工程的设计变更，应当遵守本规定。

本办法所称设计变更，是指自公路工程初步设计批准之日起至通过竣工验收正式交付使用之日止，对已批准的初步设计文件、技术设计文件或施工图设计文件所进行的修改、完善等活动。

第三条 各级交通主管部门应当加强对公路工程设计变更活动的监督管理。

第四条 公路工程设计变更应当符合国家有关公路工程强制性标准和技术规范的要求，符合公路工程质量和使用功能的要求，符合环境保护的要求。

第五条 公路工程设计变更分为重大设计变更、较大设计变更和一般设计变更。

有下列情形之一的属于重大设计变更：

（一）连续长度 10 公里以上的路线方案调整的；
（二）特大桥的数量或结构形式发生变化的；
（三）特长隧道的数量或通风方案发生变化的；
（四）互通式立交的数量发生变化的；
（五）收费方式及站点位置、规模发生变化的；
（六）超过初步设计批准概算的。

有下列情形之一的属于较大设计变更：

（一）连续长度 2 公里以上的路线方案调整的；
（二）连接线的标准和规模发生变化的；
（三）特殊不良地质路段处置方案发生变化的；
（四）路面结构类型、宽度和厚度发生变化的；
（五）大中桥的数量或结构形式发生变化的；
（六）隧道的数量或方案发生变化的；
（七）互通式立交的位置或方案发生变化的；
（八）分离式立交的数量发生变化的；
（九）监控、通信系统总体方案发生变化的；
（十）管理、养护和服务设施的数量和规模发生变化的；

（十一）其他单项工程费用变化超过500万元的；

（十二）超过施工图设计批准预算的。

一般设计变更是指除重大设计变更和较大设计变更以外的其他设计变更。

第六条 公路工程重大、较大设计变更实行审批制。

公路工程重大、较大设计变更，属于对设计文件内容作重大修改，应当按照本办法规定的程序进行审批。未经审查批准的设计变更不得实施。

任何单位或者个人不得违反本办法规定擅自变更已经批准的公路工程初步设计、技术设计和施工图设计文件。不得肢解设计变更规避审批。

经批准的设计变更一般不得再次变更。

第七条 重大设计变更由交通部负责审批。较大设计变更由省级交通主管部门负责审批。

第八条 项目法人负责对一般设计变更进行审查，并应当加强对公路工程设计变更实施的管理。

第九条 公路工程勘察设计、施工及监理等单位可以向项目法人提出公路工程设计变更的建议。

设计变更的建议应当以书面形式提出，并应当注明变更理由。

项目法人也可以直接提出公路工程设计变更的建议。

第十条 项目法人对设计变更的建议及理由应当进行审查核实。必要时，项目法人可以组织勘察设计、施工、监理等单位及有关专家对设计变更建议进行经济、技术论证。

第十一条 对一般设计变更建议，由项目法人根据审查核实情况或者论证结果决定是否开展设计变更的勘察设计工作。

对较大设计变更和重大设计变更建议，项目法人经审查论证确认后，向省级交通主管部门提出公路工程设计变更的申请，并提交以下材料：

（一）设计变更申请书。包括拟变更设计的公路工程名称、公路工程的基本情况、原设计单位、设计变更的类别、变更的主要内容、变更的主要理由等；

（二）对设计变更申请的调查核实情况、合理性论证情况；

（三）省级交通主管部门要求提交的其他相关材料。

省级交通主管部门自受理申请之日起15日内作出是否同意开展设计变更的勘察设计工作的决定，并书面通知申请人。

第十二条 设计变更的勘察设计应当由公路工程的原勘察设计单位承担。经原勘察设计单位书面同意，项目法人也可以选择其他具有相应资质的勘察设计单位承担。设计变更勘察设计单位应当及时完成勘察设计，形成设计变更文件，并对设计变更文件承担相应责任。

第十三条 设计变更文件完成后，项目法人应当组织对设计变更文件进行审查。

一般设计变更文件由项目法人审查确认后决定是否实施。项目法人应当在15日内完成审查确认工作。

重大及较大设计变更文件经项目法人审查确认后报省级交通主管部门审查。其中，重大设计变更文件由省级交通主管部门审查后报交通部批准；较大设计变更文件由省级交通主管部门批准，并报交通部备案。若设计变更与可行性研究报告批复内容不一致，应征得原可行性研究报告批复部门的同意。

第十四条 项目法人在报审设计变更文件时，应当提交以下材料：

（一）设计变更说明；

（二）设计变更的勘察设计图纸及原设计相应图纸；

（三）工程量、投资变化对照清单和分项概、预算文件。

第十五条 设计变更文件的审批应当在 20 日内完成。无正当理由，超过审批时间未对设计变更文件的审查予以答复的，视为同意。

需要专家评审的，所需时间不计算在上述期限内。审批机关应当将所需时间书面告知申请人。

第十六条 对需要进行紧急抢险的公路工程设计变更，项目法人可先进行紧急抢险处理，同时按照规定的程序办理设计变更审批手续，并附相关的影像资料说明紧急抢险的情形。

第十七条 公路工程设计变更工程的施工原则上由原施工单位承担。原施工单位不具备承担设计变更工程的资质等级时，项目法人应通过招标选择施工单位。

第十八条 项目法人应当建立公路工程设计变更管理台账，定期对设计变更情况进行汇总，并应当每半年将汇总情况报省级交通主管部门备案。

省级交通主管部门可以对管理台账随时进行检查。

第十九条 交通主管部门审查批准公路工程设计变更文件时，工程费用按《公路基本建设工程概算、预算编制办法》核定。

第二十条 由于公路工程勘察设计、施工等有关单位的过失引起公路工程设计变更并造成损失的，有关单位应当承担相应的费用和相关责任。

由于公路工程设计变更发生的建筑安装工程费、勘察设计费和监理费等费用的变化，按照有关合同约定执行。

由于公路工程设计变更发生的工程建设单位管理费、征地拆迁费等费用的变化，按照国家有关规定执行。

第二十一条 按照本办法规定经过审查批准的公路工程设计变更，其费用变化纳入决算。未经批准的设计变更，其费用变化不得进入决算。

第二十二条 设计变更审批部门违反本办法规定，不按照规定权限、条件和程序审查批准公路工程设计变更文件的，上级交通主管部门或者监察部门责令改正；造成严重后果的，对直接负责的主管人员和其他直接责任人员依法给予行政处分；构成犯罪的，依法追究刑事责任。

较大设计变更审批部门违反本办法规定，情节严重的，对全部或者部分使用国有资金的项目，可以暂停项目执行。

第二十三条 交通主管部门工作人员在设计变更审查批准过程中滥用职权、玩忽职守、谋取不正当利益的，由主管部门或者监察部门给予行政处分；构成犯罪的，依法追究刑事责任。

第二十四条 项目法人有以下行为之一的，交通主管部门责令改正；情节严重的，对全部或者部分使用国有资金的项目，暂停项目执行。构成犯罪的，依法追究刑事责任：

（一）不按照规定权限、条件和程序审查、报批公路工程设计变更文件的；

（二）将公路工程设计变更肢解规避审批的；

（三）未经审查批准或者审查不合格，擅自实施设计变更的。

第二十五条 施工单位不按照批准的设计变更文件施工的，交通主管部门责令改正；造成建设工程质量不符合规定的质量标准的，负责返工、修理，并赔偿因此造成的损失；情节严重的，责令停业整顿，降低资质等级或者吊销资质证书。

第二十六条 交通部批准初步设计以外的新建、改建公路工程的设计变更，参照本办法执行。

第二十七条 本办法自2005年7月1日起施行。

交通运输部关于印发公路建设市场督查工作规则的通知

交公路发〔2015〕59号

各省、自治区、直辖市、新疆生产建设兵团交通运输厅（局、委）：

为进一步加强公路建设市场管理，提高公路建设市场监督检查工作的科学性和有效性，交通运输部组织修订了《公路建设市场督查工作规则》，现印发你们，请遵照执行。原《公路建设市场督查工作规则》（交公路发〔2012〕210号）同时废止。

附件：1. 公路建设市场督查考评表及评分方法
      2. 公路建设市场督查工作程序

交通运输部
2015年4月20日

公路建设市场督查工作规则

第一章 总 则

第一条 为加强公路建设市场管理，建设统一开放、竞争有序的公路建设市场环境，维护公平、公正、诚信的公路建设市场，保护国家、社会公共利益和从业者合法权益，根据《中华人民共和国公路法》《公路建设市场管理办法》等法律、规章，制定本规则。

第二条 本规则适用于交通运输部及各省级交通运输主管部门依法组织的公路建设市场监督检查活动。

公路建设、设计、施工、监理、咨询和检测等市场从业单位和有关人员应依法接受监督检查。

第三条 督查工作实行统一组织、分级管理、部省联动、专家参与的工作方式。

交通运输部负责制定全国公路建设市场督查工作制度，建立部级督查专家库，编制督查工作计划，组织实施全国公路建设市场重点督查，指导省级交通运输主管部门开展公路建设市场督查工作。

省级交通运输主管部门负责制定本辖区公路建设市场督查工作规则，建立省级督查专家库，编制年度督查计划并组织实施，组织本辖区公路建设市场督查工作；根据交通运输部制定的全国公路建设市场督查计划，配合部督查工作组开展督查工作。

第四条 督查依据和标准：

（一）公路建设管理相关法律、法规、规章；

（二）国家及行业的技术标准和规范；

（三）工程项目的相关批复文件、设计文件、招标投标文件及合同文件；

（四）国家及行业其他相关规定。

第五条 督查工作应遵循公平公正、科学规范、严肃认真、廉洁高效的原则。

第二章 督查内容与方式

第六条 督查包括以下专项内容。

（一）市场准入管理；

（二）建设程序执行；

（三）招标投标管理；

（四）信用体系建设；

（五）合同履约管理；

（六）其他相关工作。

（具体内容见附件1）

第七条 督查工作采取综合督查与专项督查相结合的方式进行。

综合督查是对所有督查专项内容和相关项目执行情况进行的全面督查。

专项督查是对部分督查专项内容和相关项目执行情况进行的详细督查。

第八条 督查工作实行督查工作组负责制，由交通运输主管部门根据督查内容和项目特点，在督查专家库中选调相关方面专家组成工作组，组长由交通运输主管部门选派，或委托下级交通运输主管部门作为组长单位派出。

第九条 督查工作一般按照下达督查通知、组成督查工作组、听取工作介绍、现场督查、交换督查意见、提交督查报告的工作程序组织进行（具体工作流程见附件2）。必要时，也可采取随机抽查、暗访、委托取样试验等辅助形式。

第三章 督查工作要求

第十条 交通运输部根据全国公路建设市场总体情况，在每年第一季度制订年度督查工作计划，明确督查省份和相关要求，统一部署全国公路建设市场督查工作。

省级交通运输主管部门根据本地情况，确定年度督查地区、重点项目和具体要求，制定督查计划并组织实施。

第十一条 督查项目由督查工作组根据督查内容在赴现场前确定。

交通运输部重点督查国家高速公路网等重点建设项目，也可选择其他高速公路或国、省干线公路项目。原则上每省（区、市）选取2个项目，每个项目抽查的合同段一般不少于3个，合同段总数少于3个时选取全部合同段。

第十二条 省级交通运输主管部门应建立督查专家库，并实行动态管理。综合督查工作组专家不宜少于5名；专项督查工作组专家不宜少于3名。对督查专家的选择实行回避制度。督查专家应严格遵守有关规定，执行督查标准，对督查工作负责。

第十三条 督查工作组完成现场督查后，应按照《公路建设市场督查考评表》（详见附件1）对督查内容进行督查评价，督查评价包括行业管理和项目管理两部分内容。

综合督查以被督查地区行业管理和项目管理为评价对象，分别对每个单项工作进行评分，再进行加权综合评价。

专项督查以单项工作为评价对象，分别对行业管理和项目管理进行评价，再进行加权综合评价。

第十四条 督查结束后一周内形成督查报告，交通运输主管部门根据督查报告，形成督查意见书。督查意见书应指出督查中发现的问题，提出问题处理意见及整改要求；对存在重大问题的，应进一步调查核实，依法处理。

第十五条 督查人员应严格遵守中央八项规定、廉政准则和工作纪律，认真执行督查程序和标准。

被督查地区和单位应严格遵守有关规定，不得以任何名义超标准接待，严格控制会议规模和陪检人员、车辆数量等。

第四章 结果处理

第十六条 被督查地区交通运输主管部门负责组织相关单位按督查意见书（或通报）提出的整改要求，在接到督查通报后一个月内，向组织督查的交通运输主管部门提交书面报告。组织督查的交通运输主管部门根据整改情况可适时组织复查，直至达到整改要求。

第十七条 根据督查结果，对管理严格、市场秩序规范、项目实施良好的可给予表扬；对发现的严重违法违规行为，按管理权限依法给予相应处罚。

第十八条 交通运输主管部门应将市场督查所涉及从业单位和人员的相关信息纳入信用管理，在公路建设市场信用信息管理系统中予以记录，并纳入年度信用评价。

第十九条 交通运输主管部门应建立公路建设市场督查情况通报制度，将全年公路建设市场各类督查情况进行通报，对行业管理和项目管理好的经验和做法予以推广，对督查中发现问题多、性质严重的地区、项目和有关从业单位给予通报批评。各省级交通运输主管部门应将年度督查工作情况报交通运输部。

第二十条 交通运输主管部门将年度督查情况，以及在督查中发现的违法违规行为和处理结果等相关信息，通过信用信息平台或媒体向社会公开。

第五章 附 则

第二十一条 各省级交通运输主管部门应根据督查工作需要，落实责任单位、人员和工作经费，确保督查工作效果。

第二十二条 各省级交通运输主管部门可依照本规则，制定本地区公路建设市场督查工作规则。

第二十三条 本规则由交通运输部负责解释。

第二十四条 本规则自发布之日起施行，原《公路建设市场督查工作规则》（交公路发〔2012〕210号）同时废止。

附件1

公路建设市场督查考评表

（　　）省（区、市）

考评总分：_____

督查工作组负责人：_____

填表时间：_____年_____月_____日

中华人民共和国交通运输部　印制

建设市场管理考评表

附表 1-1

项目名称：　　　　　　项目法人：　　　　　　主管部门：　　　　　　填表人：　　　　　　日期：

序号	考评对象	考评子项	考评内容	分值	评分标准	得分	备注
1	行业管理（基准分100分，实得分：　　）	市场主体资格（40分）	是否执行国家、部设定的统一市场准入条件。市场准入条件设置是否带有地方保护性质，是否对符合准入条件的从业单位和人员有歧视政策或行为	20	未执行国家、部设定的统一市场准入条件扣5分/项处。发现地方保护性条款或其他不公平条款扣5分/项		
2			项目法人是否符合标准，是否将项目法人的组织管理机构情况进行备案管理	10	项目法人不符合标准扣5分，未将项目法人组织机构情况进行备案扣5分/项目		
3			是否通过信用信息管理系统对市场主体实施动态监管	10	未使用信用信息系统进行管理扣10分，信息录入、发布不及时，不准确扣2分/项		
4		动态监管（60分）	是否按要求制定市场管理规章制度	15	未按国家、部有关规定建立健全市场准入、招标投标、信用管理体系、分包管理等相关制度的扣5分/项		
5			是否整改落实近2年部、省督查对违规行为的处理意见	15	未进行整改落实，无整改落实报告的扣3分/次；整改不到位的扣5分/项		
6			是否依法实行公路建设市场退出机制	10	未按规定对被处罚从业单位限制在本地区的从业活动扣5分/项		
7			对近2年出现的工程转包、违法分包、出借资质、围标串标等违规行为是否依法进行查处	20	未按规定查处的扣4分/项次		
8	项目管理（基准分100分，实得分：　　）	从业单位资格（15分）	是否对从业单位资质资格进行严格检查	15	从业单位不具备相应质资格扣10分/家		
9		从业人员资格（35分）	是否对从业人员资格进行严格检查	35	从业人员不具备相应资格扣5分/人		
10		从业行为管理（50分）	是否建立健全从业单位管理相关规章制度	15	未按国家、部有关规定或项目合同约定建立健全相关制度的扣3分/项		
11			是否对从业违规行为按合同约定进行处罚	15	未按合同约定对违规行为进行处罚扣5分/次		
12			对上级有关部门监督执法单位监督检查发现的市场管理问题是否整改落实	20	相关检查问题无整改落实报告的扣5分/项次		

建设程序执行考评表

附表 1-2

项目名称：_____ 项目法人：_____ 主管部门：_____ 填表人：_____ 日期：_____

序号	考评对象	考评子项	考评内容	分值	评分标准	得分	备注
1	行业管理（基准分100分，实得分：____）	基本建设程序履行（30分）	是否严格执行可行性研究、初步设计、施工图设计、施工许可等程序及土地、环保等报批手续程序，是否对项目法人的建设程序进行严格监督	30	项目开工前基本建设程序缺少任一项扣5分，缺少土地、环保等报批手续任一项扣5分，未对项目基本建设程序进行监督检查扣10分		
2		标准执行（20分）	设计批复、施工许可、验收等是否符合国家和行业标准规定；项目是否严格执行公路工程技术标准	20	各环节不符合有关强制性标准规定的扣5分/项；项目未严格执行有关强制性标准要求的扣5分/项		
3		施工图设计审批（10分）	是否按管理权限及时对施工图设计文件进行审查	10	未及时对施工图设计文件进行审查扣5分/项		
4		设计变更和造价管理（20分）	是否制定严格的设计变更管理规定，是否严格执行设计变更文件的审查、批复和上报程序；造价管理是否严格规范；是否存在借设计变更虚报、增加工程量，用设计变更掩盖工程质量问题	15	未制定设计变更相关规定扣5分，未严格执行设计变更回复、审查、批复或上报程的扣2分/项；未按造价管理规定制度实施的扣2分/项；存在借设计变更虚报、增加工程有效造价管理的扣2分/项；存在借设计变更掩盖工程质量、用设计变更掩盖工程质量问题扣5分/项		
5			是否对项目法人设计变更进行检查并督促整改有关问题	5	未对项目法人进行检查扣5分/项，发现有关问题未督促整改落实到位扣2分/项		
6		项目验收（20分）	是否按规定及时组织或报请项目验收	20	未按规定及时组织验收的扣5分/项，未按规定报请验收的扣10分/项，未验收即通车运营的扣20分		
7	项目管理（基准分100分，实得分：____）	项目管理机构（10分）	项目管理机构及人员配备是否符合规定，责任明确，建立了相关管理制度	10	机构设置不健全扣3分/项，人员配备不足扣5分/项，管理制度不健全扣2分/项		

续上表

序号	考评对象	考评子项	考 评 内 容	分值	评 分 标 准	得分	备注
8	项目管理（基准分100分）	基本建设程序履行（20分）	是否严格执行可行性研究、初步设计、施工图设计批复、施工许可等程序	20	缺项或未批先建扣20分，任一环节顺序倒置扣10分		
9		标准执行（20分）	设计批复、施工许可、验收等是否符合国家和行业标准规定；项目是否严格执行公路工程技术标准	20	各环节不符合有关标准规定的扣4分/项；项目未严格执行有关标准要求的扣4分/项		
10		施工图设计审查（10分）	是否组织对施工图设计文件进行审查	5	未组织有关专家或者委托有相应工程咨询或设计资质的单位对施工图文件进行审查扣2分/项		
11			是否按照项目管理隶属关系将施工图设计文件报交通运输主管部门审批	5	未将施工图文件按规定上报交通运输主管部门审批扣5分		
12		施工许可办理（10分）	建设资金是否已经落实，并经交通运输主管部门审计；征地、拆迁手续是否已批准、拆迁基本完成；施工、监理单位是否已依法确定；是否已落实质量和安全的保障措施	10	未履行任一环节进行施工的扣5分/项		
13		设计变更和造价管理（15分）	是否按照了设计变更管理台账；是否按照规定权限、条件和程序审查审批；是否报批准，一般变更或报批准较大、重大设计变更，或存在未经批准先实施变更	10	未建立设计变更管理台账扣5分；未按照规定权限、条件和程序审查审批，重大变更或报批准较大、或存在批准先实施变更，或肢解变更规避审批扣3分/项次		
14			造价管理是否严格规范；是否存在虚列变更项目或虚报工程量，多结算工程款，或用设计变更掩盖施工质量问题	5	未按规定建立造价管理台账，未实施有效造价管理的扣2分/项；存在虚列变更项目或虚报工程量，多结算工程款，或用设计变更掩盖施工质量问题扣3分/项		
15		交竣工验收（15分）	是否按照部《公路工程竣（交）工验收办法》的规定及时组织项目交工验收	10	未按时组织项目交工验收扣5分/项，未过交工验收试运行的扣10分		
16			缺陷责任期后，是否及时组织竣工验收	5	未及时报上级交通运输主管部门进行竣工验收扣2分/项		

招标投标管理考评表

附表1-3

项目名称：_____ 主管部门：_____ 项目法人：_____ 填表人：_____ 日期：_____

序号	考评对象	考评子项	考评内容	分值	评分标准	得分	备注
1	行业管理（基准分100分，实得分：　）	行为监管（60分）	是否建立健全招投标管理制度；是否对投标人或潜在投标人实行歧视政策，是否实行地方保护	20	未建立招投标管理制度扣10分；招标过程中存在歧视政策或未实行地方保护和暗箱操作的扣10分/项		
2			是否对招投标中存在的弄虚作假，串通投标或以行贿等不合法手段谋取中标等行为有效监管	20	对弄虚作假，串通投标或以行贿等不合法手段谋取中标等行为没有履行监管职责扣10分/项		
3			对招投标过程是否存在行政干预，是否对有关投诉及时有效处理	20	存在行政干预招投标行为扣10分/项；未对投诉进行及时有效处理的扣5分/项		
4		程序监督（40分）	招投标资料备案监督是否到位	20	未对投标资料备案进行监督的扣10分/项；资格条件设置等明显不符合国家招投标政策的扣10分/项		
5			对评标专家的管理及抽取监督是否到位	20	未对评标专家进行资格审核、专家培训及动态管理的扣5分/项；专家抽取未进行监督的扣5分		
6	项目管理（基准分100分，实得分：　）	核准事项（5分）	是否执行核准的招标范围，招标组织形式和招标方式；是否存在规避招标或未经审批邀请招标	5	未按核准事项严格执行的扣2.5分/项；存在规避招标或未经审批邀请招标的扣5分		
7		招标条件（5分）	招标时是否具备规定的条件	5	尚未具备条件即开始招标的扣5分		
8		招标程序（25分）	是否按规定将资格预审评结果、招标文件和评标报告报备	5	未按规定报备5分		
9			是否在指定媒介发布招标公告	3	未在指定媒介发布公告的扣3分		
10			资审文件或招标文件出售的时间是否符合规定	3	未在指定媒介发布1.5分/项次		
11			对资审文件或招标文件澄清或修改的时间是否符合规定	3	存在问题扣1.5分/项次		
12			提交资审申请或投标的时间是否符合规定	3			

续上表

序号	考评对象	考评子项	考评内容	分值	评分标准	得分	备注
13	项目管理（基准分100分）	招标程序（25分）	开标时间是否符合规定	2	存在问题扣1分/项次		
14			评标时间是否合理	2			
15			评标结果公示时间是否符合规定	2			
16			签订合同时间是否符合规定	2			
17			是否按规定执行标准招标文件	5	未执行的扣2.5分/项次		
18		资格预审文件和招标文件编制（25分）	是否详细列明全部审查因素和标准、废标条款明确	4			
19			是否以不合理条件限制或者排斥潜在投标人	4	存在任何一项问题的该考评子项得分为0		
20			是否合理设置资质、人员、业绩等条件	4			
21			评标办法分值设置是否符合规定	4			
22			是否存在其他问题	4	存在问题酌情扣1~4分		
23		清标评标（25分）	清标结果是否有倾向性、不公正、遗漏和重大偏差	5	存在任何一项问题的该考评子项得分为0		
24			是否按照资审文件或招标文件规定的标准和方法进行评审	4			

续上表

序号	考评对象	考评子项	考评内容	分值	评分标准	得分	备注
25	项目管理 (基准分100分)	清标评标 (25分)	资审评委员会或评标委员会组建及人员组成是否符合规定	4	存在问题扣2分/项次		
26			评委打分是否公正	4			
27			资审评或评标是否有遗漏和重大偏差	4			
28			是否存在其他问题	4			
29		定标	是否在评标委员会推荐的中标候选人以外确定中标人	5	未按规定确定中标人的本表总分为0		
30		签订合同 (5分)	是否按招标文件和投标文件订立合同	5	未按规定订立合同扣5分		
31		招标代理监管 (5分)	是否对招标代理进行了有效监督、管理	5	招标代理资质、合同订立存在问题每项扣1分,过程管理及评价措施不到位的每项扣1.5分		
32		投诉及问题处理 (5分)	是否对招投标过程中的投诉及反映的问题进行及时有效处理	5	未及时进行处理的,扣2分/项		
33		其他	有违反招投标相关法规的其他内容		酌情扣1~10分		

附表1-4

信用建设管理考评表

项目名称：_____ 项目法人：_____ 主管部门：_____ 填表人：_____ 日期：_____

序号	考评对象	考评子项	考评内容	分值	评分标准	得分	备注
1	行业管理（基准分100分，实得分：____）	制度体系（20分）	是否按照部信用信息管理办法和评价规则制定实施办法或细则等配套制度	8	无配套管理办法扣8分，管理办法操作性不强扣4分		
2			管理制度是否符合统一原则和框架	4	与统一原则不符扣4分		
3			是否建立公路建设市场的信用管理体系，涵盖设计、施工、监理等单位信用评价	8	管理体系缺少设计、施工、监理扣4分/项		
4		信用监管与应用（35分）	是否落实信用管理专门机构、专职人员；信用管理记录是否齐备完善	10	未设置信用管理专门机构的扣5分，专职人员不能满足工作要求扣2分；信用管理记录资料缺失扣5分，资料不全、不完善扣2分/项次		
5			是否严格落实信用评价公示、复议制度	10	未落实信用评价公示、复议制度扣5分/项		
6			是否将从业单位和主要从业人员的信用记录应用于公路建设项目招投标资格审查和评标工作	15	未将信用结果在资格审查或评标中应用的扣15分。信用记录应用不准确、不全面，应用不合理扣3分/项次		
7		平台建设与维护（15分）	部级平台企业信息录入与变更审核	6	未进行企业信息录入与变更审核不及时扣3分/项次或录入不及时扣1分/项次		
8			建立省级平台并运行	4	未建立省级平台扣4分		
9			省级平台信息维护	2	省级平台信息更新、发布等维护不及时扣2分		
10			与部级平台互联互通	3	未与部级平台互联互通扣3分		

· 44 ·

续上表

序号	考评对象	考评子项	考评内容	分值	评 分 标 准	得分	备注
11	行业管理（基准分100分）	信用台账管理（15分）	建立信用管理台账	4	未建立信用管理台账扣4分；台账信息不准确、不全面扣1分/项次		
12			信用台账及时更新	3	台账更新不及时扣3分		
13			实行电子化管理台账	4	未实行电子化管理台账扣4分		
14			台账情况及时公示或告知相关主体	4	未及时将台账情况公示或告知相关媒体扣4分		
15		信用评价工作（15分）	评价基础信息全面、准确	4	基础信息不全面、不准确扣2分/项次		
16			正确运用评价规则	3	评价规则运用不规范扣1分/次		
17			按时完成信用评价工作	4	未按时完成信用评价工作扣2分/次		
18			执行公示、公告制度	4	未执行公示、公告制度扣4分		
19		加分项	对招标代理、项目法人、代建单位、咨询单位等进行信用管理		有的每项加4分		
20	项目管理（基准分100分，实得分：____）	机构人员（10分）	设置专职人员	5	未设置专职人员扣5分		
21			工作人员业务水平	5	工作人员业务水平不熟练扣5分/人		
22		平台维护（15分）	部、省平台项目信息录入及维护	15	未按照规定时间或未在一周内录入维护扣3分/项次		

续上表

序号	考评对象	考评子项	考评内容	分值	评分标准	得分	备注
23	项目管理（基准分100分）	台账管理（25分）	建立信用管理台账	10	未建立台账扣10分		
24			台账及时更新	5	一周内未及时更新的1分/项次		
25			实行电子化管理台账	5	未实现电子台账管理的扣3分；实现简单电脑登记管理的扣2分；以具备统计汇总等功能软件管理的扣1分；实现与部省平台实时链接的不扣分		
26			台账情况及时公示或告知相关主体	5	未按照规定公示或告知的在一周内公示或告知的扣2分；定期公示或告知的扣1分；实时公示或告知的不扣分		
27		评价工作（30分）	基础信息全面、准确	10	基础信息错漏的扣1分/项次		
28			正确运用评价规则	15	未正确运用评价规则（如与部评分规则、违规设置加分项，对不同从业单位评价标准不一致等）扣3分/项次		
29			按时完成信用评价工作	5	未按规定时间完成评价工作的5分		
30		结果应用（20分）	评价结果在项目招投标、履约监管等方面得以应用	20	未应用的扣20分。信用记录应用不准确，不全面，应用不合理扣3分/项次		

· 46 ·

合同履约管理考评表

项目名称：_____ 参建单位：_____ 项目法人：_____ 填表人：_____ 日期：_____ 附表 1-5

序号	考评对象	考评子项	考评内容	分值	评分标准	得分	备注
1	项目法人 项目管理 （基准分：100分，实得分：___） （基准分：100分，实得分：___）	组织管理（10分）	派驻现场的建设管理机构、管理人员是否符合有关要求	8	未按要求建立管理机构的扣5分，管理人员不符合要求扣1分/人		
2			是否及时向行业主管部门上报组织机构、管理人员等	2	未上报扣2分		
3		履约能力（10分）	主要管理人员是否履行约定	10	人员履约率低于70%扣5分/项，未履行变更手续扣2分/人		
4		施工工期计划（12分）	项目法人应当合理确定建设工期并报主管部门备案，严格按照合同工期组织项目建设	4	合同工期未经主管部门备案的扣4分		
5			除特殊情况外，项目法人不得随意要求变更合同工期，合同工期更改需报主管部门审批	8	任意压缩或拖延合同工期扣4分，合同工期更改未经审批扣8分		
6			是否建立工程变更管理台账对变更进行有效管理	3	没有台账扣3分，管理混乱扣2分		
7		设计变更管理（16分）	设计变更方案是否合理，是否存在虚列变更项目或虚报工程量，多结算工程款，或用设计变更掩盖施工质量问题	10	设计变更方案不合理扣4分/项；存在虚列变更项目或虚报工程量，多结算工程款，或用设计变更掩盖施工质量问题扣4分/项		
8			造价控制是否合理、有效	3	造价未控制在规定范围内扣3分		
9		分包管理（5分）	对合法的分包申请进行审核备案	5	没有对分包申请进行审核的扣5分，没有进行备案的扣2分/家；存在转包和违法分包扣5分		

续上表

序号	考评对象		考评子项	考评内容	分值	评分标准	得分	备注
10	项目管理（基准分100分）	项目法人（基准分100分）	标准化管理（5分）	是否制定并执行施工标准化及考核评价制度	5	未制定扣3分，未开展考核评价工作扣3分/项		
11			质量安全管理（12分）	是否按规定落实质量和安全生产的责任制	4	未建立落实质量保证体系、质量管理制度、安全生产管理制度和应急预案，扣2分/项		
12				是否落实安全工作检查，并督促施工、监理单位就质量安全问题进行排查、整改	4	未进行质量安全检查工作扣4分，督促质量安全问题整改不到位扣1分/项		
13				是否发生过工程质量与安全生产事故，事故后是否有针对性措施防范类似问题	4	发生重大及以上质量安全事故扣4分；发生较大或一般安全事故扣3分；发生一般质量事故扣2分。事故后未建立针对性措施防范类似问题本项得分为0		
14			资金拨付（10分）	是否按照合同约定和工程进度及时支付工程款，是否拖欠征地拆迁费用	5	超前或未及时支付工程款扣3分/次，未及时支付征地拆迁费用扣2分/次		
15				是否按照规定的期限及时退还保证金，办理工程结算	5	拖欠保证金扣5分/次，未及时办理工程结算扣3分/次		
16			财务管理（10分）	是否建立健全财务管理机构和财务管理制度	5	财务管理机构和财务管理制度不健全扣5分		
17				对农民工工资支付是否有效监管	5	对农民工工资支付无监管办法扣5分，监管不到位扣3分		
18			项目审计（5分）	是否按要求开展项目审计工作，及时处理审计问题	5	未按要求开展项目审计工作扣5分，审计问题未处理扣3分/项		

续上表

序号	考评对象		考评子项	考评内容	分值	评分标准	得分	备注
19	项目管理（基准分100分）	项目法人（基准分100分）	信息公开（5分）	是否按照信息公开要求及时公开项目建设相关信息	5	未及时公开项目建设信息扣1分/项次		
20			履约能力（20分）	是否按照合同约定组织施工、管理和技术人员及施工设备及时到位，以满足工程需要	15	人员履约率低于70%扣8分，主要管理和技术人员、主要设备不符合合同约定扣2分/人、台		
21				主要管理人员变更是否履行规定的变更手续	5	未履行变更手续扣2分/人		
22			工期计划（10分）	除特殊情况外，施工单位应按照合同工期完成工程项目	10	无故拖延合同工期扣10分		
23			工程变更及造价控制（25分）	设计变更方案、工程量、造价是否合理，是否虚列变更项目或虚报工程量，多结算工程款，或采用设计变更掩盖施工质量问题	15	设计变更不合理扣5分，虚列变更项目或虚报工程量，多结算工程款，或采用设计变更掩盖施工质量问题扣5分/项次		
24				设计变更是否及时上报，是否未经批准先实施	5	设计变更上报不及时，未批先干扣3分/项		
25				造价控制是否控制在规定范围内	5	造价未控制在规定范围内扣3分/项		
26		施工单位（基准分100分，实得分：　　）	分包管理（20分）	分包的工程项目和分包队伍的选择应符合该合同要求和有关规定，分包工程禁止再分包转包	15	分包的工程项目不符合规定扣10分/次。分包队伍不符合规定5分/次。二次分包或转包本项得分为0		
27				分包工程是否按规定报监理、业主批准、备案	5	分包工程分包队伍未报监理、业主审批扣5分		
28			标准化管理（5分）	是否推行了标准化工地建设	5	标准化建设没有推行扣5分/处，不合格扣1分/处		
29			质量安全管理（10分）	是否按规定建立落实质量和安全生产的责任制、管理制度	4	未建立质量保证体系、质量管理制度、安全生产管理制度、和应急预案，扣2分/项		
30				现场安全生产管理及防护是否符合规定	3	特种设备检测、使用、管理不符合规定扣1分/项次；危险作业、危险部位、危险物品安全管理措施不到位扣1分/项次；现场防护不到位，存在安全隐患扣1分/项次		

续上表

序号	考评对象	考评子项	考评内容	分值	评分标准	得分	备注
31	项目管理施工单位（基准分100分，实得分：100分）	质量安全管理（10分）	是否发生过工程质量与安全生产事故，事故后是否有针对性措施防范类似问题	3	发生重大及以上质量或安全事故扣3分；发生较大或一般安全事故扣3分；发生一般质量事故扣2分，未建立针对性措施防范类似问题本项得分扣0		
32		资金拨付（10分）	施工单位是否按时支付分包队伍工程款，农民工工资	10	未按时支付分包队伍工程款扣2分/项，未按时支付农民工工资扣1分/人		
33		履约能力（20分）	是否按照合同约定配备监理人员和设备，建立相应的现场监理机构	15	监理机构设置不合理扣5分，人员履约率低于70%扣8分，人员、设备未按时及时到位扣2分/人、台		
34			现场监理人员变更是否履行规定的变更手续	5	未履行变更手续扣2分		
35	项目管理监理单位（基准分100分，实得分：——）	现场监管（30分）	抽检、试验频率是否符合合同要求	8	抽检、试验频率未达到合同要求扣4分/次		
36			监理是否存在超前计量及提前计量现象	7	监理提前计量或超前计量扣4分/次		
37			监理人员是否按监理规范要求进行旁站	8	一般工程未进行旁站扣2分/项，关键工程及隐蔽工程未进行旁站扣4分/项		
38			监理日志记录是否规范	7	未记录监理日志扣4分/人，监理日志记录不规范扣2分/人		
39			是否按规定落实质量和安全生产的责任制度，管理制度	4	未落实质量保证体系、质量管理制度、安全生产管理制度，扣2分/项		
40		质量安全管理（10分）	现场安全生产检查是否符合规定	3	未按规定进行现场安全生产监扣1分/项次		
41			是否发生过工程质量与安全生产事故，事故后是否有针对性措施防范类似问题	3	发生重大及以上质量或安全事故扣3分；发生较大或一般安全事故扣3分；发生一般质量事故扣2分，未建立针对性措施防范类似问题本项得分扣0		

续上表

序号	考评对象		考评子项	考评内容	分值	评分标准	得分	备注
42	项目管理(基准分100分)	监理单位(基准分100分)	工程设计变更(15分)	是否建立工程变更管理台账对变更进行有效管理	5	没有台账扣5分,管理混乱扣3分		
43				设计变更方案、工程量、造价审核是否合理	10	设计变更审核不合理扣3分/项		
44			分包管理(25分)	监理单位是否有分包行为	15	监理分包扣15分		
45				监理单位是否对施工单位提出的分包工程和分包队伍进行审查	10	未审批或审批不当扣5分/次		
46		设计单位(基准分100分,实得分:____)	履约能力(60分)	是否按照合同约定,按期提供勘察设计资料和设计文件。工程实施过程中,设计代表能按照合同约定派驻设计代表,提供设计后续服务	40	未按期提供勘察设计资料和设计文件扣10分/次。未派驻设计代表扣10分/次		
47				现场设计变更是否履行规定的变更手续	20	未履行变更手续扣5分/人		
48			工程设计变更(40分)	设计变更应符合变更程序,且符合国家制定的技术标准和设计规范要求	20	因设计单位原因造成的违规变更,扣5分/次		
49				是否由于设计缺陷造成设计变更	20	原设计与现场严重不符,发生较大及以上设计变更扣10分/项,发生较大以下设计变更5分/项		

注:项目管理权值分配,项目法人权值为3,施工单位为4,监理单位为2,设计单位为1。

公路建设市场督查综合评分方法

督查工作组应按照现场督查情况，依据如下公式计算被督查省份及项目的得分，具体为：

一、行业监管得分

$$Y = \frac{\sum_{i=1}^{n} y_i \times \alpha_i}{\sum_{i=1}^{n} \alpha_i}$$

式中：Y——行业主管部门的行业管理得分；

y_i——第 i 个考评指标得分；

α_i——第 i 个考评指标的权值（建设市场管理权值为 2，建设程序执行权值为 2，招标投标管理权值为 3，信用建设管理权值为 4）；

n——考评指标数。

二、被督查项目得分

$$X = \frac{\sum_{i=1}^{n} x_i \times \beta_i}{\sum_{i=1}^{n} \beta_i}$$

式中：X——被督查项目得分；

x_i——第 i 个考评指标得分；

β_i——第 i 个考评指标的权值（建设市场管理权值为 2，建设程序执行权值为 2，招标投标管理权值为 3，信用建设管理权值为 3，合同履约管理权值为 4）；

n——考评指标数。

三、被督查省份得分

$$Z = Y \times 0.4 + \frac{\sum_{j=1}^{n} X_j}{n} \times 0.6$$

式中：Z——被督查省份得分；

Y——行业主管部门的行业管理得分；

X_j——第 j 个被督查项目得分；

n——督查项目数。

附件2

公路建设市场督查工作程序

一、交通运输主管部门根据年度督查工作计划和各地区公路建设进展情况，确定具体督查地区、工程项目、检查内容、行程安排，向被督查地区下达督查通知，选调督查专家组成督查工作组。

二、被督查地区交通运输主管部门和项目建设单位接到通知后，应准备以下基础资料。

（一）综合督查。

1. 被督查地区交通运输主管部门应提供的资料。

a. 公路建设总体情况；

b. 公路建设法律法规执行情况和配套规章制度建设情况；

c. 基本建设程序履行情况；

d. 市场准入管理和动态监管情况；

e. 信用体系建设及应用情况；

f. 招标投标监管情况；

g. 建设项目监管和违法违规查处情况；

h. 以往检查中发现的有关问题及整改落实总体情况；

i. 行业监管存在问题及好的经验做法。

2. 项目建设单位应提供的资料。

a. 项目概况，包括项目在本省的地理位置图及路线布置图（比例尺1：100000～1：500000）等；

b. 设计、施工、监理等标段划分情况，包括建设、设计、施工与监理等驻地位置、主要工程量、重要结构物位置及名称、构件预制场及拌和场位置等资料（应列表或标于平面图上）；

c. 基本建设程序执行情况；

d. 项目招标投标情况；

e. 项目信用管理情况；

f. 项目合同履约情况（含质量安全部分）；

g. 项目管理制度、办法和资料文件等情况；

h. 项目存在的问题及整改落实情况与好的经验做法。

（二）专项督查。

1. 被督查地区交通运输主管部门针对专项督查内容应提供的资料。

a. 相关工作总体情况；

b. 有关问题及整改落实情况；

c. 行业监管存在问题及好的经验做法。

2. 项目建设单位针对专项督查内容应提供的资料。

a. 项目概况，包括项目在本省的地理位置图及路线布置图（比例尺 1：100000 ～ 1：500000），设计、施工、监理标段划分情况等；

b. 项目相关工作开展情况及经验做法；

c. 项目存在的问题及整改落实情况。

三、督查工作组到达被督查地区后，应组织召开督查工作预备会议，确定抽查合同段、督查内容和时间安排，划分督查工作小组、明确督查工作组成员工作分工，宣布督查工作纪律和廉政要求。被督查地区交通运输主管部门和项目法人应按照通知要求内容，向督查工作组介绍公路建设市场监管情况和项目建设总体情况，明确督查工作协调负责人，做好相关准备。

四、督查工作组应按照督查内容和要求，采取查阅资料、询问核查、巡视现场等方式进行分组检查。必要时，部分工作内容可采取随机抽查、暗访、委托取样试验等形式。

督查工作组成员对被督查省份及项目进行检查记录，在相关督查工作记录表格署名。督查过程中应对存在问题的工程实体和资料进行拍照记录。

五、督查工作组组长召集内部评议会议，各督查小组汇报检查情况和主要问题，并对被督查省份及项目形成初步评价意见。

六、督查工作组应组织召开督查工作反馈会议，与被督查地区交通运输主管部门及相关单位交换意见，被督查地区提出异议的，督查工作组应根据具体情况进行复核，形成最终综合督查意见。

七、督查工作组应在督查结束后 10 个工作日内，向负责组织督查的交通运输主管部门提交书面督查报告及考评表。

关于印发公路工程施工分包管理办法的通知

交公路发〔2011〕685号

各省、自治区、直辖市、新疆生产建设兵团交通厅（局、委），天津市市政公路管理局：

为规范公路工程施工分包活动，加强公路建设市场监管，部组织制定了《公路工程施工分包管理办法》，现印发给你们，请遵照执行。

中华人民共和国交通运输部
二〇一一年十一月二十二日

公路工程施工分包管理办法

第一章 总 则

第一条 为规范公路工程施工分包活动，加强公路建设市场管理，保证工程质量，保障施工安全，根据《中华人民共和国公路法》《中华人民共和国招标投标法》《建设工程质量管理条例》《建设工程安全生产管理条例》等法律、法规，结合公路工程建设实际情况，制定本办法。

第二条 在中华人民共和国境内从事新建、改（扩）建的国省道公路工程施工分包活动，适用本办法。

第三条 公路工程施工分包活动实行统一管理、分级负责。

第四条 鼓励公路工程施工进行专业化分包，但必须依法进行。禁止承包人以劳务合作的名义进行施工分包。

第二章 管理职责

第五条 国务院交通运输主管部门负责制定全国公路工程施工分包管理的规章制度，对省级人民政府交通运输主管部门的公路工程施工分包活动进行指导和监督检查。

第六条 省级人民政府交通运输主管部门负责本行政区域内公路工程施工分包活动的监督与管理工作；制定本行政区域公路工程施工分包管理的实施细则、分包专项类别以及相应的资格条件、统一的分包合同格式和劳务合作合同格式等。

第七条 发包人应当按照本办法规定和合同约定加强对施工分包活动的管理，建立健全分包管理制度，负责对分包的合同签订与履行、质量与安全管理、计量支付等活动监督检查，并建立台账，及时制止承包人的违法分包行为。

第八条 除承包人设定的项目管理机构外，分包人也应当分别设立项目管理机构，对所承包或者分包工程的施工活动实施管理。

项目管理机构应当具有与承包或者分包工程的规模、技术复杂程度相适应的技术、经济管理人员，其中项目负责人和技术、财务、计量、质量、安全等主要管理人员必须是本单位人员。

第三章 分包的条件

第九条 承包人可以将适合专业化队伍施工的专项工程分包给具有相应资格的单位。不得分包的专项工程，发包人应当在招标文件中予以明确。

分包人不得将承接的分包工程再进行分包。

第十条 分包人应当具备如下条件：

（一）具有经工商登记的法人资格；

（二）具有与分包工程相适应的注册资金；

（三）具有从事类似工程经验的管理与技术人员；

（四）具有（自有或租赁）分包工程所需的施工设备。

第十一条 承包人对拟分包的专项工程及规模，应当在投标文件中予以明确。

未列入投标文件的专项工程，承包人不得分包。但因工程变更增加了有特殊性技术要求、特殊工艺或者涉及专利保护等的专项工程，且按规定无须再进行招标的，由承包人提出书面申请，经发包人书面同意，可以分包。

第四章 合同管理

第十二条 承包人有权依据承包合同自主选择符合资格的分包人。任何单位和个人不得违规指定分包。

第十三条 承包人和分包人应当按照交通运输主管部门制定的统一格式依法签订分包合同，并履行合同约定的义务。分包合同必须遵循承包合同的各项原则，满足承包合同中的质量、安全、进度、环保以及其他技术、经济等要求。承包人应在工程实施前，将经监理审查同意后的分包合同报发包人备案。

第十四条 承包人应当建立健全相关分包管理制度和台账，对分包工程的质量、安全、进度和分包人的行为等实施全过程管理，按照本办法规定和合同约定对分包工程的实施向发包人负责，并承担赔偿责任。分包合同不免除承包合同中规定的承包人的责任或者义务。

第十五条 分包人应当依据分包合同的约定，组织分包工程的施工，并对分包工程的质量、安全和进度等实施有效控制。分包人对其分包的工程向承包人负责，并就所分包的工程向发包人承担连带责任。

第五章 行为管理

第十六条 禁止将承包的公路工程进行转包。

承包人未在施工现场设立项目管理机构和派驻相应人员对分包工程的施工活动实施有效管理，并且有下列情形之一的，属于转包：

（一）承包人将承包的全部工程发包给他人的；

（二）承包人将承包的全部工程肢解后以分包的名义分别发包给他人的；

（三）法律、法规规定的其他转包行为。

第十七条 禁止违法分包公路工程。

有下列情形之一的，属于违法分包：

（一）承包人未在施工现场设立项目管理机构和派驻相应人员对分包工程的施工活动实

施有效管理的；

（二）承包人将工程分包给不具备相应资格的企业或者个人的；

（三）分包人以他人名义承揽分包工程的；

（四）承包人将合同文件中明确不得分包的专项工程进行分包的；

（五）承包人未与分包人依法签订分包合同或者分包合同未遵循承包合同的各项原则，不满足承包合同中相应要求的；

（六）分包合同未报发包人备案的；

（七）分包人将分包工程再进行分包的；

（八）法律、法规规定的其他违法分包行为。

第十八条 按照信用评价的有关规定，承包人和分包人应当互相开展信用评价，并向发包人提交信用评价结果。

发包人应当对承包人和分包人提交的信用评价结果进行核定，并且报送相关交通运输主管部门。

交通运输主管部门应当将发包人报送的承包人和分包人的信用评价结果纳入信用评价体系，对其进行信用管理。

第十九条 发包人应当在招标文件中明确统一采购的主要材料及构、配件等的采购主体及方式。承包人授权分包人进行相关采购时，必须经发包人书面同意。

第二十条 为确保分包合同的履行，承包人可以要求分包人提供履约担保。分包人提供担保后，如要求承包人同时提供分包工程付款担保的，承包人也应当予以提供。

第二十一条 承包人与分包人应当依法纳税。承包人因为税收抵扣向发包人申请出具相关手续的，发包人应当予以办理。

第二十二条 分包人有权与承包人共同享有分包工程业绩。分包人业绩证明由承包人与发包人共同出具。

分包人以分包业绩证明承接工程的，发包人应当予以认可。分包人以分包业绩证明申报资质的，相关交通运输主管部门应当予以认可。

劳务合作不属于施工分包。劳务合作企业以分包人名义申请业绩证明的，承包人与发包人不得出具。

第六章 附 则

第二十三条 发包人、承包人或者分包人违反本办法相关条款规定的，法律、法规对处罚机关和处罚方式有相关规定的，依照法律、法规的规定执行；法律、法规未作规定的，由交通运输主管部门给予通报批评、警告、责令改正以及罚款等处罚。

第二十四条 本办法所称施工分包，是指承包人将其所承包工程中的专项工程发包给其他专业施工企业完成的活动。

本办法所称发包人，是指公路工程建设的项目法人或者受其委托的建设管理单位。

本办法所称监理人，是指受发包人委托对发包工程实施监理的法人或者其他组织。

本办法所称承包人，是指由发包人授标，并与发包人签署正式合同的施工企业。

本办法所称分包人，是指从承包人处分包专项工程的专业施工企业。

本办法所称本单位人员，是指与本单位签订了合法的劳动合同，并为其办理了人事、工资及社会保险关系的人员。

本办法所称专项工程是指省级人民政府交通运输主管部门制定的分包资格中的相应工程内容。

第二十五条 除施工分包以外，承包人与他人合作完成的其他以劳务活动为主的施工活动统称为劳务合作。

第二十六条 承包人应当按照合同约定对劳务合作企业的劳务作业人员进行管理。承包人对其所管理的劳务作业人员行为向发包人承担全部责任。劳务作业人员应当具备相应资格，经培训后上岗。

第二十七条 本办法由交通运输部负责解释。

第二十八条 本办法自 2012 年 1 月 1 日起施行。

交通运输部关于印发公路建设市场秩序专项整治行动方案的通知

交公路函〔2015〕144号

各省、自治区、直辖市、新疆生产建设兵团交通运输厅（局、委）：

为进一步规范公路建设市场秩序，落实交通建设领域党风廉政建设和反腐败工作有关要求，交通运输部制定了《公路建设市场秩序专项整治行动方案》，现印发你们，请认真组织实施。

交通运输部
2015年2月28日

公路建设市场秩序专项整治行动方案

为进一步规范公路建设市场秩序,有效遏制和解决公路建设市场招标投标、设计变更等方面的突出问题,交通运输部(以下简称部)决定,在全国范围内开展公路建设市场秩序专项整治行动。

一、指导思想

认真贯彻落实党的十八届三中、四中全会和中纪委五次全会精神,坚持问题导向、标本兼治、着力治本的原则,依法严处扰乱公路建设市场秩序的行为,完善公路建设管理体制机制,落实廉政监督和风险防控措施,加快推进统一开放、竞争有序的市场体系建设,促进公路建设市场健康发展。

二、目标任务

通过专项整治行动,严厉打击和有效遏制围标串标、恶意低价中标、挂靠借用资质等严重违法违规行为;坚决依法查处一批违法违规招标投标、转包、非法分包、违规设计变更等的从业单位;防止和杜绝领导干部违规插手公路建设并谋取不正当利益等腐败行为;总结推广各地有效做法和成功经验,健全规章制度,建立保障公路建设市场良性运转的长效机制。

三、整治范围和内容

本次专项整治行动,以在建和新开工高速公路、普通国省道建设项目为主,涉及公路建设项目法人、招标代理机构、勘察设计、监理、施工、设备材料供应等单位及有关管理机构和人员,重点整治以下突出问题:

(一)招标投标方面。

1. 依法必须招标的项目以化整为零或其他任何方式规避招标,或未经审批进行邀请招标。

2. 投标人与招标人或与其他投标人串通投标。

3. 投标人通过出借资质、借用他人资质投标。

4. 投标人在投标文件中提供虚假的人员、设备、业绩等资料骗取中标,或恶意低价骗取中标。

5. 建设单位在设备材料采购中未依法进行招标,违法指定供应商,或在招标中存在"暗箱操作"行为。

6. 未按有关规定进入公共资源交易市场进行招标投标。

7. 按国家规定可以不招标的小项目、小工程,选择不具备相应资质资格条件的企业或存在权钱交易问题。

（二）转包分包方面。

8. 转包和违法分包。

9. 无资质、超资质承揽工程。

（三）设计变更方面。

10. 建设单位或施工单位未经批准先行实施工程设计变更。

11. 承包人（或与建设单位、监理单位、设计单位等相互串通）在设计变更中虚列变更项目或虚报工程量，多结算工程款，或用设计变更掩盖施工质量问题。

12. 建设单位不按照规定权限、条件和程序审查批准一般变更或报批较大、重大设计变更，或将较大、重大变更肢解规避审批。

（四）资金拨付方面。

13. 建设单位未按合同约定及时向施工单位拨付工程款，严重影响工程进展，或违反规定提前支付工程款，造成重大损失。

14. 拖欠工程款或农民工工资，造成恶劣影响。

15. 在资金拨付环节，利用职权谋取非法利益。

（五）领导干部违规插手工程建设。

16. 领导干部或国家工作人员以打招呼、批条子等方式非法干预招标投标活动，变更法定招标流程，违规干预评标委员会工作或改变评标结果。

17. 领导干部或其配偶、子女、亲属及身边工作人员利用领导干部职务之便或影响，向建设单位或承包人介绍、指定分包队伍、机械设备、材料等。

18. 领导干部或国家工作人员违规干预资金管理、设计变更审批等工作，为承包人或相关机构、人员谋取不正当利益。

四、工作步骤

（一）准备动员阶段（2015年2月20日—2015年4月30日）。

部制定下发《公路建设市场秩序专项整治行动方案》，动员部署专项整治行动；省级交通运输部门和相关单位结合本地情况制定具体工作方案，进一步细化、分解和落实工作任务。省级交通主管部门的整治工作方案应于4月30日前报部公路局。

（二）检查整改阶段（2015年5月1日—2015年12月31日）。

各级交通运输主管部门、各项目建设单位按照方案规定的整治内容进行自我排查，建立排查结果台账，对照台账逐项深入调查，依法处理存在的问题并制定整改措施。

各级交通运输主管部门在项目建设单位自查同时，对在建和新开工的公路建设项目进行重点检查和随机抽查，核查项目建设单位自查结果的真实性和准确性，对重大问题和重大疑点进行复查和延伸检查，对责任单位和人员依法进行惩处。部同时对各级交通运输主管部门、各项目建设单位检查整改工作开展情况进行督查。

省级交通运输主管部门应将检查整改阶段情况形成书面报告，于2015年11月30日前报部，报告应当包括交通运输主管部门履职总体情况、排查结果及整改惩处情况、问题原因分析、下阶段工作打算、好的经验做法等。

（三）复查督导阶段（2016年1月1日—2016年9月30日）。

部根据各省的检查整改报告，选取部分省级交通运输主管部门和项目建设单位进行实地复查，督导省级交通运输主管部门和项目建设单位深入开展专项整治行动，建立长效机制。对整治工作不力的单位进行通报批评，对发现的重大违法违规行为依法处罚，对好的做法进行宣传推广。

（四）总结提高阶段（2016年10月1日—2016年12月31日）。

各地交通运输主管部门和项目建设单位对整治行动进行全面总结。省级交通运输主管部门应于2016年10月31日前将总结报告报部。部将总结2年来的专项整治行动成果，考核专项整治行动成效，表彰在整治行动中表现突出的单位和个人。同时，各地要进一步完善公路建设各项制度，巩固专项行动成果，建立健全长效机制。

五、措施和要求

（一）强化组织领导。各单位要充分认识专项整治行动的重要性，统一思想，加强领导，建立由主管领导负责的组织领导机构，明确责任部门，完善工作机制，细化任务分工，建立责任落实和追究机制，确保整治工作达到预期效果。

（二）健全工作机制。建立健全部门联动、行业监管与纪检监察监督联动机制，采取专项检查和专案督查相结合的方式，加大监督问责力度，为解决各类突出违纪违法行为提供保障。对工作不力的要严肃追究责任，及时予以通报批评；对工作突出、成效显著的地区和个人要进行表扬。部将定期汇总各地开展整治的情况，并予以通报。

（三）准确认定各类违法行为。各地交通运输主管部门在专项整治行动过程中，要按照本次行动方案提出具体实施方案，细化相关内容和标准，准确认定串通投标、转包、违法分包等违法违规行为，做到事实清楚、证据确凿、处罚适当。

（四）创新检查方式和手段。检查可采用随机检查方式，不事先发通知、不提前打招呼，加强检查的随机性、突然性；创新检查手段，积极运用先进检测设备和信息化技术提高检查效率和准确性；对发现的问题要认真核实，确保检查有力度、见深度、出实效。

（五）依法严处违法违规行为。各级交通运输主管部门要坚持"零容忍、严执法"的原则，对认定有串通投标、转包、违法分包及违规设计变更等违法行为的单位和个人，要依法严惩，列入"黑名单"，给予限期不准参加招标投标、吊销资质证书、停止执业、吊销执业证书等相应行政处罚。

（六）充分发挥社会监督作用。各级交通运输主管部门要设立投诉举报电话和电子信箱，并向社会发布。对投诉举报事项要逐一登记，认真查处，注重保护举报人权益。典型违法违规案件和涉案单位、人员，在信用信息平台或新闻媒体上及时曝光。

（七）加强舆论宣传。利用政府网站和各类媒体，大力宣传整治行动的意义、进展情况和取得的成效，为整治行动顺利开展营造良好舆论氛围。

（八）建立健全长效机制。要把监督检查、问题整治、完善制度三者有机结合起来，既要注重解决当前的突出问题，又要注重建立健全长效机制。重点要完善招标投标制度、设计变更管理制度，建立工程项目信息公开制度、交通基础设施建设廉政"黑名单"制度、材料设备阳光采购制度等，加快推动全国统一的公路建设从业单位和从业人员的信用体系建设，规范从业单位和人员市场行为。

交通运输部办公厅关于印发公路水运建设工程围标串标问题治理工作方案的通知

交办公路〔2015〕113号

各省、自治区、直辖市、新疆生产建设兵团交通运输厅（局、委），长江南京以下深水航道建设工程指挥部，部长航局、珠航局、长江口航道管理局，部规划院、科学研究院、水运院、公路院、天科院、大连海事大学、管理干部学院、中国交通通信信息中心、部职业资格中心，部海事局、救捞局：

为进一步规范公路、水运建设市场秩序，严厉打击和遏制围标串标行为，交通运输部制定了《公路水运建设工程围标串标问题治理工作方案》，现印发你们，请认真组织实施。

交通运输部办公厅
2015年7月23日

公路水运建设工程围标串标问题治理工作方案

为进一步规范公路、水运建设市场秩序，严厉打击和遏制围标串标行为，根据交通运输部统一安排和工作部署，制定本工作方案。

一、围标串标的表现形式

围标串标行为已成为当前公路、水运工程建设市场突出问题之一。围标串标行为表现形式复杂，除投标人外，还涉及招标人、招标代理机构、评标专家等单位和人员，其主要表现形式包括：一是投标人之间相互串通投标，一般由一个投标人或法人同时借用多家企业资质投标，有的组成相对固定的投标联盟相互陪标，有的通过与投标人谈判购买投标权进行围标等；二是投标人与招标人之间串通投标，一般为招标人通过预设资格条件、透露招标信息等提高投标人中标概率；三是投标人与评标专家之间串通投标，一般为投标人买通评标专家，评标时通过倾向性评分或对其他投标人废标，谋取中标；四是投标人与招标代理机构串通投标，一般为招标代理机构为投标人预设资质资格条件、透露招标信息等。

产生围标串标的主要原因，一是招标管理混乱，有关单位和人员无视法律规定；二是部分招标代理机构、评标专家、招标人谋取非法利益，不讲诚信，不讲公德，违规操作；三是市场竞争激烈，供需关系失衡；四是监管不到位，对围标串标行为治理失之于宽、失之于软，惩处力度不大。

二、工作目标与步骤

结合"公路建设市场秩序专项整治行动""水运工程与交通支持系统工程招标投标及设计变更行为专项市场检查"，针对围标串标行为进行集中整治和严厉打击，总结推广各地有效做法和经验，健全规章制度，建立预防和治理围标串标的长效机制。

（一）深入研究（2015年7月—8月）。各地交通运输主管部门、部属单位组织建设项目法人、招标代理机构、市场从业企业等主体开展座谈、调研活动，深入了解、掌握围标串标等违法违规行为的手段和形式，结合本地实际与特点，进一步细化工作方案和措施。

（二）组织自查自纠（2015年9月—12月）。各地交通运输主管部门、部属单位、各项目建设单位进行自我排查，建立排查结果台账，对照台账深入调查，依法处理存在的问题并制定整改措施，有关情况及时报部。

（三）开展督导抽查（2016年1月—9月）。部根据各省、部属单位的检查整改报告，选取部分地区、单位和项目进行实地抽查，督导省级交通运输主管部门、部属单位和项目建设管理单位深入开展治理工作，并对治理工作情况进行通报。

（四）总结巩固成果（2016年10月—12月）。各地交通运输主管部门、部属单位和项目建设单位对围标串标问题治理工作进行总结。部全面总结全国治理工作成果，评估治理工作成效，根据各地经验和做法，进一步完善公路、水运工程招标投标各项制度，加快信用体系建设，巩固治理工作成果，健全预防和治理围标串标的长效机制。

三、认定标准与处罚依据

根据《招标投标法》《招标投标法实施条例》等有关法律法规规定，围标串标认定标准如下：

（一）投标人之间相互串通投标：投标人之间协商投标报价等投标文件的实质性内容；投标人之间约定中标人；投标人之间约定部分投标人放弃投标或者中标；属于同一集团、协会、商会等组织成员的投标人按照该组织要求协同投标；投标人之间为谋取中标或者排斥特定投标人而采取的其他联合行动；不同投标人的投标文件由同一单位或者个人编制；不同投标人委托同一单位或者个人办理投标事宜；不同投标人的投标文件载明的项目管理成员为同一人；不同投标人的投标文件异常一致或者投标报价呈规律性差异；不同投标人的投标文件混装；不同投标人的投标保证金从同一单位或者个人的账号转出。

（二）投标人与招标人串通投标：招标人在开标前开启投标文件并将有关信息泄露给其他招标人；招标人直接或者间接向投标人泄露标底、评标委员会成员等信息；招标人明示或者暗示投标人压低或者抬高投标报价；招标人授意投标人撤换、修改投标文件；招标人明示或者暗示投标人为特定投标人中标提供方便；招标人与投标人为谋求特定投标人中标而采取的其他串通行为。

（三）投标人与评标专家串通投标：评标专家未按照统一标准作出废标处理；评标专家未对投标人的相同因素按照统一标准评分。

（四）投标人与招标代理机构串通投标：招标代理机构私自向投标人透露潜在投标人、通过资格审查名单、标底等敏感招标信息；招标代理机构擅自收取投标人或中标候选人佣金。

有以上行为的，按《招标投标法》第五十条、五十二条、五十三条、五十六条，以及《招标投标法实施条例》第六十七条、七十一条、七十二条、八十一条的相关规定，从严处理。按企业信用评价规则相关规定，投标人与招标人或其他投标人串通投标的，其信用等级直接定为D级。

四、主要措施

（一）落实责任、健全机制。要求各地交通运输主管部门、部属单位细化工作方案，明确责任部门，完善工作机制，分解落实任务，加大监督问责力度，对工作不力的严肃追究责任。部定期汇总各地开展治理的情况，并予以通报。

（二）严格界定，严厉打击。按照围标串标行为的认定标准，严格执行《招标投标法》《招标投标法实施条例》的有关规定，依法从严对围标串标企业和人员处以罚款、取消资质资格、追究刑事责任等处罚。通过严厉处罚，促进公路水运建设市场健康发展。

（三）改革招标投标相关制度。改进资格审查方式，公路水运工程建设项目宜采用资格后审方式。采取资格预审的项目，尽可能采用合格制。采用双信封形式密封投标文件，使得投标人无法确定能够通过"商务文件和技术文件"评审的投标人名单，难以形成围标串标利益团体。探索招标标段随机分配的新方式，提高投标人围标串标难度和成本。鼓励采用电子招标投标，通过企业专业电子账号管理，预防从业企业出借借用资质围标串标。要求评标委员会对是否存在围标串标行为进行专门评审，并在评标报告中明示。

（四）加强信用引导，增强行业自律。加快推进公路、水运建设市场信用体系建设，加大从业企业及人员信用信息的采集和应用力度，充分发挥信息公开和信用评价作用，按照《公路建设市场信用信息管理办法》《水运工程建设市场信用信息管理办法（试行）》和从业企业信用评价规则，及时公开围标串标企业的不良行为记录，及时调整其信用等级。充分发挥行业协会作用，增强从业企业、人员的自律，规范、约束从业企业和个人行为。

（五）加大信息公开力度，发挥社会监督作用。推行对资格审查、开标以及评标全过程录音录像的"三记录"制度，形成对招标人、招标代理机构、评标专家、评标监督人员行为的监督机制，减少其参与围标串标的可能性。设立举报电话和电子信箱，并向社会发布。对投诉举报事项逐一登记，认真查处，注重保护举报人权益。典型违法违规案件和涉案单位、人员，在信用信息平台或新闻媒体上及时曝光。

（六）实行重大案件督办制度。对治理工作中发现的情节严重、影响恶劣的重大围标串标违法案件实施挂牌督办，督促有关交通运输主管部门、部属单位对违法案件进行查处，并对查处情况进行通报。

交通运输部关于印发公路水运建设工程设计变更违规行为治理工作方案的通知

交水函〔2015〕573号

各省、自治区、直辖市、新疆生产建设兵团交通运输厅（局、委），长江南京以下深水航道建设工程指挥部，部长航局、珠航局、长江口航道管理局，部规划院、科学研究院、水运院、公路院、天科院、大连海事大学、管理干部学院、中国交通通信信息中心、部职业资格中心，部海事局、救捞局：

为保障公路水运工程质量安全，维护社会公共利益和市场主体合法权益，有效遏制和解决公路水运建设工程设计变更方面的突出问题，深入推进工程建设领域廉政建设和风险防控机制建设，交通运输部制定了《公路水运建设工程设计变更违规行为治理工作方案》，现印发你们，请认真组织实施。

（此件公开发布）

交通运输部
2015年8月6日

公路水运建设工程设计变更违规行为治理工作方案

为保障公路水运工程质量安全，维护社会公共利益和市场主体合法权益，有效遏制和解决公路水运建设工程设计变更方面的突出问题，深入推进工程建设领域廉政建设和风险防控机制建设，根据交通运输部关于2015年交通运输行业难点问题治理有关要求，制定本方案。

一、工作目标

结合部组织开展的公路建设市场秩序专项整治行动、水运工程及交通支持系统工程招投标及设计变更行为专项市场检查，深入查找公路、水运建设工程设计变更方面问题，依法查处违规行为，总结成功经验和好的做法，健全相关管理制度，提升建设管理水平。

二、工作任务

本次工作的重点治理内容为公路、水运建设工程设计变更方面的突出问题，具体包括：

（一）设计单位未认真执行工程建设强制性标准，设计文件存在错、碰、漏、缺等问题，因设计原因导致发生重大设计变更。

（二）建设单位设计变更管理制度缺失，不按照规定履行设计变更程序或肢解较大、重大变更规避审批等。

（三）通过设计变更虚列变更项目或虚报工程量、多结算工程款谋取私利等行为。

（四）通过设计变更掩盖工程质量问题等行为。

（五）其他违反相关规定的行为。

三、工作步骤

（一）工作部署。2015年8月底前，省级交通运输主管部门和部属单位按照《公路建设市场秩序专项整治行动方案》《交通运输部关于开展水运工程与交通支持系统工程招标投标及设计变更行为专项市场检查的通知》和本工作方案，制定具体工作方案。

（二）自查自纠。2015年12月底前组织本辖区、本系统公路工程、水运工程与交通支持系统工程项目建设单位自查，建立排查结果台账，针对存在问题制定整改措施，严格整改。

（三）重点检查与抽查。2016年1—4月份，省级交通运输主管部门和部海事局、救捞局、长航局在项目建设单位自查的基础上，开展重点检查与随机抽查工作，摸清设计变更违规行为主要表现形式和手段，深入分析问题根源，对违规行为进行处理，提出解决途径和措施，形成本省或本系统设计变更违规行为治理工作报告并报部。2016年5—9月份，部根据各省和部海事局、救捞局、长航局的治理工作报告，有针对性地选取部分省市、部属单位或项目建设单位进行抽查，主要检查省级交通运输主管部门与部属单位治理工作开展情况、项目建设单位自查工作情况等。

（四）总结提高。2016年10—12月份，部对全国治理工作情况进行通报，总结治理工作成果，进一步健全设计变更管理程序，完善相关管理制度，逐步建立设计变更行为管理的长效机制。

四、工作要求

（一）落实责任。各省级交通运输主管部门和部属单位应明确责任部门，完善工作机制，细化任务分工，加大监督问责力度。部将对工作不力的予以通报批评，对工作突出、成效显著的地区和个人进行表扬。

（二）完善设计变更管理制度。2015年底前部将修订完成《港口建设管理规定》《航道建设管理规定》等相关规定，细化设计变更划分标准，明确管理审批流程。各省级交通运输主管部门和部属单位应制定和进一步完善公路、水运建设工程设计变更管理相关规定并严格监管，逐步建立和完善治理公路、水运建设工程设计变更违规行为的长效机制。

（三）推进信用体系建设和行业自律。加快推进公路、水运建设市场信用体系建设，加大从业企业及人员信用信息的采集和应用力度，建立健全公路、水运建设行业守信激励失信惩戒机制；充分发挥行业协会组织和从业企业、人员自律作用，规范、约束从业企业和个人行为。

（四）加大设计变更违规行为处理力度。对项目建设单位设计变更手续不全的限期完善手续；对管理制度不健全、履责不力的单位或部门，进行约谈或通报批评；对通过设计变更虚列变更项目或虚报工程量、多结算工程款谋取私利等违法行为，依法进行严肃处理。

五、工作联系

交通运输部公路局：李培源，电话：010-65292737，邮箱：jsscjgc@163.com；

交通运输部水运局：邹永超，电话：010-65292654，邮箱：sys653@mot.gov.cn。

交通运输部办公厅关于切实做好清理规范公路水运工程建设领域保证金有关工作的通知

交办公路〔2016〕108号

各省、自治区、直辖市、新疆生产建设兵团交通运输厅（局、委）：

为深入贯彻落实《国务院办公厅关于清理规范工程建设领域保证金的通知》（国办发〔2016〕49号），全面清理规范公路水运工程建设领域保证金，切实减轻企业负担，经交通运输部同意，现将有关事项通知如下：

一、**全面清理各类保证金**。各省级交通运输主管部门要按照国务院统一部署，配合住房城乡建设和财政等有关部门，切实开展公路、水运工程建设领域保证金清理工作。对建筑业企业在公路、水运工程建设中需缴纳的保证金，应严格限定在依法依规设立的投标保证金、履约保证金、工程质量保证金和农民工工资保证金（以下统称四项保证金）的范围内。其他保证金一律取消，停止收取。

二、**转变保证金缴纳方式**。对依法保留的投标保证金、履约保证金，从事公路、水运建设的工程企业可以银行保函的方式缴纳，相关行业管理机构、招标人、建设管理单位等不得强制规定或约定以现金形式缴纳。

三、**按时返还保证金**。各省级交通运输主管部门要指导公路、水运建设项目管理单位，全面排查和清理已建和在建公路、水运项目的保证金收取和返还情况。除依法保留的四项保证金外，各地收取的其他保证金，必须在2016年9月底前全部退还到位。对依法保留的保证金，要严格按照相关规定，按期足额返还；逾期未返还的以及超额收取的部分，要制定具体办法，于2016年底前足额退还相关企业，并按约定支付逾期返还违约金。

四、**严格工程履约和质量保证金管理**。履约保证金不得超过中标合同金额的10%，质量保证金不得超过工程价款结算总额的5%。在公路、水运工程项目交工验收合格后，应及时退还工程履约保证金。建设单位应在约定的缺陷责任期满后，及时组织质量鉴定，鉴定合格的应及时返还工程质量保证金。

五、**加强督导检查**。各省级交通运输主管部门要组织有关单位，深入开展保证金专项清理工作督导检查，按期汇总本省（区、市）取消保证金的种类、形式、金额、返还情况，于2016年12月底前将清理工作情况书面专题报部。部将结合市场督查、举报受理等工作情况，对重点省份开展专项督查。对清理工作不力，以及违规收取、拖延返还保证金的单位和有关责任人员，将严格按照有关规定处理。

六、**加强宣传引导**。各省级交通运输主管部门要组织有关单位，加快推进工程建设领域保证金信息公开，公开设立投诉举报电话、电子信箱，鼓励社会公众监督。要健全完善举报投诉查处机制，对公众举报投诉及时进行复核检查。发现违规收取和拖延返还保证金的典型案例，除按照有关规定严肃处理外，要予以集中曝光。

七、完善保证金管理制度。 各省级交通运输主管部门要认真总结这次清理中发现的问题及原因，按照《招标投标法实施条例》《公路工程建设项目招标投标管理办法》《水运工程建设项目招标投标管理办法》等国家法律法规规定，加快制修订本省（区、市）保证金管理的具体办法，进一步规范公路、水运工程建设项目保证金收取，切实发挥保证金在招标投标、合同履约、质量控制、农民工工资支付等方面的监督管理作用。

交通运输部办公厅
2016 年 8 月 12 日

第二部分　招标投标管理

中华人民共和国招标投标法

中华人民共和国主席令第 21 号

第一章 总 则

第一条 为了规范招标投标活动，保护国家利益、社会公共利益和招标投标活动当事人的合法权益，提高经济效益，保证项目质量，制定本法。

第二条 在中华人民共和国境内进行招标投标活动，适用本法。

第三条 在中华人民共和国境内进行下列工程建设项目包括项目的勘察、设计、施工、监理以及与工程建设有关的重要设备、材料等的采购，必须进行招标：

（一）大型基础设施、公用事业等关系社会公共利益、公众安全的项目；

（二）全部或者部分使用国有资金投资或者国家融资的项目；

（三）使用国际组织或者外国政府贷款、援助资金的项目。

前款所列项目的具体范围和规模标准，由国务院发展计划部门会同国务院有关部门制订，报国务院批准。法律或者国务院对必须进行招标的其他项目的范围有规定的，依照其规定。

第四条 任何单位和个人不得将依法必须进行招标的项目化整为零或者以其他任何方式规避招标。

第五条 招标投标活动应当遵循公开、公平、公正和诚实信用的原则。

第六条 依法必须进行招标的项目，其招标投标活动不受地区或者部门的限制。任何单位和个人不得违法限制或者排斥本地区、本系统以外的法人或者其他组织参加投标，不得以任何方式非法干涉招标投标活动。

第七条 招标投标活动及其当事人应当接受依法实施的监督。有关行政监督部门依法对招标投标活动实施监督，依法查处招标投标活动中的违法行为。对招标投标活动的行政监督及有关部门的具体职权划分，由国务院规定。

第二章 招 标

第八条 招标人是依照本法规定提出招标项目、进行招标的法人或者其他组织。

第九条 招标项目按照国家有关规定需要履行项目审批手续的，应当先履行审批手续，取得批准。

招标人应当有进行招标项目的相应资金或者资金来源已经落实，并应当在招标文件中如实载明。

第十条 招标分为公开招标和邀请招标。

公开招标，是指招标人以招标公告的方式邀请不特定的法人或者其他组织投标。

邀请招标，是指招标人以投标邀请书的方式邀请特定的法人或者其他组织投标。

第十一条 国务院发展计划部门确定的国家重点项目和省、自治区、直辖市人民政府确定的地方重点项目不适宜公开招标的，经国务院发展计划部门或者省、自治区、直辖市人民政府批准，可以进行邀请招标。

第十二条 招标人有权自行选择招标代理机构，委托其办理招标事宜。任何单位和个人不得以任何方式为招标人指定招标代理机构。招标人具有编制招标文件和组织评标能力的，可以自行办理招标事宜。任何单位和个人不得强制其委托招标代理机构办理招标事宜。依法必须进行招标的项目，招标人自行办理招标事宜的，应当向有关行政监督部门备案。

第十三条 招标代理机构是依法设立、从事招标代理业务并提供相关服务的社会中介组织。

招标代理机构应当具备下列条件：

（一）有从事招标代理业务的营业场所和相应资金；

（二）有能够编制招标文件和组织评标的相应专业力量；

（三）有符合本法第三十七条第三款规定条件、可以作为评标委员会成员人选的技术、经济等方面的专家库。

第十四条 从事工程建设项目招标代理业务的招标代理机构，其资格由国务院或者省、自治区、直辖市人民政府的建设行政主管部门认定。具体办法由国务院建设行政主管部门会同国务院有关部门制定。从事其他招标代理业务的招标代理机构，其资格认定的主管部门由国务院规定。

招标代理机构与行政机关和其他国家机关不得存在隶属关系或者其他利益关系。

第十五条 招标代理机构应当在招标人委托的范围内办理招标事宜，并遵守本法关于招标人的规定。

第十六条 招标人采用公开招标方式的，应当发布招标公告。依法必须进行招标的项目的招标公告，应当通过国家指定的报刊、信息网络或者其他媒介发布。

招标公告应当载明招标人的名称和地址、招标项目的性质、数量、实施地点和时间以及获取招标文件的办法等事项。

第十七条 招标人采用邀请招标方式的，应当向三个以上具备承担招标项目的能力、资信良好的特定的法人或者其他组织发出投标邀请书。投标邀请书应当载明本法第十六条第二款规定的事项。

第十八条 招标人可以根据招标项目本身的要求，在招标公告或者投标邀请书中，要求潜在投标人提供有关资质证明文件和业绩情况，并对潜在投标人进行资格审查；国家对投标人的资格条件有规定的，依照其规定。

招标人不得以不合理的条件限制或者排斥潜在投标人，不得对潜在投标人实行歧视待遇。

第十九条　招标人应当根据招标项目的特点和需要编制招标文件。招标文件应当包括招标项目的技术要求、对投标人资格审查的标准、投标报价要求和评标标准等所有实质性要求和条件以及拟签订合同的主要条款。

国家对招标项目的技术、标准有规定的，招标人应当按照其规定在招标文件中提出相应要求。

招标项目需要划分标段、确定工期的，招标人应当合理划分标段、确定工期，并在招标文件中载明。

第二十条　招标文件不得要求或者标明特定的生产供应者以及含有倾向或者排斥潜在投标人的其他内容。

第二十一条　招标人根据招标项目的具体情况，可以组织潜在投标人踏勘项目现场。

第二十二条　招标人不得向他人透露已获取招标文件的潜在投标人的名称、数量以及可能影响公平竞争的有关招标投标的其他情况。招标人设有标底的，标底必须保密。

第二十三条　招标人对已发出的招标文件进行必要的澄清或者修改的，应当在招标文件要求提交投标文件截止时间至少十五日前，以书面形式通知所有招标文件收受人。该澄清或者修改的内容为招标文件的组成部分。

第二十四条　招标人应当确定投标人编制投标文件所需要的合理时间；但是，依法必须进行招标的项目，自招标文件开始发出之日起至投标人提交投标文件截止之日止，最短不得少于二十日。

第三章　投　　标

第二十五条　投标人是响应招标、参加投标竞争的法人或者其他组织。

依法招标的科研项目允许个人参加投标的，投标的个人适用本法有关投标人的规定。

第二十六条　投标人应当具备承担招标项目的能力；国家有关规定对投标人资格条件或者招标文件对投标人资格条件有规定的，投标人应当具备规定的资格条件。

第二十七条　投标人应当按照招标文件的要求编制投标文件。投标文件应当对招标文件提出的实质性要求和条件作出响应。

招标项目属于建设施工的，投标文件的内容应当包括拟派出的项目负责人与主要技术人员的简历、业绩和拟用于完成招标项目的机械设备等。

第二十八条　投标人应当在招标文件要求提交投标文件的截止时间前，将投标文件送达投标地点。招标人收到投标文件后，应当签收保存，不得开启。投标人少于三个的，招标人应当依照本法重新招标。

在招标文件要求提交投标文件的截止时间后送达的投标文件，招标人应当拒收。

第二十九条　投标人在招标文件要求提交投标文件的截止时间前，可以补充、修改或者撤回已提交的投标文件，并书面通知招标人。补充、修改的内容为投标文件的组成部分。

第三十条　投标人根据招标文件载明的项目实际情况，拟在中标后将中标项目的部分非主体、非关键性工作进行分包的，应当在投标文件中载明。

第三十一条 两个以上法人或者其他组织可以组成一个联合体，以一个投标人的身份共同投标。

联合体各方均应当具备承担招标项目的相应能力；国家有关规定或者招标文件对投标人资格条件有规定的，联合体各方均应当具备规定的相应资格条件。由同一专业的单位组成的联合体，按照资质等级较低的单位确定资质等级。

联合体各方应当签订共同投标协议，明确约定各方拟承担的工作和责任，并将共同投标协议连同投标文件一并提交招标人。联合体中标的，联合体各方应当共同与招标人签订合同，就中标项目向招标人承担连带责任。

招标人不得强制投标人组成联合体共同投标，不得限制投标人之间的竞争。

第三十二条 投标人不得相互串通投标报价，不得排挤其他投标人的公平竞争，损害招标人或者其他投标人的合法权益。

投标人不得与招标人串通投标，损害国家利益、社会公共利益或者他人的合法权益。

禁止投标人以向招标人或者评标委员会成员行贿的手段谋取中标。

第三十三条 投标人不得以低于成本的报价竞标，也不得以他人名义投标或者以其他方式弄虚作假，骗取中标。

第四章 开标、评标和中标

第三十四条 开标应当在招标文件确定的提交投标文件截止时间的同一时间公开进行；开标地点应当为招标文件中预先确定的地点。

第三十五条 开标由招标人主持，邀请所有投标人参加。

第三十六条 开标时，由投标人或者其推选的代表检查投标文件的密封情况，也可以由招标人委托的公证机构检查并公证；经确认无误后，由工作人员当众拆封，宣读投标人名称、投标价格和投标文件的其他主要内容。

招标人在招标文件要求提交投标文件的截止时间前收到的所有投标文件，开标时都应当当众予以拆封、宣读。

开标过程应当记录，并存档备查。

第三十七条 评标由招标人依法组建的评标委员会负责。

依法必须进行招标的项目，其评标委员会由招标人的代表和有关技术、经济等方面的专家组成，成员人数为五人以上单数，其中技术、经济等方面的专家不得少于成员总数的三分之二。

前款专家应当从事相关领域工作满八年并具有高级职称或者具有同等专业水平，由招标人从国务院有关部门或者省、自治区、直辖市人民政府有关部门提供的专家名册或者招标代理机构的专家库内的相关专业的专家名单中确定；一般招标项目可以采取随机抽取方式，特殊招标项目可以由招标人直接确定。

与投标人有利害关系的人不得进入相关项目的评标委员会；已经进入的应当更换。

评标委员会成员的名单在中标结果确定前应当保密。

第三十八条 招标人应当采取必要的措施，保证评标在严格保密的情况下进行。

任何单位和个人不得非法干预、影响评标的过程和结果。

第三十九条 评标委员会可以要求投标人对投标文件中含义不明确的内容作必要的澄清或者说明，但是澄清或者说明不得超出投标文件的范围或者改变投标文件的实质性内容。

第四十条 评标委员会应当按照招标文件确定的评标标准和方法，对投标文件进行评审和比较；设有标底的，应当参考标底。评标委员会完成评标后，应当向招标人提出书面评标报告，并推荐合格的中标候选人。

招标人根据评标委员会提出的书面评标报告和推荐的中标候选人确定中标人。招标人也可以授权评标委员会直接确定中标人。

国务院对特定招标项目的评标有特别规定的，从其规定。

第四十一条 中标人的投标应当符合下列条件之一：

（一）能够最大限度地满足招标文件中规定的各项综合评价标准；

（二）能够满足招标文件的实质性要求，并且经评审的投标价格最低；但是投标价格低于成本的除外。

第四十二条 评标委员会经评审，认为所有投标都不符合招标文件要求的，可以否决所有投标。

依法必须进行招标的项目的所有投标被否决的，招标人应当依照本法重新招标。

第四十三条 在确定中标人前，招标人不得与投标人就投标价格、投标方案等实质性内容进行谈判。

第四十四条 评标委员会成员应当客观、公正地履行职务，遵守职业道德，对所提出的评审意见承担个人责任。

评标委员会成员不得私下接触投标人，不得收受投标人的财物或者其他好处。

评标委员会成员和参与评标的有关工作人员不得透露对投标文件的评审和比较、中标候选人的推荐情况以及与评标有关的其他情况。

第四十五条 中标人确定后，招标人应当向中标人发出中标通知书，并同时将中标结果通知所有未中标的投标人。

中标通知书对招标人和中标人具有法律效力。中标通知书发出后，招标人改变中标结果的，或者中标人放弃中标项目的，应当依法承担法律责任。

第四十六条 招标人和中标人应当自中标通知书发出之日起三十日内，按照招标文件和中标人的投标文件订立书面合同。招标人和中标人不得再行订立背离合同实质性内容的其他协议。

招标文件要求中标人提交履约保证金的，中标人应当提交。

第四十七条 依法必须进行招标的项目，招标人应当自确定中标人之日起十五日内，向有关行政监督部门提交招标投标情况的书面报告。

第四十八条 中标人应当按照合同约定履行义务，完成中标项目。中标人不得向他人转让中标项目，也不得将中标项目肢解后分别向他人转让。

中标人按照合同约定或者经招标人同意，可以将中标项目的部分非主体、非关键性工作分包给他人完成。接受分包的人应当具备相应的资格条件，并不得再次分包。

中标人应当就分包项目向招标人负责，接受分包的人就分包项目承担连带责任。

第五章　法　律　责　任

第四十九条 违反本法规定，必须进行招标的项目而不招标的，将必须进行招标的项目化整为零或者以其他任何方式规避招标的，责令限期改正，可以处项目合同金额千分之五以上千分之十以下的罚款；对全部或者部分使用国有资金的项目，可以暂停项目执行或者暂停资金拨付；对单位直接负责的主管人员和其他直接责任人员依法给予处分。

第五十条 招标代理机构违反本法规定，泄露应当保密的与招标投标活动有关的情况和资料的，或者与招标人、投标人串通损害国家利益、社会公共利益或者他人合法权益的，处五万元以上二十五万元以下的罚款，对单位直接负责的主管人员和其他直接责任人员处单位罚款数额百分之五以上百分之十以下的罚款；有违法所得的，并处没收违法所得；情节严重的，暂停直至取消招标代理资格；构成犯罪的，依法追究刑事责任。给他人造成损失的，依法承担赔偿责任。

前款所列行为影响中标结果的，中标无效。

第五十一条 招标人以不合理的条件限制或者排斥潜在投标人的，对潜在投标人实行歧视待遇的，强制要求投标人组成联合体共同投标的，或者限制投标人之间竞争的，责令改正，可以处一万元以上五万元以下的罚款。

第五十二条 依法必须进行招标的项目的招标人向他人透露已获取招标文件的潜在投标人的名称、数量或者可能影响公平竞争的有关招标投标的其他情况的，或者泄露标底的，给予警告，可以并处一万元以上十万元以下的罚款；对单位直接负责的主管人员和其他直接责任人员依法给予处分；构成犯罪的，依法追究刑事责任。

前款所列行为影响中标结果的，中标无效。

第五十三条 投标人相互串通投标或者与招标人串通投标的，投标人以向招标人或者评标委员会成员行贿的手段谋取中标的，中标无效，处中标项目金额千分之五以上千分之十以下的罚款，对单位直接负责的主管人员以及其他直接责任人员处单位罚款数额百分之五以上百分之十以下的罚款；有违法所得的，并处没收违法所得；情节严重的，取消其一年至二年内参加依法必须进行招标的项目的投标资格并予以公告，直至由工商行政管理机关吊销营业执照；构成犯罪的，应依法追究刑事责任。给他人造成损失的，依法承担赔偿责任。

第五十四条 投标人以他人名义投标或者以其他方式弄虚作假，骗取中标的，中标无效，给招标人造成损失的，依法承担赔偿责任；构成犯罪的，依法追究刑事责任。

依法必须进行招标的项目的投标人有前款所列行为尚未构成犯罪的，处中标项目金额千分之五以上千分之十以下的罚款，对单位直接负责的主管人员和其他直接责任人员处单位罚款数额百分之五以上百分之十以下的罚款；有违法所得的，并处没收违法所得；情节严重的，取消其一年至三年内参加依法必须进行招标的项目的投标资格并予以公告，直至由工商行政管理机关吊销营业执照。

第五十五条 依法必须进行招标的项目，招标人违反本法规定，与投标人就投标价格、投标方案等实质性内容进行谈判的，给予警告，对单位直接负责的主管人员和其他直接责任人员依法给予处分。

前款所列行为影响中标结果的，中标无效。

第五十六条 评标委员会成员收受投标人的财物或者其他好处的，评标委员会成员或者参加评标的有关工作人员向他人透露对投标文件的评审和比较、中标候选人的推荐以及与评标有关的其他情况的，给予警告，没收收受的财物，可以并处三千元以上五万元以下的罚款，对有所列违法行为的评标委员会成员取消担任评标委员会成员的资格，不得再参加任何依法必须进行招标的项目的评标；构成犯罪的，依法追究刑事责任。

第五十七条 招标人在评标委员会依法推荐的中标候选人以外确定中标人的，依法必须进行招标的项目在所有投标被评标委员会否决后自行确定中标人的，中标无效。责令改正，可以处中标项目金额千分之五以上千分之十以下的罚款；对单位直接负责的主管人员和其他直接责任人员依法给予处分。

第五十八条 中标人将中标项目转让给他人的，将中标项目肢解后分别转让给他人的，违反本法规定将中标项目的部分主体、关键性工作分包给他人的，或者分包人再次分包的，转让、分包无效，处转让、分包项目金额千分之五以上千分之十以下的罚款；有违法所得的，并处没收违法所得；可以责令停业整顿；情节严重的，由工商行政管理机关吊销营业执照。

第五十九条 招标人与中标人不按照招标文件和中标人的投标文件订立合同的，或者招标人、中标人订立背离合同实质性内容的协议的，责令改正；可以处中标项目金额千分之五以上千分之十以下的罚款。

第六十条 中标人不履行与招标人订立的合同的，履约保证金不予退还，给招标人造成的损失超过履约保证金数额的，还应当对超过部分予以赔偿；没有提交履约保证金的，应当对招标人的损失承担赔偿责任。

中标人不按照与招标人订立的合同履行义务，情节严重的，取消其二年至五年内参加依法必须进行招标的项目的投标资格并予以公告，直至由工商行政管理机关吊销营业执照。

因不可抗力不能履行合同的，不适用前两款规定。

第六十一条 本章规定的行政处罚，由国务院规定的有关行政监督部门决定。本法已对实施行政处罚的机关作出规定的除外。

第六十二条 任何单位违反本法规定，限制或者排斥本地区、本系统以外的法人或者其他组织参加投标的，为招标人指定招标代理机构的，强制招标人委托招标代理机构办理招标事宜的，或者以其他方式干涉招标投标活动的，责令改正；对单位直接负责的主管人员和其他直接责任人员依法给予警告、记过、记大过的处分，情节较重的，依法给予降级、撤职、开除的处分。

个人利用职权进行前款违法行为的，依照前款规定追究责任。

第六十三条 对招标投标活动依法负有行政监督职责的国家机关工作人员徇私舞弊、滥用职权或者玩忽职守，构成犯罪的，依法追究刑事责任；不构成犯罪的，依法给予行政处分。

第六十四条 依法必须进行招标的项目违反本法规定，中标无效的，应当依照本法规定的中标条件从其余投标人中重新确定中标人或者依照本法重新进行招标。

第六章 附 则

第六十五条 投标人和其他利害关系人认为招标投标活动不符合本法有关规定的，有权向招标人提出异议或者依法向有关行政监督部门投诉。

第六十六条 涉及国家安全、国家秘密、抢险救灾或者属于利用扶贫资金实行以工代赈、需要使用农民工等特殊情况，不适宜进行招标的项目，按照国家有关规定可以不进行招标。

第六十七条 使用国际组织或者外国政府贷款、援助资金的项目进行招标，贷款方、资金提供方对招标投标的具体条件和程序有不同规定的，可以适用其规定。但违背中华人民共和国的社会公共利益的除外。

第六十八条 本法自 2000 年 1 月 1 日起施行。

中华人民共和国招标投标法实施条例

中华人民共和国国务院令第 613 号

第一章 总 则

第一条 为了规范招标投标活动，根据《中华人民共和国招标投标法》（以下简称招标投标法），制定本条例。

第二条 招标投标法第三条所称工程建设项目，是指工程以及与工程建设有关的货物、服务。

前款所称工程，是指建设工程，包括建筑物和构筑物的新建、改建、扩建及其相关的装修、拆除、修缮等；所称与工程建设有关的货物，是指构成工程不可分割的组成部分，且为实现工程基本功能所必需的设备、材料等；所称与工程建设有关的服务，是指为完成工程所需的勘察、设计、监理等服务。

第三条 依法必须进行招标的工程建设项目的具体范围和规模标准，由国务院发展改革部门会同国务院有关部门制订，报国务院批准后公布施行。

第四条 国务院发展改革部门指导和协调全国招标投标工作，对国家重大建设项目的工程招标投标活动实施监督检查。国务院工业和信息化、住房城乡建设、交通运输、铁道、水利、商务等部门，按照规定的职责分工对有关招标投标活动实施监督。

县级以上地方人民政府发展改革部门指导和协调本行政区域的招标投标工作。县级以上地方人民政府有关部门按照规定的职责分工，对招标投标活动实施监督，依法查处招标投标活动中的违法行为。县级以上地方人民政府对其所属部门有关招标投标活动的监督职责分工另有规定的，从其规定。

财政部门依法对实行招标投标的政府采购工程建设项目的预算执行情况和政府采购政策执行情况实施监督。

监察机关依法对与招标投标活动有关的监察对象实施监察。

第五条 设区的市级以上地方人民政府可以根据实际需要，建立统一规范的招标投标交易场所，为招标投标活动提供服务。招标投标交易场所不得与行政监督部门存在隶属关系，不得以营利为目的。

国家鼓励利用信息网络进行电子招标投标。

第六条 禁止国家工作人员以任何方式非法干涉招标投标活动。

第二章 招 标

第七条 按照国家有关规定需要履行项目审批、核准手续的依法必须进行招标的项目，其招标范围、招标方式、招标组织形式应当报项目审批、核准部门审批、核准。项目审批、核准部门应当及时将审批、核准确定的招标范围、招标方式、招标组织形式通报有关行政监督部门。

第八条 国有资金占控股或者主导地位的依法必须进行招标的项目，应当公开招标；但有下列情形之一的，可以邀请招标：

（一）技术复杂、有特殊要求或者受自然环境限制，只有少量潜在投标人可供选择；

（二）采用公开招标方式的费用占项目合同金额的比例过大。

有前款第二项所列情形，属于本条例第七条规定的项目，由项目审批、核准部门在审批、核准项目时作出认定；其他项目由招标人申请有关行政监督部门作出认定。

第九条 除招标投标法第六十六条规定的可以不进行招标的特殊情况外，有下列情形之一的，可以不进行招标：

（一）需要采用不可替代的专利或者专有技术；

（二）采购人依法能够自行建设、生产或者提供；

（三）已通过招标方式选定的特许经营项目投资人依法能够自行建设、生产或者提供；

（四）需要向原中标人采购工程、货物或者服务，否则将影响施工或者功能配套要求；

（五）国家规定的其他特殊情形。

招标人为适用前款规定弄虚作假的，属于招标投标法第四条规定的规避招标。

第十条 招标投标法第十二条第二款规定的招标人具有编制招标文件和组织评标能力，是指招标人具有与招标项目规模和复杂程度相适应的技术、经济等方面的专业人员。

第十一条 招标代理机构的资格依照法律和国务院的规定由有关部门认定。

国务院住房城乡建设、商务、发展改革、工业和信息化等部门，按照规定的职责分工对招标代理机构依法实施监督管理。

第十二条 招标代理机构应当拥有一定数量的具备编制招标文件、组织评标等相应能力的专业人员。

第十三条 招标代理机构在其资格许可和招标人委托的范围内开展招标代理业务，任何单位和个人不得非法干涉。

招标代理机构代理招标业务，应当遵守招标投标法和本条例关于招标人的规定。招标代理机构不得在所代理的招标项目中投标或者代理投标，也不得为所代理的招标项目的投标人提供咨询。

招标代理机构不得涂改、出租、出借、转让资格证书。

第十四条 招标人应当与被委托的招标代理机构签订书面委托合同，合同约定的收费标准应当符合国家有关规定。

第十五条 公开招标的项目，应当依照招标投标法和本条例的规定发布招标公告、编制招标文件。

招标人采用资格预审办法对潜在投标人进行资格审查的，应当发布资格预审公告、编制资格预审文件。

依法必须进行招标的项目的资格预审公告和招标公告，应当在国务院发展改革部门依法指定的媒介发布。在不同媒介发布的同一招标项目的资格预审公告或者招标公告的内容应当一致。指定媒介发布依法必须进行招标的项目的境内资格预审公告、招标公告，不得收取费用。

编制依法必须进行招标的项目的资格预审文件和招标文件，应当使用国务院发展改革部门会同有关行政监督部门制定的标准文本。

第十六条 招标人应当按照资格预审公告、招标公告或者投标邀请书规定的时间、地点发售资格预审文件或者招标文件。资格预审文件或者招标文件的发售期不得少于5日。

招标人发售资格预审文件、招标文件收取的费用应当限于补偿印刷、邮寄的成本支出，不得以营利为目的。

第十七条 招标人应当合理确定提交资格预审申请文件的时间。依法必须进行招标的项目提交资格预审申请文件的时间，自资格预审文件停止发售之日起不得少于5日。

第十八条 资格预审应当按照资格预审文件载明的标准和方法进行。

国有资金占控股或者主导地位的依法必须进行招标的项目，招标人应当组建资格审查委员会审查资格预审申请文件。资格审查委员会及其成员应当遵守招标投标法和本条例有关评标委员会及其成员的规定。

第十九条 资格预审结束后，招标人应当及时向资格预审申请人发出资格预审结果通知书。未通过资格预审的申请人不具有投标资格。

通过资格预审的申请人少于3个的，应当重新招标。

第二十条 招标人采用资格后审办法对投标人进行资格审查的，应当在开标后由评标委员会按照招标文件规定的标准和方法对投标人的资格进行审查。

第二十一条 招标人可以对已发出的资格预审文件或者招标文件进行必要的澄清或者修改。澄清或者修改的内容可能影响资格预审申请文件或者投标文件编制的，招标人应当在提交资格预审申请文件截止时间至少3日前，或者投标截止时间至少15日前，以书面形式通知所有获取资格预审文件或者招标文件的潜在投标人；不足3日或者15日的，招标人应当顺延提交资格预审申请文件或者投标文件的截止时间。

第二十二条 潜在投标人或者其他利害关系人对资格预审文件有异议的，应当在提交资格预审申请文件截止时间2日前提出；对招标文件有异议的，应当在投标截止时间10日前提出。招标人应当自收到异议之日起3日内作出答复；作出答复前，应当暂停招标投标活动。

第二十三条 招标人编制的资格预审文件、招标文件的内容违反法律、行政法规的强制性规定，违反公开、公平、公正和诚实信用原则，影响资格预审结果或者潜在投标人投标的，依法必须进行招标的项目的招标人应当在修改资格预审文件或者招标文件后重新招标。

第二十四条 招标人对招标项目划分标段的，应当遵守招标投标法的有关规定，不得利用划分标段限制或者排斥潜在投标人。依法必须进行招标的项目的招标人不得利用划分标段规避招标。

第二十五条 招标人应当在招标文件中载明投标有效期。投标有效期从提交投标文件的截止之日起算。

第二十六条 招标人在招标文件中要求投标人提交投标保证金的，投标保证金不得超过招标项目估算价的2%。投标保证金有效期应当与投标有效期一致。

依法必须进行招标的项目的境内投标单位，以现金或者支票形式提交的投标保证金应当从其基本账户转出。

招标人不得挪用投标保证金。

第二十七条 招标人可以自行决定是否编制标底。一个招标项目只能有一个标底。标底必须保密。

接受委托编制标底的中介机构不得参加受托编制标底项目的投标，也不得为该项目的投标人编制投标文件或者提供咨询。

招标人设有最高投标限价的，应当在招标文件中明确最高投标限价或者最高投标限价的计算方法。招标人不得规定最低投标限价。

第二十八条 招标人不得组织单个或者部分潜在投标人踏勘项目现场。

第二十九条 招标人可以依法对工程以及与工程建设有关的货物、服务全部或者部分实行总承包招标。以暂估价形式包括在总承包范围内的工程、货物、服务属于依法必须进行招标的项目范围且达到国家规定规模标准的，应当依法进行招标。

前款所称暂估价，是指总承包招标时不能确定价格而由招标人在招标文件中暂时估定的工程、货物、服务的金额。

第三十条 对技术复杂或者无法精确拟定技术规格的项目，招标人可以分两阶段进行招标。

第一阶段，投标人按照招标公告或者投标邀请书的要求提交不带报价的技术建议，招标人根据投标人提交的技术建议确定技术标准和要求，编制招标文件。

第二阶段，招标人向在第一阶段提交技术建议的投标人提供招标文件，投标人按照招标文件的要求提交包括最终技术方案和投标报价的投标文件。

招标人要求投标人提交投标保证金的，应当在第二阶段提出。

第三十一条 招标人终止招标的，应当及时发布公告，或者以书面形式通知被邀请的或者已经获取资格预审文件、招标文件的潜在投标人。已经发售资格预审文件、招标文件或者已经收取投标保证金的，招标人应当及时退还所收取的资格预审文件、招标文件的费用，以及所收取的投标保证金及银行同期存款利息。

第三十二条 招标人不得以不合理的条件限制、排斥潜在投标人或者投标人。

招标人有下列行为之一的，属于以不合理条件限制、排斥潜在投标人或者投标人：

（一）就同一招标项目向潜在投标人或者投标人提供有差别的项目信息；

（二）设定的资格、技术、商务条件与招标项目的具体特点和实际需要不相适应或者与合同履行无关；

（三）依法必须进行招标的项目以特定行政区域或者特定行业的业绩、奖项作为加分条件或者中标条件；

（四）对潜在投标人或者投标人采取不同的资格审查或者评标标准；

（五）限定或者指定特定的专利、商标、品牌、原产地或者供应商；

（六）依法必须进行招标的项目非法限定潜在投标人或者投标人的所有制形式或者组织形式；

（七）以其他不合理条件限制、排斥潜在投标人或者投标人。

第三章 投　　标

第三十三条 投标人参加依法必须进行招标的项目的投标，不受地区或者部门的限制，任何单位和个人不得非法干涉。

第三十四条 与招标人存在利害关系可能影响招标公正性的法人、其他组织或者个人，不得参加投标。

单位负责人为同一人或者存在控股、管理关系的不同单位，不得参加同一标段投标或者未划分标段的同一招标项目投标。

违反前两款规定的，相关投标均无效。

第三十五条 投标人撤回已提交的投标文件，应当在投标截止时间前书面通知招标人。招标人已收取投标保证金的，应当自收到投标人书面撤回通知之日起 5 日内退还。

投标截止后投标人撤销投标文件的，招标人可以不退还投标保证金。

第三十六条 未通过资格预审的申请人提交的投标文件，以及逾期送达或者不按照招标文件要求密封的投标文件，招标人应当拒收。

招标人应当如实记载投标文件的送达时间和密封情况，并存档备查。

第三十七条 招标人应当在资格预审公告、招标公告或者投标邀请书中载明是否接受联合体投标。

招标人接受联合体投标并进行资格预审的，联合体应当在提交资格预审申请文件前组成。资格预审后联合体增减、更换成员的，其投标无效。

联合体各方在同一招标项目中以自己名义单独投标或者参加其他联合体投标的，相关投标均无效。

第三十八条 投标人发生合并、分立、破产等重大变化的，应当及时书面告知招标人。投标人不再具备资格预审文件、招标文件规定的资格条件或者其投标影响招标公正性的，其投标无效。

第三十九条 禁止投标人相互串通投标。

有下列情形之一的，属于投标人相互串通投标：

（一）投标人之间协商投标报价等投标文件的实质性内容；

（二）投标人之间约定中标人；

（三）投标人之间约定部分投标人放弃投标或者中标；

（四）属于同一集团、协会、商会等组织成员的投标人按照该组织要求协同投标；

（五）投标人之间为谋取中标或者排斥特定投标人而采取的其他联合行动。

第四十条 有下列情形之一的，视为投标人相互串通投标：

（一）不同投标人的投标文件由同一单位或者个人编制；

（二）不同投标人委托同一单位或者个人办理投标事宜；

（三）不同投标人的投标文件载明的项目管理成员为同一人；

（四）不同投标人的投标文件异常一致或者投标报价呈规律性差异；

（五）不同投标人的投标文件相互混装；

（六）不同投标人的投标保证金从同一单位或者个人的账户转出。

第四十一条 禁止招标人与投标人串通投标。

有下列情形之一的，属于招标人与投标人串通投标：

（一）招标人在开标前开启投标文件并将有关信息泄露给其他投标人；

（二）招标人直接或者间接向投标人泄露标底、评标委员会成员等信息；

（三）招标人明示或者暗示投标人压低或者抬高投标报价；

（四）招标人授意投标人撤换、修改投标文件；

（五）招标人明示或者暗示投标人为特定投标人中标提供方便；

（六）招标人与投标人为谋求特定投标人中标而采取的其他串通行为。

第四十二条 使用通过受让或者租借等方式获取的资格、资质证书投标的，属于招标投标法第三十三条规定的以他人名义投标。

投标人有下列情形之一的，属于招标投标法第三十三条规定的以其他方式弄虚作假的行为：

（一）使用伪造、变造的许可证件；

（二）提供虚假的财务状况或者业绩；

（三）提供虚假的项目负责人或者主要技术人员简历、劳动关系证明；

（四）提供虚假的信用状况；

（五）其他弄虚作假的行为。

第四十三条 提交资格预审申请文件的申请人应当遵守招标投标法和本条例有关投标人的规定。

第四章 开标、评标和中标

第四十四条 招标人应当按照招标文件规定的时间、地点开标。

投标人少于3个的，不得开标；招标人应当重新招标。

投标人对开标有异议的,应当在开标现场提出,招标人应当当场作出答复,并制作记录。

第四十五条 国家实行统一的评标专家专业分类标准和管理办法。具体标准和办法由国务院发展改革部门会同国务院有关部门制定。

省级人民政府和国务院有关部门应当组建综合评标专家库。

第四十六条 除招标投标法第三十七条第三款规定的特殊招标项目外,依法必须进行招标的项目,其评标委员会的专家成员应当从评标专家库内相关专业的专家名单中以随机抽取方式确定。任何单位和个人不得以明示、暗示等任何方式指定或者变相指定参加评标委员会的专家成员。

依法必须进行招标的项目的招标人非因招标投标法和本条例规定的事由,不得更换依法确定的评标委员会成员。更换评标委员会的专家成员应当依照前款规定进行。

评标委员会成员与投标人有利害关系的,应当主动回避。

有关行政监督部门应当按照规定的职责分工,对评标委员会成员的确定方式、评标专家的抽取和评标活动进行监督。行政监督部门的工作人员不得担任本部门负责监督项目的评标委员会成员。

第四十七条 招标投标法第三十七条第三款所称特殊招标项目,是指技术复杂、专业性强或者国家有特殊要求,采取随机抽取方式确定的专家难以保证胜任评标工作的项目。

第四十八条 招标人应当向评标委员会提供评标所必需的信息,但不得明示或者暗示其倾向或者排斥特定投标人。

招标人应当根据项目规模和技术复杂程度等因素合理确定评标时间。超过三分之一的评标委员会成员认为评标时间不够的,招标人应当适当延长。

评标过程中,评标委员会成员有回避事由、擅离职守或者因健康等原因不能继续评标的,应当及时更换。被更换的评标委员会成员作出的评审结论无效,由更换后的评标委员会成员重新进行评审。

第四十九条 评标委员会成员应当依照招标投标法和本条例的规定,按照招标文件规定的评标标准和方法,客观、公正地对投标文件提出评审意见。招标文件没有规定的评标标准和方法不得作为评标的依据。

评标委员会成员不得私下接触投标人,不得收受投标人给予的财物或者其他好处,不得向招标人征询确定中标人的意向,不得接受任何单位或者个人明示或者暗示提出的倾向或者排斥特定投标人的要求,不得有其他不客观、不公正履行职务的行为。

第五十条 招标项目设有标底的,招标人应当在开标时公布。标底只能作为评标的参考,不得以投标报价是否接近标底作为中标条件,也不得以投标报价超过标底上下浮动范围作为否决投标的条件。

第五十一条 有下列情形之一的,评标委员会应当否决其投标:

(一)投标文件未经投标单位盖章和单位负责人签字;

(二)投标联合体没有提交共同投标协议;

(三)投标人不符合国家或者招标文件规定的资格条件;

（四）同一投标人提交两个以上不同的投标文件或者投标报价，但招标文件要求提交备选投标的除外；

（五）投标报价低于成本或者高于招标文件设定的最高投标限价；

（六）投标文件没有对招标文件的实质性要求和条件作出响应；

（七）投标人有串通投标、弄虚作假、行贿等违法行为。

第五十二条 投标文件中有含义不明确的内容、明显文字或者计算错误，评标委员会认为需要投标人作出必要澄清、说明的，应当书面通知该投标人。投标人的澄清、说明应当采用书面形式，并不得超出投标文件的范围或者改变投标文件的实质性内容。

评标委员会不得暗示或者诱导投标人作出澄清、说明，不得接受投标人主动提出的澄清、说明。

第五十三条 评标完成后，评标委员会应当向招标人提交书面评标报告和中标候选人名单。中标候选人应当不超过3个，并标明排序。

评标报告应当由评标委员会全体成员签字。对评标结果有不同意见的评标委员会成员应当以书面形式说明其不同意见和理由，评标报告应当注明该不同意见。评标委员会成员拒绝在评标报告上签字又不书面说明其不同意见和理由的，视为同意评标结果。

第五十四条 依法必须进行招标的项目，招标人应当自收到评标报告之日起3日内公示中标候选人，公示期不得少于3日。

投标人或者其他利害关系人对依法必须进行招标的项目的评标结果有异议的，应当在中标候选人公示期间提出。招标人应当自收到异议之日起3日内作出答复；作出答复前，应当暂停招标投标活动。

第五十五条 国有资金占控股或者主导地位的依法必须进行招标的项目，招标人应当确定排名第一的中标候选人为中标人。排名第一的中标候选人放弃中标、因不可抗力不能履行合同、不按照招标文件要求提交履约保证金，或者被查实存在影响中标结果的违法行为等情形，不符合中标条件的，招标人可以按照评标委员会提出的中标候选人名单排序依次确定其他中标候选人为中标人，也可以重新招标。

第五十六条 中标候选人的经营、财务状况发生较大变化或者存在违法行为，招标人认为可能影响其履约能力的，应当在发出中标通知书前由原评标委员会按照招标文件规定的标准和方法审查确认。

第五十七条 招标人和中标人应当依照招标投标法和本条例的规定签订书面合同，合同的标的、价款、质量、履行期限等主要条款应当与招标文件和中标人的投标文件的内容一致。招标人和中标人不得再行订立背离合同实质性内容的其他协议。

招标人最迟应当在书面合同签订后5日内向中标人和未中标的投标人退还投标保证金及银行同期存款利息。

第五十八条 招标文件要求中标人提交履约保证金的，中标人应当按照招标文件的要求提交。履约保证金不得超过中标合同金额的10%。

第五十九条 中标人应当按照合同约定履行义务，完成中标项目。中标人不得向他人转让中标项目，也不得将中标项目肢解后分别向他人转让。

中标人按照合同约定或者经招标人同意，可以将中标项目的部分非主体、非关键性工作分包给他人完成。接受分包的人应当具备相应的资格条件，并不得再次分包。

中标人应当就分包项目向招标人负责，接受分包的人就分包项目承担连带责任。

第五章　投诉与处理

第六十条　投标人或者其他利害关系人认为招标投标活动不符合法律、行政法规规定的，可以自知道或者应当知道之日起 10 日内向有关行政监督部门投诉。投诉应当有明确的请求和必要的证明材料。

就本条例第二十二条、第四十四条、第五十四条规定事项投诉的，应当先向招标人提出异议，异议答复期间不计算在前款规定的期限内。

第六十一条　投诉人就同一事项向两个以上有权受理的行政监督部门投诉的，由最先收到投诉的行政监督部门负责处理。

行政监督部门应当自收到投诉之日起 3 个工作日内决定是否受理投诉，并自受理投诉之日起 30 个工作日内作出书面处理决定；需要检验、检测、鉴定、专家评审的，所需时间不计算在内。

投诉人捏造事实、伪造材料或者以非法手段取得证明材料进行投诉的，行政监督部门应当予以驳回。

第六十二条　行政监督部门处理投诉，有权查阅、复制有关文件、资料，调查有关情况，相关单位和人员应当予以配合。必要时，行政监督部门可以责令暂停招标投标活动。

行政监督部门的工作人员对监督检查过程中知悉的国家秘密、商业秘密，应当依法予以保密。

第六章　法　律　责　任

第六十三条　招标人有下列限制或者排斥潜在投标人行为之一的，由有关行政监督部门依照招标投标法第五十一条的规定处罚：

（一）依法应当公开招标的项目不按照规定在指定媒介发布资格预审公告或者招标公告；

（二）在不同媒介发布的同一招标项目的资格预审公告或者招标公告的内容不一致，影响潜在投标人申请资格预审或者投标。

依法必须进行招标的项目的招标人不按照规定发布资格预审公告或者招标公告，构成规避招标的，依照招标投标法第四十九条的规定处罚。

第六十四条　招标人有下列情形之一的，由有关行政监督部门责令改正，可以处 10 万元以下的罚款：

（一）依法应当公开招标而采用邀请招标；

（二）招标文件、资格预审文件的发售、澄清、修改的时限，或者确定的提交资格预审申请文件、投标文件的时限不符合招标投标法和本条例规定；

（三）接受未通过资格预审的单位或者个人参加投标；

（四）接受应当拒收的投标文件。

招标人有前款第一项、第三项、第四项所列行为之一的，对单位直接负责的主管人员和其他直接责任人员依法给予处分。

第六十五条 招标代理机构在所代理的招标项目中投标、代理投标或者向该项目投标人提供咨询的，接受委托编制标底的中介机构参加受托编制标底项目的投标或者为该项目的投标人编制投标文件、提供咨询的，依照招标投标法第五十条的规定追究法律责任。

第六十六条 招标人超过本条例规定的比例收取投标保证金、履约保证金或者不按照规定退还投标保证金及银行同期存款利息的，由有关行政监督部门责令改正，可以处 5 万元以下的罚款；给他人造成损失的，依法承担赔偿责任。

第六十七条 投标人相互串通投标或者与招标人串通投标的，投标人向招标人或者评标委员会成员行贿谋取中标的，中标无效；构成犯罪的，依法追究刑事责任；尚不构成犯罪的，依照招标投标法第五十三条的规定处罚。投标人未中标的，对单位的罚款金额按照招标项目合同金额依照招标投标法规定的比例计算。

投标人有下列行为之一的，属于招标投标法第五十三条规定的情节严重行为，由有关行政监督部门取消其 1 年至 2 年内参加依法必须进行招标的项目的投标资格：

（一）以行贿谋取中标；

（二）3 年内 2 次以上串通投标；

（三）串通投标行为损害招标人、其他投标人或者国家、集体、公民的合法利益，造成直接经济损失 30 万元以上；

（四）其他串通投标情节严重的行为。

投标人自本条第二款规定的处罚执行期限届满之日起 3 年内又有该款所列违法行为之一的，或者串通投标、以行贿谋取中标情节特别严重的，由工商行政管理机关吊销营业执照。

法律、行政法规对串通投标报价行为的处罚另有规定的，从其规定。

第六十八条 投标人以他人名义投标或者以其他方式弄虚作假骗取中标的，中标无效；构成犯罪的，依法追究刑事责任；尚不构成犯罪的，依照招标投标法第五十四条的规定处罚。依法必须进行招标的项目的投标人未中标的，对单位的罚款金额按照招标项目合同金额依照招标投标法规定的比例计算。

投标人有下列行为之一的，属于招标投标法第五十四条规定的情节严重行为，由有关行政监督部门取消其 1 年至 3 年内参加依法必须进行招标的项目的投标资格：

（一）伪造、变造资格、资质证书或者其他许可证件骗取中标；

（二）3 年内 2 次以上使用他人名义投标；

（三）弄虚作假骗取中标给招标人造成直接经济损失 30 万元以上；

（四）其他弄虚作假骗取中标情节严重的行为。

投标人自本条第二款规定的处罚执行期限届满之日起3年内又有该款所列违法行为之一的，或者弄虚作假骗取中标情节特别严重的，由工商行政管理机关吊销营业执照。

第六十九条 出让或者出租资格、资质证书供他人投标的，依照法律、行政法规的规定给予行政处罚；构成犯罪的，依法追究刑事责任。

第七十条 依法必须进行招标的项目的招标人不按照规定组建评标委员会，或者确定、更换评标委员会成员违反招标投标法和本条例规定的，由有关行政监督部门责令改正，可以处10万元以下的罚款，对单位直接负责的主管人员和其他直接责任人员依法给予处分；违法确定或者更换的评标委员会成员作出的评审结论无效，依法重新进行评审。

国家工作人员以任何方式非法干涉选取评标委员会成员的，依照本条例第八十一条的规定追究法律责任。

第七十一条 评标委员会成员有下列行为之一的，由有关行政监督部门责令改正；情节严重的，禁止其在一定期限内参加依法必须进行招标的项目的评标；情节特别严重的，取消其担任评标委员会成员的资格：

（一）应当回避而不回避；

（二）擅离职守；

（三）不按照招标文件规定的评标标准和方法评标；

（四）私下接触投标人；

（五）向招标人征询确定中标人的意向或者接受任何单位或者个人明示或者暗示提出的倾向或者排斥特定投标人的要求；

（六）对依法应当否决的投标不提出否决意见；

（七）暗示或者诱导投标人作出澄清、说明或者接受投标人主动提出的澄清、说明；

（八）其他不客观、不公正履行职务的行为。

第七十二条 评标委员会成员收受投标人的财物或者其他好处的，没收收受的财物，处3000元以上5万元以下的罚款，取消担任评标委员会成员的资格，不得再参加依法必须进行招标的项目的评标；构成犯罪的，依法追究刑事责任。

第七十三条 依法必须进行招标的项目的招标人有下列情形之一的，由有关行政监督部门责令改正，可以处中标项目金额10‰以下的罚款；给他人造成损失的，依法承担赔偿责任；对单位直接负责的主管人员和其他直接责任人员依法给予处分：

（一）无正当理由不发出中标通知书；

（二）不按照规定确定中标人；

（三）中标通知书发出后无正当理由改变中标结果；

（四）无正当理由不与中标人订立合同；

（五）在订立合同时向中标人提出附加条件。

第七十四条 中标人无正当理由不与招标人订立合同，在签订合同时向招标人提出附加条件，或者不按照招标文件要求提交履约保证金的，取消其中标资格，投标保证金不予退还。对依法必须进行招标的项目的中标人，由有关行政监督部门责令改正，可以处中标项目金额10‰以下的罚款。

第七十五条　招标人和中标人不按照招标文件和中标人的投标文件订立合同，合同的主要条款与招标文件、中标人的投标文件的内容不一致，或者招标人、中标人订立背离合同实质性内容的协议的，由有关行政监督部门责令改正，可以处中标项目金额5‰以上10‰以下的罚款。

第七十六条　中标人将中标项目转让给他人的，将中标项目肢解后分别转让给他人的，违反招标投标法和本条例规定将中标项目的部分主体、关键性工作分包给他人的，或者分包人再次分包的，转让、分包无效，处转让、分包项目金额5‰以上10‰以下的罚款；有违法所得的，并处没收违法所得；可以责令停业整顿；情节严重的，由工商行政管理机关吊销营业执照。

第七十七条　投标人或者其他利害关系人捏造事实、伪造材料或者以非法手段取得证明材料进行投诉，给他人造成损失的，依法承担赔偿责任。

招标人不按照规定对异议作出答复，继续进行招标投标活动的，由有关行政监督部门责令改正，拒不改正或者不能改正并影响中标结果的，依照本条例第八十二条的规定处理。

第七十八条　国家建立招标投标信用制度。有关行政监督部门应当依法公告对招标人、招标代理机构、投标人、评标委员会成员等当事人违法行为的行政处理决定。

第七十九条　项目审批、核准部门不依法审批、核准项目招标范围、招标方式、招标组织形式的，对单位直接负责的主管人员和其他直接责任人员依法给予处分。

有关行政监督部门不依法履行职责，对违反招标投标法和本条例规定的行为不依法查处，或者不按照规定处理投诉、不依法公告对招标投标当事人违法行为的行政处理决定的，对直接负责的主管人员和其他直接责任人员依法给予处分。

项目审批、核准部门和有关行政监督部门的工作人员徇私舞弊、滥用职权、玩忽职守，构成犯罪的，依法追究刑事责任。

第八十条　国家工作人员利用职务便利，以直接或者间接、明示或者暗示等任何方式非法干涉招标投标活动，有下列情形之一的，依法给予记过或者记大过处分；情节严重的，依法给予降级或者撤职处分；情节特别严重的，依法给予开除处分；构成犯罪的，依法追究刑事责任：

（一）要求对依法必须进行招标的项目不招标，或者要求对依法应当公开招标的项目不公开招标；

（二）要求评标委员会成员或者招标人以其指定的投标人作为中标候选人或者中标人，或者以其他方式非法干涉评标活动，影响中标结果；

（三）以其他方式非法干涉招标投标活动。

第八十一条　依法必须进行招标的项目的招标投标活动违反招标投标法和本条例的规定，对中标结果造成实质性影响，且不能采取补救措施予以纠正的，招标、投标、中标无效，应当依法重新招标或者评标。

第七章 附 则

第八十二条 招标投标协会按照依法制定的章程开展活动,加强行业自律和服务。

第八十三条 政府采购的法律、行政法规对政府采购货物、服务的招标投标另有规定的,从其规定。

第八十四条 本条例自 2012 年 2 月 1 日起施行。

关于国务院有关部门实施招标投标活动行政监督的职责分工意见的通知

国办发〔2000〕34号

各省、自治区、直辖市人民政府，国务院各部委、各直属机构：

中央机构编制委员会办公室《关于国务院有关部门实施招标投标活动行政监督的职责分工的意见》已经国务院同意，现印发给你们，请遵照执行。

中华人民共和国国务院办公厅

二〇〇〇年五月三日

关于国务院有关部门实施招标投标
活动行政监督的职责分工的意见

根据《中华人民共和国招标投标法》（以下简称《招标投标法》）和国务院有关部门"三定"规定，现就国务院有关部门实施招标投标（以下简称招投标）活动行政监督的职责分工，提出如下意见：

一、国家发展计划委员会指导和协调全国招投标工作，会同有关行政主管部门拟定《招标投标法》配套法规、综合性政策和必须进行招标的项目的具体范围、规模标准以及不适宜进行招标的项目，报国务院批准；指定发布招标公告的报刊、信息网络或其他媒介。有关行政主管部门根据《招标投标法》和国家有关法规、政策，可联合或分别制定具体实施办法。

二、项目审批部门在审批必须进行招标的项目可行性研究报告时，核准项目的招标方式（委托招标或自行招标）以及国家出资项目的招标范围（发包初步方案）。项目审批后，及时向有关行政主管部门通报所确定的招标方式和范围等情况。

三、对于招投标过程（包括招标、投标、开标、评标、中标）中泄露保密资料、泄露标底、串通招标、串通投标、歧视排斥投标等违法活动的监督执法，按现行的职责分工，分别由有关行政主管部门负责并受理投标人和其他利害关系人的投诉。按照这一原则，工业（含内贸）、水利、交通、铁道、民航、信息产业等行业和产业项目的招标投标活动的监督执法，分别由经贸、水利、交通、铁道、民航、信息产业等行政主管部门负责；各类房屋建筑及其附属设施的建造和与其配套的线路、管道、设备的安装项目和市政工程项目的招投标活动的监督执法，由建设行政主管部门负责；进口机电设备采购项目的招投标活动的监督执法，由外经贸行政主管部门负责。有关行政主管部门须将监督过程中发现的问题，及时通知项目审批部门，项目审批部门根据情况依法暂停项目执行或者暂停资金拨付。

四、从事各类工程建设项目招标代理业务的招标代理机构的资格，由建设行政主管部门认定；从事与工程建设有关的进口机电设备采购招标代理业务的招标代理机构的资格，由外经贸行政主管部门认定；从事其他招标代理业务的招标代理机构的资格，按现行职责分工，分别由有关行政主管部门认定。

五、国家发展计划委员会负责组织国家重大建设项目稽查特派员，对国家重大建设项目建设过程中的工程招投标进行监督检查。

各有关部门要严格依照上述职责分工，各司其职，密切配合，共同做好招投标的监督管理工作。各省、自治区、直辖市人民政府可根据《招标投标法》的规定，从本地实际出发，制定招投标管理办法。

公路工程建设项目招标投标管理办法

中华人民共和国交通运输部令 2015 年第 24 号

第一章 总 则

第一条 为规范公路工程建设项目招标投标活动，完善公路工程建设市场管理体系，根据《中华人民共和国公路法》《中华人民共和国招标投标法》《中华人民共和国招标投标法实施条例》等法律、行政法规，制定本办法。

第二条 在中华人民共和国境内从事公路工程建设项目勘察设计、施工、施工监理等的招标投标活动，适用本办法。

第三条 交通运输部负责全国公路工程建设项目招标投标活动的监督管理工作。

省级人民政府交通运输主管部门负责本行政区域内公路工程建设项目招标投标活动的监督管理工作。

第四条 各级交通运输主管部门应当按照国家有关规定，推进公路工程建设项目招标投标活动进入统一的公共资源交易平台进行。

第五条 各级交通运输主管部门应当按照国家有关规定，推进公路工程建设项目电子招标投标工作。招标投标活动信息应当公开，接受社会公众监督。

第六条 公路工程建设项目的招标人或者其指定机构应当对资格审查、开标、评标等过程录音录像并存档备查。

第二章 招 标

第七条 公路工程建设项目招标人是提出招标项目、进行招标的项目法人或者其他组织。

第八条 对于按照国家有关规定需要履行项目审批、核准手续的依法必须进行招标的公路工程建设项目，招标人应当按照项目审批、核准部门确定的招标范围、招标方式、招标组织形式开展招标。

公路工程建设项目履行项目审批或者核准手续后，方可开展勘察设计招标；初步设计文件批准后，方可开展施工监理、设计施工总承包招标；施工图设计文件批准后，方可开展施工招标。

施工招标采用资格预审方式的，在初步设计文件批准后，可以进行资格预审。

第九条 有下列情形之一的公路工程建设项目，可以不进行招标：

（一）涉及国家安全、国家秘密、抢险救灾或者属于利用扶贫资金实行以工代赈、需要使用农民工等特殊情况；

（二）需要采用不可替代的专利或者专有技术；

（三）采购人自身具有工程施工或者提供服务的资格和能力，且符合法定要求；

（四）已通过招标方式选定的特许经营项目投资人依法能够自行施工或者提供服务；

（五）需要向原中标人采购工程或者服务，否则将影响施工或者功能配套要求；

（六）国家规定的其他特殊情形。

招标人不得为适用前款规定弄虚作假，规避招标。

第十条 公路工程建设项目采用公开招标方式的，原则上采用资格后审办法对投标人进行资格审查。

第十一条 公路工程建设项目采用资格预审方式公开招标的，应当按照下列程序进行：

（一）编制资格预审文件；

（二）发布资格预审公告，发售资格预审文件，公开资格预审文件关键内容；

（三）接收资格预审申请文件；

（四）组建资格审查委员会对资格预审申请人进行资格审查，资格审查委员会编写资格审查报告；

（五）根据资格审查结果，向通过资格预审的申请人发出投标邀请书；向未通过资格预审的申请人发出资格预审结果通知书，告知未通过的依据和原因；

（六）编制招标文件；

（七）发售招标文件，公开招标文件的关键内容；

（八）需要时，组织潜在投标人踏勘项目现场，召开投标预备会；

（九）接收投标文件，公开开标；

（十）组建评标委员会评标，评标委员会编写评标报告、推荐中标候选人；

（十一）公示中标候选人相关信息；

（十二）确定中标人；

（十三）编制招标投标情况的书面报告；

（十四）向中标人发出中标通知书，同时将中标结果通知所有未中标的投标人；

（十五）与中标人订立合同。

采用资格后审方式公开招标的，在完成招标文件编制并发布招标公告后，按照前款程序第（七）项至第（十五）项进行。

采用邀请招标的，在完成招标文件编制并发出投标邀请书后，按照前款程序第（七）项至第（十五）项进行。

第十二条 国有资金占控股或者主导地位的依法必须进行招标的公路工程建设项目，采用资格预审的，招标人应当按照有关规定组建资格审查委员会审查资格预审申请文件。资格审查委员会的专家抽取以及资格审查工作要求，应当适用本办法关于评标委员会的规定。

第十三条 资格预审审查办法原则上采用合格制。

资格预审审查办法采用合格制的，符合资格预审文件规定审查标准的申请人均应当通过资格预审。

第十四条 资格预审审查工作结束后，资格审查委员会应当编制资格审查报告。资格审查报告应当载明下列内容：

（一）招标项目基本情况；

（二）资格审查委员会成员名单；

（三）监督人员名单；

（四）资格预审申请文件递交情况；

（五）通过资格审查的申请人名单；

（六）未通过资格审查的申请人名单以及未通过审查的理由；

（七）评分情况；

（八）澄清、说明事项纪要；

（九）需要说明的其他事项；

（十）资格审查附表。

除前款规定的第（一）、（三）、（四）项内容外，资格审查委员会所有成员应当在资格审查报告上逐页签字。

第十五条 资格预审申请人对资格预审审查结果有异议的，应当自收到资格预审结果通知书后3日内提出。招标人应当自收到异议之日起3日内作出答复；作出答复前，应当暂停招标投标活动。

招标人未收到异议或者收到异议并已作出答复的，应当及时向通过资格预审的申请人发出投标邀请书。未通过资格预审的申请人不具有投标资格。

第十六条 对依法必须进行招标的公路工程建设项目，招标人应当根据交通运输部制定的标准文本，结合招标项目具体特点和实际需要，编制资格预审文件和招标文件。

资格预审文件和招标文件应当载明详细的评审程序、标准和方法，招标人不得另行制定评审细则。

第十七条 招标人应当按照省级人民政府交通运输主管部门的规定，将资格预审文件及其澄清、修改，招标文件及其澄清、修改报相应的交通运输主管部门备案。

第十八条 招标人应当自资格预审文件或者招标文件开始发售之日起，将其关键内容上传至具有招标监督职责的交通运输主管部门政府网站或者其指定的其他网站上进行公开，公开内容包括项目概况、对申请人或者投标人的资格条件要求、资格审查办法、评标办法、招标人联系方式等，公开时间至提交资格预审申请文件截止时间2日前或者投标截止时间10日前结束。

招标人发出的资格预审文件或者招标文件的澄清或者修改涉及前款规定的公开内容的，招标人应当在向交通运输主管部门备案的同时，将澄清或者修改的内容上传至前款规定的网站。

第十九条 潜在投标人或者其他利害关系人可以按照国家有关规定对资格预审文件或者招标文件提出异议。招标人应当对异议作出书面答复。未在规定时间内作出书面答复的，应当顺延提交资格预审申请文件截止时间或者投标截止时间。

招标人书面答复内容涉及影响资格预审申请文件或者投标文件编制的，应当按照有关澄清或者修改的规定，调整提交资格预审申请文件截止时间或者投标截止时间，并以书面形式通知所有获取资格预审文件或者招标文件的潜在投标人。

第二十条 招标人应当合理划分标段、确定工期，提出质量、安全目标要求，并在招标文件中载明。标段的划分应当有利于项目组织和施工管理、各专业的衔接与配合，不得利用划分标段规避招标、限制或者排斥潜在投标人。

招标人可以实行设计施工总承包招标、施工总承包招标或者分专业招标。

第二十一条 招标人结合招标项目的具体特点和实际需要，设定潜在投标人或者投标人的资质、业绩、主要人员、财务能力、履约信誉等资格条件，不得以不合理的条件限制、排斥潜在投标人或者投标人。

除《中华人民共和国招标投标法实施条例》第三十二条规定的情形外，招标人有下列行为之一的，属于以不合理的条件限制、排斥潜在投标人或者投标人：

（一）设定的资质、业绩、主要人员、财务能力、履约信誉等资格、技术、商务条件与招标项目的具体特点和实际需要不相适应或者与合同履行无关；

（二）强制要求潜在投标人或者投标人的法定代表人、企业负责人、技术负责人等特定人员亲自购买资格预审文件、招标文件或者参与开标活动；

（三）通过设置备案、登记、注册、设立分支机构等无法律、行政法规依据的不合理条件，限制潜在投标人或者投标人进入项目所在地进行投标。

第二十二条 招标人应当根据国家有关规定，结合招标项目的具体特点和实际需要，合理确定对投标人主要人员以及其他管理和技术人员的数量和资格要求。投标人拟投入的主要人员应当在投标文件中进行填报，其他管理和技术人员的具体人选由招标人和中标人在合同谈判阶段确定。对于特别复杂的特大桥梁和特长隧道项目主体工程和其他有特殊要求的工程，招标人可以要求投标人在投标文件中填报其他管理和技术人员。

本办法所称主要人员是指设计负责人、总监理工程师、项目经理和项目总工程师等项目管理和技术负责人。

第二十三条 招标人可以自行决定是否编制标底或者设置最高投标限价。招标人不得规定最低投标限价。

接受委托编制标底或者最高投标限价的中介机构不得参加该项目的投标，也不得为该项目的投标人编制投标文件或者提供咨询。

第二十四条 招标人应当严格遵守有关法律、行政法规关于各类保证金收取的规定，在招标文件中载明保证金收取的形式、金额以及返还时间。

招标人不得以任何名义增设或者变相增设保证金或者随意更改招标文件载明的保证金收取形式、金额以及返还时间。招标人不得在资格预审期间收取任何形式的保证金。

第二十五条 招标人在招标文件中要求投标人提交投标保证金的，投标保证金不得超过招标标段估算价的2%。投标保证金有效期应当与投标有效期一致。

依法必须进行招标的公路工程建设项目的投标人，以现金或者支票形式提交投标保证金的，应当从其基本账户转出。投标人提交的投标保证金不符合招标文件要求的，应当否决其投标。

招标人不得挪用投标保证金。

第二十六条 招标人应当按照国家有关法律法规规定，在招标文件中明确允许分包的或者不得分包的工程和服务，分包人应当满足的资格条件以及对分包实施的管理要求。

招标人不得在招标文件中设置对分包的歧视性条款。

招标人有下列行为之一的，属于前款所称的歧视性条款：

（一）以分包的工作量规模作为否决投标的条件；

（二）对投标人符合法律法规以及招标文件规定的分包计划设定扣分条款；

（三）按照分包的工作量规模对投标人进行区别评分；

（四）以其他不合理条件限制投标人进行分包的行为。

第二十七条 招标人应当在招标文件中合理划分双方风险，不得设置将应由招标人承担的风险转嫁给勘察设计、施工、监理等投标人的不合理条款。招标文件应当设置合理的价格调整条款，明确约定合同价款支付期限、利息计付标准和日期，确保双方主体地位平等。

第二十八条 招标人应当根据招标项目的具体特点以及本办法的相关规定，在招标文件中合理设定评标标准和方法。评标标准和方法中不得含有倾向或者排斥潜在投标人的内容，不得妨碍或者限制投标人之间的竞争。禁止采用抽签、摇号等博彩性方式直接确定中标候选人。

第二十九条 以暂估价形式包括在招标项目范围内的工程、货物、服务，属于依法必须进行招标的项目范围且达到国家规定规模标准的，应当依法进行招标。招标项目的合同条款中应当约定负责实施暂估价项目招标的主体以及相应的招标程序。

第三章　投　　标

第三十条 投标人是响应招标、参加投标竞争的法人或者其他组织。

投标人应当具备招标文件规定的资格条件，具有承担所投标项目的相应能力。

第三十一条 投标人在投标文件中填报的资质、业绩、主要人员资历和目前在岗情况、信用等级等信息，应当与其在交通运输主管部门公路建设市场信用信息管理系统上填报并发布的相关信息一致。

第三十二条 投标人应当按照招标文件要求装订、密封投标文件，并按照招标文件规定的时间、地点和方式将投标文件送达招标人。

公路工程勘察设计和施工监理招标的投标文件应当以双信封形式密封，第一信封内为商务文件和技术文件，第二信封内为报价文件。

对公路工程施工招标，招标人采用资格预审方式进行招标且评标方法为技术评分最低标价法的，或者采用资格后审方式进行招标的，投标文件应当以双信封形式密封，第一信封内为商务文件和技术文件，第二信封内为报价文件。

第三十三条 投标文件按照要求送达后，在招标文件规定的投标截止时间前，投标人修改或者撤回投标文件的，应当以书面函件形式通知招标人。

修改投标文件的函件是投标文件的组成部分，其编制形式、密封方式、送达时间等，适用对投标文件的规定。

投标人在投标截止时间前撤回投标文件且招标人已收取投标保证金的，招标人应当自收到投标人书面撤回通知之日起5日内退还其投标保证金。

投标截止后投标人撤销投标文件的，招标人可以不退还投标保证金。

第三十四条 投标人根据招标文件有关分包的规定，拟在中标后将中标项目的部分工作进行分包的，应当在投标文件中载明。

投标人在投标文件中未列入分包计划的工程或者服务，中标后不得分包，法律法规或者招标文件另有规定的除外。

第四章 开标、评标和中标

第三十五条 开标应当在招标文件确定的提交投标文件截止时间的同一时间公开进行；开标地点应当为招标文件中预先确定的地点。

投标人少于3个的，不得开标，投标文件应当当场退还给投标人；招标人应当重新招标。

第三十六条 开标由招标人主持，邀请所有投标人参加。开标过程应当记录，并存档备查。投标人对开标有异议的，应当在开标现场提出，招标人应当当场作出答复，并制作记录。未参加开标的投标人，视为对开标过程无异议。

第三十七条 投标文件按照招标文件规定采用双信封形式密封的，开标分两个步骤公开进行：

第一步骤对第一信封内的商务文件和技术文件进行开标，对第二信封不予拆封并由招标人予以封存；

第二步骤宣布通过商务文件和技术文件评审的投标人名单，对其第二信封内的报价文件进行开标，宣读投标报价。未通过商务文件和技术文件评审的，对其第二信封不予拆封，并当场退还给投标人；投标人未参加第二信封开标的，招标人应当在评标结束后及时将第二信封原封退还投标人。

第三十八条 招标人应当按照国家有关规定组建评标委员会负责评标工作。

国家审批或者核准的高速公路、一级公路、独立桥梁和独立隧道项目，评标委员会专家应当由招标人从国家重点公路工程建设项目评标专家库相关专业中随机抽取；其他公路工程建设项目的评标委员会专家可以从省级公路工程建设项目评标专家库相关专业中随机抽取，也可以从国家重点公路工程建设项目评标专家库相关专业中随机抽取。

对于技术复杂、专业性强或者国家有特殊要求，采取随机抽取方式确定的评标专家难以保证胜任评标工作的特殊招标项目，可以由招标人直接确定。

第三十九条 交通运输部负责国家重点公路工程建设项目评标专家库的管理工作。

省级人民政府交通运输主管部门负责本行政区域公路工程建设项目评标专家库的管理工作。

第四十条 评标委员会应当民主推荐一名主任委员，负责组织评标委员会成员开展评标工作。评标委员会主任委员与评标委员会的其他成员享有同等权利与义务。

第四十一条 招标人应当向评标委员会提供评标所必需的信息，但不得明示或者暗示其倾向或者排斥特定投标人。

评标所必需的信息主要包括招标文件、招标文件的澄清或者修改、开标记录、投标文件、资格预审文件。招标人可以协助评标委员会开展下列工作并提供相关信息：

（一）根据招标文件，编制评标使用的相应表格；

（二）对投标报价进行算术性校核；

（三）以评标标准和方法为依据，列出投标文件相对于招标文件的所有偏差，并进行归类汇总；

（四）查询公路建设市场信用信息管理系统，对投标人的资质、业绩、主要人员资历和目前在岗情况、信用等级进行核实。

招标人不得对投标文件作出任何评价，不得故意遗漏或者片面摘录，不得在评标委员会对所有偏差定性之前透露存有偏差的投标人名称。

评标委员会应当根据招标文件规定，全面、独立评审所有投标文件，并对招标人提供的上述相关信息进行核查，发现错误或者遗漏的，应当进行修正。

第四十二条 评标委员会应当按照招标文件确定的评标标准和方法进行评标。招标文件没有规定的评标标准和方法不得作为评标的依据。

第四十三条 公路工程勘察设计和施工监理招标，应当采用综合评估法进行评标，对投标人的商务文件、技术文件和报价文件进行评分，按照综合得分由高到低排序，推荐中标候选人。评标价的评分权重不宜超过10%，评标价得分应当根据评标价与评标基准价的偏离程度进行计算。

第四十四条 公路工程施工招标，评标采用综合评估法或者经评审的最低投标价法。综合评估法包括合理低价法、技术评分最低标价法和综合评分法。

合理低价法，是指对通过初步评审的投标人，不再对其施工组织设计、项目管理机构、技术能力等因素进行评分，仅依据评标基准价对评标价进行评分，按照得分由高到低排序，推荐中标候选人的评标方法。

技术评分最低标价法，是指对通过初步评审的投标人的施工组织设计、项目管理机构、技术能力等因素进行评分，按照得分由高到低排序，对排名在招标文件规定数量以内的投标人的报价文件进行评审，按照评标价由低到高的顺序推荐中标候选人的评标方法。招标人在招标文件中规定的参与报价文件评审的投标人数量不得少于3个。

综合评分法，是指对通过初步评审的投标人的评标价、施工组织设计、项目管理机构、技术能力等因素进行评分，按照综合得分由高到低排序，推荐中标候选人的评标方法。其中评标价的评分权重不得低于50%。

经评审的最低投标价法，是指对通过初步评审的投标人，按照评标价由低到高排序，推荐中标候选人的评标方法。

公路工程施工招标评标，一般采用合理低价法或者技术评分最低标价法。技术特别复杂的特大桥梁和特长隧道项目主体工程，可以采用综合评分法。工程规模较小、技术含量较低的工程，可以采用经评审的最低投标价法。

第四十五条 实行设计施工总承包招标的，招标人应当根据工程地质条件、技术特点和施工难度确定评标办法。

设计施工总承包招标的评标采用综合评分法的，评分因素包括评标价、项目管理机构、技术能力、设计文件的优化建议、设计施工总承包管理方案、施工组织设计等因素，评标价的评分权重不得低于50%。

第四十六条 评标委员会成员应当客观、公正、审慎地履行职责，遵守职业道德。评标委员会成员应当依据评标办法规定的评审顺序和内容逐项完成评标工作，对本人提出的评审意见以及评分的公正性、客观性、准确性负责。

除评标价和履约信誉评分项外，评标委员会成员对投标人商务和技术各项因素的评分一般不得低于招标文件规定该因素满分值的60%；评分低于满分值60%的，评标委员会成员应当在评标报告中作出说明。

招标人应当对评标委员会成员在评标活动中的职责履行情况予以记录，并在招标投标情况的书面报告中载明。

第四十七条 招标人应当根据项目规模、技术复杂程度、投标文件数量和评标方法等因素合理确定评标时间。超过三分之一的评标委员会成员认为评标时间不够的，招标人应当适当延长。

评标过程中，评标委员会成员有回避事由、擅离职守或者因健康等原因不能继续评标的，应当及时更换。被更换的评标委员会成员作出的评审结论无效，由更换后的评标委员会成员重新进行评审。

根据前款规定被更换的评标委员会成员如为评标专家库专家，招标人应当从原评标专家库中按照原方式抽取更换后的评标委员会成员，或者在符合法律规定的前提下相应减少评标委员会中招标人代表数量。

第四十八条 评标委员会应当查询交通运输主管部门的公路建设市场信用信息管理系统，对投标人的资质、业绩、主要人员资历和目前在岗情况、信用等级等信息进行核实。若投标文件载明的信息与公路建设市场信用信息管理系统发布的信息不符，使得投标人的资格条件不符合招标文件规定的，评标委员会应当否决其投标。

第四十九条 评标委员会发现投标人的投标报价明显低于其他投标人报价或者在设有标底时明显低于标底的，应当要求该投标人对相应投标报价作出书面说明，并提供相关证明材料。

投标人不能证明可以按照其报价以及招标文件规定的质量标准和履行期限完成招标项目的，评标委员会应当认定该投标人以低于成本价竞标，并否决其投标。

第五十条 评标委员会应当根据《中华人民共和国招标投标法实施条例》第三十九条、第四十条、第四十一条的有关规定，对在评标过程中发现的投标人与投标人之间、投标人与招标人之间存在的串通投标的情形进行评审和认定。

第五十一条 评标委员会对投标文件进行评审后，因有效投标不足3个使得投标明显缺乏竞争的，可以否决全部投标。未否决全部投标的，评标委员会应当在评标报告中阐明理由并推荐中标候选人。

投标文件按照招标文件规定采用双信封形式密封的，通过第一信封商务文件和技术文件评审的投标人在3个以上的，招标人应当按照本办法第三十七条规定的程序进行第二信封报价文件开标；在对报价文件进行评审后，有效投标不足3个的，评标委员会应当按照本条第一款规定执行。

通过第一信封商务文件和技术文件评审的投标人少于3个的，评标委员会可以否决全部投标；未否决全部投标的，评标委员会应当在评标报告中阐明理由，招标人应当按照本办法第三十七条规定的程序进行第二信封报价文件开标，但评标委员会在进行报价文件评审时仍有权否决全部投标；评标委员会未在报价文件评审时否决全部投标的，应当在评标报告中阐明理由并推荐中标候选人。

第五十二条 评标完成后，评标委员会应当向招标人提交书面评标报告。评标报告中推荐的中标候选人应当不超过3个，并标明排序。

评标报告应当载明下列内容：

（一）招标项目基本情况；

（二）评标委员会成员名单；

（三）监督人员名单；

（四）开标记录；

（五）符合要求的投标人名单；

（六）否决的投标人名单以及否决理由；

（七）串通投标情形的评审情况说明；

（八）评分情况；

（九）经评审的投标人排序；

（十）中标候选人名单；

（十一）澄清、说明事项纪要；

（十二）需要说明的其他事项；

（十三）评标附表。

对评标监督人员或者招标人代表干预正常评标活动，以及对招标投标活动的其他不正当言行，评标委员会应当在评标报告第（十二）项内容中如实记录。

除第二款规定的第（一）、（三）、（四）项内容外，评标委员会所有成员应当在评标报告上逐页签字。对评标结果有不同意见的评标委员会成员应当以书面形式说明其不同意见和理由，评标报告应当注明该不同意见。评标委员会成员拒绝在评标报告上签字又不书面说明其不同意见和理由的，视为同意评标结果。

第五十三条 依法必须进行招标的公路工程建设项目，招标人应当自收到评标报告之日起3日内，在对该项目具有招标监督职责的交通运输主管部门政府网站或者其指定的其他网站上公示中标候选人，公示期不得少于3日，公示内容包括：

（一）中标候选人排序、名称、投标报价；

（二）中标候选人在投标文件中承诺的主要人员姓名、个人业绩、相关证书编号；

（三）中标候选人在投标文件中填报的项目业绩；

（四）被否决投标的投标人名称、否决依据和原因；

（五）招标文件规定公示的其他内容。

投标人或者其他利害关系人对依法必须进行招标的公路工程建设项目的评标结果有异议的，应当在中标候选人公示期间提出。招标人应当自收到异议之日起3日内作出答复；作出答复前，应当暂停招标投标活动。

第五十四条 除招标人授权评标委员会直接确定中标人外，招标人应当根据评标委员会提出的书面评标报告和推荐的中标候选人确定中标人。国有资金占控股或者主导地位的依法必须进行招标的公路工程建设项目，招标人应当确定排名第一的中标候选人为中标人。排名第一的中标候选人放弃中标、因不可抗力不能履行合同、不按照招标文件要求提交履约保证金，或者被查实存在影响中标结果的违法行为等情形，不符合中标条件的，招标人可以按照评标委员会提出的中标候选人名单排序依次确定其他中标候选人为中标人，也可以重新招标。

第五十五条 依法必须进行招标的公路工程建设项目，招标人应当自确定中标人之日起15日内，将招标投标情况的书面报告报对该项目具有招标监督职责的交通运输主管部门备案。

前款所称书面报告至少应当包括下列内容：

（一）招标项目基本情况；

（二）招标过程简述；

（三）评标情况说明；

（四）中标候选人公示情况；

（五）中标结果；

（六）附件，包括评标报告、评标委员会成员履职情况说明等。

有资格预审情况说明、异议及投诉处理情况和资格审查报告的，也应当包括在书面报告中。

第五十六条 招标人应当及时向中标人发出中标通知书，同时将中标结果通知所有未中标的投标人。

第五十七条 招标人和中标人应当自中标通知书发出之日起30日内，按照招标文件和中标人的投标文件订立书面合同，合同的标的、价格、质量、安全、履行期限、主要人员等主要条款应当与上述文件的内容一致。招标人和中标人不得再行订立背离合同实质性内容的其他协议。

招标人最迟应当在中标通知书发出后 5 日内向中标候选人以外的其他投标人退还投标保证金，与中标人签订书面合同后 5 日内向中标人和其他中标候选人退还投标保证金。以现金或者支票形式提交的投标保证金，招标人应当同时退还投标保证金的银行同期活期存款利息，且退还至投标人的基本账户。

第五十八条 招标文件要求中标人提交履约保证金的，中标人应当按照招标文件的要求提交。履约保证金不得超过中标合同金额的 10%。招标人不得指定或者变相指定履约保证金的支付形式，由中标人自主选择银行保函或者现金、支票等支付形式。

第五十九条 招标人应当加强对合同履行的管理，建立对中标人主要人员的到位率考核制度。

省级人民政府交通运输主管部门应当定期组织开展合同履约评价工作的监督检查，将检查情况向社会公示，同时将检查结果记入中标人单位以及主要人员个人的信用档案。

第六十条 依法必须进行招标的公路工程建设项目，有下列情形之一的，招标人在分析招标失败的原因并采取相应措施后，应当依照本办法重新招标：

（一）通过资格预审的申请人少于 3 个的；

（二）投标人少于 3 个的；

（三）所有投标均被否决的；

（四）中标候选人均未与招标人订立书面合同的。

重新招标的，资格预审文件、招标文件和招标投标情况的书面报告应当按照本办法的规定重新报交通运输主管部门备案。

重新招标后投标人仍少于 3 个的，属于按照国家有关规定需要履行项目审批、核准手续的依法必须进行招标的公路工程建设项目，报经项目审批、核准部门批准后可以不再进行招标；其他项目可由招标人自行决定不再进行招标。

依照本条规定不再进行招标的，招标人可以邀请已提交资格预审申请文件的申请人或者已提交投标文件的投标人进行谈判，确定项目承担单位，并将谈判报告报对该项目具有招标监督职责的交通运输主管部门备案。

第五章　监　督　管　理

第六十一条 各级交通运输主管部门应当按照《中华人民共和国招标投标法》《中华人民共和国招标投标法实施条例》等法律法规、规章以及招标投标活动行政监督职责分工，加强对公路工程建设项目招标投标活动的监督管理。

第六十二条 各级交通运输主管部门应当建立健全公路工程建设项目招标投标信用体系，加强信用评价工作的监督管理，维护公平公正的市场竞争秩序。

招标人应当将交通运输主管部门的信用评价结果应用于公路工程建设项目招标。鼓励和支持招标人优先选择信用等级高的从业企业。

招标人对信用等级高的资格预审申请人、投标人或者中标人，可以给予增加参与投标的标段数量，减免投标保证金，减少履约保证金、质量保证金等优惠措施。优惠措施以及信用评价结果的认定条件应当在资格预审文件和招标文件中载明。

资格预审申请人或者投标人的信用评价结果可以作为资格审查或者评标中履约信誉项的评分因素，各信用评价等级的对应得分应当符合省级人民政府交通运输主管部门有关规定，并在资格预审文件或者招标文件中载明。

第六十三条 投标人或者其他利害关系人认为招标投标活动不符合法律、行政法规规定的，可以自知道或者应当知道之日起 10 日内向交通运输主管部门投诉。

就本办法第十五条、第十九条、第三十六条、第五十三条规定事项投诉的，应当先向招标人提出异议，异议答复期间不计算在前款规定的期限内。

第六十四条 投诉人投诉时，应当提交投诉书。投诉书应当包括下列内容：

（一）投诉人的名称、地址及有效联系方式；

（二）被投诉人的名称、地址及有效联系方式；

（三）投诉事项的基本事实；

（四）异议的提出及招标人答复情况；

（五）相关请求及主张；

（六）有效线索和相关证明材料。

对本办法规定应先提出异议的事项进行投诉的，应当提交已提出异议的证明文件。未按规定提出异议或者未提交已提出异议的证明文件的投诉，交通运输主管部门可以不予受理。

第六十五条 投诉人就同一事项向两个以上交通运输主管部门投诉的，由具体承担该项目招标投标活动监督管理职责的交通运输主管部门负责处理。

交通运输主管部门应当自收到投诉之日起 3 个工作日内决定是否受理投诉，并自受理投诉之日起 30 个工作日内作出书面处理决定；需要检验、检测、鉴定、专家评审的，所需时间不计算在内。

投诉人缺乏事实根据或者法律依据进行投诉的，或者有证据表明投诉人捏造事实、伪造材料的，或者投诉人以非法手段取得证明材料进行投诉的，交通运输主管部门应当予以驳回，并对恶意投诉按照有关规定追究投诉人责任。

第六十六条 交通运输主管部门处理投诉，有权查阅、复制有关文件、资料，调查有关情况，相关单位和人员应当予以配合。必要时，交通运输主管部门可以责令暂停招标投标活动。

交通运输主管部门的工作人员对监督检查过程中知悉的国家秘密、商业秘密，应当依法予以保密。

第六十七条 交通运输主管部门对投诉事项作出的处理决定，应当在对该项目具有招标监督职责的交通运输主管部门政府网站上进行公告，包括投诉的事由、调查结果、处理决定、处罚依据以及处罚意见等内容。

第六章　法　律　责　任

第六十八条　招标人有下列情形之一的，由交通运输主管部门责令改正，可以处三万元以下的罚款：

（一）不满足本办法第八条规定的条件而进行招标的；

（二）不按照本办法规定将资格预审文件、招标文件和招标投标情况的书面报告备案的；

（三）邀请招标不依法发出投标邀请书的；

（四）不按照项目审批、核准部门确定的招标范围、招标方式、招标组织形式进行招标的；

（五）不按照本办法规定编制资格预审文件或者招标文件的；

（六）由于招标人原因导致资格审查报告存在重大偏差且影响资格预审结果的；

（七）挪用投标保证金，增设或者变相增设保证金的；

（八）投标人数量不符合法定要求不重新招标的；

（九）向评标委员会提供的评标信息不符合本办法规定的；

（十）不按照本办法规定公示中标候选人的；

（十一）招标文件中规定的履约保证金的金额、支付形式不符合本办法规定的。

第六十九条　投标人在投标过程中存在弄虚作假、与招标人或者其他投标人串通投标、以行贿谋取中标、无正当理由放弃中标以及进行恶意投诉等投标不良行为的，除依照有关法律、法规进行处罚外，省级交通运输主管部门还可以扣减其年度信用评价分数或者降低年度信用评价等级。

第七十条　评标委员会成员未对招标人根据本办法第四十一条第二款（一）至（四）项规定提供的相关信息进行认真核查，导致评标出现疏漏或者错误的，由交通运输主管部门责令改正。

第七十一条　交通运输主管部门应当依法公告对公路工程建设项目招标投标活动中招标人、招标代理机构、投标人以及评标委员会成员等的违法违规或者恶意投诉等行为的行政处理决定，并将其作为招标投标不良行为信息记入相应当事人的信用档案。

第七章　附　　则

第七十二条　使用国际组织或者外国政府贷款、援助资金的项目进行招标，贷款方、资金提供方对招标投标的具体条件和程序有不同规定的，可以适用其规定，但违背中华人民共和国的社会公共利益的除外。

第七十三条　采用电子招标投标的，应当按照本办法和国家有关电子招标投标的规定执行。

第七十四条 本办法自 2016 年 2 月 1 日起施行。《公路工程施工招标投标管理办法》（交通部令 2006 年第 7 号）、《公路工程施工监理招标投标管理办法》（交通部令 2006 年第 5 号）、《公路工程勘察设计招标投标管理办法》（交通部令 2001 年第 6 号）和《关于修改〈公路工程勘察设计招标投标管理办法〉的决定》（交通运输部令 2013 年第 3 号）、《关于贯彻国务院办公厅关于进一步规范招投标活动的若干意见的通知》（交公路发〔2004〕688 号）、《关于公路建设项目货物招标严禁指定材料产地的通知》（厅公路字〔2007〕224 号）、《公路工程施工招标资格预审办法》（交公路发〔2006〕57 号）、《关于加强公路工程评标专家管理工作的通知》（交公路发〔2003〕464 号）、《关于进一步加强公路工程施工招标评标管理工作的通知》（交公路发〔2008〕261 号）、《关于进一步加强公路工程施工招标资格审查工作的通知》（交公路发〔2009〕123 号）、《关于改革使用国际金融组织或者外国政府贷款公路建设项目施工招标管理制度的通知》（厅公路字〔2008〕40 号）、《公路工程勘察设计招标评标办法》（交公路发〔2001〕582 号）、《关于认真贯彻执行公路工程勘察设计招标投标管理办法的通知》（交公路发〔2002〕303 号）同时废止。

工程建设项目施工招标投标办法

中华人民共和国国家发展计划委员会、建设部、铁道部、交通部、信息产业部、水利部、中国民用航空总局令第 30 号

第一章 总 则

第一条 为规范工程建设项目施工（以下简称工程施工）招标投标活动，根据《中华人民共和国招标投标法》《中华人民共和国招标投标法实施条例》和国务院有关部门的职责分工，制定本办法。

第二条 在中华人民共和国境内进行工程施工招标投标活动，适用本办法。

第三条 工程建设项目符合《工程建设项目招标范围和规模标准规定》（国家计委令第 3 号）规定的范围和标准的，必须通过招标选择施工单位。

任何单位和个人不得将依法必须进行招标的项目化整为零或者以其他任何方式规避招标。

第四条 工程施工招标投标活动应当遵循公开、公平、公正和诚实信用的原则。

第五条 工程施工招标投标活动，依法由招标人负责。任何单位和个人不得以任何方式非法干涉工程施工招标投标活动。

施工招标投标活动不受地区或者部门的限制。

第六条 各级发展改革、工业和信息化、住房城乡建设、交通运输、铁道、水利、商务、民航等部门依照《国务院办公厅印发国务院有关部门实施招标投标活动行政监督的职责分工意见的通知》（国办发〔2000〕34 号）和各地规定的职责分工，对工程施工招标投标活动实施监督，依法查处工程施工招标投标活动中的违法行为。

第二章 招 标

第七条 工程施工招标人是依法提出施工招标项目、进行招标的法人或者其他组织。

第八条 依法必须招标的工程建设项目，应当具备下列条件才能进行施工招标：

（一）招标人已经依法成立；

（二）初步设计及概算应当履行审批手续的，已经批准；

（三）有相应资金或资金来源已经落实；

（四）有招标所需的设计图纸及技术资料。

第九条 工程施工招标分为公开招标和邀请招标。

第十条 按照国家有关规定需要履行项目审批、核准手续的依法必须进行施工招标的工程建设项目,其招标范围、招标方式、招标组织形式应当报项目审批部门审批、核准。项目审批、核准部门应当及时将审批、核准确定的招标内容通报有关行政监督部门。

第十一条 依法必须进行公开招标的项目,有下列情形之一的,可以邀请招标:

(一)项目技术复杂或有特殊要求,或者受自然地域环境限制,只有少量潜在投标人可供选择;

(二)涉及国家安全、国家秘密或者抢险救灾,适宜招标但不宜公开招标;

(三)采用公开招标方式的费用占项目合同金额的比例过大。

有前款第二项所列情形,属于本办法第十条规定的项目,由项目审批、核准部门在审批、核准项目时作出认定;其他项目由招标人申请有关行政监督部门作出认定。

全部使用国有资金投资或者国有资金投资占控股或者主导地位的并需要审批的工程建设项目的邀请招标,应当经项目审批部门批准,但项目审批部门只审批立项的,由有关行政监督部门批准。

第十二条 依法必须进行施工招标的工程建设项目有下列情形之一的,可以不进行施工招标:

(一)涉及国家安全、国家秘密、抢险救灾或者属于利用扶贫资金实行以工代赈需要使用农民工等特殊情况,不适宜进行招标;

(二)施工主要技术采用不可替代的专利或者专有技术;

(三)已通过招标方式选定的特许经营项目投资人依法能够自行建设;

(四)采购人依法能够自行建设;

(五)在建工程追加的附属小型工程或者主体加层工程,原中标人仍具备承包能力,并且其他人承担将影响施工或者功能配套要求;

(六)国家规定的其他情形。

第十三条 采用公开招标方式的,招标人应当发布招标公告,邀请不特定的法人或者其他组织投标。依法必须进行施工招标项目的招标公告,应当在国家指定的报刊和信息网络上发布。

采用邀请招标方式的,招标人应当向三家以上具备承担施工招标项目的能力、资信良好的特定的法人或者其他组织发出投标邀请书。

第十四条 招标公告或者投标邀请书应当至少载明下列内容:

(一)招标人的名称和地址;

(二)招标项目的内容、规模、资金来源;

(三)招标项目的实施地点和工期;

(四)获取招标文件或者资格预审文件的地点和时间;

(五)对招标文件或者资格预审文件收取的费用;

(六)对投标人的资质等级的要求。

第十五条 招标人应当按招标公告或者投标邀请书规定的时间、地点出售招标文件或资格预审文件。自招标文件或者资格预审文件出售之日起至停止出售之日止，最短不得少于五日。

招标人可以通过信息网络或者其他媒介发布招标文件，通过信息网络或者其他媒介发布的招标文件与书面招标文件具有同等法律效力，出现不一致时以书面招标文件为准，国家另有规定的除外。

对招标文件或者资格预审文件的收费应当限于补偿印刷、邮寄的成本支出，不得以营利为目的。对于所附的设计文件，招标人可以向投标人酌收押金；对于开标后投标人退还设计文件的，招标人应当向投标人退还押金。

招标文件或者资格预审文件售出后，不予退还。除不可抗力原因外，招标人在发布招标公告、发出投标邀请书后或者售出招标文件或资格预审文件后不得终止招标。

第十六条 招标人可以根据招标项目本身的特点和需要，要求潜在投标人或者投标人提供满足其资格要求的文件，对潜在投标人或者投标人进行资格审查；国家对潜在投标人或者投标人的资格条件有规定的，依照其规定。

第十七条 资格审查分为资格预审和资格后审。

资格预审，是指在投标前对潜在投标人进行的资格审查。

资格后审，是指在开标后对投标人进行的资格审查。

进行资格预审的，一般不再进行资格后审，但招标文件另有规定的除外。

第十八条 采取资格预审的，招标人应当发布资格预审公告。资格预审公告适用本办法第十三条、第十四条有关招标公告的规定。

采取资格预审的，招标人应当在资格预审文件中载明资格预审的条件、标准和方法；采取资格后审的，招标人应当在招标文件中载明对投标人资格要求的条件、标准和方法。

招标人不得改变载明的资格条件或者以没有载明的资格条件对潜在投标人或者投标人进行资格审查。

第十九条 经资格预审后，招标人应当向资格预审合格的潜在投标人发出资格预审合格通知书，告知获取招标文件的时间、地点和方法，并同时向资格预审不合格的潜在投标人告知资格预审结果。资格预审不合格的潜在投标人不得参加投标。

经资格后审不合格的投标人的投标应予否决。

第二十条 资格审查应主要审查潜在投标人或者投标人是否符合下列条件：

（一）具有独立订立合同的权利；

（二）具有履行合同的能力，包括专业、技术资格和能力，资金、设备和其他物质设施状况，管理能力，经验、信誉和相应的从业人员；

（三）没有处于被责令停业，投标资格被取消，财产被接管、冻结，破产状态；

（四）在最近三年内没有骗取中标和严重违约及重大工程质量问题；

（五）国家规定的其他资格条件。

资格审查时，招标人不得以不合理的条件限制、排斥潜在投标人或者投标人，不得对潜在投标人或者投标人实行歧视待遇。任何单位和个人不得以行政手段或者其他不合理方式限制投标人的数量。

第二十一条　招标人符合法律规定的自行招标条件的，可以自行办理招标事宜。任何单位和个人不得强制其委托招标代理机构办理招标事宜。

第二十二条　招标代理机构应当在招标人委托的范围内承担招标事宜。招标代理机构可以在其资格等级范围内承担下列招标事宜：

（一）拟订招标方案，编制和出售招标文件、资格预审文件；

（二）审查投标人资格；

（三）编制标底；

（四）组织投标人踏勘现场；

（五）组织开标、评标，协助招标人定标；

（六）草拟合同；

（七）招标人委托的其他事项。

招标代理机构不得无权代理、越权代理，不得明知委托事项违法而进行代理。

招标代理机构不得在所代理的招标项目中投标或者代理投标，也不得为所代理的招标项目的投标人提供咨询；未经招标人同意，不得转让招标代理业务。

第二十三条　工程招标代理机构与招标人应当签订书面委托合同，并按双方约定的标准收取代理费；国家对收费标准有规定的，依照其规定。

第二十四条　招标人根据施工招标项目的特点和需要编制招标文件。招标文件一般包括下列内容：

（一）招标公告或投标邀请书；

（二）投标人须知；

（三）合同主要条款；

（四）投标文件格式；

（五）采用工程量清单招标的，应当提供工程量清单；

（六）技术条款；

（七）设计图纸；

（八）评标标准和方法；

（九）投标辅助材料。

招标人应当在招标文件中规定实质性要求和条件，并用醒目的方式标明。

第二十五条　招标人可以要求投标人在提交符合招标文件规定要求的投标文件外，提交备选投标方案，但应当在招标文件中作出说明，并提出相应的评审和比较办法。

第二十六条　招标文件规定的各项技术标准应符合国家强制性标准。

招标文件中规定的各项技术标准均不得要求或标明某一特定的专利、商标、名称、设计、原产地或生产供应者，不得含有倾向或者排斥潜在投标人的其他内容。如果必须引用某一生产供应者的技术标准才能准确或清楚地说明拟招标项目的技术标准时，则应当在参照后面加上"或相当于"的字样。

第二十七条　施工招标项目需要划分标段、确定工期的，招标人应当合理划分标段、确定工期，并在招标文件中载明。对工程技术上紧密相连、不可分割的单位工程不得分割标段。

招标人不得以不合理的标段或工期限制或者排斥潜在投标人或者投标人。依法必须进行施工招标的项目的招标人不得利用划分标段规避招标。

第二十八条　招标文件应当明确规定的所有评标因素，以及如何将这些因素量化或者据以进行评估。

在评标过程中，不得改变招标文件中规定的评标标准、方法和中标条件。

第二十九条　招标文件应当规定一个适当的投标有效期，以保证招标人有足够的时间完成评标和与中标人签订合同。投标有效期从投标人提交投标文件截止之日起计算。

在原投标有效期结束前，出现特殊情况的，招标人可以书面形式要求所有投标人延长投标有效期。投标人同意延长的，不得要求或被允许修改其投标文件的实质性内容，但应当相应延长其投标保证金的有效期；投标人拒绝延长的，其投标失效，但投标人有权收回其投标保证金。因延长投标有效期造成投标人损失的，招标人应当给予补偿，但因不可抗力需要延长投标有效期的除外。

第三十条　施工招标项目工期较长的，招标文件中可以规定工程造价指数体系、价格调整因素和调整方法。

第三十一条　招标人应当确定投标人编制投标文件所需要的合理时间；但是，依法必须进行招标的项目，自招标文件开始发出之日起至投标人提交投标文件截止之日止，最短不得少于二十日。

第三十二条　招标人根据招标项目的具体情况，可以组织潜在投标人踏勘项目现场，向其介绍工程场地和相关环境的有关情况。潜在投标人依据招标人介绍情况作出的判断和决策，由投标人自行负责。

招标人不得单独或者分别组织任何一个投标人进行现场踏勘。

第三十三条　对于潜在投标人在阅读招标文件和现场踏勘中提出的疑问，招标人可以书面形式或召开投标预备会的方式解答，但需同时将解答以书面方式通知所有购买招标文件的潜在投标人。该解答的内容为招标文件的组成部分。

第三十四条　招标人可根据项目特点决定是否编制标底。编制标底的，标底编制过程和标底在开标前必须保密。

招标项目编制标底的，应根据批准的初步设计、投资概算，依据有关计价办法，参照有关工程定额，结合市场供求状况，综合考虑投资、工期和质量等方面的因素合理确定。

标底由招标人自行编制或委托中介机构编制。一个工程只能编制一个标底。

任何单位和个人不得强制招标人编制或报审标底，或干预其确定标底。

招标项目可以不设标底，进行无标底招标。

招标人设有最高投标限价的，应当在招标文件中明确最高投标限价或者最高投标限价的计算方法。招标人不得规定最低投标限价。

第三章 投 标

第三十五条 投标人是响应招标、参加投标竞争的法人或者其他组织。招标人的任何不具独立法人资格的附属机构（单位），或者为招标项目的前期准备或者监理工作提供设计、咨询服务的任何法人及其任何附属机构（单位），都无资格参加该招标项目的投标。

第三十六条 投标人应当按照招标文件的要求编制投标文件。投标文件应当对招标文件提出的实质性要求和条件作出响应。

投标文件一般包括下列内容：

（一）投标函；

（二）投标报价；

（三）施工组织设计；

（四）商务和技术偏差表。

投标人根据招标文件载明的项目实际情况，拟在中标后将中标项目的部分非主体、非关键性工作进行分包的，应当在投标文件中载明。

第三十七条 招标人可以在招标文件中要求投标人提交投标保证金。投标保证金除现金外，可以是银行出具的银行保函、保兑支票、银行汇票或现金支票。

投标保证金不得超过项目估算价的百分之二，但最高不得超过八十万元人民币。投标保证金有效期应当与投标有效期一致。

投标人应当按照招标文件要求的方式和金额，将投标保证金随投标文件提交给招标人或其委托的招标代理机构。

依法必须进行施工招标的项目的境内投标单位，以现金或者支票形式提交的投标保证金应当从其基本账户转出。

第三十八条 投标人应当在招标文件要求提交投标文件的截止时间前，将投标文件密封送达投标地点。招标人收到投标文件后，应当向投标人出具标明签收人和签收时间的凭证，在开标前任何单位和个人不得开启投标文件。

在招标文件要求提交投标文件的截止时间后送达的投标文件，招标人应当拒收。

依法必须进行施工招标的项目提交投标文件的投标人少于三个的，招标人在分析招标失败的原因并采取相应措施后，应当依法重新招标。重新招标后投标人仍少于三个的，属于必须审批、核准的工程建设项目，报经原审批、核准部门审批、核准后可以不再进行招标；其他工程建设项目，招标人可自行决定不再进行招标。

第三十九条 投标人在招标文件要求提交投标文件的截止时间前，可以补充、修改、替代或者撤回已提交的投标文件，并书面通知招标人。补充、修改的内容为投标文件的组成部分。

第四十条 在提交投标文件截止时间后到招标文件规定的投标有效期终止之前，投标人不得撤销其投标文件，否则招标人可以不退还其投标保证金。

第四十一条 在开标前,招标人应妥善保管好已接收的投标文件、修改或撤回通知、备选投标方案等投标资料。

第四十二条 两个以上法人或者其他组织可以组成一个联合体,以一个投标人的身份共同投标。

联合体各方签订共同投标协议后,不得再以自己名义单独投标,也不得组成新的联合体或参加其他联合体在同一项目中投标。

第四十三条 招标人接受联合体投标并进行资格预审的,联合体应当在提交资格预审申请文件前组成。资格预审后联合体增减、更换成员的,其投标无效。

第四十四条 联合体各方应当指定牵头人,授权其代表所有联合体成员负责投标和合同实施阶段的主办、协调工作,并应当向招标人提交由所有联合体成员法定代表人签署的授权书。

第四十五条 联合体投标的,应当以联合体各方或者联合体中牵头人的名义提交投标保证金。以联合体中牵头人名义提交的投标保证金,对联合体各成员具有约束力。

第四十六条 下列行为均属投标人串通投标报价:

(一) 投标人之间相互约定抬高或压低投标报价;

(二) 投标人之间相互约定,在招标项目中分别以高、中、低价位报价;

(三) 投标人之间先进行内部竞价,内定中标人,然后再参加投标;

(四) 投标人之间其他串通投标报价的行为。

第四十七条 下列行为均属招标人与投标人串通投标:

(一) 招标人在开标前开启投标文件并将有关信息泄露给其他投标人,或者授意投标人撤换、修改投标文件;

(二) 招标人向投标人泄露标底、评标委员会成员等信息;

(三) 招标人明示或者暗示投标人压低或抬高投标报价;

(四) 招标人明示或者暗示投标人为特定投标人中标提供方便;

(五) 招标人与投标人为谋求特定中标人中标而采取的其他串通行为。

第四十八条 投标人不得以他人名义投标。

前款所称以他人名义投标,指投标人挂靠其他施工单位,或从其他单位通过受让或租借的方式获取资格或资质证书,或者由其他单位及其法定代表人在自己编制的投标文件上加盖印章和签字等行为。

第四章 开标、评标和定标

第四十九条 开标应当在招标文件确定的提交投标文件截止时间的同一时间公开进行;开标地点应当为招标文件中确定的地点。

投标人对开标有异议的,应当在开标现场提出,招标人应当当场作出答复,并制作记录。

第五十条 投标文件有下列情形之一的,招标人应当拒收:

(一)逾期送达;

(二)未按招标文件要求密封。

投标文件有下列情形之一的,评标委员会应当否决其投标:

(一)投标文件未经投标单位盖章和单位负责人签字;

(二)投标联合体没有提交共同投标协议;

(三)投标人不符合国家或者招标文件规定的资格条件;

(四)同一投标人提交两个以上不同的投标文件或者投标报价,但招标文件要求提交备选投标的除外;

(五)投标报价低于成本或者高于招标文件设定的最高投标限价;

(六)投标文件没有对招标文件的实质性要求和条件作出响应;

(七)投标人有串通投标、弄虚作假、行贿等违法行为。

第五十一条 评标委员会可以书面方式要求投标人对投标文件中含义不明确、对同类问题表述不一致或者有明显文字和计算错误的内容作必要的澄清、说明或补正。评标委员会不得向投标人提出带有暗示性或诱导性的问题,或向其明确投标文件中的遗漏和错误。

第五十二条 投标文件不响应招标文件的实质性要求和条件的,评标委员会不得允许投标人通过修正或撤销其不符合要求的差异或保留,使之成为具有响应性的投标。

第五十三条 评标委员会在对实质上响应招标文件要求的投标进行报价评估时,除招标文件另有约定外,应当按下述原则进行修正:

(一)用数字表示的数额与用文字表示的数额不一致时,以文字数额为准;

(二)单价与工程量的乘积与总价之间不一致时,以单价为准。若单价有明显的小数点错位,应以总价为准,并修改单价。

按前款规定调整后的报价经投标人确认后产生约束力。

投标文件中没有列入的价格和优惠条件在评标时不予考虑。

第五十四条 对于投标人提交的优越于招标文件中技术标准的备选投标方案所产生的附加收益,不得考虑进评标价中。符合招标文件的基本技术要求且评标价最低或综合评分最高的投标人,其所提交的备选方案方可予以考虑。

第五十五条 招标人设有标底的,标底在评标中应当作为参考,但不得作为评标的唯一依据。

第五十六条 评标委员会完成评标后,应向招标人提出书面评标报告。评标报告由评标委员会全体成员签字。

依法必须进行招标的项目,招标人应当自收到评标报告之日起三日内公示中标候选人,公示期不得少于三日。

中标通知书由招标人发出。

第五十七条 评标委员会推荐的中标候选人应当限定在一至三人,并标明排列顺序。招标人应当接受评标委员会推荐的中标候选人,不得在评标委员会推荐的中标候选人之外确定中标人。

第五十八条 国有资金占控股或者主导地位的依法必须进行招标的项目，招标人应当确定排名第一的中标候选人为中标人。排名第一的中标候选人放弃中标、因不可抗力提出不能履行合同、不按照招标文件的要求提交履约保证金，或者被查实存在影响中标结果的违法行为等情形，不符合中标条件的，招标人可以按照评标委员会提出的中标候选人名单排序依次确定其他中标候选人为中标人。依次确定其他中标候选人与招标人预期差距较大，或者对招标人明显不利的，招标人可以重新招标。

招标人可以授权评标委员会直接确定中标人。

国务院对中标人的确定另有规定的，从其规定。

第五十九条 招标人不得向中标人提出压低报价、增加工作量、缩短工期或其他违背中标人意愿的要求，以此作为发出中标通知书和签订合同的条件。

第六十条 中标通知书对招标人和中标人具有法律效力。中标通知书发出后，招标人改变中标结果的，或者中标人放弃中标项目的，应当依法承担法律责任。

第六十一条 招标人全部或者部分使用非中标单位投标文件中的技术成果或技术方案时，需征得其书面同意，并给予一定的经济补偿。

第六十二条 招标人和中标人应当在投标有效期内并在自中标通知书发出之日起三十日内，按照招标文件和中标人的投标文件订立书面合同。招标人和中标人不得再行订立背离合同实质性内容的其他协议。

招标人要求中标人提供履约保证金或其他形式履约担保的，招标人应当同时向中标人提供工程款支付担保。

招标人不得擅自提高履约保证金，不得强制要求中标人垫付中标项目建设资金。

第六十三条 招标人最迟应当在与中标人签订合同后五日内，向中标人和未中标的投标人退还投标保证金及银行同期存款利息。

第六十四条 合同中确定的建设规模、建设标准、建设内容、合同价格应当控制在批准的初步设计及概算文件范围内；确需超出规定范围的，应当在中标合同签订前，报原项目审批部门审查同意。凡应报经审查而未报的，在初步设计及概算调整时，原项目审批部门一律不予承认。

第六十五条 依法必须进行施工招标的项目，招标人应当自发出中标通知书之日起十五日内，向有关行政监督部门提交招标投标情况的书面报告。

前款所称书面报告至少应包括下列内容：

（一）招标范围；

（二）招标方式和发布招标公告的媒介；

（三）招标文件中投标人须知、技术条款、评标标准和方法、合同主要条款等内容；

（四）评标委员会的组成和评标报告；

（五）中标结果。

第六十六条 招标人不得直接指定分包人。

第六十七条 对于不具备分包条件或者不符合分包规定的,招标人有权在签订合同或者中标人提出分包要求时予以拒绝。发现中标人转包或违法分包时,可要求其改正;拒不改正的,可终止合同,并报请有关行政监督部门查处。

监理人员和有关行政部门发现中标人违反合同约定进行转包或违法分包的,应当要求中标人改正,或者告知招标人要求其改正;对于拒不改正的,应当报请有关行政监督部门查处。

第五章　法　律　责　任

第六十八条 依法必须进行招标的项目而不招标的,将必须进行招标的项目化整为零或者以其他任何方式规避招标的,有关行政监督部门责令限期改正,可以处项目合同金额千分之五以上千分之十以下的罚款;对全部或者部分使用国有资金的项目,项目审批部门可以暂停项目执行或者暂停资金拨付;对单位直接负责的主管人员和其他直接责任人员依法给予处分。

第六十九条 招标代理机构违法泄露应当保密的与招标投标活动有关的情况和资料的,或者与招标人、投标人串通损害国家利益、社会公共利益或者他人合法权益的,由有关行政监督部门处五万元以上二十五万元以下罚款,对单位直接负责的主管人员和其他直接责任人员处单位罚款数额百分之五以上百分之十以下罚款;有违法所得的,并处没收违法所得;情节严重的,有关行政监督部门可停止其一定时期内参与相关领域的招标代理业务,资格认定部门可暂停直至取消招标代理资格;构成犯罪的,由司法部门依法追究刑事责任。给他人造成损失的,依法承担赔偿责任。

前款所列行为影响中标结果,并且中标人为前款所列行为的受益人的,中标无效。

第七十条 招标人以不合理的条件限制或者排斥潜在投标人的,对潜在投标人实行歧视待遇的,强制要求投标人组成联合体共同投标的,或者限制投标人之间竞争的,有关行政监督部门责令改正,可处一万元以上五万元以下罚款。

第七十一条 依法必须进行招标项目的招标人向他人透露已获取招标文件的潜在投标人的名称、数量或者可能影响公平竞争的有关招标投标的其他情况的,或者泄露标底的,有关行政监督部门给予警告,可以并处一万元以上十万元以下的罚款;对单位直接负责的主管人员和其他直接责任人员依法给予处分;构成犯罪的,依法追究刑事责任。

前款所列行为影响中标结果,中标无效。

第七十二条 招标人在发布招标公告、发出投标邀请书或者售出招标文件或资格预审文件后终止招标的,应当及时退还所收取的资格预审文件、招标文件的费用,以及所收取的投标保证金及银行同期存款利息。给潜在投标人或者投标人造成损失的,应当赔偿损失。

第七十三条 招标人有下列限制或者排斥潜在投标人行为之一的,由有关行政监督部门依照招标投标法第五十一条的规定处罚;其中,构成依法必须进行施工招标的项目的招标人规避招标的,依照招标投标法第四十九条的规定处罚。

招标人有前款第一项、第三项、第四项所列行为之一的,对单位直接负责的主管人员和其他直接责任人员依法给予处分。

(一)依法应当公开招标的项目不按照规定在指定媒介发布资格预审公告或者招标公告;

(二)在不同媒介发布的同一招标项目的资格预审公告或者招标公告的内容不一致,影响潜在投标人申请资格预审或者投标。

招标人有下列情形之一的,由有关行政监督部门责令改正,可以处十万元以下的罚款:

(一)依法应当公开招标而采用邀请招标的;

(二)招标文件、资格预审文件的发售、澄清、修改的时限,或者确定的提交资格预审申请文件、投标文件的时限不符合招标投标法和招标投标法实施条例规定;

(三)接受未通过资格预审的单位或者个人参加投标;

(四)接受应当拒收的投标文件。

第七十四条 投标人相互串通投标或者与招标人串通投标的,投标人以向招标人或者评标委员会成员行贿的手段谋取中标的,中标无效,由有关行政监督部门处中标项目金额千分之五以上千分之十以下的罚款,对单位直接负责的主管人员和其他直接责任人员处单位罚款数额百分之五以上百分之十以下的罚款;有违法所得的,并处没收违法所得;情节严重的,取消其一至二年的投标资格,并予以公告,直至由工商行政管理机关吊销营业执照;构成犯罪的,依法追究刑事责任。给他人造成损失的,依法承担赔偿责任。投标人未中标的,对单位的罚款金额按照招标项目合同金额依照招标投标法规定的比例计算。

第七十五条 投标人以他人名义投标或者以其他方式弄虚作假,骗取中标的,中标无效,给招标人造成损失的,依法承担赔偿责任;构成犯罪的,依法追究刑事责任。

依法必须进行招标项目的投标人有前款所列行为尚未构成犯罪的,有关行政监督部门处中标项目金额千分之五以上千分之十以下的罚款,对单位直接负责的主管人员和其他直接责任人员处单位罚款数额百分之五以上百分之十以下的罚款;有违法所得的,并处没收违法所得;情节严重的,取消其一至三年投标资格,并予以公告,直至由工商行政管理机关吊销营业执照。投标人未中标的,对单位的罚款金额按照招标项目合同金额依照招标投标法规定的比例计算。

第七十六条 依法必须进行招标的项目,招标人违法与投标人就投标价格、投标方案等实质性内容进行谈判的,有关行政监督部门给予警告,对单位直接负责的主管人员和其他直接责任人员依法给予处分。

前款所列行为影响中标结果的,中标无效。

第七十七条 评标委员会成员收受投标人的财物或者其他好处的,没收收受的财物,可以并处三千元以上五万元以下的罚款,取消担任评标委员会成员的资格并予以公告,不得再参加依法必须进行招标的项目的评标;构成犯罪的,依法追究刑事责任。

第七十八条 评标委员会成员应当回避而不回避,擅离职守,不按照招标文件规定的评标标准和方法评标,私下接触投标人,向招标人征询确定中标人的意向或者接受任何单位或者个人明示或者暗示提出的倾向或者排斥特定投标人的要求，对依法应当否决的投标不提出否决意见，暗示或者诱导投标人作出澄清、说明或者接受投标人主动提出的澄清、说明，或者有其他不能客观公正地履行职责行为的，有关行政监督部门责令改正；情节严重的，禁止其在一定期限内参加依法必须进行招标的项目的评标；情节特别严重的，取消其担任评标委员会成员的资格。

第七十九条 依法必须进行招标的项目的招标人不按照规定组建评标委员会，或者确定、更换评标委员会成员违反招标投标法和招标投标法实施条例规定的，由有关行政监督部门责令改正，可以处十万元以下的罚款，对单位直接负责的主管人员和其他直接责任人员依法给予处分；违法确定或者更换的评标委员会成员作出的评审决定无效，依法重新进行评审。

第八十条 依法必须进行招标的项目的招标人有下列情形之一的，由有关行政监督部门责令改正，可以处中标项目金额千分之十以下的罚款；给他人造成损失的，依法承担赔偿责任；对单位直接负责的主管人员和其他直接责任人员依法给予处分：

（一）无正当理由不发出中标通知书；

（二）不按照规定确定中标人；

（三）中标通知书发出后无正当理由改变中标结果；

（四）无正当理由不与中标人订立合同；

（五）在订立合同时向中标人提出附加条件。

第八十一条 中标通知书发出后，中标人放弃中标项目的，无正当理由不与招标人签订合同的，在签订合同时向招标人提出附加条件或者更改合同实质性内容的，或者拒不提交所要求的履约保证金的，取消其中标资格，投标保证金不予退还；给招标人的损失超过投标保证金数额的，中标人应当对超过部分予以赔偿；没有提交投标保证金的，应当对招标人的损失承担赔偿责任。对依法必须进行施工招标的项目的中标人，由有关行政监督部门责令改正，可以处中标金额千分之十以下罚款。

第八十二条 中标人将中标项目转让给他人的，将中标项目肢解后分别转让给他人的，违法将中标项目的部分主体、关键性工作分包给他人的，或者分包人再次分包的，转让、分包无效，有关行政监督部门处转让、分包项目金额千分之五以上千分之十以下的罚款；有违法所得的，并处没收违法所得；可以责令停业整顿；情节严重的，由工商行政管理机关吊销营业执照。

第八十三条 招标人与中标人不按照招标文件和中标人的投标文件订立合同的，合同的主要条款与招标文件、中标人的投标文件的内容不一致，或者招标人、中标人订立背离合同实质性内容的协议的，有关行政监督部门责令改正；可以处中标项目金额千分之五以上千分之十以下的罚款。

第八十四条 中标人不履行与招标人订立的合同的，履约保证金不予退还，给招标人造成的损失超过履约保证金数额的，还应当对超过部分予以赔偿；没有提交履约保证金的，应当对招标人的损失承担赔偿责任。

中标人不按照与招标人订立的合同履行义务，情节严重的，有关行政监督部门取消其二至五年参加招标项目的投标资格并予以公告，直至由工商行政管理机关吊销营业执照。

因不可抗力不能履行合同的，不适用前两款规定。

第八十五条 招标人不履行与中标人订立的合同的，应当返还中标人的履约保证金，并承担相应的赔偿责任；没有提交履约保证金的，应当对中标人的损失承担赔偿责任。

因不可抗力不能履行合同的，不适用前款规定。

第八十六条 依法必须进行施工招标的项目违反法律规定，中标无效的，应当依照法律规定的中标条件从其余投标人中重新确定中标人或者依法重新进行招标。

中标无效的，发出的中标通知书和签订的合同自始没有法律约束力，但不影响合同中独立存在的有关解决争议方法的条款的效力。

第八十七条 任何单位违法限制或者排斥本地区、本系统以外的法人或者其他组织参加投标的，为招标人指定招标代理机构的，强制招标人委托招标代理机构办理招标事宜的，或者以其他方式干涉招标投标活动的，有关行政监督部门责令改正；对单位直接负责的主管人员和其他直接责任人员依法给予警告、记过、记大过的处分，情节较重的，依法给予降级、撤职、开除的处分。

个人利用职权进行前款违法行为的，依照前款规定追究责任。

第八十八条 对招标投标活动依法负有行政监督职责的国家机关工作人员徇私舞弊、滥用职权或者玩忽职守，构成犯罪的，依法追究刑事责任；不构成犯罪的，依法给予行政处分。

第八十九条 投标人或者其他利害关系人认为工程建设项目施工招标投标活动不符合国家规定的，可以自知道或者应当知道之日起十日内向有关行政监督部门投诉。投诉应当有明确的请求和必要的证明材料。

第六章 附 则

第九十条 使用国际组织或者外国政府贷款、援助资金的项目进行招标，贷款方、资金提供方对工程施工招标投标活动的条件和程序有不同规定的，可以适用其规定，但违背中华人民共和国社会公共利益的除外。

第九十一条 本办法由国家发展改革委会同有关部门负责解释。

第九十二条 本办法自 2003 年 5 月 1 日起施行。

工程建设项目勘察设计招标投标办法

中华人民共和国国家发展和改革委员会、建设部、铁道部、交通部、信息产业部、水利部、中国民用航空总局、国家广播电影电视总局令第2号

第一章 总 则

第一条 为规范工程建设项目勘察设计招标投标活动，提高投资效益，保证工程质量，根据《中华人民共和国招标投标法》《中华人民共和国招标投标法实施条例》制定本办法。

第二条 在中华人民共和国境内进行工程建设项目勘察设计招标投标活动，适用本办法。

第三条 工程建设项目符合《工程建设项目招标范围和规模标准规定》（国家计委令第3号）规定的范围和标准的，必须依据本办法进行招标。

任何单位和个人不得将依法必须进行招标的项目化整为零或者以其他任何方式规避招标。

第四条 按照国家规定需要履行项目审批、核准手续的依法必须进行招标的项目，有下列情形之一的，经项目审批、核准部门审批、核准，项目的勘察设计可以不进行招标：

（一）涉及国家安全、国家秘密、抢险救灾或者属于利用扶贫资金实行以工代赈、需要使用农民工等特殊情况，不适宜进行招标；

（二）主要工艺、技术采用不可替代的专利或者专有技术，或者其建筑艺术造型有特殊要求；

（三）采购人依法能够自行勘察、设计；

（四）已通过招标方式选定的特许经营项目投资人依法能够自行勘察、设计；

（五）技术复杂或专业性强，能够满足条件的勘察设计单位少于三家，不能形成有效竞争；

（六）已建成项目需要改、扩建或者技术改造，由其他单位进行设计影响项目功能配套性；

（七）国家规定其他特殊情形。

第五条 勘察设计招标工作由招标人负责。任何单位和个人不得以任何方式非法干涉招标投标活动。

第六条 各级发展改革、工业和信息化、住房城乡建设、交通运输、铁道、水利、商务、广电、民航等部门依照《国务院办公厅印发国务院有关部门实施招标投标活动行政监督的职责分工意见的通知》（国办发〔2000〕34号）和各地规定的职责分工，对工程建设

项目勘察设计招标投标活动实施监督，依法查处招标投标活动中的违法行为。

第二章 招 标

第七条 招标人可以依据工程建设项目的不同特点，实行勘察设计一次性总体招标；也可以在保证项目完整性、连续性的前提下，按照技术要求实行分段或分项招标。

招标人不得利用前款规定限制或者排斥潜在投标人或者投标。依法必须进行招标的项目的招标人不得利用前款规定规避招标。

第八条 依法必须招标的工程建设项目，招标人可以对项目的勘察、设计、施工以及与工程建设有关的重要设备、材料的采购，实行总承包招标。

第九条 依法必须进行勘察设计招标的工程建设项目，在招标时应当具备下列条件：

（一）招标人已经依法成立；

（二）按照国家有关规定需要履行项目审批、核准或者备案手续的，已经审批、核准或者备案；

（三）勘察设计有相应资金或者资金来源已经落实；

（四）所必需的勘察设计基础资料已经收集完成；

（五）法律法规规定的其他条件。

第十条 工程建设项目勘察设计招标分为公开招标和邀请招标。

国有资金投资占控股或者主导地位的工程建设项目，以及国务院发展和改革部门确定的国家重点项目和省、自治区、直辖市人民政府确定的地方重点项目，除符合本办法第十一条规定条件并依法获得批准外，应当公开招标。

第十一条 依法必须进行公开招标的项目，在下列情况下可以进行邀请招标：

（一）技术复杂、有特殊要求或者受自然环境限制，只有少量潜在投标人可供选择；

（二）采用公开招标方式的费用占项目合同金额的比例过大；

有前款第二项所列情形，属于按照国家有关规定需要履行项目审批、核准手续的项目，由项目审批、核准部门在审批、核准项目时作出认定；其他项目由招标人申请有关行政监督部门作出认定。招标人采用邀请招标方式的，应保证有三个以上具备承担招标项目勘察设计的能力，并具有相应资质的特定法人或者其他组织参加投标。

第十二条 招标人应当按照资格预审公告、招标公告或者投标邀请书规定的时间、地点出售招标文件或者资格预审文件。自招标文件或者资格预审文件出售之日起至停止出售之日止，最短不得少于五日。

第十三条 进行资格预审的，招标人只向资格预审合格的潜在投标人发售招标文件，并同时向资格预审不合格的潜在投标人告知资格预审结果。

第十四条 凡是资格预审合格的潜在投标人都应被允许参加投标。

招标人不得以抽签、摇号等不合理条件限制或者排斥资格预审合格的潜在投标人参加投标。

第十五条 招标人应当根据招标项目的特点和需要编制招标文件。

勘察设计招标文件应当包括下列内容：

（一）投标须知；

（二）投标文件格式及主要合同条款；

（三）项目说明书，包括资金来源情况；

（四）勘察设计范围，对勘察设计进度、阶段和深度要求；

（五）勘察设计基础资料；

（六）勘察设计费用支付方式，对未中标人是否给予补偿及补偿标准；

（七）投标报价要求；

（八）对投标人资格审查的标准；

（九）评标标准和方法；

（十）投标有效期。

投标有效期，从提交投标文件截止日起计算。

对招标文件的收费应仅限于补偿印刷、邮寄的成本支出，招标人不得通过出售招标文件谋取利益。

第十六条 招标人负责提供与招标项目有关的基础资料，并保证所提供资料的真实性、完整性。涉及国家秘密的除外。

第十七条 对于潜在投标人在阅读招标文件和现场踏勘中提出的疑问，招标人可以书面形式或召开投标预备会的方式解答，但需同时将解答以书面方式通知所有招标文件收受人。该解答的内容为招标文件的组成部分。

第十八条 招标人可以要求投标人在提交符合招标文件规定要求的投标文件外，提交备选投标文件，但应当在招标文件中做出说明，并提出相应的评审和比较办法。

第十九条 招标人应当确定潜在投标人编制投标文件所需要的合理时间。

依法必须进行勘察设计招标的项目，自招标文件开始发出之日起至投标人提交投标文件截止之日止，最短不得少于二十日。

第二十条 除不可抗力原因外，招标人在发布招标公告或者发出投标邀请书后不得终止招标，也不得在出售招标文件后终止招标。

第三章 投　　标

第二十一条 投标人是响应招标、参加投标竞争的法人或者其他组织。

在其本国注册登记，从事建筑、工程服务的国外设计企业参加投标的，必须符合中华人民共和国缔结或者参加的国际条约、协定中所做的市场准入承诺以及有关勘察设计市场准入的管理规定。

投标人应当符合国家规定的资质条件。

第二十二条 投标人应当按照招标文件或者投标邀请书的要求编制投标文件。投标文件中的勘察设计收费报价，应当符合国务院价格主管部门制定的工程勘察设计收费标准。

第二十三条 投标人在投标文件有关技术方案和要求中不得指定与工程建设项目有关的重要设备、材料的生产供应者，或者含有倾向或者排斥特定生产供应者的内容。

第二十四条 招标文件要求投标人提交投标保证金的，保证金数额不得超过勘察设计估算费用的百分之二，最多不超过十万元人民币。

依法必须进行招标的项目的境内投标单位，以现金或者支票形式提交的投标保证金应当从其基本账户转出。

第二十五条 在提交投标文件截止时间后到招标文件规定的投标有效期终止之前，投标人不得撤销其投标文件，否则招标人可以不退还投标保证金。

第二十六条 投标人在投标截止时间前提交的投标文件，补充、修改或撤回投标文件的通知，备选投标文件等，都必须加盖所在单位公章，并且由其法定代表人或授权代表签字，但招标文件另有规定的除外。

招标人在接收上述材料时，应检查其密封或签章是否完好，并向投标人出具标明签收人和签收时间的回执。

第二十七条 以联合体形式投标的，联合体各方应签订共同投标协议，连同投标文件一并提交招标人。

联合体各方不得再单独以自己名义，或者参加另外的联合体投同一个标。

招标人接受联合体投标并进行资格预审的，联合体应当在提交资格预审申请文件前组成。资格预审后联合体增减、更换成员的，其投标无效。

第二十八条 联合体中标的，应指定牵头人或代表，授权其代表所有联合体成员与招标人签订合同，负责整个合同实施阶段的协调工作。但是，需要向招标人提交由所有联合体成员法定代表人签署的授权委托书。

第二十九条 投标人不得以他人名义投标，也不得利用伪造、转让、无效或者租借的资质证书参加投标，或者以任何方式请其他单位在自己编制的投标文件代为签字盖章，损害国家利益、社会公共利益和招标人的合法权益。

第三十条 投标人不得通过故意压低投资额、降低施工技术要求、减少占地面积，或者缩短工期等手段弄虚作假，骗取中标。

第四章 开标、评标和中标

第三十一条 开标应当在招标文件确定的提交投标文件截止时间的同一时间公开进行；除不可抗力原因外，招标人不得以任何理由拖延开标，或者拒绝开标。

投标人对开标有异议的，应当在开标现场提出，招标人应当当场作出答复，并制作记录。

第三十二条 评标工作由评标委员会负责。评标委员会的组成方式及要求，按《中华人民共和国招标投标法》《中华人民共和国招标投标法实施条例》及《评标委员会和评标方法暂行规定》(国家计委等七部委联合令第 12 号)的有关规定执行。

第三十三条 勘察设计评标一般采取综合评估法进行。评标委员会应当按照招标文件确定的评标标准和方法,结合经批准的项目建议书、可行性研究报告或者上阶段设计批复文件,对投标人的业绩、信誉和勘察设计人员的能力以及勘察设计方案的优劣进行综合评定。

招标文件中没有规定的标准和方法,不得作为评标的依据。

第三十四条 评标委员会可以要求投标人对其技术文件进行必要的说明或介绍,但不得提出带有暗示性或诱导性的问题,也不得明确指出其投标文件中的遗漏和错误。

第三十五条 根据招标文件的规定,允许投标人投备选标的,评标委员会可以对中标人所提交的备选标进行评审,以决定是否采纳备选标。不符合中标条件的投标人的备选标不予考虑。

第三十六条 投标文件有下列情况之一的,评标委员会应当否决其投标:
(一)未经投标单位盖章和单位负责人签字;
(二)投标报价不符合国家颁布的勘察设计取费标准,或者低于成本,或者高于招标文件设定的最高投标限价;
(三)未响应招标文件的实质性要求和条件。

第三十七条 投标人有下列情况之一的,评标委员会应当否决其投标:
(一)不符合国家或者招标文件规定的资格条件;
(二)与其他投标人或者与招标人串通投标;
(三)以他人名义投标,或者以其他方式弄虚作假;
(四)以向招标人或者评标委员会成员行贿的手段谋取中标;
(五)以联合体形式投标,未提交共同投标协议;
(六)提交两个以上不同的投标文件或者投标报价,但招标文件要求提交备选投标的除外。

第三十八条 评标委员会完成评标后,应当向招标人提出书面评标报告,推荐合格的中标候选人。

评标报告的内容应当符合《评标委员会和评标方法暂行规定》第四十二条的规定。但是,评标委员会决定否决所有投标的,应在评标报告中详细说明理由。

第三十九条 评标委员会推荐的中标候选人应当限定在一至三人,并标明排列顺序。

能够最大限度地满足招标文件中规定的各项综合评价标准的投标人,应当推荐为中标候选人。

第四十条 国有资金占控股或者主导地位的依法必须招标的项目,招标人应当确定排名第一的中标候选人为中标人。

排名第一的中标候选人放弃中标、因不可抗力提出不能履行合同,不按照招标文件要求提交履约保证金,或者被查实存在影响中标结果的违法行为等情形,不符合中标条件的,招标人可以按照评标委员会提出的中标候选人名单排序依次确定其他中标候选人为中标人。依次确定其他中标候选人与招标人预期差距较大,或者对招标人明显不利的,招标人可以重新招标。

招标人可以授权评标委员会直接确定中标人。

国务院对中标人的确定另有规定的,从其规定。

第四十一条 招标人应在接到评标委员会的书面评标报告之日起三日内公示中标候选人,公示期不少于三日。

第四十二条 招标人和中标人应当在投标有效期内并在自中标通知书发出之日起三十日内,按照招标文件和中标人的投标文件订立书面合同。

中标人履行合同应当遵守《中华人民共和国合同法》以及《建设工程勘察设计管理条例》中勘察设计文件编制实施的有关规定。

第四十三条 招标人不得以压低勘察设计费、增加工作量、缩短勘察设计周期等作为发出中标通知书的条件,也不得与中标人再行订立背离合同实质性内容的其他协议。

第四十四条 招标人与中标人签订合同后五日内,应当向中标人和未中标人一次性退还投标保证金及银行同期存款利息。招标文件中规定给予未中标人经济补偿的,也应在此期限内一并给付。

招标文件要求中标人提交履约保证金的,中标人应当提交;经中标人同意,可将其投标保证金抵作履约保证金。

第四十五条 招标人应当在将中标结果通知所有未中标人后七个工作日内,逐一返还未中标人的投标文件。

招标人或者中标人采用其他未中标人投标文件中技术方案的,应当征得未中标人的书面同意,并支付合理的使用费。

第四十六条 评标定标工作应当在投标有效期内完成,不能如期完成的,招标人应当通知所有投标人延长投标有效期。

同意延长投标有效期的投标人应当相应延长其投标担保的有效期,但不得修改投标文件的实质性内容。

拒绝延长投标有效期的投标人有权收回投标保证金。招标文件中规定给予未中标人补偿的,拒绝延长的投标人有权获得补偿。

第四十七条 依法必须进行勘察设计招标的项目,招标人应当在确定中标人之日起十五日内,向有关行政监督部门提交招标投标情况的书面报告。

书面报告一般应包括以下内容:

(一)招标项目基本情况;

(二)投标人情况;

(三)评标委员会成员名单;

(四)开标情况;

(五)评标标准和方法;

(六)否决投标情况;

(七)评标委员会推荐的经排序的中标候选人名单;

（八）中标结果；

（九）未确定排名第一的中标候选人为中标人的原因；

（十）其他需说明的问题。

第四十八条 在下列情况下，依法必须招标项目的招标人在分析招标失败的原因并采取相应措施后，应当依照本办法重新招标：

（一）资格预审合格的潜在投标人不足三个的；

（二）在投标截止时间前提交投标文件的投标人少于三个的；

（三）所有投标均被否决的；

（四）评标委员会否决不合格投标后，因有效投标不足三个使得投标明显缺乏竞争，评标委员会决定否决全部投标的；

（五）根据第四十六条规定，同意延长投标有效期的投标人少于三个的。

第四十九条 招标人重新招标后，发生本办法第四十八条情形之一的，属于按照国家规定需要政府审批、核准的项目，报经原项目审批、核准部门审批、核准后可以不再进行招标；其他工程建设项目，招标人可自行决定不再进行招标。

第五章 罚 则

第五十条 招标人有下列限制或者排斥潜在投标人行为之一的，由有关行政监督部门依照招标投标法第五十一条的规定处罚；其中，构成依法必须进行勘察设计招标的项目的招标人规避招标的，依照招标投标法第四十九条的规定处罚：

（一）依法必须公开招标的项目不按照规定在指定媒介发布资格预审公告或者招标公告；

（二）在不同媒介发布的同一招标项目的资格预审公告或者招标公告的内容不一致，影响潜在投标人申请资格预审或者投标。

第五十一条 招标人有下列情形之一的，由有关行政监督部门责令改正，可以处十万元以下的罚款：

（一）依法应当公开招标而采用邀请招标；

（二）招标文件、资格预审文件的发售、澄清、修改的时限，或者确定的提交资格预审申请文件、投标文件的时限不符合招标投标法和招标投标法实施条例规定；

（三）接受未通过资格预审的单位或者个人参加投标；

（四）接受应当拒收的投标文件。招标人有前款第一项、第三项、第四项所列行为之一的，对单位直接负责的主管人员和其他直接责任人员依法给予处分。

第五十二条 依法必须进行招标的项目的投标人以他人名义投标，利用伪造、转让、租借、无效的资质证书参加投标，或者请其他单位在自己编制的投标文件上代为签字盖章，弄虚作假，骗取中标的，中标无效。尚未构成犯罪的，处中标项目金额千分之五以上千分之十以下的罚款，对单位直接负责的主管人员和其他直接责任人员处单位罚款数额百分之五以上百分之十以下的罚款；有违法所得的，并处没收违法所得；情节严重的，取消其一年至三年内参加依法必须进行招标的项目的投标资格并予以公告，直至由工商行政管理机关吊销营业执照。

第五十三条 招标人以抽签、摇号等不合理的条件限制或者排斥资格预审合格的潜在投标人参加投标，对潜在投标人实行歧视待遇的，强制要求投标人组成联合体共同投标的，或者限制投标人之间竞争的，责令改正，可以处一万元以上五万元以下的罚款。

依法必须进行招标的项目的招标人不按照规定组建评标委员会，或者确定、更换评标委员会成员违反招标投标法和招标投标法实施条例规定的，由有关行政监督部门责令改正，可以处十万元以下的罚款，对单位直接负责的主管人员和其他直接责任人员依法给予处分；违法确定或者更换的评标委员会成员作出的评审结论无效，依法重新进行评审。

第五十四条 评标委员会成员有下列行为之一的，由有关行政监督部门责令改正；情节严重的，禁止其在一定期限内参加依法必须进行招标的项目的评标；情节特别严重的，取消其担任评标委员会成员的资格：

（一）不按照招标文件规定的评标标准和方法评标；

（二）应当回避而不回避；

（三）擅离职守；

（四）私下接触投标人；

（五）向招标人征询确定中标人的意向或者接受任何单位或者个人明示或者暗示提出的倾向或者排斥特定投标人的要求；

（六）对依法应当否决的投标不提出否决意见；

（七）暗示或者诱导投标人作出澄清、说明或者接受投标人主动提出的澄清、说明；

（八）其他不客观、不公正履行职务的行为。

第五十五条 招标人与中标人不按照招标文件和中标人的投标文件订立合同，责令改正，可以处中标项目金额千分之五以上千分之十以下的罚款。

第五十六条 本办法对违法行为及其处罚措施未做规定的，依据《中华人民共和国招标投标法》《中华人民共和国招标投标法实施条例》和有关法律、行政法规的规定执行。

第六章 附　　则

第五十七条 使用国际组织或者外国政府贷款、援助资金的项目进行招标，贷款方、资金提供方对工程勘察设计招标投标的条件和程序另有规定的，可以适用其规定，但违背中华人民共和国社会公共利益的除外。

第五十八条 本办法发布之前有关勘察设计招标投标的规定与本办法不一致的，以本办法为准。法律或者行政法规另有规定的，从其规定。

第五十九条 本办法由国家发展和改革委员会会同有关部门负责解释。

第六十条 本办法自2003年8月1日起施行。

工程建设项目货物招标投标办法

中华人民共和国国家发展和改革委员会、建设部、铁道部、交通部、信息产业部、水利部、中国民用航空总局令第27号

第一章 总 则

第一条 为规范工程建设项目的货物招标投标活动，保护国家利益、社会公共利益和招标投标活动当事人的合法权益，保证工程质量，提高投资效益，根据《中华人民共和国招标投标法》《中华人民共和国招标投标法实施条例》和国务院有关部门的职责分工，制定本办法。

第二条 本办法适用于在中华人民共和国境内工程建设项目货物招标投标活动。

第三条 工程建设项目符合《工程建设项目招标范围和规模标准规定》（原国家计委令第3号）规定的范围和标准的，必须通过招标选择货物供应单位。

任何单位和个人不得将依法必须进行招标的项目化整为零或者以其他任何方式规避招标。

第四条 工程建设项目货物招标投标活动应当遵循公开、公平、公正和诚实信用的原则。货物招标投标活动不受地区或者部门的限制。

第五条 工程建设项目货物招标投标活动，依法由招标人负责。

工程建设项目招标人对项目实行总承包招标时，未包括在总承包范围内的货物属于依法必须进行招标的项目范围且达到国家规定规模标准的，应当由工程建设项目招标人依法组织招标。

工程建设项目实行总承包招标时，以暂估价形式包括在总承包范围内的货物属于依法必须进行招标的项目范围且达到国家规定规模标准的，应当依法组织招标。

第六条 各级发展改革、工业和信息化、住房城乡建设、交通运输、铁道、水利、民航等部门依照国务院和地方各级人民政府关于工程建设项目行政监督的职责分工，对工程建设项目中所包括的货物招标投标活动实施监督，依法查处货物招标投标活动中的违法行为。

第二章 招 标

第七条 工程建设项目招标人是依法提出招标项目、进行招标的法人或者其他组织。本办法第五条总承包中标人单独或者共同招标时，也为招标人。

第八条 依法必须招标的工程建设项目，应当具备下列条件才能进行货物招标：

（一）招标人已经依法成立；

（二）按照国家有关规定应当履行项目审批、核准或者备案手续的，已经审批、核准或者备案；

（三）有相应资金或者资金来源已经落实；

（四）能够提出货物的使用与技术要求。

第九条 依法必须进行招标的工程建设项目，按国家有关规定需要履行审批、核准手续的，招标人应当在报送的可行性研究报告、资金申请报告或者项目申请报告中将货物招标范围、招标方式（公开招标或邀请招标）、招标组织形式（自行招标或委托招标）等有关招标内容报项目审批、核准部门审批、核准。项目审批、核准部门应当将审批、核准的招标内容通报有关行政监督部门。

第十条 货物招标分为公开招标和邀请招标。

第十一条 依法应当公开招标的项目，有下列情形之一的，可以邀请招标：

（一）技术复杂、有特殊要求或者受自然环境限制，只有少量潜在投标人可供选择；

（二）采用公开招标方式的费用占项目合同金额的比例过大；

（三）涉及国家安全、国家秘密或者抢险救灾，适宜招标但不宜公开招标。

有前款第二项所列情形，属于按照国家有关规定需要履行项目审批、核准手续的依法必须进行招标的项目，由项目审批、核准部门认定；其他项目由招标人申请有关行政监督部门作出认定。

第十二条 采用公开招标方式的，招标人应当发布资格预审公告或者招标公告。依法必须进行货物招标的资格预审公告或者招标公告，应当在国家指定的报刊或者信息网络上发布。

采用邀请招标方式的，招标人应当向三家以上具备货物供应的能力、资信良好的特定的法人或者其他组织发出投标邀请书。

第十三条 招标公告或者投标邀请书应当载明下列内容：

（一）招标人的名称和地址；

（二）招标货物的名称、数量、技术规格、资金来源；

（三）交货的地点和时间；

（四）获取招标文件或者资格预审文件的地点和时间；

（五）对招标文件或者资格预审文件收取的费用；

（六）提交资格预审申请书或者投标文件的地点和截止日期；

（七）对投标人的资格要求。

第十四条 招标人应当按照资格预审公告、招标公告或者投标邀请书规定的时间、地点发售招标文件或者资格预审文件。自招标文件或者资格预审文件发售之日起至停止发售之日止，最短不得少于五日。

招标人可以通过信息网络或者其他媒介发布招标文件，通过信息网络或者其他媒介发布的招标文件与书面招标文件具有同等法律效力，出现不一致时以书面招标文件为准，但国家另有规定的除外。

对招标文件或者资格预审文件的收费应当限于补偿印刷、邮寄的成本支出，不得以营利为目的。

除不可抗力原因外，招标文件或者资格预审文件发出后，不予退还；招标人在发布招标公告、发出投标邀请书后或者发出招标文件或资格预审文件后不得终止招标。招标人终止招标的，应当及时发布公告，或者以书面形式通知被邀请的或者已经获取资格预审文件、招标文件的潜在投标人。已经发售资格预审文件、招标文件或者已经收取投标保证金的，招标人应当及时退还所收取的资格预审文件、招标文件的费用，以及所收取的投标保证金及银行同期存款利息。

第十五条 招标人可以根据招标货物的特点和需要，对潜在投标人或者投标人进行资格审查；国家对潜在投标人或者投标人的资格条件有规定的，依照其规定。

第十六条 资格审查分为资格预审和资格后审。

资格预审，是指招标人出售招标文件或者发出投标邀请书前对潜在投标人进行的资格审查。资格预审一般适用于潜在投标人较多或者大型、技术复杂货物的招标。

资格后审，是指在开标后对投标人进行的资格审查。资格后审一般在评标过程中的初步评审开始时进行。

第十七条 采取资格预审的，招标人应当发布资格预审公告。资格预审公告适用本办法第十二条、第十三条有关招标公告的规定。

第十八条 资格预审文件一般包括下列内容：

（一）资格预审公告；

（二）申请人须知；

（三）资格要求；

（四）其他业绩要求；

（五）资格审查标准和方法；

（六）资格预审结果的通知方式。

第十九条 采取资格预审的，招标人应当在资格预审文件中详细规定资格审查的标准和方法；采取资格后审的，招标人应当在招标文件中详细规定资格审查的标准和方法。

招标人在进行资格审查时，不得改变或补充载明的资格审查标准和方法或者以没有载明的资格审查标准和方法对潜在投标人或者投标人进行资格审查。

第二十条 经资格预审后，招标人应当向资格预审合格的潜在投标人发出资格预审合格通知书，告知获取招标文件的时间、地点和方法，并同时向资格预审不合格的潜在投标人告知资格预审结果。依法必须招标的项目通过资格预审的申请人不足三个的，招标人在分析招标失败的原因并采取相应措施后，应当重新招标。

对资格后审不合格的投标人，评标委员会应当否决其投标。

第二十一条 招标文件一般包括下列内容：

（一）招标公告或者投标邀请书；

（二）投标人须知；

（三）投标文件格式；

（四）技术规格、参数及其他要求；

（五）评标标准和方法；

（六）合同主要条款。

招标人应当在招标文件中规定实质性要求和条件，说明不满足其中任何一项实质性要求和条件的投标将被拒绝，并用醒目的方式标明；没有标明的要求和条件在评标时不得作为实质性要求和条件。对于非实质性要求和条件，应规定允许偏差的最大范围、最高项数，以及对这些偏差进行调整的方法。

国家对招标货物的技术、标准、质量等有规定的，招标人应当按照其规定在招标文件中提出相应要求。

第二十二条 招标货物需要划分标包的，招标人应合理划分标包，确定各标包的交货期，并在招标文件中如实载明。

招标人不得以不合理的标包限制或者排斥潜在投标人或者投标人。依法必须进行招标的项目的招标人不得利用标包划分规避招标。

第二十三条 招标人允许中标人对非主体货物进行分包的，应当在招标文件中载明。主要设备、材料或者供货合同的主要部分不得要求或者允许分包。

除招标文件要求不得改变标准货物的供应商外，中标人经招标人同意改变标准货物的供应商的，不应视为转包和违法分包。

第二十四条 招标人可以要求投标人在提交符合招标文件规定要求的投标文件外，提交备选投标方案，但应当在招标文件中作出说明。不符合中标条件的投标人的备选投标方案不予考虑。

第二十五条 招标文件规定的各项技术规格应当符合国家技术法规的规定。

招标文件中规定的各项技术规格均不得要求或标明某一特定的专利技术、商标、名称、设计、原产地或供应者等，不得含有倾向或者排斥潜在投标人的其他内容。如果必须引用某一供应者的技术规格才能准确或清楚地说明拟招标货物的技术规格时，则应当在参照后面加上"或相当于"的字样。

第二十六条 招标文件应当明确规定评标时包含价格在内的所有评标因素，以及据此进行评估的方法。

在评标过程中，不得改变招标文件中规定的评标标准、方法和中标条件。

第二十七条 招标人可以在招标文件中要求投标人以自己的名义提交投标保证金。投标保证金除现金外，可以是银行出具的银行保函、保兑支票、银行汇票或现金支票，也可以是招标人认可的其他合法担保形式。依法必须进行招标的项目的境内投标单位，以现金或者支票形式提交的投标保证金应当从其基本账户转出。

投标保证金不得超过项目估算价的百分之二，但最高不得超过八十万元人民币。投标保证金有效期应当与投标有效期一致。

投标人应当按照招标文件要求的方式和金额，在提交投标文件截止时间前将投标保证金提交给招标人或其委托的招标代理机构。

第二十八条 招标文件应当规定一个适当的投标有效期，以保证招标人有足够的时间完成评标和与中标人签订合同。投标有效期从招标文件规定的提交投标文件截止之日起计算。

在原投标有效期结束前，出现特殊情况的，招标人可以书面形式要求所有投标人延长投标有效期。投标人同意延长的，不得要求或被允许修改其投标文件的实质性内容，但应当相应延长其投标保证金的有效期；投标人拒绝延长的，其投标失效，但投标人有权收回其投标保证金及银行同期存款利息。

依法必须进行招标的项目同意延长投标有效期的投标人少于三个的，招标人在分析招标失败的原因并采取相应措施后，应当重新招标。

第二十九条 对于潜在投标人在阅读招标文件中提出的疑问，招标人应当以书面形式、投标预备会方式或者通过电子网络解答，但需同时将解答以书面方式通知所有购买招标文件的潜在投标人。该解答的内容为招标文件的组成部分。

除招标文件明确要求外，出席投标预备会不是强制性的，由潜在投标人自行决定，并自行承担由此可能产生的风险。

第三十条 招标人应当确定投标人编制投标文件所需的合理时间。依法必须进行招标的货物，自招标文件开始发出之日起至投标人提交投标文件截止之日止，最短不得少于二十日。

第三十一条 对无法精确拟定其技术规格的货物，招标人可以采用两阶段招标程序。

在第一阶段，招标人可以首先要求潜在投标人提交技术建议，详细阐明货物的技术规格、质量和其他特性。招标人可以与投标人就其建议的内容进行协商和讨论，达成一个统一的技术规格后编制招标文件。

在第二阶段，招标人应当向第一阶段提交了技术建议的投标人提供包含统一技术规格的正式招标文件，投标人根据正式招标文件的要求提交包括价格在内的最后投标文件。

招标人要求投标人提交投标保证金的，应当在第二阶段提出。

第三章 投 标

第三十二条 投标人是响应招标、参加投标竞争的法人或者其他组织。

法定代表人为同一个人的两个及两个以上法人，母公司、全资子公司及其控股公司，都不得在同一货物招标中同时投标。

一个制造商对同一品牌同一型号的货物，仅能委托一个代理商参加投标。违反前两款规定的，相关投标均无效。

第三十三条 投标人应当按照招标文件的要求编制投标文件。投标文件应当对招标文件提出的实质性要求和条件作出响应。

投标文件一般包括下列内容：
（一）投标函；
（二）投标一览表；
（三）技术性能参数的详细描述；
（四）商务和技术偏差表；
（五）投标保证金；
（六）有关资格证明文件；
（七）招标文件要求的其他内容。

投标人根据招标文件载明的货物实际情况，拟在中标后将供货合同中的非主要部分进行分包的，应当在投标文件中载明。

第三十四条　投标人应当在招标文件要求提交投标文件的截止时间前，将投标文件密封送达招标文件中规定的地点。招标人收到投标文件后，应当向投标人出具标明签收人和签收时间的凭证，在开标前任何单位和个人不得开启投标文件。

在招标文件要求提交投标文件的截止时间后送达的投标文件，招标人应当拒收。

依法必须进行招标的项目，提交投标文件的投标人少于三个的，招标人在分析招标失败的原因并采取相应措施后，应当重新招标。重新招标后投标人仍少于三个，按国家有关规定需要履行审批、核准手续的依法必须进行招标的项目，报项目审批、核准部门审批、核准后可以不再进行招标。

第三十五条　投标人在招标文件要求提交投标文件的截止时间前，可以补充、修改、替代或者撤回已提交的投标文件，并书面通知招标人。补充、修改的内容为投标文件的组成部分。

第三十六条　在提交投标文件截止时间后，投标人不得撤销其投标文件，否则招标人可以不退还其投标保证金。

第三十七条　招标人应妥善保管好已接收的投标文件、修改或撤回通知、备选投标方案等投标资料，并严格保密。

第三十八条　两个以上法人或者其他组织可以组成一个联合体，以一个投标人的身份共同投标。

联合体各方签订共同投标协议后，不得再以自己名义单独投标，也不得组成或参加其他联合体在同一项目中投标；否则相关投标均无效。

联合体中标的，应当指定牵头人或代表，授权其代表所有联合体成员与招标人签订合同，负责整个合同实施阶段的协调工作。但是，需要向招标人提交由所有联合体成员法定代表人签署的授权委托书。

第三十九条　招标人接受联合体投标并进行资格预审的，联合体应当在提交资格预审申请文件前组成。资格预审后联合体增减、更换成员的，其投标无效。

招标人不得强制资格预审合格的投标人组成联合体。

第四章 开标、评标和定标

第四十条 开标应当在招标文件确定的提交投标文件截止时间的同一时间公开进行；开标地点应当为招标文件中确定的地点。

投标人或其授权代表有权出席开标会，也可以自主决定不参加开标会。

投标人对开标有异议的，应当在开标现场提出，招标人应当当场作出答复，并制作记录。

第四十一条 投标文件有下列情形之一的，招标人应当拒收：

（一）逾期送达；

（二）未按招标文件要求密封投标文件。

有下列情形之一的，评标委员会应当否决其投标：

（一）投标文件未经投标单位盖章和单位负责人签字；

（二）投标联合体没有提交共同投标协议；

（三）投标人不符合国家或者招标文件规定的资格条件；

（四）同一投标人提交两个以上不同的投标文件或者投标报价，但招标文件要求提交备选投标的除外；

（五）投标标价低于成本或者高于招标文件设定的最高投标限价；

（六）投标文件没有对招标文件的实质性要求和条件作出响应；

（七）投标人有串通投标、弄虚作假、行贿等违法行为。

依法必须招标的项目评标委员会否决所有投标的，或者评标委员会否决一部分投标后其他有效投标不足三个使得投标明显缺乏竞争，决定否决全部投标的，招标人在分析招标失败的原因并采取相应措施后，应当重新招标。

第四十二条 评标委员会可以书面方式要求投标人对投标文件中含义不明确、对同类问题表述不一致或者有明显文字和计算错误的内容作必要的澄清、说明或补正。评标委员会不得向投标人提出带有暗示性或诱导性的问题，或向其明确投标文件中的遗漏和错误。

第四十三条 投标文件不响应招标文件的实质性要求和条件的，评标委员会不得允许投标人通过修正或撤销其不符合要求的差异或保留，使之成为具有响应性的投标。

第四十四条 技术简单或技术规格、性能、制作工艺要求统一的货物，一般采用经评审的最低投标价法进行评标。技术复杂或技术规格、性能、制作工艺要求难以统一的货物，一般采用综合评估法进行评标。

第四十五条 符合招标文件要求且评标价最低或综合评分最高而被推荐为中标候选人的投标人，其所提交的备选投标方案方可予以考虑。

第四十六条 评标委员会完成评标后，应向招标人提出书面评标报告。评标报告由评标委员会全体成员签字。

第四十七条 评标委员会在书面评标报告中推荐的中标候选人应当限定在一至三人，并标明排列顺序。招标人应当接受评标委员会推荐的中标候选人，不得在评标委员会推荐的中标候选人之外确定中标人。

依法必须进行招标的项目，招标人应当自收到评标报告之日起三日内公示中标候选人，公示期不得少于三日。

第四十八条 国有资金占控股或者主导地位的依法必须进行招标的项目，招标人应当确定排名第一的中标候选人为中标人。排名第一的中标候选人放弃中标、因不可抗力提出不能履行合同、不按照招标文件要求提交履约保证金，或者被查实存在影响中标结果的违法行为等情形，不符合中标条件的，招标人可以按照评标委员会提出的中标候选人名单排序依次确定其他中标候选人为中标人。依次确定其他中标候选人与招标人预期差距较大，或者对招标人明显不利的，招标人可以重新招标。

招标人可以授权评标委员会直接确定中标人。

国务院对中标人的确定另有规定的，从其规定。

第四十九条 招标人不得向中标人提出压低报价、增加配件或者售后服务量以及其他超出招标文件规定的违背中标人意愿的要求，以此作为发出中标通知书和签订合同的条件。

第五十条 中标通知书对招标人和中标人具有法律效力。中标通知书发出后，招标人改变中标结果的，或者中标人放弃中标项目的，应当依法承担法律责任。

中标通知书由招标人发出，也可以委托其招标代理机构发出。

第五十一条 招标人和中标人应当在投标有效期内并在自中标通知书发出之日起三十日内，按照招标文件和中标人的投标文件订立书面合同。招标人和中标人不得再行订立背离合同实质性内容的其他协议。

招标文件要求中标人提交履约保证金或者其他形式履约担保的，中标人应当提交；拒绝提交的，视为放弃中标项目。招标人要求中标人提供履约保证金或其他形式履约担保的，招标人应当同时向中标人提供货物款支付担保。

履约保证金不得超过中标合同金额的 10%。

第五十二条 招标人最迟应当在书面合同签订后五日内，向中标人和未中标的投标人一次性退还投标保证金及银行同期存款利息。

第五十三条 必须审批的工程建设项目，货物合同价格应当控制在批准的概算投资范围内；确需超出范围的，应当在中标合同签订前，报原项目审批部门审查同意。项目审批部门应当根据招标的实际情况，及时作出批准或者不予批准的决定；项目审批部门不予批准的，招标人应当自行平衡超出的概算。

第五十四条 依法必须进行货物招标的项目，招标人应当自确定中标人之日起十五日内，向有关行政监督部门提交招标投标情况的书面报告。

前款所称书面报告至少应包括下列内容：

（一）招标货物基本情况；

（二）招标方式和发布招标公告或者资格预审公告的媒介；

（三）招标文件中投标人须知、技术条款、评标标准和方法、合同主要条款等内容；

（四）评标委员会的组成和评标报告；

（五）中标结果。

第五章 罚 则

第五十五条 招标人有下列限制或者排斥潜在投标行为之一的，由有关行政监督部门依照招标投标法第五十一条的规定处罚；其中，构成依法必须进行招标的项目的招标人规避招标的，依照招标投标法第四十九条的规定处罚：

（一）依法应当公开招标的项目不按照规定在指定媒介发布资格预审公告或者招标公告；

（二）在不同媒介发布的同一招标项目的资格预审公告或者招标公告内容不一致，影响潜在投标人申请资格预审或者投标。

第五十六条 招标人有下列情形之一的，由有关行政监督部门责令改正，可以处十万元以下的罚款：

（一）依法应当公开招标而采用邀请招标；

（二）招标文件、资格预审文件的发售、澄清、修改的时限，或者确定的提交资格预审申请文件、投标文件的时限不符合招标投标法和招标投标法实施条例规定；

（三）接受未通过资格预审的单位或者个人参加投标；

（四）接受应当拒收的投标文件。招标人有前款第一项、第三项、第四项所列行为之一的，对单位直接负责的主管人员和其他直接责任人员依法给予处分。

第五十七条 评标委员会成员有下列行为之一的，由有关行政监督部门责令改正；情节严重的，禁止其在一定期限内参加依法必须进行招标的项目的评标；情节特别严重的，取消其担任评标委员会成员的资格：

（一）应当回避而不回避；

（二）擅离职守；

（三）不按照招标文件规定的评标标准和方法评标；

（四）私下接触投标人；

（五）向招标人征询确定中标人的意向或者接受任何单位或者个人明示或者暗示提出的倾向或者排斥特定投标人的要求；

（六）对依法应当否决的投标不提出否决意见；

（七）暗示或者诱导投标人作出澄清、说明或者接受投标人主动提出的澄清、说明；

（八）其他不客观、不公正履行职务的行为。

第五十八条 依法必须进行招标的项目的招标人有下列情形之一的，由有关行政监督部门责令改正，可以处中标项目金额千分之十以下的罚款；给他人造成损失的，依法承担赔偿责任；对单位直接负责的主管人员和其他直接责任人员依法给予处分：

（一）无正当理由不发出中标通知书；

（二）不按照规定确定中标人；

（三）中标通知书发出后无正当理由改变中标结果；

（四）无正当理由不与中标人订立合同；

（五）在订立合同时向中标人提出附加条件。

中标通知书发出后，中标人放弃中标项目的，无正当理由不与招标人签订合同的，在签订合同时向招标人提出附加条件或者更改合同实质性内容的，或者拒不提交所要求的履约保证金的，取消其中标资格，投标保证金不予退还；给招标人的损失超过投标保证金数额的，中标人应当对超过部分予以赔偿；没有提交投标保证金的，应当对招标人的损失承担赔偿责任。对依法必须进行招标的项目的中标人，由有关行政监督部门责令改正，可以处中标金额千分之十以下罚款。

第五十九条 招标人不履行与中标人订立的合同的，应当返还中标人的履约保证金，并承担相应的赔偿责任；没有提交履约保证金的，应当对中标人的损失承担赔偿责任。

因不可抗力不能履行合同的，不适用前款规定。

第六十条 中标无效的，发出的中标通知书和签订的合同自始没有法律约束力，但不影响合同中独立存在的有关解决争议方法的条款的效力。

第六章 附 则

第六十一条 不属于工程建设项目，但属于固定资产投资的货物招标投标活动，参照本办法执行。

第六十二条 使用国际组织或者外国政府贷款、援助资金的项目进行招标，贷款方、资金提供方对货物招标投标活动的条件和程序有不同规定的，可以适用其规定，但违背中华人民共和国社会公共利益的除外。

第六十三条 本办法由国家发展和改革委员会会同有关部门负责解释。

第六十四条 本办法自 2005 年 3 月 1 日起施行。

工程建设项目招标范围和规模标准规定

中华人民共和国国家发展计划委员会令第 3 号

（2000 年 5 月 1 日发布）

第一条 为了确定必须进行招标的工程建设项目的具体范围和规模标准，规范招标投标活动，根据《中华人民共和国招标投标法》第三条的规定，制定本规定。

第二条 关系社会公共利益、公众安全的基础设施项目的范围包括：

（一）煤炭、石油、天然气、电力、新能源等能源项目；

（二）铁路、公路、管道、水运、航空以及其他交通运输业等交通运输项目；

（三）邮政、电信枢纽、通信、信息网络等邮电通信项目；

（四）防洪、灌溉、排涝、引（供）水、滩涂治理、水土保持、水利枢纽等水利项目；

（五）道路、桥梁、地铁和轻轨交通、污水排放及处理、垃圾处理、地下管线、公共停车场等城市设施项目；

（六）生态环境保护项目；

（七）其他基础设施项目。

第三条 关系社会公共利益、公众安全的公用事业项目的范围包括：

（一）供水、供电、供气、供热等市政工程项目；

（二）科技、教育、文化等项目；

（三）体育、旅游等项目；

（四）卫生、社会福利等项目；

（五）商品住宅，包括经济适用住房；

（六）其他公用事业项目。

第四条 使用国有资金投资项目的范围包括：

（一）使用各级财政预算资金的项目；

（二）使用纳入财政管理的各种政府性专项建设基金的项目；

（三）使用国有企业事业单位自有资金，并且国有资产投资者实际拥有控制权的项目。

第五条 国家融资项目的范围包括：

（一）使用国家发行债券所筹资金的项目；

（二）使用国家对外借款或者担保所筹资金的项目；

（三）使用国家政策性贷款的项目；

（四）国家授权投资主体融资的项目；

（五）国家特许的融资项目。

第六条 使用国际组织或者外国政府资金的项目的范围包括：

（一）使用世界银行、亚洲开发银行等国际组织贷款资金的项目；

（二）使用外国政府及其机构贷款资金的项目；

（三）使用国际组织或者外国政府援助资金的项目。

第七条 本规定第二条至每六条规定范围内的各类工程建设项目，包括项目的勘察、设计、施工、监理以及与工程建设有关的重要设备、材料等的采购，达到下列标准之一的，必须进行招标：

（一）施工单项合同估算价在200万元人民币以上的；

（二）重要设备、材料等货物的采购，单项合同估算价在100万元人民币以上的；

（三）勘察、设计、监理等服务的采购，单项合同估算价在50万元人民币以上的；

（四）单项合同估算价低于第（一）、（二）、（三）项规定的标准，但项目总投资额在3000万元人民币以上的。

第八条 建设项目的勘察、设计，采用特定专利或者专有技术的，或者其建筑艺术造型有特殊要求的，经项目主管部门批准，可以不进行招标。

第九条 依法必须进行招标的项目，全部使用国有资金投资或者国有资金投资占控股或者主导地位的，应当公开招标。

招标投标活动不受地区、部门的限制，不得对潜在投标人实行歧视待遇。

第十条 省、自治区、直辖市人民政府根据实际情况，可以规定本地区必须进行招标的具体范围和规模标准，但不得缩小本规定确定的必须进行招标的范围。

第十一条 国家发展计划委员会可以根据实际需要，会同国务院有关部门对本规定确定的必须进行招标的具体范围和规模标准进行部分调整。

第十二条 本规定自发布之日起施行。

评标委员会和评标方法暂行规定

中华人民共和国国家发展计划委员会、国家经济贸易委员会、建设部、
铁道部、交通部、信息产业部、水利部令第 12 号

第一章 总 则

第一条 为了规范评标活动，保证评标的公平、公正，维护招标投标活动当事人的合法权益，依照《中华人民共和国招标投标法》《中华人民共和国招标投标法实施条例》，制定本规定。

第二条 本规定适用于依法必须招标项目的评标活动。

第三条 评标活动遵循公平、公正、科学、择优的原则。

第四条 评标活动依法进行，任何单位和个人不得非法干预或者影响评标过程和结果。

第五条 招标人应当采取必要措施，保证评标活动在严格保密的情况下进行。

第六条 评标活动及其当事人应当接受依法实施的监督。

有关行政监督部门依照国务院或者地方政府的职责分工，对评标活动实施监督，依法查处评标活动中的违法行为。

第二章 评标委员会

第七条 评标委员会依法组建，负责评标活动，向招标人推荐中标候选人或者根据招标人的授权直接确定中标人。

第八条 评标委员会由招标人负责组建。

评标委员会成员名单一般应于开标前确定。评标委员会成员名单在中标结果确定前应当保密。

第九条 评标委员会由招标人或其委托的招标代理机构熟悉相关业务的代表，以及有关技术、经济等方面的专家组成，成员人数为五人以上单数，其中技术、经济等方面的专家不得少于成员总数的三分之二。

评标委员会设负责人的，评标委员会负责人由评标委员会成员推举产生或者由招标人确定。评标委员会负责人与评标委员会的其他成员有同等的表决权。

第十条 评标委员会的专家成员应当从依法组建的专家库内的相关专家名单中确定。

按前款规定确定评标专家，可以采取随机抽取或者直接确定的方式。一般项目，可以采取随机抽取的方式；技术复杂、专业性强或者国家有特殊要求的招标项目，采取随机抽取方

式确定的专家难以保证胜任的，可以由招标人直接确定。

第十一条 评标专家应符合下列条件：

（一）从事相关专业领域工作满八年并具有高级职称或者同等专业水平；

（二）熟悉有关招标投标的法律法规，并具有与招标项目相关的实践经验；

（三）能够认真、公正、诚实、廉洁地履行职责。

第十二条 有下列情形之一的，不得担任评标委员会成员：

（一）投标人或者投标人主要负责人的近亲属；

（二）项目主管部门或者行政监督部门的人员；

（三）与投标人有经济利益关系，可能影响对投标公正评审的；

（四）曾因在招标、评标以及其他与招标投标有关活动中从事违法行为而受过行政处罚或刑事处罚的。

评标委员会成员有前款规定情形之一的，应当主动提出回避。

第十三条 评标委员会成员应当客观、公正地履行职责，遵守职业道德，对所提出的评审意见承担个人责任。

评标委员会成员不得与任何投标人或者与招标结果有利害关系的人进行私下接触，不得收受投标人、中介人、其他利害关系人的财物或者其他好处，不得向招标人征询其确定中标人的意向，不得接受任何单位或者个人明示或者暗示提出的倾向或者排斥特定投标人的要求，不得有其他不客观、不公正履行职务的行为。

第十四条 评标委员会成员和与评标活动有关的工作人员不得透露对投标文件的评审和比较、中标候选人的推荐情况以及与评标有关的其他情况。

前款所称与评标活动有关的工作人员，是指评标委员会成员以外的因参与评标监督工作或者事务性工作而知悉有关评标情况的所有人员。

第三章 评标的准备与初步评审

第十五条 评标委员会成员应当编制供评标使用的相应表格，认真研究招标文件，至少应了解和熟悉以下内容：

（一）招标的目标；

（二）招标项目的范围和性质；

（三）招标文件中规定的主要技术要求、标准和商务条款；

（四）招标文件规定的评标标准、评标方法和在评标过程中考虑的相关因素。

第十六条 招标人或者其委托的招标代理机构应当向评标委员会提供评标所需的重要信息和数据，但不得带有明示或者暗示倾向或者排斥特定投标人的信息。

招标人设有标底的，标底在开标前应当保密，并在评标时作为参考。

第十七条 评标委员会应当根据招标文件规定的评标标准和方法，对投标文件进行系统的评审和比较。招标文件中没有规定的标准和方法不得作为评标的依据。

招标文件中规定的评标标准和评标方法应当合理，不得含有倾向或者排斥潜在投标人的内容，不得妨碍或者限制投标人之间的竞争。

第十八条 评标委员会应当按照投标报价的高低或者招标文件规定的其他方法对投标文件排序。以多种货币报价的，应当按照中国银行在开标日公布的汇率中间价换算成人民币。

招标文件应当对汇率标准和汇率风险作出规定。未作规定的，汇率风险由投标人承担。

第十九条 评标委员会可以书面方式要求投标人对投标文件中含义不明确、对同类问题表述不一致或者有明显文字和计算错误的内容作必要的澄清、说明或者补正。澄清、说明或者补正应以书面方式进行并不得超出投标文件的范围或者改变投标文件的实质性内容。

投标文件中的大写金额和小写金额不一致的，以大写金额为准；总价金额与单价金额不一致的，以单价金额为准，但单价金额小数点有明显错误的除外；对不同文字文本投标文件的解释发生异议的，以中文文本为准。

第二十条 在评标过程中，评标委员会发现投标人以他人的名义投标、串通投标、以行贿手段谋取中标或者以其他弄虚作假方式投标的，应当否决该投标人的投标。

第二十一条 在评标过程中，评标委员会发现投标人的报价明显低于其他投标报价或者在设有标底时明显低于标底，使得其投标报价可能低于其个别成本的，应当要求该投标人作出书面说明并提供相关证明材料。投标人不能合理说明或者不能提供相关证明材料的，由评标委员会认定该投标人以低于成本报价竞标，应当否决其投标。

第二十二条 投标人资格条件不符合国家有关规定和招标文件要求的，或者拒不按照要求对投标文件进行澄清、说明或者补正的，评标委员会可以否决其投标。

第二十三条 评标委员会应当审查每一投标文件是否对招标文件提出的所有实质性要求和条件作出响应。未能在实质上响应的投标，应当予以否决。

第二十四条 评标委员会应当根据招标文件，审查并逐项列出投标文件的全部投标偏差。

投标偏差分为重大偏差和细微偏差。

第二十五条 下列情况属于重大偏差：

（一）没有按照招标文件要求提供投标担保或者所提供的投标担保有瑕疵；

（二）投标文件没有投标人授权代表签字和加盖公章；

（三）投标文件载明的招标项目完成期限超过招标文件规定的期限；

（四）明显不符合技术规格、技术标准的要求；

（五）投标文件载明的货物包装方式、检验标准和方法等不符合招标文件的要求；

（六）投标文件附有招标人不能接受的条件；

（七）不符合招标文件中规定的其他实质性要求。

投标文件有上述情形之一的，为未能对招标文件作出实质性响应，并按本规定第二十三条规定作否决投标处理。招标文件对重大偏差另有规定的，从其规定。

第二十六条 细微偏差是指投标文件在实质上响应招标文件要求，但在个别地方存在漏项或者提供了不完整的技术信息和数据等情况，并且补正这些遗漏或者不完整不会对其他投标人造成不公平的结果。细微偏差不影响投标文件的有效性。

评标委员会应当书面要求存在细微偏差的投标人在评标结束前予以补正。拒不补正的，在详细评审时可以对细微偏差作不利于该投标人的量化，量化标准应当在招标文件中规定。

第二十七条 评标委员会根据本规定第二十条、第二十一条、第二十二条、第二十三条、第二十五条的规定否决不合格投标后，因有效投标不足三个使得投标明显缺乏竞争的，评标委员会可以否决全部投标。

投标人少于三个或者所有投标被否决的，招标人在分析招标失败的原因并采取相应措施后，应当依法重新招标。

第四章 详细评审

第二十八条 经初步评审合格的投标文件，评标委员会应当根据招标文件确定的评标标准和方法，对其技术部分和商务部分作进一步评审、比较。

第二十九条 评标方法包括经评审的最低投标价法、综合评估法或者法律、行政法规允许的其他评标方法。

第三十条 经评审的最低投标价法一般适用于具有通用技术、性能标准或者招标人对其技术、性能没有特殊要求的招标项目。

第三十一条 根据经评审的最低投标价法，能够满足招标文件的实质性要求，并且经评审的最低投标价的投标，应当推荐为中标候选人。

第三十二条 采用经评审的最低投标价法的，评标委员会应当根据招标文件中规定的评标价格调整方法，以所有投标人的投标报价以及投标文件的商务部分作必要的价格调整。

采用经评审的最低投标价法的，中标人的投标应当符合招标文件规定的技术要求和标准，但评标委员会无需对投标文件的技术部分进行价格折算。

第三十三条 根据经评审的最低投标价法完成详细评审后，评标委员会应当拟定一份"标价比较表"，连同书面评标报告提交招标人。"标价比较表"应当载明投标人的投标报价、对商务偏差的价格调整和说明以及经评审的最终投标价。

第三十四条 不宜采用经评审的最低投标价法的招标项目，一般应当采取综合评估法进行评审。

第三十五条 根据综合评估法，最大限度地满足招标文件中规定的各项综合评价标准的投标，应当推荐为中标候选人。

衡量投标文件是否最大限度地满足招标文件中规定的各项评价标准，可以采取折算为货币的方法、打分的方法或者其他方法。需量化的因素及其权重应当在招标文件中明确规定。

第三十六条 评标委员会对各个评审因素进行量化时，应当将量化指标建立在同一基础或者同一标准上，使各投标文件具有可比性。

对技术部分和商务部分进行量化后，评标委员会应当对这两部分的量化结果进行加权，计算出每一投标的综合评估价或者综合评估分。

第三十七条 根据综合评估法完成评标后,评标委员会应当拟定一份"综合评估比较表",连同书面评标报告提交招标人。"综合评估比较表"应当载明投标人的投标报价、所作的任何修正、对商务偏差的调整、对技术偏差的调整、对各评审因素的评估以及对每一投标的最终评审结果。

第三十八条 根据招标文件的规定,允许投标人投备选标的,评标委员会可以对中标人所投的备选标进行评审,以决定是否采纳备选标。不符合中标条件的投标人的备选标不予考虑。

第三十九条 对于划分有多个单项合同的招标项目,招标文件允许投标人为获得整个项目合同而提出优惠的,评标委员会可以对投标人提出的优惠进行审查,以决定是否将招标项目作为一个整体合同授予中标人。将招标项目作为一个整体合同授予的,整体合同中标人的投标应当最有利于招标人。

第四十条 评标和定标应当在投标有效期内完成。不能在投标有效期内完成评标和定标的,招标人应当通知所有投标人延长投标有效期。拒绝延长投标有效期的投标人有权收回投标保证金。同意延长投标有效期的投标人应当相应延长其投标担保的有效期,但不得修改投标文件的实质性内容。因延长投标有效期造成投标人损失的,招标人应当给予补偿,但因不可抗力需延长投标有效期的除外。

招标文件应当载明投标有效期。投标有效期从提交投标文件截止日起计算。

第五章 推荐中标候选人与定标

第四十一条 评标委员会在评标过程中发现的问题,应当及时作出处理或者向招标人提出处理建议,并作书面记录。

第四十二条 评标委员会完成评标后,应当向招标人提出书面评标报告,并抄送有关行政监督部门。评标报告应当如实记载以下内容:

(一)基本情况和数据表;
(二)评标委员会成员名单;
(三)开标记录;
(四)符合要求的投标一览表;
(五)否决投标的情况说明;
(六)评标标准、评标方法或者评标因素一览表;
(七)经评审的价格或者评分比较一览表;
(八)经评审的投标人排序;
(九)推荐的中标候选人名单与签订合同前要处理的事宜;
(十)澄清、说明、补正事项纪要。

第四十三条 评标报告由评标委员会全体成员签字。对评标结论持有异议的评标委员会成员可以书面方式阐述其不同意见和理由。评标委员会成员拒绝在评标报告上签字且不陈述其不同意见和理由的,视为同意评标结论。评标委员会应当对此作出书面说明并记录在案。

第四十四条　向招标人提交书面评标报告后，评标委员会应将评标过程中使用的文件、表格以及其他资料应当即时归还招标人。

第四十五条　评标委员会推荐的中标候选人应当限定在一至三人，并标明排列顺序。

第四十六条　中标人的投标应当符合下列条件之一：

（一）能够最大限度满足招标文件中规定的各项综合评价标准；

（二）能够满足招标文件的实质性要求，并且经评审的投标价格最低；但是投标价格低于成本的除外。

第四十七条　招标人不得与投标人就投标价格、投标方案等实质性内容进行谈判。

第四十八条　国有资金占控股或者主导地位的项目，招标人应当确定排名第一的中标候选人为中标人。排名第一的中标候选人放弃中标、因不可抗力提出不能履行合同，或者招标文件规定应当提交履约保证金而在规定的期限内未能提交，或者被查实存在影响中标结果的违法行为等情形，不符合中标条件的，招标人可以按照评标委员会提出的中标候选人名单排序依次确定其他中标候选人为中标人。依次确定其他中标候选人与招标人预期差距较大，或者对招标人明显不利的，招标人可以重新招标。

招标人可以授权评标委员会直接确定中标人。

国务院对中标人的确定另有规定的，从其规定。

第四十九条　中标人确定后，招标人应当向中标人发出中标通知书，同时通知未中标人，并与中标人在投标有效期内以及中标通知书发出之日起30日之内签订合同。

第五十条　中标通知书对招标人和中标人具有法律约束力。中标通知书发出后，招标人改变中标结果或者中标人放弃中标的，应当承担法律责任。

第五十一条　招标人应当与中标人按照招标文件和中标人的投标文件订立书面合同。招标人与中标人不得再行订立背离合同实质性内容的其他协议。

第五十二条　招标人与中标人签订合同后5日内，应当向中标人和未中标的投标人退还投标保证金。

第六章　罚　　则

第五十三条　评标委员会成员有下列行为之一的，由有关行政监督部门责令改正；情节严重的，禁止其在一定期限内参加依法必须进行招标的项目的评标；情节特别严重的，取消其担任评标委员会成员的资格：

（一）应当回避而不回避；

（二）擅离职守；

（三）不按照招标文件规定的评标标准和方法评标；

（四）私下接触投标人；

（五）向招标人征询确定中标人的意向或者接受任何单位或者个人明示或者暗示提出的倾向或者排斥特定投标人的要求；

（六）对依法应当否决的投标不提出否决意见；

（七）暗示或者诱导投标人作出澄清、说明或者接受投标人主动提出的澄清、说明；

（八）其他不客观、不公正履行职务的行为。

第五十四条　评标委员会成员收受投标人的财物或者其他好处的，评标委员会成员或者与评标活动有关的工作人员向他人透露对投标文件的评审和比较、中标候选人的推荐以及与评标有关的其他情况的，给予警告，没收收受的财物，可以并处三千元以上五万元以下的罚款；对有所列违法行为的评标委员会成员取消担任评标委员会成员的资格，不得再参加任何依法必须进行招标项目的评标；构成犯罪的，依法追究刑事责任。

第五十五条　招标人有下列情形之一的，责令改正，可以处中标项目金额千分之十以下的罚款；给他人造成损失的，依法承担赔偿责任；对单位直接负责的主管人员和其他直接责任人员依法给予处分：

（一）无正当理由不发出中标通知书；

（二）不按照规定确定中标人；

（三）中标通知书发出后无正当理由改变中标结果；

（四）无正当理由不与中标人订立合同；

（五）在订立合同时向中标人提出附加条件。

第五十六条　招标人与中标人不按照招标文件和中标人的投标文件订立合同的，合同的主要条款与招标文件、中标人的投标文件的内容不一致，或者招标人、中标人订立背离合同实质性内容的协议的，由有关行政监督部门责令改正，可以处中标项目金额千分之五以上千分之十以下的罚款。

第五十七条　中标人无正当理由不与招标人订立合同，在签订合同时向招标人提出附加条件，或者不按照招标文件要求提交履约保证金的，取消其中标资格，投标保证金不予退还。对依法必须进行招标的项目的中标人，由有关行政监督部门责令改正，可以处中标项目金额10‰以下的罚款。

第七章　附　　则

第五十八条　依法必须招标项目以外的评标活动，参照本规定执行。

第五十九条　使用国际组织或者外国政府贷款、援助资金的招标项目的评标活动，贷款方、资金提供方对评标委员会与评标方法另有规定的，适用其规定，但违背中华人民共和国的社会公共利益的除外。

第六十条　本规定颁布前有关评标机构和评标方法的规定与本规定不一致的，以本规定为准。法律或者行政法规另有规定的，从其规定。

第六十一条　本规定由国家发展改革委会同有关部门负责解释。

第六十二条　本规定自发布之日起施行。

工程建设项目招标投标活动投诉处理办法

中华人民共和国国家发展和改革委员会、建设部、铁道部、交通部、信息产业部、水利部、中国民用航空总局令第 11 号

第一条 为保护国家利益、社会公共利益和招标投标当事人的合法权益，建立公平、高效的工程建设项目招标投标活动投诉处理机制，根据《中华人民共和国招标投标法》《中华人民共和国招标投标法实施条例》，制定本办法。

第二条 本办法适用于工程建设项目招标投标活动的投诉及其处理活动。

前款所称招标投标活动，包括招标、投标、开标、评标、中标以及签订合同等各阶段。

第三条 投标人或者其他利害关系人认为招标投标活动不符合法律、法规和规章规定的，有权依法向有关行政监督部门投诉。

前款所称其他利害关系人是指投标人以外的，与招标项目或者招标活动有直接和间接利益关系的法人、其他组织和自然人。

第四条 各级发展改革、工业和信息化、城乡住房建设、水利、交通运输、铁道、商务、民航等招标投标活动行政监督部门，依照《国务院办公厅印发国务院有关部门实施招标投标活动行政监督的职责分工的意见的通知》（国办发〔2000〕34 号）和地方各级人民政府规定的职责分工，受理投诉并依法做出处理决定。

对国家重大建设项目（含工业项目）招标投标活动的投诉，由国家发展改革委受理并依法做出处理决定。对国家重大建设项目招标投标活动的投诉，有关行业行政监督部门已经收到的，应当通报国家发展改革委，国家发展改革委不再受理。

第五条 行政监督部门处理投诉时，应当坚持公平、公正、高效原则，维持国家利益、社会公共利益和招标投标当事人的合法权益。

第六条 行政监督部门应当确定本部门内部负责受理投诉的机构及其电话、传真、电子信箱和通信地址，并向社会公布。

第七条 投诉人投诉时，应当提交投诉书。投诉书应当包括下列内容：

（一）投诉人的名称、地址及有效联系方式；

（二）被投诉人的名称、地址及有效联系方式；

（三）投诉事项的基本事实；

（四）相关请求及主张；

（五）有效线索和相关证明材料。

对招标投标法实施条例规定应先提出异议的事项进行投诉的，应当附提出异议的证明文件。已向有关行政监督部门投诉的，应当一并说明。

投诉人是法人的，投诉书必须由其法定代表人或者授权代表签字并盖章；其他组织或者自然人投诉的，投诉书必须由其主要负责人或者投诉人本人签字，并附有效身份证明复印件。

投诉书有关材料是外文的，投诉人应当同时提供其中文译本。

第八条 投诉人不得以投诉为名排挤竞争对手，不得进行虚假、恶意投诉，阻碍招标投标活动的正常进行。

第九条 投诉人认为招标投标活动不符合法律行政法规规定的，可以在知道或者应当知道之日起十日内提出书面投诉。依照有关行政法规提出异议的，异议答复期间不计算在内。

第十条 投诉人可以自己直接投诉，也可以委托代理人办理投诉事务。代理人办理投诉事务时，应将授权委托书连同投诉书一并提交给行政监督部门。授权委托书应当明确有关委托代理权限和事项。

第十一条 行政监督部门收到投诉书后，应当在三个工作日内进行审查，视情况分别做出以下处理决定。

（一）不符合投诉处理条件的，决定不予受理，并将不予受理的理由书面告知投诉人；

（二）对符合投诉处理条件，但不属于本部门受理的投诉，书面告知投诉人向其他行政监督部门提出投诉；对于符合投诉处理条件并决定受理的，收到投诉书之日即为正式受理。

第十二条 有下列情形之一的投诉，不予受理：

（一）投诉人不是所投诉招标投标活动的参与者，或者与投诉项目无任何利害关系；

（二）投诉事项不具体，且未提供有效线索，难以查证的；

（三）投诉书未署具投诉人真实姓名、签字和有效联系方式的；以法人名义投诉的，投诉书未经法定代表人签字并加盖公章的；

（四）超过投诉时效的；

（五）已经作出处理决定，并且投诉人没有提出新的证据；

（六）投诉事项应先提出异议没有提出异议，已进入行政复议或者行政诉讼程序的。

第十三条 行政监督部门负责投诉处理的工作人员，有下列情形之一的，应当主动回避：

（一）近亲属是被投诉人、投诉人，或者是被投诉人、投诉人的主要负责人；

（二）在近三年内本人曾经在被投诉人单位担任高级管理职务；

（三）与被投诉人、投诉人有其他利害关系，可能影响对投诉事项公正处理的。

第十四条 行政监督部门受理投诉后，应当调取、查阅有关文件，调查、核实有关情况。

对情况复杂、涉及面广的重大投诉事项，有权受理投诉的行政监督部门可以会同其他有关的行政监督部门进行联合调查，共同研究后由受理部门做出处理决定。

第十五条 行政监督部门调查取证时，应当由两名以上行政执法人员进行，并做笔录，交被调查人签字确认。

第十六条　在投诉处理过程中，行政监督部门应当听取被投诉人的陈述和申辩，必要时可通知投诉人和被投诉人进行质证。

第十七条　行政监督部门负责处理投诉的人员应当严格遵守保密规定，对于在投诉处理过程中所接触到的国家秘密、商业秘密应当予以保密，也不得将投诉事项透露给予投诉无关的其他单位和个人。

第十八条　行政监督部门处理投诉，有权查阅、复制有关文件、资料，调查有关情况，相关单位和人员应当予以配合。必要时，行政监督部门可以责令暂停招标投标活动。

对行政监督部门依法进行的调查，投诉人、被投诉人以及评标委员会成员等与投诉事项有关的当事人应当予以配合，如实提供有关资料及情况，不得拒绝、隐匿或者伪报。

第十九条　投诉处理决定做出前，投诉人要求撤回投诉的，应当以书面形式提出并说明理由，由行政监督部门视以下情况，决定是否准予撤回；

（一）已经查实有明显违法行为的，应当不准撤回，并继续调查直至做出处理决定；

（二）撤回投诉不损害国家利益、社会公共利益或者其他当事人合法权益的，应当准予撤回，投诉处理过程终止。投诉人不得以同一事实和理由再提出投诉。

第二十条　行政监督部门应当根据调查和取证情况，对投诉事项进行审查，按照下列规定做出处理决定：

（一）投诉缺乏事实根据或者法律依据的，或者投诉人捏造事实、伪造材料或者以非法手段取得证明材料进行投诉的，驳回投诉；

（二）投诉情况属实，招标投标活动确实存在违法行为的，依据《中华人民共和国招标投标法》《中华人民共和国招标投标法实施条例》及其他有关法规、规章做出处罚。

第二十一条　负责受理投诉的行政监督部门应当自受理投诉之日起三十个工作日内，对投诉事项做出处理决定，并以书面形式通知投诉人、被投诉人和其他与投诉处理结果有关的当事人。需要检验、检测、鉴定、专家评审的，所需时间不计算在内。

第二十二条　投诉处理决定应当包括下列主要内容：

（一）投诉人和被投诉人的名称、住址；

（二）投诉人的投诉事项及主张；

（三）被投诉人的答辩及请求；

（四）调查认定的基本事实；

（五）行政监督部门的处理意见及依据。

第二十三条　行政监督部门应当建立投诉处理档案，并做好保存和管理工作，接受有关方面的监督检查。

第二十四条　行政监督部门在处理投诉过程中，发现被投诉人单位直接负责的主管人员和其他直接责任人员有违法、违规或者违纪行为的，应当建议其行政主管机关、纪检监察部门给予处分；情节严重构成犯罪的，移送司法机关处理。

对招标代理机构有违法行为，且情节严重的，依法暂停直至取消招标代理资格。

第二十五条　当事人对行政监督部门的投诉处理决定不服或者行政监督部门逾期未做处

理的，可以依法申请行政复议或者向人民法院提起行政诉讼。

第二十六条 投诉人故意捏造事实、伪造证明材料或者以非法手段取得证明材料进行投诉，给他人造成损失的，依法承担赔偿责任。

第二十七条 行政监督部门工作人员在处理投诉过程中徇私舞弊、滥用职权或者玩忽职守，对投诉人打击报复的，依法给予行政处分；构成犯罪的，依法追究刑事责任。

第二十八条 行政监督部门在处理投诉过程中，不得向投诉人和被投诉人收取任何费用。

第二十九条 对于性质恶劣、情节严重的投诉事项，行政监督部门可以将投诉处理结果在有关媒体上公布，接受舆论和公众监督。

第三十条 本办法由国家发展改革委会同国务院有关部门解释。

第三十一条 本办法自2004年8月1日起施行。

招标公告发布暂行办法

中华人民共和国国家发展计划委员会令第 4 号

第一条 为了规范招标公告发布行为，保证潜在投标人平等、便捷、准确地获取招标信息，根据《中华人民共和国招标投标法》《中华人民共和国招标投标法实施条例》，制定本办法。

第二条 本办法适用于依法必须招标项目招标公告发布活动。

第三条 国家发展改革委根据国务院授权，按照相对集中、适度竞争、受众分布合理的原则，指定发布依法必须招标项目招标公告的报纸、信息网络等媒介（以下简称指定媒介），并对招标公告发布活动进行监督。

指定媒介的名单由国家发展改革委另行公告。

第四条 依法必须招标项目的招标公告必须在指定媒介发布。

招标公告的发布应当充分公开，任何单位和个人不得非法限制招标公告的发布地点和发布范围。

第五条 指定媒介发布依法必须招标项目的招标公告，不得收取费用，但发布国际招标公告的除外。

第六条 招标公告应当载明招标人的名称和地址、招标项目的性质、数量、实施地点和时间、投标截止日期以及获取招标文件的办法等事项。

招标人或其委托的招标代理机构应当保证招标公告内容的真实、准确和完整。

第七条 拟发布的招标公告文本应当由招标人或其委托的招标代理机构的主要负责人签名并加盖公章。

招标人或其委托的招标代理机构发布招标公告，应当向指定媒介提供营业执照（或法人证书）、项目批准文件的复印件等证明文件。

第八条 在指定报纸免费发布的招标公告所占版面一般不超过整版的四十分之一，且字体不小于六号字。

第九条 招标人或其委托的招标代理机构应至少在一家指定的媒介发布招标公告。

指定报纸在发布招标公告的同时，应将招标公告如实抄送指定网络。

第十条 招标人或其委托的招标代理机构在两个以上媒介发布的同一招标项目的招标公告的内容应当相同。

第十一条 指定报纸和网络应当在收到招标公告文本之日起七日内发布招标公告。

指定媒介应与招标人或其委托的招标代理机构就招标公告的内容进行核实，经双方确认无误后在前款规定的时间内发布。

第十二条 拟发布的招标公告文本有下列情形之一的，有关媒介可以要求招标人或其委托的招标代理机构及时予以改正、补充或调整：

（一）字迹潦草、模糊，无法辨认的；

（二）载明的事项不符合本办法第六条规定的；

（三）没有招标人或其委托的招标代理机构主要负责人签名并加盖公章的；

（四）在两家以上媒介发布的同一招标公告的内容不一致的。

第十三条 指定媒介发布的招标公告的内容与招标人或其委托的招标代理机构提供的招标公告文本不一致，并造成不良影响的，应当及时纠正，重新发布。

第十四条 指定媒介应当采取快捷的发行渠道，及时向订户或用户传递。

第十五条 指定媒介的名称、住所发生变更的，应及时公告并向国家发展改革委备案。

第十六条 招标人或其委托的招标代理机构有下列行为之一的，由国家发展改革委和有关行政监督部门视情节依照《中华人民共和国招标投标法》第四十九条、第五十一条的规定处罚：

（一）依法必须公开招标的项目不按照规定在指定媒介发布招标公告的；

（二）在不同媒介发布的同一招标项目的招标公告的内容不一致，影响潜在投标人投标的；

（三）招标公告中有关获取招标文件的时限不符合招标投标法及招标投标法实施条例规定的；

（四）招标公告中以不合理的条件限制或排斥潜在投标人的。

第十七条 指定媒介有下列情形之一的，给予警告；情节严重的，取消指定：

（一）违法收取或变相收取招标公告发布费用的；

（二）无正当理由拒绝发布招标公告的；

（三）不向网络抄送招标公告的；

（四）无正当理由延误招标公告的发布时间的；

（五）名称、住所发生变更后，没有及时公告并备案的；

（六）其他违法行为。

第十八条 任何单位和个人非法干预招标公告发布活动，限制招标公告的发布地点和发布范围的，由有关部门依照《中华人民共和国招标投标法》第六十二条，以及《中华人民共和国招标投标法实施条例》第八十一条的规定处罚。

第十九条 任何单位或个人认为招标公告发布活动不符合本办法有关规定的，可向国家发展改革委投诉。

第二十条 各地方人民政府依照审批权限审批的依法必须招标的民用建筑项目的招标公告，可在省、自治区、直辖市人民政府发展改革部门指定的媒介发布。

第二十一条 使用国际组织或者外国政府贷款、援助资金的招标项目，贷款方、资金提供方对招标公告的发布另有规定的，适用其规定。

依法必须招标项目进行资格预审的，其资格预审公告的发布，参照本办法执行。

第二十二条 本办法自二〇〇〇年七月一日起执行。

公共资源交易平台管理暂行办法

中华人民共和国国家发展和改革委员会、工业和信息化部、财政部、
国土资源部、环境保护部、住房和城乡建设部、交通运输部、
水利部、商务部、国家卫生和计划生育委员会、
国务院国有资产监督管理委员会、
国家税务总局、国家林业局、
国家机关事务管理局令第39号

第一章 总 则

第一条 为规范公共资源交易平台运行,提高公共资源配置效率和效益,加强对权力运行的监督制约,维护国家利益、社会公共利益和交易当事人的合法权益,根据有关法律法规和《国务院办公厅关于印发整合建立统一的公共资源交易平台工作方案的通知》(国办发〔2015〕63号),制定本办法。

第二条 本办法适用于公共资源交易平台的运行、服务和监督管理。

第三条 本办法所称公共资源交易平台是指实施统一的制度和标准、具备开放共享的公共资源交易电子服务系统和规范透明的运行机制,为市场主体、社会公众、行政监督管理部门等提供公共资源交易综合服务的体系。

公共资源交易是指涉及公共利益、公众安全的具有公有性、公益性的资源交易活动。

第四条 公共资源交易平台应当立足公共服务职能定位,坚持电子化平台的发展方向,遵循开放透明、资源共享、高效便民、守法诚信的运行服务原则。

第五条 公共资源交易平台要利用信息网络推进交易电子化,实现全流程透明化管理。

第六条 国务院发展改革部门会同国务院有关部门统筹指导和协调全国公共资源交易平台相关工作。

设区的市级以上地方人民政府发展改革部门或政府指定的部门会同有关部门负责本行政区域的公共资源交易平台指导和协调等相关工作。

各级招标投标、财政、国土资源、国有资产等行政监督管理部门按照规定的职责分工,负责公共资源交易活动的监督管理。

第二章 平台运行

第七条 公共资源交易平台的运行应当遵循相关法律法规和国务院有关部门制定的各领

域统一的交易规则，以及省级人民政府颁布的平台服务管理细则。

第八条 依法必须招标的工程建设项目招标投标、国有土地使用权和矿业权出让、国有产权交易、政府采购等应当纳入公共资源交易平台。

国务院有关部门和地方人民政府结合实际，推进其他各类公共资源交易纳入统一平台。纳入平台交易的公共资源项目，应当公开听取意见，并向社会公布。

第九条 公共资源交易平台应当按照国家统一的技术标准和数据规范，建立公共资源交易电子服务系统，开放对接各类主体依法建设的公共资源电子交易系统和政府有关部门的电子监管系统。

第十条 公共资源交易项目的实施主体根据交易标的专业特性，选择使用依法建设和运行的电子交易系统。

第十一条 公共资源交易项目依法需要评标、评审的，应当按照全国统一的专家专业分类标准，从依法建立的综合评标、政府采购评审等专家库中随机抽取专家，法律法规另有规定的除外。

有关行政监督管理部门按照规定的职责分工，对专家实施监督管理。

鼓励有条件的地方跨区域选择使用专家资源。

第十二条 公共资源交易平台应当按照省级人民政府规定的场所设施标准，充分利用已有的各类场所资源，为公共资源交易活动提供必要的现场服务设施。

市场主体依法建设的交易场所符合省级人民政府规定标准的，可以在现有场所办理业务。

第十三条 公共资源交易平台应当建立健全网络信息安全制度，落实安全保护技术措施，保障平台平稳运行。

第三章 平台服务

第十四条 公共资源交易平台的服务内容、服务流程、工作规范、收费标准和监督渠道应当按照法定要求确定，并通过公共资源交易电子服务系统向社会公布。

第十五条 公共资源交易平台应当推行网上预约和服务事项办理。确需在现场办理的，实行窗口集中，简化流程，限时办结。

第十六条 公共资源交易平台应当将公共资源交易公告、资格审查结果、交易过程信息、成交信息、履约信息等，通过公共资源交易电子服务系统依法及时向社会公开。涉及国家秘密、商业秘密、个人隐私以及其他依法应当保密的信息除外。

公共资源交易平台应当无偿提供依法必须公开的信息。

第十七条 交易服务过程中产生的电子文档、纸质资料以及音视频等，应当按照规定的期限归档保存。

第十八条 公共资源交易平台运行服务机构及其工作人员不得从事以下活动：

（一）行使任何审批、备案、监管、处罚等行政监督管理职能；

（二）违法从事或强制指定招标、拍卖、政府采购代理、工程造价等中介服务；

（三）强制非公共资源交易项目进入平台交易；

（四）干涉市场主体选择依法建设和运行的公共资源电子交易系统；

（五）非法扣押企业和人员的相关证照资料；

（六）通过设置注册登记、设立分支机构、资质验证、投标（竞买）许可、强制担保等限制性条件阻碍或者排斥其他地区市场主体进入本地区公共资源交易市场；

（七）违法要求企业法定代表人到场办理相关手续；

（八）其他违反法律法规规定的情形。

第十九条 公共资源交易平台运行服务机构提供公共服务确需收费的，不得以营利为目的。根据平台运行服务机构的性质，其收费分别纳入行政事业性收费和经营服务性收费管理，具体收费项目和收费标准按照有关规定执行。属于行政事业性收费的，按照本级政府非税收入管理的有关规定执行。

第二十条 公共资源交易平台运行服务机构发现公共资源交易活动中有违法违规行为的，应当保留相关证据并及时向有关行政监督管理部门报告。

第四章 信息资源共享

第二十一条 各级行政监督管理部门应当将公共资源交易活动当事人资质资格、信用奖惩、项目审批和违法违规处罚等信息，自作出行政决定之日起7个工作日内上网公开，并通过相关电子监管系统交换至公共资源交易电子服务系统。

第二十二条 各级公共资源交易平台应当依托统一的社会信用代码，记录公共资源交易过程中产生的市场主体和专家信用信息，并通过国家公共资源交易电子服务系统实现信用信息交换共享和动态更新。

第二十三条 国务院发展改革部门牵头建立国家公共资源交易电子服务系统，与省级公共资源交易电子服务系统和有关部门建立的电子系统互联互通，实现市场主体信息、交易信息、行政监管信息的集中交换和同步共享。

第二十四条 省级人民政府应当搭建全行政区域统一、终端覆盖市县的公共资源交易电子服务系统，对接国家公共资源交易电子服务系统和有关部门建立的电子系统，按照有关规定交换共享信息。有关电子招标投标、政府采购等系统应当分别与国家电子招标投标公共服务系统、政府采购管理交易系统对接和交换信息。

第二十五条 公共资源交易电子服务系统应当分别与投资项目在线审批监管系统、信用信息共享系统对接，交换共享公共资源交易相关信息、项目审批核准信息和信用信息。

第二十六条 市场主体已经在公共资源电子交易系统登记注册，并通过公共资源交易电子服务系统实现信息共享的，有关行政监督管理部门和公共资源交易平台运行服务机构不得强制要求其重复登记、备案和验证。

第二十七条 公共资源交易电子服务系统应当支持不同电子认证数字证书的兼容互认。

第二十八条 公共资源交易平台和有关行政监督管理部门在公共资源交易数据采集、汇总、传输、存储、公开、使用过程中，应加强数据安全管理。涉密数据的管理，按照有关法律规定执行。

第五章 监 督 管 理

第二十九条 各级行政监督管理部门按照规定的职责分工，加强对公共资源交易活动的事中事后监管，依法查处违法违规行为。

对利用职权违规干预和插手公共资源交易活动的国家机关或国有企事业单位工作人员，依纪依法予以处理。

各级审计部门应当对公共资源交易平台运行依法开展审计监督。

第三十条 设区的市级以上地方人民政府应当推动建立公共资源交易电子监管系统，实现对项目登记，公告发布，开标评标或评审、竞价，成交公示，交易结果确认，投诉举报，交易履约等交易全过程监控。

公共资源交易电子服务系统和其对接的公共资源电子交易系统应当实时向监管系统推送数据。

第三十一条 建立市场主体公共资源交易活动事前信用承诺制度，要求市场主体以规范格式向社会作出公开承诺，并纳入交易主体信用记录，接受社会监督。

第三十二条 各级行政监督管理部门应当将公共资源交易主体信用信息作为市场准入、项目审批、资质资格审核的重要依据。

建立行政监督管理部门、司法机关等部门联合惩戒机制，对在公共资源交易活动中有不良行为记录的市场主体，依法限制或禁止其参加招标投标、国有土地使用权出让和矿业权出让、国有产权交易、政府采购等公共资源交易活动。

建立公共资源交易相关信息与同级税务机关共享机制，推进税收协作。

第三十三条 各级行政监督管理部门应当运用大数据技术，建立公共资源交易数据关联比对分析机制，开展监测预警，定期进行效果评估，及时调整监管重点。

第三十四条 各级行政监督管理部门应当建立联合抽查机制，对有效投诉举报多或有违法违规记录情况的市场主体，加大随机抽查力度。

行政监督管理部门履行监督管理职责过程中，有权查阅、复制公共资源交易活动有关文件、资料和数据。公共资源交易平台运行服务机构应当如实提供相关情况。

第三十五条 建立由市场主体以及第三方参与的社会评价机制，对所辖行政区域公共资源交易平台运行服务机构提供公共服务情况进行评价。

第三十六条 市场主体或社会公众认为公共资源交易平台运行服务机构及其工作人员存在违法违规行为的，可以依法向政府有关部门投诉、举报。

第三十七条 公共资源交易领域的行业协会应当发挥行业组织作用，加强自律管理和服务。

第六章　法律责任

第三十八条　公共资源交易平台运行服务机构未公开服务内容、服务流程、工作规范、收费标准和监督渠道，由政府有关部门责令限期改正。拒不改正的，予以通报批评。

第三十九条　公共资源交易平台运行服务机构及其工作人员违反本办法第十八条禁止性规定的，由政府有关部门责令限期改正，并予以通报批评。情节严重的，依法追究直接责任人和有关领导的责任。构成犯罪的，依法追究刑事责任。

第四十条　公共资源交易平台运行服务机构违反本办法第十九条规定收取费用的，由同级价格主管部门会同有关部门责令限期改正。拒不改正的，依照《中华人民共和国价格法》《价格违法行为行政处罚规定》等给予处罚，并予以公示。

第四十一条　公共资源交易平台运行服务机构未按照本办法规定在公共资源交易电子服务系统公开、交换、共享信息的，由政府有关部门责令限期改正。拒不改正的，对直接负责的主管人员和其他直接责任人员依法给予处分，并予以通报。

第四十二条　公共资源交易平台运行服务机构限制市场主体建设的公共资源电子交易系统对接公共资源交易电子服务系统的，由政府有关部门责令限期改正。拒不改正的，对直接负责的主管人员和其他直接责任人员依法给予处分，并予以通报。

第四十三条　公共资源交易平台运行服务机构及其工作人员向他人透露依法应当保密的公共资源交易信息的，由政府有关部门责令限期改正，并予以通报批评。情节严重的，依法追究直接责任人和有关领导的责任。构成犯罪的，依法追究刑事责任。

第四十四条　有关行政监督管理部门、公共资源交易平台运行服务机构及其工作人员徇私舞弊、滥用职权、弄虚作假、玩忽职守，未依法履行职责的，依法给予处分；构成犯罪的，依法追究刑事责任。

第七章　附　　则

第四十五条　公共资源电子交易系统是根据工程建设项目招标投标、土地使用权和矿业权出让、国有产权交易、政府采购等各类交易特点，按照有关规定建设、对接和运行，以数据电文形式完成公共资源交易活动的信息系统。

公共资源交易电子监管系统是指政府有关部门在线监督公共资源交易活动的信息系统。

公共资源交易电子服务系统是指联通公共资源电子交易系统、监管系统和其他电子系统，实现公共资源交易信息数据交换共享，并提供公共服务的枢纽。

第四十六条　公共资源交易平台运行服务机构是指由政府推动设立或政府通过购买服务等方式确定的，通过资源整合共享方式，为公共资源交易相关市场主体、社会公众、行政监督管理部门等提供公共服务的单位。

第四十七条　本办法由国务院发展改革部门会同国务院有关部门负责解释。

第四十八条　本办法自 2016 年 8 月 1 日起实施。

电子招标投标办法

中华人民共和国国家发展和改革委员会、工业和信息化部、
监察部、住房和城乡建设部、交通运输部、
铁道部、水利部、商务部令第20号

第一章 总 则

第一条 为了规范电子招标投标活动，促进电子招标投标健康发展，根据《中华人民共和国招标投标法》《中华人民共和国招标投标法实施条例》（以下分别简称招标投标法、招标投标法实施条例），制定本办法。

第二条 在中华人民共和国境内进行电子招标投标活动，适用本办法。

本办法所称电子招标投标活动是指以数据电文形式，依托电子招标投标系统完成的全部或者部分招标投标交易、公共服务和行政监督活动。

数据电文形式与纸质形式的招标投标活动具有同等法律效力。

第三条 电子招标投标系统根据功能的不同，分为交易平台、公共服务平台和行政监督平台。

交易平台是以数据电文形式完成招标投标交易活动的信息平台。公共服务平台是满足交易平台之间信息交换、资源共享需要，并为市场主体、行政监督部门和社会公众提供信息服务的信息平台。行政监督平台是行政监督部门和监察机关在线监督电子招标投标活动的信息平台。

电子招标投标系统的开发、检测、认证、运营应当遵守本办法及所附《电子招标投标系统技术规范》（以下简称技术规范）。

第四条 国务院发展改革部门负责指导协调全国电子招标投标活动，各级地方人民政府发展改革部门负责指导协调本行政区域内电子招标投标活动。各级人民政府发展改革、工业和信息化、住房城乡建设、交通运输、铁道、水利、商务等部门，按照规定的职责分工，对电子招标投标活动实施监督，依法查处电子招标投标活动中的违法行为。

依法设立的招标投标交易场所的监管机构负责督促、指导招标投标交易场所推进电子招标投标工作，配合有关部门对电子招标投标活动实施监督。

省级以上人民政府有关部门对本行政区域内电子招标投标系统的建设、运营，以及相关检测、认证活动实施监督。

监察机关依法对与电子招标投标活动有关的监察对象实施监察。

第二章　电子招标投标交易平台

第五条　电子招标投标交易平台按照标准统一、互联互通、公开透明、安全高效的原则以及市场化、专业化、集约化方向建设和运营。

第六条　依法设立的招标投标交易场所、招标人、招标代理机构以及其他依法设立的法人组织可以按行业、专业类别，建设和运营电子招标投标交易平台。国家鼓励电子招标投标交易平台平等竞争。

第七条　电子招标投标交易平台应当按照本办法和技术规范规定，具备下列主要功能：

（一）在线完成招标投标全部交易过程；

（二）编辑、生成、对接、交换和发布有关招标投标数据信息；

（三）提供行政监督部门和监察机关依法实施监督和受理投诉所需的监督通道；

（四）本办法和技术规范规定的其他功能。

第八条　电子招标投标交易平台应当按照技术规范规定，执行统一的信息分类和编码标准，为各类电子招标投标信息的互联互通和交换共享开放数据接口、公布接口要求。

电子招标投标交易平台接口应当保持技术中立，与各类需要分离开发的工具软件相兼容对接，不得限制或者排斥符合技术规范规定的工具软件与其对接。

第九条　电子招标投标交易平台应当允许社会公众、市场主体免费注册登录和获取依法公开的招标投标信息，为招标投标活动当事人、行政监督部门和监察机关按各自职责和注册权限登录使用交易平台提供必要条件。

第十条　电子招标投标交易平台应当依照《中华人民共和国认证认可条例》等有关规定进行检测、认证，通过检测、认证的电子招标投标交易平台应当在省级以上电子招标投标公共服务平台上公布。

电子招标投标交易平台服务器应当设在中华人民共和国境内。

第十一条　电子招标投标交易平台运营机构应当是依法成立的法人，拥有一定数量的专职信息技术、招标专业人员。

第十二条　电子招标投标交易平台运营机构应当根据国家有关法律法规及技术规范，建立健全电子招标投标交易平台规范运行和安全管理制度，加强监控、检测，及时发现和排除隐患。

第十三条　电子招标投标交易平台运营机构应当采用可靠的身份识别、权限控制、加密、病毒防范等技术，防范非授权操作，保证交易平台的安全、稳定、可靠。

第十四条　电子招标投标交易平台运营机构应当采取有效措施，验证初始录入信息的真实性，并确保数据电文不被篡改、不遗漏和可追溯。

第十五条　电子招标投标交易平台运营机构不得以任何手段限制或者排斥潜在投标人，不得泄露依法应当保密的信息，不得弄虚作假、串通投标或者为弄虚作假、串通投标提供便利。

第三章 电子招标

第十六条 招标人或者其委托的招标代理机构应当在其使用的电子招标投标交易平台注册登记，选择使用除招标人或招标代理机构之外第三方运营的电子招标投标交易平台的，还应当与电子招标投标交易平台运营机构签订使用合同，明确服务内容、服务质量、服务费用等权利和义务，并对服务过程中相关信息的产权归属、保密责任、存档等依法作出约定。

电子招标投标交易平台运营机构不得以技术和数据接口配套为由，要求潜在投标人购买指定的工具软件。

第十七条 招标人或者其委托的招标代理机构应当在资格预审公告、招标公告或者投标邀请书中载明潜在投标人访问电子招标投标交易平台的网络地址和方法。依法必须进行公开招标项目的上述相关公告应当在电子招标投标交易平台和国家指定的招标公告媒介同步发布。

第十八条 招标人或者其委托的招标代理机构应当及时将数据电文形式的资格预审文件、招标文件加载至电子招标投标交易平台，供潜在投标人下载或者查阅。

第十九条 数据电文形式的资格预审公告、招标公告、资格预审文件、招标文件等应当标准化、格式化，并符合有关法律法规以及国家有关部门颁发的标准文本的要求。

第二十条 除本办法和技术规范规定的注册登记外，任何单位和个人不得在招标投标活动中设置注册登记、投标报名等前置条件限制潜在投标人下载资格预审文件或者招标文件。

第二十一条 在投标截止时间前，电子招标投标交易平台运营机构不得向招标人或者其委托的招标代理机构以外的任何单位和个人泄露下载资格预审文件、招标文件的潜在投标人名称、数量以及可能影响公平竞争的其他信息。

第二十二条 招标人对资格预审文件、招标文件进行澄清或者修改的，应当通过电子招标投标交易平台以醒目的方式公告澄清或者修改的内容，并以有效方式通知所有已下载资格预审文件或者招标文件的潜在投标人。

第四章 电子投标

第二十三条 电子招标投标交易平台的运营机构，以及与该机构有控股或者管理关系可能影响招标公正性的任何单位和个人，不得在该交易平台进行的招标项目中投标和代理投标。

第二十四条 投标人应当在资格预审公告、招标公告或者投标邀请书载明的电子招标投标交易平台注册登记，如实递交有关信息，并经电子招标投标交易平台运营机构验证。

第二十五条 投标人应当通过资格预审公告、招标公告或者投标邀请书载明的电子招标投标交易平台递交数据电文形式的资格预审申请文件或者投标文件。

第二十六条 电子招标投标交易平台应当允许投标人离线编制投标文件，并且具备分段或者整体加密、解密功能。

投标人应当按照招标文件和电子招标投标交易平台的要求编制并加密投标文件。

投标人未按规定加密的投标文件，电子招标投标交易平台应当拒收并提示。

第二十七条 投标人应当在投标截止时间前完成投标文件的传输递交，并可以补充、修改或者撤回投标文件。投标截止时间前未完成投标文件传输的，视为撤回投标文件。投标截止时间后送达的投标文件，电子招标投标交易平台应当拒收。

电子招标投标交易平台收到投标人送达的投标文件，应当即时向投标人发出确认回执通知，并妥善保存投标文件。在投标截止时间前，除投标人补充、修改或者撤回投标文件外，任何单位和个人不得解密、提取投标文件。

第二十八条 资格预审申请文件的编制、加密、递交、传输、接收确认等，适用本办法关于投标文件的规定。

第五章　电子开标、评标和中标

第二十九条 电子开标应当按照招标文件确定的时间，在电子招标投标交易平台上公开进行，所有投标人均应当准时在线参加开标。

第三十条 开标时，电子招标投标交易平台自动提取所有投标文件，提示招标人和投标人按招标文件规定方式按时在线解密。解密全部完成后，应当向所有投标人公布投标人名称、投标价格和招标文件规定的其他内容。

第三十一条 因投标人原因造成投标文件未解密的，视为撤销其投标文件；因投标人之外的原因造成投标文件未解密的，视为撤回其投标文件，投标人有权要求责任方赔偿因此遭受的直接损失。部分投标文件未解密的，其他投标文件的开标可以继续进行。

招标人可以在招标文件中明确投标文件解密失败的补救方案，投标文件应按照招标文件的要求作出响应。

第三十二条 电子招标投标交易平台应当生成开标记录并向社会公众公布，但依法应当保密的除外。

第三十三条 电子评标应当在有效监控和保密的环境下在线进行。

根据国家规定应当进入依法设立的招标投标交易场所的招标项目，评标委员会成员应当在依法设立的招标投标交易场所登录招标项目所使用的电子招标投标交易平台进行评标。

评标中需要投标人对投标文件澄清或者说明的，招标人和投标人应当通过电子招标投标交易平台交换数据电文。

第三十四条 评标委员会完成评标后，应当通过电子招标投标交易平台向招标人提交数据电文形式的评标报告。

第三十五条 依法必须进行招标的项目中标候选人和中标结果应当在电子招标投标交易平台进行公示和公布。

第三十六条 招标人确定中标人后，应当通过电子招标投标交易平台以数据电文形式向中标人发出中标通知书，并向未中标人发出中标结果通知书。

招标人应当通过电子招标投标交易平台，以数据电文形式与中标人签订合同。

第三十七条　鼓励招标人、中标人等相关主体及时通过电子招标投标交易平台递交和公布中标合同履行情况的信息。

第三十八条　资格预审申请文件的解密、开启、评审、发出结果通知书等，适用本办法关于投标文件的规定。

第三十九条　投标人或者其他利害关系人依法对资格预审文件、招标文件、开标和评标结果提出异议，以及招标人答复，均应当通过电子招标投标交易平台进行。

第四十条　招标投标活动中的下列数据电文应当按照《中华人民共和国电子签名法》和招标文件的要求进行电子签名并进行电子存档：

（一）资格预审公告、招标公告或者投标邀请书；

（二）资格预审文件、招标文件及其澄清、补充和修改；

（三）资格预审申请文件、投标文件及其澄清和说明；

（四）资格审查报告、评标报告；

（五）资格预审结果通知书和中标通知书；

（六）合同；

（七）国家规定的其他文件。

第六章　信息共享与公共服务

第四十一条　电子招标投标交易平台应当依法及时公布下列主要信息：

（一）招标人名称、地址、联系人及联系方式；

（二）招标项目名称、内容范围、规模、资金来源和主要技术要求；

（三）招标代理机构名称、资格、项目负责人及联系方式；

（四）投标人名称、资质和许可范围、项目负责人；

（五）中标人名称、中标金额、签约时间、合同期限；

（六）国家规定的公告、公示和技术规范规定公布和交换的其他信息。

鼓励招标投标活动当事人通过电子招标投标交易平台公布项目完成质量、期限、结算金额等合同履行情况。

第四十二条　各级人民政府有关部门应当按照《中华人民共和国政府信息公开条例》等规定，在本部门网站及时公布并允许下载下列信息：

（一）有关法律法规规章及规范性文件；

（二）取得相关工程、服务资质证书或货物生产、经营许可证的单位名称、营业范围及年检情况；

（三）取得有关职称、职业资格的从业人员的姓名、电子证书编号；

（四）对有关违法行为作出的行政处理决定和招标投标活动的投诉处理情况；

（五）依法公开的工商、税务、海关、金融等相关信息。

第四十三条 设区的市级以上人民政府发展改革部门会同有关部门，按照政府主导、共建共享、公益服务的原则，推动建立本地区统一的电子招标投标公共服务平台，为电子招标投标交易平台、招标投标活动当事人、社会公众和行政监督部门、监察机关提供信息服务。

第四十四条 电子招标投标公共服务平台应当按照本办法和技术规范规定，具备下列主要功能：

（一）链接各级人民政府及其部门网站，收集、整合和发布有关法律法规规章及规范性文件、行政许可、行政处理决定、市场监管和服务的相关信息；

（二）连接电子招标投标交易平台、国家规定的公告媒介，交换、整合和发布本办法第四十一条规定的信息；

（三）连接依法设立的评标专家库，实现专家资源共享；

（四）支持不同电子认证服务机构数字证书的兼容互认；

（五）提供行政监督部门和监察机关依法实施监督、监察所需的监督通道；

（六）整合分析相关数据信息，动态反映招标投标市场运行状况、相关市场主体业绩和信用情况。

属于依法必须公开的信息，公共服务平台应当无偿提供。

公共服务平台应同时遵守本办法第八条至第十五条规定。

第四十五条 电子招标投标交易平台应当按照本办法和技术规范规定，在任一电子招标投标公共服务平台注册登记，并向电子招标投标公共服务平台及时提供本办法第四十一条规定的信息，以及双方协商确定的其他信息。

电子招标投标公共服务平台应当按照本办法和技术规范规定，开放数据接口、公布接口要求，与电子招标投标交易平台及时交换招标投标活动所必需的信息，以及双方协商确定的其他信息。

电子招标投标公共服务平台应当按照本办法和技术规范规定，开放数据接口、公布接口要求，与上一层级电子招标投标公共服务平台连接并注册登记，及时交换本办法第四十四条规定的信息，以及双方协商确定的其他信息。

电子招标投标公共服务平台应当允许社会公众、市场主体免费注册登录和获取依法公开的招标投标信息，为招标人、投标人、行政监督部门和监察机关按各自职责和注册权限登录使用公共服务平台提供必要条件。

第七章 监 督 管 理

第四十六条 电子招标投标活动及相关主体应当自觉接受行政监督部门、监察机关依法实施的监督、监察。

第四十七条 行政监督部门、监察机关结合电子政务建设，提升电子招标投标监督能力，依法设置并公布有关法律法规规章、行政监督的依据、职责权限、监督环节、程序和时限、信息交换要求和联系方式等相关内容。

第四十八条 电子招标投标交易平台和公共服务平台应当按照本办法和技术规范规定，向行政监督平台开放数据接口、公布接口要求，按有关规定及时对接交换和公布有关招标投标信息。

行政监督平台应当开放数据接口，公布数据接口要求，不得限制和排斥已通过检测认证的电子招标投标交易平台和公共服务平台与其对接交换信息，并参照执行本办法第八条至第十五条的有关规定。

第四十九条 电子招标投标交易平台应当依法设置电子招标投标工作人员的职责权限，如实记录招标投标过程、数据信息来源，以及每一操作环节的时间、网络地址和工作人员，并具备电子归档功能。

电子招标投标公共服务平台应当记录和公布相关交换数据信息的来源、时间并进行电子归档备份。

任何单位和个人不得伪造、篡改或者损毁电子招标投标活动信息。

第五十条 行政监督部门、监察机关及其工作人员，除依法履行职责外，不得干预电子招标投标活动，并遵守有关信息保密的规定。

第五十一条 投标人或者其他利害关系人认为电子招标投标活动不符合有关规定的，通过相关行政监督平台进行投诉。

第五十二条 行政监督部门和监察机关在依法监督检查招标投标活动或者处理投诉时，通过其平台发出的行政监督或者行政监察指令，招标投标活动当事人和电子招标投标交易平台、公共服务平台的运营机构应当执行，并如实提供相关信息，协助调查处理。

第八章 法律责任

第五十三条 电子招标投标系统有下列情形的，责令改正；拒不改正的，不得交付使用，已经运营的应当停止运营。

（一）不具备本办法及技术规范规定的主要功能；
（二）不向行政监督部门和监察机关提供监督通道；
（三）不执行统一的信息分类和编码标准；
（四）不开放数据接口、不公布接口要求；
（五）不按照规定注册登记、对接、交换、公布信息；
（六）不满足规定的技术和安全保障要求；
（七）未按照规定通过检测和认证。

第五十四条 招标人或者电子招标投标系统运营机构存在以下情形的，视为限制或者排斥潜在投标人，依照招标投标法第五十一条规定处罚。

（一）利用技术手段对享有相同权限的市场主体提供有差别的信息；
（二）拒绝或者限制社会公众、市场主体免费注册并获取依法必须公开的招标投标信息；

（三）违规设置注册登记、投标报名等前置条件；

（四）故意与各类需要分离开发并符合技术规范规定的工具软件不兼容对接；

（五）故意对递交或者解密投标文件设置障碍。

第五十五条　电子招标投标交易平台运营机构有下列情形的，责令改正，并按照有关规定处罚。

（一）违反规定要求投标人注册登记、收取费用；

（二）要求投标人购买指定的工具软件；

（三）其他侵犯招标投标活动当事人合法权益的情形。

第五十六条　电子招标投标系统运营机构向他人透露已获取招标文件的潜在投标人的名称、数量、投标文件内容或者对投标文件的评审和比较以及其他可能影响公平竞争的招标投标信息，参照招标投标法第五十二条关于招标人泄密的规定予以处罚。

第五十七条　招标投标活动当事人和电子招标投标系统运营机构协助招标人、投标人串通投标的，依照招标投标法第五十三条和招标投标法实施条例第六十七条规定处罚。

第五十八条　招标投标活动当事人和电子招标投标系统运营机构伪造、篡改、损毁招标投标信息，或者以其他方式弄虚作假的，依照招标投标法第五十四条和招标投标法实施条例第六十八条规定处罚。

第五十九条　电子招标投标系统运营机构未按照本办法和技术规范规定履行初始录入信息验证义务，造成招标投标活动当事人损失的，应当承担相应的赔偿责任。

第六十条　有关行政监督部门及其工作人员不履行职责，或者利用职务便利非法干涉电子招标投标活动的，依照有关法律法规处理。

第九章　附　　则

第六十一条　招标投标协会应当按照有关规定，加强电子招标投标活动的自律管理和服务。

第六十二条　电子招标投标某些环节需要同时使用纸质文件的，应当在招标文件中明确约定；当纸质文件与数据电文不一致时，除招标文件特别约定外，以数据电文为准。

第六十三条　本办法未尽事宜，按照有关法律、法规、规章执行。

第六十四条　本办法由国家发展和改革委员会会同有关部门负责解释。

第六十五条　技术规范作为本办法的附件，与本办法具有同等效力。

第六十六条　本办法自 2013 年 5 月 1 日起施行。

附件：《电子招标投标系统技术规范—第 1 部分》（略）

交通运输部办公厅关于加快推行公路建设项目电子招标投标的指导意见

交办公路〔2016〕116号

各省、自治区、直辖市、新疆生产建设兵团交通运输厅（局、委）：

实行电子招标投标，是规范工程建设招标投标、增加招标投标透明度的重要方式，对于节约交易成本、提高工作效率、促进政府职能转变等具有十分重要的意义。为贯彻落实国家发展改革委会同我部等6部委联合印发的《电子招标投标办法》（发改委令〔2013〕20号）和《关于扎实开展国家电子招标投标试点工作的通知》（发改法规〔2015〕1544号）要求，现就公路建设项目中加快推行电子招标投标工作，提出如下意见：

一、总体要求

（一）深入贯彻落实国务院关于简政放权、强化事中事后监管、创新监督管理方式的要求，按照国家关于工程建设领域招标投标工作的总体部署，以大数据、信息化、网络化为手段，在全国公路建设项目中全面推行电子招标投标。

（二）公路建设项目电子招标投标坚持标准统一、互联互通、公开透明、安全高效的原则。

（三）各省级交通运输主管部门要积极会同发展改革等有关部门，加快建设并运行包括交易平台、公共服务平台和行政监督平台在内的电子招标投标系统，尽快实现所有公路建设项目招标投标活动在平台上进行，接受全过程监督。

二、重点任务

（一）完善公路建设市场信用信息数据库。按照统一、标准、互联的要求，部负责管理全国公路建设市场信用信息管理系统，完善公路建设市场信用信息数据库；各省级交通运输主管部门负责所在省域内信息管理系统的信息录入和核备工作，逐步扩展信用信息数据量，逐步涵盖全部公路建设从业企业及主要人员信息，为行业提供统一的公路建设从业企业和主要人员基本信息、资质资格信息、业绩信息等。进入公路建设市场的企业，均应主动在全国公路建设市场信用信息管理系统中录入信息并对信息的真实性负责。各省（自治区、直辖市）根据电子招标投标工作需要建设的省级公路建设市场信用信息管理系统，应按照部统一标准实现与部信用信息管理系统的对接，保持与部系统信息的一致性。

（二）建立公路建设行业电子招标投标交易平台。各省级交通运输主管部门应按照国家统一部署，按照市场化、专业化、集约化的原则，建设公路建设行业电子招标投标交易平台，并依照国家和行业有关标准，做好平台的检测验收等工作。

（三）充分利用行政监督平台加强对招标投标工作的监管。各级交通运输主管部门要转变传统的监管方式，主动进入电子招标投标行政监督平台，按照公路建设项目招标投标管理的有关规定，加强行业监管，确保招标投标工作依法、规范、有序进行。

（四）完善配套制度。各省级交通运输主管部门应结合本地实际，制定推进电子招标投标工作的具体措施，研究推行随机分配投标标段、随机确定评标基准价计算公式、随机确定相关系数、远程评标、自动比对等机制，完善相关管理办法和技术标准，贯彻落实《公路工程建设项目招标投标管理办法》"五公开""三记录"等要求，防范围标串标和非法干预招标投标活动等违法违规行为。

（五）推进工作试点。根据国家发展改革委等6部委《关于扎实开展国家电子招标投标试点工作的通知》（发改法规〔2015〕1544号），部决定在江苏、江西、山东3省开展公路建设市场电子招标投标试点工作，试点工作时间为2016年9月1日至2017年9月1日。试点省份应充分利用自身优势，大胆探索，及时总结，形成可复制、可推广的成套经验。其他各省（自治区、直辖市）可根据自身实际组织开展试点工作，有关情况及时报部。

（六）稳步扩大应用。各地可按照"先高速公路后普通公路，先施工类招标后其他类招标，先主体工程后附属工程"的顺序，在试点的基础上，逐步探索、扩大行业电子招标投标的应用范围，有序推进电子招标投标应用。

三、保障措施

（一）组织领导。各省级交通运输主管部门要高度重视电子招标投标工作，加强组织领导，落实责任机构和人员，明确工作措施和工作时限，加快推进电子招标投标试点和应用工作。

（二）投入保障。各地要充分利用国家、地方和行业开展信用体系建设、实现政务电子化等有关政策，积极筹措资金，为行业推行电子招标投标提供基础条件。

（三）宣传引导。利用各种方式，积极宣传电子招标投标的意义、目的、效果等，为不断推动公路建设行业电子招标投标工作创造良好的外部环境。

交通运输部办公厅
2016年8月29日

关于印发《"互联网+"招标采购行动方案（2017—2019年）》的通知

发改法规〔2017〕357号

各省、自治区、直辖市、新疆生产建设兵团发展改革委、工信委（经委）、通信管理局、住房城乡建设厅（建委、局）、交通运输厅（局、委）、水利厅（局）、商务厅（局）、广播影视局、公共资源交易平台管理机构，各地区铁路监管局、民航各地区管理局，各计划单列企业集团，中国招标投标协会：

为贯彻落实《国务院关于积极推进"互联网+"行动的指导意见》（国发〔2015〕40号）、《国务院关于加快推进"互联网+政务服务"工作的指导意见》（国发〔2016〕55号）部署，大力发展电子化招标采购，促进招标采购与互联网深度融合，提高招标采购效率和透明度，降低交易成本，充分发挥信用信息和交易大数据在行政监督和行业发展中的作用，推动政府职能转变，助力供给侧结构性改革，国家发展改革委、工业和信息化部、住房城乡建设部、交通运输部、水利部、商务部共同制定了《"互联网+"招标采购行动方案（2017—2019年）》，现印发你们，请按照执行。

附件："互联网+"招标采购行动方案（2017—2019年）

"互联网+"招标采购行动方案（2017—2019年）

为贯彻落实《国务院关于积极推进"互联网+"行动的指导意见》（国发〔2015〕40号）和《国务院关于加快推进"互联网+政务服务"工作的指导意见》（国发〔2016〕55号）部署，大力发展电子招标投标，促进招标采购与互联网深度融合，现制定本行动方案。

一、总体要求

（一）指导思想

全面贯彻党的十八大和十八届三中、四中、五中、六中全会精神，深入贯彻习近平总书记系列重要讲话精神，以"创新、协调、绿色、开放、共享"发展理念为指导，着力深化体制机制改革，创新招标采购交易机制、公共服务和监督方式，培育招标采购市场发展新动能，更好发挥招标投标制度在现代市场体系中的作用，降低制度性交易成本，提高资源配置质量效率，推动政府职能转变和党风廉政建设，助力供给侧结构性改革，促进经济社会平稳健康发展。

（二）基本原则

坚持政府引导、市场调节。按照"放管服"改革要求，破除影响"互联网+"招标采购发展的思想观念、体制机制障碍，从发展规划、技术标准、交易规则、安全保障、公共服务等方面，引导各类市场主体积极参与电子招标采购平台体系建设运营。充分发挥市场机制作用，培育"互联网+"招标采购内生动力，推动招标采购从线下交易到线上交易的转变，实现招标投标行业与互联网的深度融合。

坚持互连互通、资源共享。按照统一标准、互利互惠的要求，依托电子招标投标公共服务平台，加快各类交易平台、公共服务平台和行政监督平台协同运行、互联互通、信息共享，实现招标采购全流程透明高效运行。加快电子招标投标系统与公共资源交易平台、投资和信用等平台的对接融合，推动市场大数据充分聚合、深入挖掘和广泛运用。

坚持创新监管、提高效能。依托电子招标投标系统，充分发挥"互联网+"监管优势，实现平台技术创新与监管体制机制创新同步推进，推动动态监督和大数据监管，强化事中事后监管和信用管理，完善行政监督、行业自律和社会监督相结合的综合监督体系，进一步提高监管效能。

坚持统筹规划、协同推进。针对"互联网+"招标采购融合发展的长期性、复杂性，强化顶层设计，发挥政府、行业组织和市场主体作用，统筹安排各项政策措施，通过典型地区、行业和平台的创新示范，有计划分步骤实现全地域、全行业、全流程电子化招标采购。

（三）行动目标

2017年，电子招标采购制度和技术标准体系建立健全，覆盖各地区、各行业的电子招标投标系统基本形成，依法必须招标项目基本实现全流程电子化招标采购，电子招标投标系统建设运营更加规范，招标采购市场竞争更加有序。

2018年，市场化、专业化、集约化的电子招标采购广泛应用，依托电子招标投标公共服务平台全面实现交易平台、监督平台以及其他信息平台的互联互通、资源共享和协同运行。

2019年，覆盖全国、分类清晰、透明规范、互联互通的电子招标采购系统有序运行，以协同共享、动态监督和大数据监管为基础的公共服务体系和综合监督体系全面发挥作用，实现招标投标行业向信息化、智能化转型。

二、主要任务

（一）加快交易平台市场化发展

1. 推进交易平台建设。积极引导社会资本按照市场化方向建设运营电子招标投标交易平台，满足不同行业电子招标采购需求，推行依法必须招标项目全流程电子化招标采购。交易平台建设应当符合电子招标投标有关规定，遵守统一技术标准和数据规范，接口应当保持技术中立。鼓励交易平台按照专业化方向，明确专业类别、主要服务领域和服务对象，提供特色服务，并促进交易平台在市场竞争中实现集约化发展。支持和鼓励交易平台通过优质高效服务，吸引非依法必须招标项目自愿运用电子化招标采购。

2. 发挥交易平台作用。交易平台应当以在线完成招标投标全部交易过程为目标，逐步消除电子采购与纸质采购并存的"双轨制"现象。围绕提高资源配置质量和效率、降低企业生产经营成本进行功能设置，充分发挥信息技术在提高招标采购效率和透明度，节约资源和交易成本，解决招标投标领域突出问题等方面的独特优势，切实为交易主体服务，为行政监督部门提供监管便利。交易平台运营机构应当通过规范经营、科学管理、技术创新、优质服务、合理收费，实现交易平台依法合规运营。鼓励交易平台之间、交易平台与公共服务平台之间相互合作，实现人才、信息、技术等资源的共享共用。

3. 促进交易平台公平竞争。各级招标投标行政监督部门和公共资源交易监管机构应当打破市场壁垒，简化和规范监管流程，开放接口规范和数据接口，为交易平台实现跨地区、跨行业公平竞争营造良好发展环境。任何单位和个人不得违反法律法规规定，对市场主体建设运营交易平台设置或者变相设置行政许可或备案；不得设置不合理、歧视性准入和退出条件，也不得附加不合理条件或实行差别待遇；不得排斥、限制市场主体建设运营的交易平台，限制对接交易平台数量，为招标人直接指定交易平台；不得排斥或限制外地经营者参加本地招标采购活动。

4. 有序开展检测认证。完善电子招标投标系统检测认证制度和技术标准，引导各类主体建设的交易平台根据实际分级有序开展检测认证。2017年，交易平台全面开展检测认证，到年底检测认证通过比例达到80%以上。鼓励有专业能力的检测、认证机构申请开展电子招标投标检测认证业务，并依法公平竞争，不得乱收费。任何组织和个人不得为交易平台运营机构指定检测、认证机构。充分发挥认证机构的监督和证明作用，提升社会对电子招标采购的认可度和公信度。加强对检测、认证机构的业务指导和行政监督，确保通过认证的交易平台合法规范、安全可靠，符合互联互通和数据交换要求。

（二）完善公共服务平台体系

5. 加快服务平台建设。设区的市以上人民政府发展改革部门或本级政府指定的部门，要根据政府主导、共建共享、公益服务原则，按照电子招标投标有关规定，通过政府投资或政府与社会资本合作方式，加快建设本地区统一的电子招标投标公共服务平台，也可由符合要求的公共资源交易电子服务系统承担电子招标投标公共服务平台功能。鼓励省级行政区域搭建全行政区域统一、终端覆盖各地市的公共服务平台。到2017年底，所有省（区、市）和地市应实现本行政区域内电子招标采购活动有一个可供使用的公共服务平台。国家电子招标投标公共服务平台应当为地方公共服务平台建设提供技术和信息资源支持。

6. 优化公共服务。公共服务平台应当立足"交易平台枢纽，公共信息载体，身份互认桥梁，行政监管依托"的基本功能定位，依据统一的技术标准和数据规范，免费开放对接交易平台和行政监督平台，提供依法必须公开的市场信息，研发提供CA证书互认、主体注册共享等公共技术保障服务，向行政监督部门动态推送监管数据或提供监督通道。鼓励公共服务平台根据市场主体、社会公众、行政监督部门需要，创新拓展公共服务领域和内容，不断提高公共服务供给质量和效率。

7. 推进可持续运营。各级人民政府有关主管部门应当研究建立公共服务平台可持续运营保障机制。公共服务平台不得具有交易功能。采用政府投资建设的，有关部门应当保障公共服务平台持续运营所需经费。采用政府与社会资本合作方式建设的，应当免费提供依法必需的公共服务，同时可以通过提供个性化增值服务等方式，建立平台可持续运营机制。

（三）创新电子化行政监管

8. 推进监督平台建设。各级招标投标行政监督部门应当结合"互联网+政务服务"建设，在2017年底前抓紧搭建电子招标投标行政监督平台，满足在线监管的需要。行政监督部门可以建立专门的行政监督平台，也可以在公共服务平台上开辟行政监督通道。支持地市以上地方人民政府建立本行政区域统一的行政监督平台。国务院有关招标投标监管部门可探索建立本行业统一规范的行政监督平台。

9. 规范监督功能。行政监督平台应当公布监督职责和依据、监督对象和事项清单、监督程序和时限，并具备对招标采购全过程进行实时在线监管等功能。行政监督平台不得与交易平台合并建设和运营，也不得具备任何交易功能。已经建成的行政监督平台兼具交易功能的，应当按照电子招标投标有关规定，在2017年底前全部完成改造，并将监督功能和交易功能分别交由不同的主体负责，保证在线监督的独立性和公正性。行政监督平台应当开放数据接口，不得限制或排斥交易平台、公共服务平台与其对接交互信息。各级招标投标行政监督部门应当落实"放管服"改革要求，依托行政监督平台，探索扩大招标人自主决策权并强化相应法律责任约束，加强对招标采购活动的监管和服务。

10. 转变监管方式。加快互联网与政府公共服务体系的深度融合，实现政府部门之间数据共享，以行政监督的无纸化推动招标采购全流程的电子化。凡是能实现网上办理的事项，不得要求现场办理；凡是能够在线获取的市场主体信息，原则上不再要求市场主体以纸质方式重复提供；凡是能够通过行政监督平台在线下达的行政监督指令，原则上不再出具纸质文件。充分运用电子招标投标系统三大平台整体功能，通过电子招标采购全流程信息的动态记录、留痕追溯、透明公开，推动招标投标行政监督从事前审批、分业监督，向事中事后、动态协同方式转变，进一步提高行政监督的针对性、有效性和规范性。

（四）实现互联互通和资源共享

11. 加强系统互联共享。推动各级各类电子招标投标交易平台和行政监督平台以公共服务平台为枢纽，按照《电子招标投标办法》及其技术规范要求，实现互联互通和资源共享。交易平台应当选择任一公共服务平台对接交互信息，并可依法直接与相应的行政监督平台对接交互信息。鼓励中央企业和省属国有企业的交易平台按照规定与国家或省级公共服务平台，以及相应的行政监督平台连接并交互招标信息。公共服务平台应当与相应的行政监督平台实现对接，并负责将交易平台依法交互的交易信息、信用信息推送至相应行政监督平台。下级公共服务平台应当与上级公共服务平台对接交互信息，鼓励同级公共服务平台之间互联对接，逐步形成全国纵横联通的公共服务平台网络体系。

12. 实现与公共资源交易平台整合共享。电子招标采购是公共资源交易的重要组成部分。各地电子招标投标公共服务平台与本地区公共资源交易电子服务系统分开建设的，应当明确各自功能服务定位，协调统一技术标准和数据规范，并相互对接共享信息，充分发挥各自服务功能优势。合并建设的，应当符合规定的技术标准和数据规范，满足公共服务基本功能要求，并按规定与上级电子招标投标公共服务平台和公共资源交易电子服务系统交互信息。

13. 推进与投资和信用平台协同共享。鼓励电子招标投标交易平台、公共服务平台、行政监督平台与政府建立的投资项目在线审批监管平台对接，实现投资项目全过程在线运行、闭环监管，建立健全纵横联动协同投资监管体系。推进电子招标投标系统与信用信息共享平台对接共享。电子招标投标公共服务平台应当与信用信息共享平台对接，按要求与信用信息共享平台交互数据信息，并为市场主体查阅有关信用信息提供便利，实现招标采购信用信息与其他领域信用信息的互认共享。

（五）强化信息拓展应用

14. 加强信息记录和公开。电子招标投标系统应当如实记录招标采购过程信息、操作时间、网络地址和相关人员等信息。依托电子招标投标系统，对市场主体招标投标行为和信用状况依法实行动态公开。除按照电子招标投标有关规定依法及时公布交易和服务信息外，交易平台和公共服务平台的建设、运营、开发和维护单位名称及其主要负责人员，检测认证报告、认证标志，专业工具软件技术规范与接口标准，平台对接、运营和数据交互动态，以及免费服务项目、增值服务项目及其收费标准等主要信息，必须在平台实时公布。行政监督平台应当及时公布投诉举报受理情况、调查处理结果等监管信息。

15. 促进信息全网有序流动。研究建立电子招标投标数据信息分类、所有、使用、交互共享和保密机制，明确电子招标投标交易平台、公共服务平台、行政监督平台及相关主体的权利义务责任。在推动电子招标投标平台之间、电子招标投标系统与其他信息平台系统之间互联互通的同时，积极培育各类平台主动交互信息的内生动力。按照互利互惠原则，提供依法公开数据的交易平台和公共服务平台可以按照交互数据的结构类别和规模比例，分享集合数据使用权利和大数据分析成果运用的增值效益。对于关系国家安全的重要敏感数据，各类电子招标投标平台特别是公共服务平台应当加强安全保障，不得用于商业用途；国务院有关部门对此类数据的交互另有规定的，从其规定。

16. **强化信息大数据应用**。适应"互联网+"趋势，运用大数据理念、技术和资源，依托电子招标投标系统特别是公共服务平台，依法高效采集、有效整合和充分运用招标采购信息数据，为行政监督部门和市场主体提供大数据服务。通过对招标采购信息大数据统计分析，为把握市场动态、预测行业趋势和研判经济形势提供研究支撑，为制定完善相关法规制度和政策措施提供决策支持，为甄别、预警违法违规行为，实行科学、精准、高效的智能化监督提供重要依据。

17. **发挥信用信息作用**。鼓励各类电子招标投标平台建立招标投标信用数据库，按照客观记录、统一标准、公开共享、用户评价的原则，利用电子招标投标交易大数据动态生成招标人、投标人、招标代理机构等市场主体信用基本信息，并通过公共服务平台和信用信息共享平台进行共享，为开展失信联合惩戒和守信联合激励提供支撑，促进招标采购市场主体信用自律，引导诚信体系建设。

（六）完善制度和技术保障

18. **健全法规制度**。推动修订招标投标法律法规，进一步明确电子招标投标数据电文法律效力，对实行全流程电子化招标采购并按照规定公开相关信息的，合理简化和缩短有关程序和时限要求，为推广应用电子招标采购提供制度支持。制定公共服务平台管理办法，明确公共服务内容、提供方式和信息集成共享要求，以及公共服务平台运营机构权利义务和法律责任。制定行政监督平台管理办法，明确在线监督权限、方式、内容、程序等。编制公共服务平台和行政监督平台技术规范，明确基本功能、数据编码、系统接口、技术支撑和保障要求。研究制定电子开标、投标、评标的具体规定，以及电子招标采购档案管理规范，为推行招标采购全过程电子化提供制度保障。各地区各部门应完善本地区、本行业适应电子招标采购发展的配套制度和政策措施。

19. **优化制度环境**。各地区各部门要按照国务院批准的《关于建立清理和规范招标投标有关规定长效机制的意见》要求，结合本地区本行业实际建立有关长效机制，适时对不适应"互联网+"招标采购发展的规章制度和政策文件进行清理，重点针对违反《招标投标法》、《招标投标法实施条例》和《电子招标投标办法》，以及针对电子招标采购增设审批许可、指定交易平台和工具软件、排斥限制市场主体建设运营的交易平台、实行地区封锁和行业保护等内容，增强制度的统一性和适用性，为"互联网+"招标采购发展营造良好制度环境。

20. **加强安全保障**。电子招标投标系统开发单位应根据电子招标采购业务特点，重点围绕招标投标文件的安全传输技术、防篡改技术、安全存储技术以及开标保障技术等，开发相应信息安全技术和产品。平台运营机构承担系统安全和数据安全主体责任，确保本机构运营电子招标投标平台所有服务器均设在中华人民共和国境内。使用云服务的，云服务提供商必须提供安全承诺。运营机构应当建立健全安全管理制度，以及身份识别和鉴定、访问控制、入侵防范、恶意代码防范、补丁升级、数据存储和传输加密、备份与恢复等工作程序，并通过有关管理措施和技术手段，加强风险管理和防范，及时识别和评估电子招标投标系统安全风险，确保平台运营安全和数据安全。

21. 培育和规范开发市场。按照规范架构、统一标准、分散开发、组件集成的原则，鼓励研发推广数据交互接口、分析处理、存储发布、安全控制等标准化基础应用软件和专业工具软件，以及技术组件库，满足电子招标投标系统开发、维护和对接交互需求。着力消除技术壁垒，鼓励各类研发机构公平竞争，促进技术创新，不断提升电子招标投标系统技术研究和开发水平。开发运维机构不得以低于成本的形式不正当竞争，不得通过滥用垄断地位、设置技术壁垒等方式等获取额外利益，不得开发违反招标投标法律法规的软件，不得在开发的电子招标投标系统或软件中违法设置后门程序，不得违法采集和利用相关数据。

三、组织实施

22. 加强组织领导。国家发展改革委将会同工业和信息化部、住房城乡建设部、交通运输部、水利部、商务部等加强对行动方案实施工作的指导协调，依托招标投标部际联席会议，完善"互联网＋"招标采购协调推进工作机制，在规划指导、制度建设、技术标准、信息共享体系等方面加大力度，统筹协调解决"互联网＋"招标采购发展中的重大问题，切实推动本行动方案的贯彻落实。各省（区、市）应当建立本地区部门协调工作机制，确定牵头落实部门和相关责任部门，制定本地区行动目标和具体工作方案，明确考核指标和相关进度要求，推进"互联网＋"招标采购深入发展。各省（区、市）牵头落实部门应当于2017年4月前，将本地区工作方案、责任部门和联系人报国家发展改革委（法规司）。

23. 落实主体责任。招标投标行业组织应当发挥行业服务、智力支持和桥梁纽带作用，倡导诚信自律，促进公平竞争，组织做好政策宣传、业务培训、行业自律、合作交流、经验推广等工作，及时收集反映本行动方案实施情况、存在问题以及市场主体意见建议。大型国有企业特别是中央企业应当发挥好带头示范作用，抓紧制定发展电子化招标采购的目标、实施计划和保障措施，积极推行集团化电子招标采购，在实现全流程电子化招标采购、与公共服务平台和行政监督平台互联共享、有序通过检测认证、挖掘大数据应用等方面，为交易平台发展作出表率。招标代理机构应当积极适应"互联网＋"趋势，依托建设运营第三方交易平台，为委托人提供更加优质高效的电子招标投标代理服务和综合咨询服务，不断提高行业竞争力。

24. 深化交流合作。发挥国家电子招标投标试点示范和引领带动作用，注重总结、转化、推广试点经验和成果，从试点地区和单位及其他先进地区和单位中选取若干在创新监管体制机制、促进交易平台市场化发展、深化大数据应用、加强平台互联共享等的典型，作为创新示范向全国推广。积极开展"互联网＋"招标采购领域国际合作，深入学习借鉴国际经验，与有关国际组织和国家开展电子招标采购多领域、多层次交流与合作，积极参与国际标准和区域标准的制定，促进我国"互联网＋"招标采购制度与国际接轨，为我国企业拓展海外市场提供平台、通道和服务。

25. 严格督促考核。在行动方案实施期限内，各省、自治区、直辖市负责行动方案落实的牵头部门应当于每年 12 月底前，将本年度阶段性工作总结和下一年度重点工作计划报送国家发展改革委和有关部门。国家发展改革委将会同有关部门加强监督和指导，组织对行动方案实施情况进行检查和第三方评估，对推进工作不力的地方和单位予以通报督促。

关于印发《国务院有关部门 2017 年推进电子招标投标工作要点》的通知

发改办法规〔2017〕858 号

各省、自治区、直辖市、新疆生产建设兵团发展改革委、工信委（经委）、通信管理局、住房城乡建设厅（建委、局）、交通运输厅（局、委）、水利（务）厅（局）、商务厅（局）、公共资源交易平台管理机构、各地区铁路监管局，中国招标投标协会：

为做好《"互联网+"招标采购行动方案（2017—2019 年)》（发改法规〔2017〕357 号，以下简称《行动方案》）贯彻实施工作，国家发展改革委会同国务院有关部门制定了《国务院有关部门 2017 年推进电子招标投标工作要点》，现印发你们，并就有关事项通知如下。

一、目前还有部门省份未按《行动方案》要求报送本地区工作方案。请尚未报送工作方案的省（区、市）发展改革部门或本级人民政府指定的部门抓紧牵头建立本地区推动落实《行动方案》协调工作机制，制定本地区未来三年推进"互联网+"招标采购的行动目标和具体工作方案，并根据国务院有关部门 2017 年工作考虑，制定本地区 2017 年度工作要点，明确责任部门、考核指标和相关进度要求。各省（区、市）牵头落实部门应当于 2017 年 6 月底前，将本地区整体工作方案、2017 年工作要点，以及责任部门和联系人报国家发展改革委（法规司）。

二、各省（区、市）有关部门应重点围绕以下方面，安排本地区 2017 年推进电子招标投标工作要点：一是打破本地区限制电子招标投标交易平台市场化、专业化发展的市场壁垒和制度壁垒，积极引入社会资本建设的交易平台。二是加快建设本地区统一的电子招标投标公共服务平台，或由符合要求的公共资源交易电子服务系统承担电子招标投标公共服务平台功能，在 2017 年底，实现本行政区域内电子招标采购活动有可供使用的公共服务平台。三是结合"互联网+政务服务"建设，在 2017 年底前抓紧搭建电子招标投标行政监督平台，或在电子招标投标公共服务平台上开辟行政监督通道，满足本地区在线监管需要。四是加强本地区内电子招标投标平台互联互通和信息数据共享。

三、加大工作力度，切实抓好《行动方案》和本地区工作方案的落实。各省（区、市）牵头落实部门应当于 12 月底前，将 2017 年工作总结和 2018 年度重点工作计划报送国家发展改革委（法规司）。国家发展改革委将会同有关部门加强监督和指导，组织对行动方案实施情况进行检查和第三方评估，对推进工作不力的地方和单位予以通报督促。

联系人：袁静、徐致远电话：010-68502581、2393

附件：国务院有关部门 2017 年推进电子招标投标工作要点

国务院有关部门 2017 年推进电子招标投标工作要点

2017 年，国务院有关部门将围绕贯彻实施《"互联网+"招标采购行动方案（2017—2019 年）》（发改法规〔2017〕357 号），重点开展以下工作：

一、推进平台建设

（一）引导和支持电子招标投标交易平台市场化、专业化发展，推行依法必须招标项目全流程电子化招标投标采购。（责任单位：国家发展改革委、国务院有关招标投标行政监督部门）

（二）指导中国招标投标公共服务平台加快平台建设和系统互联共享，依法及时高效提供公共服务。（责任单位：国家发展改革委、国务院有关招标投标行政监督部门）

（三）指导推进全国公共资源交易平台和中国招标投标公共服务平台等电子招标投标有关信息平台互联互通和数据交互，实现资源共享。（责任单位：国家发展改革委）

（四）加快建设本行业统一的电子招标投标行政监督平台，与中国招标投标公共服务平台实现对接。（责任单位：工业和信息化部、商务部、国家铁路局）

（五）指导本行业本领域加快电子招标投标行政监督平台建设，推进"互联网+"监管，以行政监督的无纸化推动招标采购全流程电子化。（责任单位：国务院有关招标投标行政监督部门）

（六）指导推动各行业电子招标投标交易平台与公共服务平台及有关行政监督平台对接，实现信息交互和资源共享。（责任单位：国务院有关招标投标行政监督部门）

二、完善配套制度

（一）制定公共服务平台管理办法，明确公共服务内容、提供方式和信息集成共享要求，以及公共服务平台运营机构权利义务和法律责任。编制公共服务平台技术规范，明确基本功能、数据编码、系统接口、技术支撑和保障要求。（责任单位：国家发展改革委、国务院有关招标投标行政监督部门）

（二）制定行政监督平台管理办法，明确在线监督权限、方式、内容、程序等。（责任单位：国家发展改革委、国务院有关招标投标行政监督部门）

（三）制定《机电产品电子招标投标管理办法》，对机电产品国际招标的电子开标、投标、评标及法律责任和行政监督做出具体规定，为推动机电产品国际招标投标全过程电子化提供制度保障。（责任单位：商务部）

（四）进一步完善各行业电子招标投标配套制度、监管机制和政策措施。（责任单位：国务院有关招标投标行政监督部门）

三、做好试点总结交流和经验推广

（一）组织对国家电子招标投标试点进行总结交流，并提炼形成典型经验。（责任单位：国家发展改革委、国务院有关招标投标行政监督部门）

（二）部署2017年电子招标投标创新示范推广工作，将有关试点单位转为创新示范，并附试点典型经验，指导各地方、各行业深入推进电子招标投标。（责任单位：国家发展改革委、国务院有关招标投标行政监督部门）

（三）组织召开全国"互联网＋"招标采购交流推进电视电话会议，总结交流电子招标投标工作成效和经验，部署下一步工作，推动"互联网＋"招标采购深度融合发展。（责任单位：国家发展改革委、国务院有关招标投标行政监督部门）

（四）继续推进江苏、江西、山东三省公路建设市场电子招标投标试点工作。在江苏、浙江、福建开展水运工程电子招标投标试点。（责任单位：交通运输部）

四、推进招标投标领域信用体系建设

（一）依托"通信工程建设项目招标投标管理信息平台"开展通信建设领域违法违规行为信息公示，为建立失信联合惩戒机制提供支撑，促进招标采购市场主体信用自律。（责任单位：工业和信息化部）

（二）进一步完善公路建设领域信息体系建设，制定实施《全国公路建设市场信用信息管理系统数据标准》。推动公路和水运建设市场信用信息省级平台和部级平台的互联互通，实现部省两级信用信息数据共享及协同应用。（责任单位：交通运输部）

（三）完善水利建设市场信用体系建设，加大水利建设项目信息、市场主体信息和市场主体不良行为公开力度，推进水利部信用平台和各流域机构、各省信用平台的互联互通和信息共享。（责任单位：水利部）

（四）建立全国机电产品国际招标信用档案，并在"中国国际招标网"设立发布栏，公布招标投标主体信用信息，推动机电产品国际招标投标主体依法诚信经营。（责任单位：商务部）

（五）推动电子招标投标系统与信用信息共享平台对接，实现招标投标信用信息与其他领域信用信息的交互共享、互认共用。建立完善跨部门信用信息共享、失信联合惩戒和守信联合激励机制。（责任单位：国家发展改革委、国务院有关招标投标行政监督部门）

基础设施和公用事业特许经营管理办法

中华人民共和国国家发展和改革委员会、财政部、

住房和城乡建设部、交通运输部、水利部、

中国人民银行令第 25 号

第一章 总 则

第一条 为鼓励和引导社会资本参与基础设施和公用事业建设运营，提高公共服务质量和效率，保护特许经营者合法权益，保障社会公共利益和公共安全，促进经济社会持续健康发展，制定本办法。

第二条 中华人民共和国境内的能源、交通运输、水利、环境保护、市政工程等基础设施和公用事业领域的特许经营活动，适用本办法。

第三条 本办法所称基础设施和公用事业特许经营，是指政府采用竞争方式依法授权中华人民共和国境内外的法人或者其他组织，通过协议明确权利义务和风险分担，约定其在一定期限和范围内投资建设运营基础设施和公用事业并获得收益，提供公共产品或者公共服务。

第四条 基础设施和公用事业特许经营应当坚持公开、公平、公正，保护各方信赖利益，并遵循以下原则：

（一）发挥社会资本融资、专业、技术和管理优势，提高公共服务质量效率；

（二）转变政府职能，强化政府与社会资本协商合作；

（三）保护社会资本合法权益，保证特许经营持续性和稳定性；

（四）兼顾经营性和公益性平衡，维护公共利益。

第五条 基础设施和公用事业特许经营可以采取以下方式：

（一）在一定期限内，政府授予特许经营者投资新建或改扩建、运营基础设施和公用事业，期限届满移交政府；

（二）在一定期限内，政府授予特许经营者投资新建或改扩建、拥有并运营基础设施和公用事业，期限届满移交政府；

（三）特许经营者投资新建或改扩建基础设施和公用事业并移交政府后，由政府授予其在一定期限内运营；

（四）国家规定的其他方式。

第六条 基础设施和公用事业特许经营期限应当根据行业特点、所提供公共产品或服务需求、项目生命周期、投资回收期等综合因素确定，最长不超过 30 年。

对于投资规模大、回报周期长的基础设施和公用事业特许经营项目（以下简称特许经营项目）可以由政府或者其授权部门与特许经营者根据项目实际情况，约定超过前款规定的特许经营期限。

第七条 国务院发展改革、财政、国土、环保、住房城乡建设、交通运输、水利、能源、金融、安全监管等有关部门按照各自职责，负责相关领域基础设施和公用事业特许经营规章、政策制定和监督管理工作。

县级以上地方人民政府发展改革、财政、国土、环保、住房城乡建设、交通运输、水利、价格、能源、金融监管等有关部门根据职责分工，负责有关特许经营项目实施和监督管理工作。

第八条 县级以上地方人民政府应当建立各有关部门参加的基础设施和公用事业特许经营部门协调机制，负责统筹有关政策措施，并组织协调特许经营项目实施和监督管理工作。

第二章 特许经营协议订立

第九条 县级以上人民政府有关行业主管部门或政府授权部门（以下简称项目提出部门）可以根据经济社会发展需求，以及有关法人和其他组织提出的特许经营项目建议等，提出特许经营项目实施方案。

特许经营项目应当符合国民经济和社会发展总体规划、主体功能区规划、区域规划、环境保护规划和安全生产规划等专项规划、土地利用规划、城乡规划、中期财政规划等，并且建设运营标准和监管要求明确。

项目提出部门应当保证特许经营项目的完整性和连续性。

第十条 特许经营项目实施方案应当包括以下内容：

（一）项目名称；

（二）项目实施机构；

（三）项目建设规模、投资总额、实施进度，以及提供公共产品或公共服务的标准等基本经济技术指标；

（四）投资回报、价格及其测算；

（五）可行性分析，即降低全生命周期成本和提高公共服务质量效率的分析估算等；

（六）特许经营协议框架草案及特许经营期限；

（七）特许经营者应当具备的条件及选择方式；

（八）政府承诺和保障；

（九）特许经营期限届满后资产处置方式；

（十）应当明确的其他事项。

第十一条 项目提出部门可以委托具有相应能力和经验的第三方机构，开展特许经营可行性评估，完善特许经营项目实施方案。

需要政府提供可行性缺口补助或者开展物有所值评估的，由财政部门负责开展相关工作。具体办法由国务院财政部门另行制定。

第十二条 特许经营可行性评估应当主要包括以下内容：

（一）特许经营项目全生命周期成本、技术路线和工程方案的合理性，可能的融资方式、融资规模、资金成本，所提供公共服务的质量效率，建设运营标准和监管要求等；

（二）相关领域市场发育程度，市场主体建设运营能力状况和参与意愿；

（三）用户付费项目公众支付意愿和能力评估。

第十三条 项目提出部门依托本级人民政府根据本办法第八条规定建立的部门协调机制，会同发展改革、财政、城乡规划、国土、环保、水利等有关部门对特许经营项目实施方案进行审查。经审查认为实施方案可行的，各部门应当根据职责分别出具书面审查意见。

项目提出部门综合各部门书面审查意见，报本级人民政府或其授权部门审定特许经营项目实施方案。

第十四条 县级以上人民政府应当授权有关部门或单位作为实施机构负责特许经营项目有关实施工作，并明确具体授权范围。

第十五条 实施机构根据经审定的特许经营项目实施方案，应当通过招标、竞争性谈判等竞争方式选择特许经营者。

特许经营项目建设运营标准和监管要求明确、有关领域市场竞争比较充分的，应当通过招标方式选择特许经营者。

第十六条 实施机构应当在招标或谈判文件中载明是否要求成立特许经营项目公司。

第十七条 实施机构应当公平择优选择具有相应管理经验、专业能力、融资实力以及信用状况良好的法人或者其他组织作为特许经营者。鼓励金融机构与参与竞争的法人或其他组织共同制定投融资方案。

特许经营者选择应当符合内外资准入等有关法律、行政法规规定。

依法选定的特许经营者，应当向社会公示。

第十八条 实施机构应当与依法选定的特许经营者签订特许经营协议。

需要成立项目公司的，实施机构应当与依法选定的投资人签订初步协议，约定其在规定期限内注册成立项目公司，并与项目公司签订特许经营协议。

特许经营协议应当主要包括以下内容：

（一）项目名称、内容；

（二）特许经营方式、区域、范围和期限；

（三）项目公司的经营范围、注册资本、股东出资方式、出资比例、股权转让等；

（四）所提供产品或者服务的数量、质量和标准；

（五）设施权属，以及相应的维护和更新改造；

（六）监测评估；

（七）投融资期限和方式；

（八）收益取得方式，价格和收费标准的确定方法以及调整程序；

（九）履约担保；

（十）特许经营期内的风险分担；

（十一）政府承诺和保障；

（十二）应急预案和临时接管预案；

（十三）特许经营期限届满后，项目及资产移交方式、程序和要求等；

（十四）变更、提前终止及补偿；

（十五）违约责任；

（十六）争议解决方式；

（十七）需要明确的其他事项。

第十九条 特许经营协议根据有关法律、行政法规和国家规定，可以约定特许经营者通过向用户收费等方式取得收益。

向用户收费不足以覆盖特许经营建设、运营成本及合理收益的，可由政府提供可行性缺口补助，包括政府授予特许经营项目相关的其他开发经营权益。

第二十条 特许经营协议应当明确价格或收费的确定和调整机制。特许经营项目价格或收费应当依据相关法律、行政法规规定和特许经营协议约定予以确定和调整。

第二十一条 政府可以在特许经营协议中就防止不必要的同类竞争性项目建设、必要合理的财政补贴、有关配套公共服务和基础设施的提供等内容作出承诺，但不得承诺固定投资回报和其他法律、行政法规禁止的事项。

第二十二条 特许经营者根据特许经营协议，需要依法办理规划选址、用地和项目核准或审批等手续的，有关部门在进行审核时，应当简化审核内容，优化办理流程，缩短办理时限，对于本部门根据本办法第十三条出具书面审查意见已经明确的事项，不再作重复审查。

实施机构应当协助特许经营者办理相关手续。

第二十三条 国家鼓励金融机构为特许经营项目提供财务顾问、融资顾问、银团贷款等金融服务。政策性、开发性金融机构可以给予特许经营项目差异化信贷支持，对符合条件的项目，贷款期限最长可达30年。探索利用特许经营项目预期收益质押贷款，支持利用相关收益作为还款来源。

第二十四条 国家鼓励通过设立产业基金等形式入股提供特许经营项目资本金。鼓励特许经营项目公司进行结构化融资，发行项目收益票据和资产支持票据等。

国家鼓励特许经营项目采用成立私募基金，引入战略投资者，发行企业债券、项目收益债券、公司债券、非金融企业债务融资工具等方式拓宽投融资渠道。

第二十五条 县级以上人民政府有关部门可以探索与金融机构设立基础设施和公用事业特许经营引导基金，并通过投资补助、财政补贴、贷款贴息等方式，支持有关特许经营项目建设运营。

第三章　特许经营协议履行

第二十六条 特许经营协议各方当事人应当遵循诚实信用原则，按照约定全面履行义务。

除法律、行政法规另有规定外，实施机构和特许经营者任何一方不履行特许经营协议约定义务或者履行义务不符合约定要求的，应当根据协议继续履行、采取补救措施或者赔偿损失。

第二十七条 依法保护特许经营者合法权益。任何单位或者个人不得违反法律、行政法规和本办法规定，干涉特许经营者合法经营活动。

第二十八条 特许经营者应当根据特许经营协议，执行有关特许经营项目投融资安排，确保相应资金或资金来源落实。

第二十九条 特许经营项目涉及新建或改扩建有关基础设施和公用事业的，应当符合城乡规划、土地管理、环境保护、质量管理、安全生产等有关法律、行政法规规定的建设条件和建设标准。

第三十条 特许经营者应当根据有关法律、行政法规、标准规范和特许经营协议，提供优质、持续、高效、安全的公共产品或者公共服务。

第三十一条 特许经营者应当按照技术规范，定期对特许经营项目设施进行检修和保养，保证设施运转正常及经营期限届满后资产按规定进行移交。

第三十二条 特许经营者对涉及国家安全的事项负有保密义务，并应当建立和落实相应保密管理制度。

实施机构、有关部门及其工作人员对在特许经营活动和监督管理工作中知悉的特许经营者商业秘密负有保密义务。

第三十三条 实施机构和特许经营者应当对特许经营项目建设、运营、维修、保养过程中有关资料，按照有关规定进行归档保存。

第三十四条 实施机构应当按照特许经营协议严格履行有关义务，为特许经营者建设运营特许经营项目提供便利和支持，提高公共服务水平。

行政区划调整，政府换届、部门调整和负责人变更，不得影响特许经营协议履行。

第三十五条 需要政府提供可行性缺口补助的特许经营项目，应当严格按照预算法规定，综合考虑政府财政承受能力和债务风险状况，合理确定财政付费总额和分年度数额，并与政府年度预算和中期财政规划相衔接，确保资金拨付需要。

第三十六条 因法律、行政法规修改，或者政策调整损害特许经营者预期利益，或者根据公共利益需要，要求特许经营者提供协议约定以外的产品或服务的，应当给予特许经营者相应补偿。

第四章　特许经营协议变更和终止

第三十七条 在特许经营协议有效期内，协议内容确需变更的，协议当事人应当在协商一致基础上签订补充协议。如协议可能对特许经营项目的存续债务产生重大影响的，应当事先征求债权人同意。特许经营项目涉及直接融资行为的，应当及时做好相关信息披露。

特许经营期限届满后确有必要延长的，按照有关规定经充分评估论证，协商一致并报批准后，可以延长。

第三十八条　在特许经营期限内，因特许经营协议一方严重违约或不可抗力等原因，导致特许经营者无法继续履行协议约定义务，或者出现特许经营协议约定的提前终止协议情形的，在与债权人协商一致后，可以提前终止协议。

特许经营协议提前终止的，政府应当收回特许经营项目，并根据实际情况和协议约定给予原特许经营者相应补偿。

第三十九条　特许经营期限届满终止或提前终止的，协议当事人应当按照特许经营协议约定，以及有关法律、行政法规和规定办理有关设施、资料、档案等的性能测试、评估、移交、接管、验收等手续。

第四十条　特许经营期限届满终止或者提前终止，对该基础设施和公用事业继续采用特许经营方式的，实施机构应当根据本办法规定重新选择特许经营者。

因特许经营期限届满重新选择特许经营者的，在同等条件下，原特许经营者优先获得特许经营。

新的特许经营者选定之前，实施机构和原特许经营者应当制定预案，保障公共产品或公共服务的持续稳定提供。

第五章　监督管理和公共利益保障

第四十一条　县级以上人民政府有关部门应当根据各自职责，对特许经营者执行法律、行政法规、行业标准、产品或服务技术规范，以及其他有关监管要求进行监督管理，并依法加强成本监督审查。

县级以上审计机关应当依法对特许经营活动进行审计。

第四十二条　县级以上人民政府及其有关部门应当根据法律、行政法规和国务院决定保留的行政审批项目对特许经营进行监督管理，不得以实施特许经营为名违法增设行政审批项目或审批环节。

第四十三条　实施机构应当根据特许经营协议，定期对特许经营项目建设运营情况进行监测分析，会同有关部门进行绩效评价，并建立根据绩效评价结果、按照特许经营协议约定对价格或财政补贴进行调整的机制，保障所提供公共产品或公共服务的质量和效率。

实施机构应当将社会公众意见作为监测分析和绩效评价的重要内容。

第四十四条　社会公众有权对特许经营活动进行监督，向有关监管部门投诉，或者向实施机构和特许经营者提出意见建议。

第四十五条　县级以上人民政府应当将特许经营有关政策措施、特许经营部门协调机制组成以及职责等信息向社会公开。

实施机构和特许经营者应当将特许经营项目实施方案、特许经营者选择、特许经营协议及其变更或终止、项目建设运营、所提供公共服务标准、监测分析和绩效评价、经过审计的上年度财务报表等有关信息按规定向社会公开。

特许经营者应当公开有关会计数据、财务核算和其他有关财务指标，并依法接受年度财务审计。

第四十六条 特许经营者应当对特许经营协议约定服务区域内所有用户普遍地、无歧视地提供公共产品或公共服务，不得对新增用户实行差别待遇。

第四十七条 实施机构和特许经营者应当制定突发事件应急预案，按规定报有关部门。突发事件发生后，及时启动应急预案，保障公共产品或公共服务的正常提供。

第四十八条 特许经营者因不可抗力等原因确实无法继续履行特许经营协议的，实施机构应当采取措施，保证持续稳定提供公共产品或公共服务。

第六章　争议解决

第四十九条 实施机构和特许经营者就特许经营协议履行发生争议的，应当协商解决。协商达成一致的，应当签订补充协议并遵照执行。

第五十条 实施机构和特许经营者就特许经营协议中的专业技术问题发生争议的，可以共同聘请专家或第三方机构进行调解。调解达成一致的，应当签订补充协议并遵照执行。

第五十一条 特许经营者认为行政机关作出的具体行政行为侵犯其合法权益的，有陈述、申辩的权利，并可以依法提起行政复议或者行政诉讼。

第五十二条 特许经营协议存续期间发生争议，当事各方在争议解决过程中，应当继续履行特许经营协议义务，保证公共产品或公共服务的持续性和稳定性。

第七章　法律责任

第五十三条 特许经营者违反法律、行政法规和国家强制性标准，严重危害公共利益，或者造成重大质量、安全事故或者突发环境事件的，有关部门应当责令限期改正并依法予以行政处罚；拒不改正、情节严重的，可以终止特许经营协议；构成犯罪的，依法追究刑事责任。

第五十四条 以欺骗、贿赂等不正当手段取得特许经营项目的，应当依法收回特许经营项目，向社会公开。

第五十五条 实施机构、有关行政主管部门及其工作人员不履行法定职责、干预特许经营者正常经营活动、徇私舞弊、滥用职权、玩忽职守的，依法给予行政处分；构成犯罪的，依法追究刑事责任。

第五十六条 县级以上人民政府有关部门应当对特许经营者及其从业人员的不良行为建立信用记录，纳入全国统一的信用信息共享交换平台。对严重违法失信行为依法予以曝光，并会同有关部门实施联合惩戒。

第八章 附 则

第五十七条 基础设施和公用事业特许经营涉及国家安全审查的，按照国家有关规定执行。

第五十八条 法律、行政法规对基础设施和公用事业特许经营另有规定的，从其规定。本办法实施之前依法已经订立特许经营协议的，按照协议约定执行。

第五十九条 本办法由国务院发展改革部门会同有关部门负责解释。

第六十条 本办法自 2015 年 6 月 1 日起施行。

关于修改《经营性公路建设项目投资人招标投标管理规定》的决定

中华人民共和国交通运输部令 2015 年第 13 号

交通运输部决定对《经营性公路建设项目投资人招标投标管理规定》（交通部令 2007 年第 8 号）作如下修改：

将第十九条第一款第（一）项中"注册资本一亿元人民币以上，"删除。

本决定自 2015 年 6 月 24 日起施行。

《经营性公路建设项目投资人招标投标管理规定》根据本决定作相应修正，重新发布。

经营性公路建设项目投资人招标投标管理规定

(2007年10月16日交通部发布 根据2015年6月24日交通运输部《关于修改〈经营性公路建设项目投资人招标投标管理规定〉的决定》修正)

第一章 总 则

第一条 为规范经营性公路建设项目投资人招标投标活动,根据《中华人民共和国公路法》《中华人民共和国招标投标法》和《收费公路管理条例》,制定本规定。

第二条 在中华人民共和国境内的经营性公路建设项目投资人招标投标活动,适用本规定。

本规定所称经营性公路是指符合《收费公路管理条例》的规定,由国内外经济组织投资建设,经批准依法收取车辆通行费的公路(含桥梁和隧道)。

第三条 经营性公路建设项目投资人招标投标活动应当遵循公开、公平、公正、诚信、择优的原则。

任何单位和个人不得非法干涉招标投标活动。

第四条 国务院交通主管部门负责全国经营性公路建设项目投资人招标投标活动的监督管理工作。主要职责是:

(一)根据有关法律、行政法规,制定相关规章和制度,规范和指导全国经营性公路建设项目投资人招标投标活动;

(二)监督全国经营性公路建设项目投资人招标投标活动,依法受理举报和投诉,查处招标投标活动中的违法行为;

(三)对全国经营性公路建设项目投资人进行动态管理,定期公布投资人信用情况。

第五条 省级人民政府交通主管部门负责本行政区域内经营性公路建设项目投资人招标投标活动的监督管理工作。主要职责是:

(一)贯彻执行有关法律、行政法规、规章,结合本行政区域内的实际情况,制定具体管理制度;

(二)确定下级人民政府交通主管部门对经营性公路建设项目投资人招标投标活动的监督管理职责;

(三)发布本行政区域内经营性公路建设项目投资人招标信息;

(四)负责组织对列入国家高速公路网规划和省级人民政府确定的重点经营性公路建设项目的投资人招标工作;

（五）指导和监督本行政区域内的经营性公路建设项目投资人招标投标活动，依法受理举报和投诉，查处招标投标活动中的违法行为。

第六条　省级以下人民政府交通主管部门的主要职责是：

（一）贯彻执行有关法律、行政法规、规章和相关制度；

（二）负责组织本行政区域内除第五条第（四）项规定以外的经营性公路建设项目投资人招标工作；

（三）按照省级人民政府交通主管部门的规定，对本行政区域内的经营性公路建设项目投资人招标投标活动进行监督管理。

第二章　招　　标

第七条　需要进行投资人招标的经营性公路建设项目应当符合下列条件：

（一）符合国家和省、自治区、直辖市公路发展规划；

（二）符合《收费公路管理条例》第十八条规定的技术等级和规模；

（三）已经编制项目可行性研究报告。

第八条　招标人是依照本规定提出经营性公路建设项目、组织投资人招标工作的交通主管部门。

招标人可以自行组织招标或委托具有相应资格的招标代理机构代理有关招标事宜。

第九条　经营性公路建设项目投资人招标应当采用公开招标方式。

第十条　经营性公路建设项目投资人招标实行资格审查制度。资格审查方式采取资格预审或资格后审。

资格预审，是指招标人在投标前对潜在投标人进行资格审查。

资格后审，是指招标人在开标后对投标人进行资格审查。

实行资格预审的，一般不再进行资格后审，但招标文件另有规定的除外。

第十一条　资格审查的基本内容应当包括投标人的财务状况、注册资本、净资产、投融资能力、初步融资方案、从业经验和商业信誉等情况。

第十二条　经营性公路建设项目招标工作应当按照以下程序进行：

（一）发布招标公告；

（二）潜在投标人提出投资意向；

（三）招标人向提出投资意向的潜在投标人推介投资项目；

（四）潜在投标人提出投资申请；

（五）招标人向提出投资申请的潜在投标人详细介绍项目情况，可以组织潜在投标人踏勘项目现场并解答有关问题；

（六）实行资格预审的，由招标人向提出投资申请的潜在投标人发售资格预审文件；实行资格后审的，由招标人向提出投资申请的投标人发售招标文件；

（七）实行资格预审的，潜在投标人编制资格预审申请文件，并递交招标人；招标人应当对递交资格预审申请文件的潜在投标人进行资格审查，并向资格预审合格的潜在投标人发售招标文件；

（八）投标人编制投标文件，并提交招标人；

（九）招标人组织开标，组建评标委员会；

（十）实行资格后审的，评标委员会应当在开标后首先对投标人进行资格审查；

（十一）评标委员会进行评标，推荐中标候选人；

（十二）招标人确定中标人，并发出中标通知书；

（十三）招标人与中标人签订投资协议。

第十三条 招标人应通过国家指定的全国性报刊、信息网络等媒介发布招标公告。

采用国际招标的，应通过相关国际媒介发布招标公告。

第十四条 招标人应当参照国务院交通主管部门制定的经营性公路建设项目投资人招标资格预审文件范本编制资格预审文件，并结合项目特点和需要确定资格审查标准。

招标人应当组建资格预审委员会对递交资格预审申请文件的潜在投标人进行资格审查。资格预审委员会由招标人代表和公路、财务、金融等方面的专家组成，成员人数为七人以上单数。

第十五条 招标人应当参照国务院交通主管部门制定的经营性公路建设项目投资人招标文件范本，并结合项目特点和需要编制招标文件。

招标人编制招标文件时，应当充分考虑项目投资回收能力和预期收益的不确定性，合理分配项目的各类风险，并对特许权内容、最长收费期限、相关政策等予以说明。招标人编制的可行性研究报告应当作为招标文件的组成部分。

第十六条 招标人应当合理确定资格预审申请文件和投标文件的编制时间。

编制资格预审申请文件时间，自资格预审文件开始发售之日起至潜在投标人提交资格预审申请文件截止之日止，不得少于三十个工作日。

编制投标文件的时间，自招标文件开始发售之日起至投标人提交投标文件截止之日止，不得少于四十五个工作日。

第十七条 列入国家高速公路网规划和需经国务院投资主管部门核准的经营性公路建设项目投资人招标投标活动，应当按照招标工作程序，及时将招标文件、资格预审结果、评标报告报国务院交通主管部门备案。国务院交通主管部门应当在收到备案文件七个工作日内，对不符合法律、法规规定的内容提出处理意见，及时行使监督职责。

其他经营性公路建设项目投资人招标投标活动的备案工作按照省级人民政府交通主管部门的有关规定执行。

第三章　投　　标

第十八条 投标人是响应招标、参加投标竞争的国内外经济组织。

采用资格预审方式招标的，潜在投标人通过资格预审后，方可参加投标。

第十九条　投标人应当具备以下基本条件：

（一）总资产六亿元人民币以上，净资产二亿五千万元人民币以上；

（二）最近连续三年每年均为盈利，且年度财务报告应当经具有法定资格的中介机构审计；

（三）具有不低于项目估算的投融资能力，其中净资产不低于项目估算投资的百分之三十五；

（四）商业信誉良好，无重大违法行为。

招标人可以根据招标项目的实际情况，提高对投标人的条件要求。

第二十条　两个以上的国内外经济组织可以组成一个联合体，以一个投标人的身份共同投标。联合体各方均应符合招标人对投标人的资格审查标准。

以联合体形式参加投标的，应提交联合体各方签订的共同投标协议。共同投标协议应当明确约定联合体各方的出资比例、相互关系、拟承担的工作和责任。联合体中标的，联合体各方应当共同与招标人签订项目投资协议，并向招标人承担连带责任。

联合体的控股方为联合体主办人。

第二十一条　投标人应当按照招标文件的要求编制投标文件，投标文件应当对招标文件提出的实质性要求和条件作出响应。

第二十二条　招标文件明确要求提交投标担保的，投标人应按照招标文件要求的额度、期限和形式提交投标担保。投标人未按照招标文件的要求提交投标担保的，其提交的投标文件为废标。

投标担保的额度一般为项目投资的千分之三，但最高不得超过五百万元人民币。

第二十三条　投标人参加投标，不得弄虚作假，不得与其他投标人串通投标，不得采取商业贿赂以及其他不正当手段谋取中标，不得妨碍其他投标人投标。

第四章　开标与评标

第二十四条　开标应当在招标文件确定的提交投标文件截止时间的同一时间公开进行。

开标由招标人主持，邀请所有投标人代表参加。招标人对开标过程应当记录，并存档备查。

第二十五条　评标由招标人依法组建的评标委员会负责。评标委员会由招标人代表和公路、财务、金融等方面的专家组成，成员人数为七人以上单数。招标人代表的人数不得超过评标委员会总人数的三分之一。

与投标人有利害关系以及其他可能影响公正评标的人员不得进入相关项目的评标委员会，已经进入的应当更换。

评标委员会成员的名单在中标结果确定前应当保密。

第二十六条　评标委员会可以直接或者通过招标人以书面方式要求投标人对投标文件中含义不明确、对同类问题表述不一致或者有明显文字错误的内容作出必要的澄清或者说明，但是澄清或者说明不得超出或者改变投标文件的范围或者改变投标文件的实质性内容。

第二十七条 经营性公路建设项目投资人招标的评标办法应当采用综合评估法或者最短收费期限法。

采用综合评估法的,应当在招标文件中载明对收费期限、融资能力、资金筹措方案、融资经验、项目建设方案、项目运营、移交方案等评价内容的评分权重,根据综合得分由高到低推荐中标候选人。

采用最短收费期限法的,应当在投标人实质性响应招标文件的前提下,推荐经评审的收费期限最短的投标人为中标候选人,但收费期限不得违反国家有关法规的规定。

第二十八条 评标委员会完成评标后,应当向招标人提出书面评标报告,推荐一至三名中标候选人,并标明排名顺序。

评标报告需要由评标委员会全体成员签字。

第五章 中标与协议的签订

第二十九条 招标人应当确定排名第一的中标候选人为中标人。招标人也可以授权评标委员会直接确定中标人。

排名第一的中标候选人有下列情形之一的,招标人可以确定排名第二的中标候选人为中标人:

(一)自动放弃中标;

(二)因不可抗力提出不能履行合同;

(三)不能按照招标文件要求提交履约保证金;

(四)存在违法行为被有关部门依法查处,且其违法行为影响中标结果的。

如果排名第二的中标候选人存在上述情形之一,招标人可以确定排名第三的中标候选人为中标人。

三个中标候选人都存在本条第二款所列情形的,招标人应当依法重新招标。

招标人不得在评标委员会推荐的中标候选人之外确定中标人。

第三十条 提交投标文件的投标人少于三个或者因其他原因导致招标失败的,招标人应当依法重新招标。重新招标前,应当根据前次的招标情况,对招标文件进行适当调整。

第三十一条 招标人确定中标人后,应当在十五个工作日内向中标人发出中标通知书,同时通知所有未中标的投标人。

第三十二条 招标文件要求中标人提供履约担保的,中标人应当提供。担保的金额一般为项目资本金出资额的百分之十。

履约保证金应当在中标人履行项目投资协议后三十日内予以退还。其他形式的履约担保,应当在中标人履行项目投资协议后三十日内予以撤销。

第三十三条 招标人和中标人应当自中标通知书发出之日起三十个工作日内按照招标文件和中标人的投标文件订立书面投资协议。投资协议应包括以下内容:

（一）招标人与中标人的权利义务；

（二）履约担保的有关要求；

（三）违约责任；

（四）免责事由；

（五）争议的解决方式；

（六）双方认为应当规定的其他事项。

招标人应当在与中标人签订投资协议后五个工作日内向所有投标人退回投标担保。

第三十四条 中标人应在签订项目投资协议后九十日内到工商行政管理部门办理项目法人的工商登记手续，完成项目法人组建。

第三十五条 招标人与项目法人应当在完成项目核准手续后签订项目特许权协议。特许权协议应当参照国务院交通主管部门制定的特许权协议示范文本并结合项目的特点和需要制定。特许权协议应当包括以下内容：

（一）特许权的内容及期限；

（二）双方的权利及义务；

（三）项目建设要求；

（四）项目运营管理要求；

（五）有关担保要求；

（六）特许权益转让要求；

（七）违约责任；

（八）协议的终止；

（九）争议的解决；

（十）双方认为应规定的其他事项。

第六章 附 则

第三十六条 对招投标活动中的违法行为，应当按照国家有关法律、法规的规定予以处罚。

第三十七条 招标人违反本办法规定，以不合理的条件限制或者排斥潜在投标人，对潜在投标人实行歧视待遇的，由上级交通主管部门责令改正。

第三十八条 本规定自2008年1月1日起施行。

关于印发评标专家专业分类标准（试行）的通知

发改法规〔2010〕1538号

为规范和统一评标专家专业分类，切实提高评标活动的公正性，根据《国务院办公厅关于进一步规范招投标活动的若干意见》（国办发〔2004〕56号）有关精神，按照《中共中央办公厅国务院办公厅关于开展工程建设领域突出问题专项治理工作的意见》（中办发〔2009〕27号）部署和要求，我们制定了《评标专家专业分类标准（试行）》（以下简称《标准》），现予印发。为切实做好《标准》贯彻落实工作，就有关事项和要求通知如下：

一、加强组织领导，抓好贯彻落实

实施全国统一的评标专家分类标准，是建立健全规范化、科学化评标专家分类体系的重要举措。各地各部门要进一步统一思想，提高认识，明确任务，落实责任。发展改革部门要切实发挥指导协调作用，招投标行政监督部门要按照职责分工，推进《标准》实施工作有序进行。

二、结合实际情况，做好衔接工作

2011年1月1日后新投入运行的评标专家库，应依据《标准》设置评标专家分类。2011年1月1日前投入运行的评标专家库，应在2013年6月底前，完成专家库专业分类调整工作。评标专家专业分类实行全国统一编码。各地各部门在保证分类体系和专业代码统一的前提下，可根据实际需要，选择使用《标准》中的相关专业，也可以对《标准》的专业做进一步补充和细化。

三、跟踪落实情况，及时做好反馈

各地各部门要密切关注《标准》试行期间的适用情况，注意收集各方面的反馈信息，及时将实施中遇到的问题向上级主管部门汇报。

附件：评标专家专业分类标准（试行）（略）

关于印发公路建设项目评标专家库管理办法的通知

交公路发〔2011〕797号

各省、自治区、直辖市、新疆生产建设兵团交通运输厅（局、委），天津市市政公路管理局，部属各单位，部管各社团，有关交通运输企业：

为加强对公路建设项目评标专家和评标专家库的管理，保证评标活动的公平、公正，部对《公路建设项目评标专家库管理办法》进行了修订，现予印发，请遵照执行。

中华人民共和国交通运输部
二〇一一年十二月二十九日

公路建设项目评标专家库管理办法

第一条 为加强对公路建设项目评标专家和评标专家库的管理,保证评标活动的公平、公正,根据《中华人民共和国招标投标法》《评标委员会和评标方法暂行规定》以及《公路建设市场管理办法》等规定,制定本办法。

第二条 本办法适用于公路建设项目评标专家库的更新、维护、使用、管理等活动。

第三条 公路建设项目评标专家库管理实行统一管理、分级负责。

第四条 国务院交通运输主管部门负责全国公路建设项目评标专家库的监督管理工作,主要职责是:

(一)贯彻执行国家有关法律、法规,制定全国公路建设项目评标专家库管理的规章制度;

(二)更新、维护并管理国家公路建设项目评标专家库及专家库管理系统;

(三)指导和监督省级公路建设项目评标专家库管理工作;

(四)依法受理投诉,查处相关违法行为;

(五)法律、法规、规章规定的其他职责。

第五条 省级交通运输主管部门负责本行政区域内公路建设项目评标专家库的监督管理工作,主要职责是:

(一)贯彻执行国家有关法律、法规、规章,结合实际情况,制定本行政区域内公路建设项目评标专家库管理制度,并报国务院交通运输主管部门备案;

(二)更新、维护并管理省级公路建设项目评标专家库及专家库管理系统;

(三)监督管理国家公路建设项目评标专家库的专家抽取活动;

(四)依法受理投诉,查处本行政区域内相关违法行为;

(五)法律、法规、规章规定的其他职责。

第六条 国家公路建设项目评标专家库专业分类标准如下:

类别	设计类(A04)	监理类(A05)	施工类(A08)	货物类(B)
专业	路线(A040301)	路基路面(A050301)	路基路面(A080301)	机械设备(B01)
	路基路面(A040302)	桥梁(A050302)	桥梁(A080302)	建筑材料(B07)
	桥梁(A040303)	隧道(A050303)	隧道(A080303)	商务合同(B10)
	隧道(A040304)	公路机电工程(A050304)	公路机电工程(A080304)	
	交通工程(A040305)	公路安全设施(A050305)	公路安全设施(A080305)	
	概预算(A040306)	商务合同(A050306)	商务合同(A080306)	
	勘察(A040307)		房建(A080307)	
	商务合同(A040308)		环保(含绿化等)(A080308)	

省级交通运输主管部门可根据实际需要，对省级公路建设项目评标专家库的专业分类进行补充和细化。

第七条 国家公路建设项目评标专家采用个人申请、单位推荐、国务院交通运输主管部门审查的方式确定，其程序为：

（一）申请人填写"公路建设项目评标专家库评标专家申报表"（见附件），报申请人所在工作单位；

（二）申请人所在工作单位同意推荐后报有关单位初审；

（三）推荐单位所在地省级交通运输主管部门对申报材料进行初审；推荐单位为部属事业单位或中央管理企业及其所属单位的，由部属事业单位或中央管理企业负责初审；

（四）省级交通运输主管部门和部属事业单位或中央管理企业通过"全国公路建设市场信用信息管理系统"将初审合格的人员报国务院交通运输主管部门；

（五）国务院交通运输主管部门组织对申报材料进行审查，符合条件的，经培训考核合格后，纳入国家公路建设项目评标专家库。

省级公路建设项目评标专家库申报程序由省级交通运输主管部门确定。

第八条 推荐的公路建设项目评标专家应具备下列基本条件：

（一）具有良好的政治素质和职业道德，能够依法履行职责，维护招投标双方的合法权益；

（二）熟悉有关公路建设招标投标的法律、法规和规章；

（三）从事公路行业相关专业领域工作且满8年，具有高级职称或同等专业水平；

（四）年龄不超过65周岁，身体健康状况能够胜任评标工作；

（五）未曾受到刑事处罚或行政处罚；

（六）省级交通运输主管部门报送的申报国家公路建设项目评标专家库人员一般应为省级公路建设项目评标专家库专家。

第九条 评标专家的主要权利：

（一）接受招标人聘请，担任招标项目评标委员会成员；

（二）依法独立评标，不受任何单位和个人的非法干预和影响；

（三）向交通运输主管部门举报评标活动存在的违法、违规或不公正行为；

（四）依法获取劳动报酬；

（五）法律、法规、规章规定的其他权利。

第十条 评标专家的主要义务：

（一）准时参加评标活动；

（二）遵守职业道德，依法履行职责；

（三）接受交通运输主管部门的监督管理，协助配合有关投诉处理；

（四）国家公路建设项目评标专家库评标专家，及时登录"全国公路建设市场信用信息管理系统"维护个人信息；

（五）法律、法规、规章规定的其他义务。

第十一条　评标专家所在单位应当对评标专家参加评标活动和继续教育的培训给予支持。

第十二条　国家公路建设项目评标专家库评标专家，因故无法参加某一时段评标时，可事先登录"全国公路建设市场信用信息管理系统"进行自主屏蔽，一年之内自主屏蔽次数不得超过 5 次，总时间不得超过 30 天。

第十三条　国家审批（核准）公路建设项目的勘察、设计、施工、监理以及与工程建设有关的重要设备、材料采购等依法必须招标的，应当从国家公路建设项目评标专家库中确定资格审查委员会和评标委员会专家；其他公路招标项目，从省级公路建设项目评标专家库或国家公路建设项目评标专家库中确定资格审查委员会和评标委员会专家。

第十四条　评标专家的确定，应当采取随机抽取方式。对于技术复杂、专业性强，采取随机抽取方式确定的评标专家难以胜任评标工作的特殊招标项目，可以由招标人采取人工选择方式直接确定，并按照项目管理权限报交通运输主管部门备案。

第十五条　招标人应按照资格审查或评标项目招标类型和所含专业确定评标专家类别和专业，商务合同专业和招标所含主要专业均需抽取至少一名专家，不得抽取项目招标类型和所含专业以外的专家。施工招标可根据工程特点和评标需要，从设计类概预算专业抽取一名专家，房建或环保（含绿化等）工程单独开展设计或监理招标的，所含专业专家从施工类相应专业中抽取。

第十六条　有下列情形之一的，不得担任资格审查委员会和评标委员会成员：

（一）投标人的工作人员或退休人员；

（二）投标人主要负责人和具体负责人的近亲属；

（三）负责招标项目监督管理的交通运输主管部门的工作人员；

（四）其他与投标人有利害关系、可能影响评标活动公正性的人员。

招标人应按前款规定设定回避条件，禁止以其他各种理由排斥或限制评标专家参加评标。评标专家有前款规定情形之一的，应当主动提出回避；未提出回避的，招标人或者有关交通运输主管部门发现后，应当立即停止其参加评标。

第十七条　国家公路建设项目评标专家库抽取使用程序如下：

（一）招标人向省级交通运输主管部门提出书面申请，明确抽取方式、类别、专业、数量和回避条件；

（二）在省级交通运输主管部门监督下，招标人通过"全国公路建设市场信用信息管理系统"抽取评标专家；

（三）省级交通运输主管部门登录"全国公路建设市场信用信息管理系统"确认评标结束。

（四）招标人和评标专家登录"全国公路建设市场信用信息管理系统"进行相互评价。

省级公路建设项目评标专家库抽取使用程序由省级交通运输主管部门确定。

第十八条　评标专家确定后，发生不能到场或需要回避等特殊情况的，应当从原评标专家库中按原抽取方式补选确定，也可在符合规定的前提下相应减少招标人代表数量。

第十九条 评标专家有下列情形之一的,注销其评标专家资格:

(一)本人申请不再担任;

(二)健康等原因不能胜任;

(三)工作调动不再适宜继续担任;

(四)年龄超过 70 周岁(不含院士、勘察设计大师)。

第二十条 评标专家有下列情形之一的,暂停其评标专家资格半年:

(一)连续五次被抽中均未参加;

(二)一年之内被抽中三次以上,参加次数少于被抽中次数三分之二;

(三)承诺参加但没有参加;

(四)有关行政监督部门依法对投诉进行调查时,不予配合;

(五)国家公路建设项目评标专家库专家,在评标结束一周内未对招标人进行评价,或未及时维护个人信息。

第二十一条 评标专家有下列情形之一的,取消其评标专家资格:

(一)以虚假材料骗取评标专家资格;

(二)未按要求参加培训或考核不合格;

(三)评标出现重大疏漏或错误;

(四)被暂停评标专家资格的处罚期满后,再次出现本办法第二十条规定情形之一;

(五)受到刑事处罚或行政处罚;

(六)违反招标投标法律、法规和规章。

被取消评标专家资格的,五年内不得再次申请入选公路建设项目评标专家库,有违法违规行为的,终身不得入选公路建设项目评标专家库。

第二十二条 公路建设项目评标专家库实行动态管理。评标专家有违反招标投标法律、法规、规章和本办法规定行为,以及存在其他不适宜继续担任专家情形的,交通运输主管部门应当及时作出处理,暂停、取消或注销其评标专家资格。根据需要,可适时补充评标专家。

第二十三条 本办法由交通运输部负责解释。

第二十四条 本办法自发布之日起施行,2001 年 6 月 11 日实施的《公路建设项目评标专家库管理办法》(交公路发〔2001〕300 号)同时废止。

附件：

公路建设项目评标专家库评标专家申报表

姓名		性别		照片
出生年月		民族		
毕业学校		毕业时间		
学历		所学专业		
工作单位/退休单位		职务		
从事专业		职称		
移动电话		电子信箱		
申报类别				
申报专业				
工作经历				
主要业绩				
推荐单位意见： （盖章） 年 月 日				
省级交通运输主管部门（部属事业单位或中央管理企业）初审意见： （盖章） 年 月 日				

注：1. 每人限报一个类别，且不得超过该类别的2个专业。
　　2. 主要业绩指拟申请专家库类别和专业领域取得的业绩和具有的业务能力以及评标经历等。
　　3. 附身份证、毕业证、职称证等复印件。

交通运输部公路局关于发布《公路工程建设项目评标工作细则》的通知

交公路发〔2017〕142号

各省、自治区、直辖市、新疆生产建设兵团交通运输厅（局、委）：

现将《公路工程建设项目评标工作细则》印发你们，请遵照执行。

交通运输部

二〇一七年九月二十一日

公路工程建设项目评标工作细则

第一章 总 则

第一条 为规范公路工程建设项目评标工作，维护招标投标活动当事人的合法权益，依据《中华人民共和国招标投标法》《中华人民共和国招标投标法实施条例》、交通运输部《公路工程建设项目招标投标管理办法》及国家有关法律法规，制定本细则。

第二条 依法必须进行招标的公路工程建设项目，其评标活动适用本细则；国有资金占控股或者主导地位的依法必须进行招标的公路工程建设项目，采用资格预审的，其资格审查活动适用本细则；其他项目的评标及资格审查活动可参照本细则执行。

第三条 公路工程建设项目评标工作是指招标人依法组建的评标委员会根据国家有关法律、法规和招标文件，对投标文件进行评审，推荐中标候选人或者由招标人授权直接确定中标人的工作过程。

采用资格预审的公路工程建设项目，招标人应当按照有关规定组建资格审查委员会审查资格预审申请文件。资格审查委员会的专家抽取以及资格审查工作要求，应当适用本细则关于评标委员会以及评标工作的规定。

第四条 评标工作应当遵循公平、公正、科学、择优的原则。任何单位和个人不得非法干预或者影响评标过程和结果。

第五条 招标人应当采取必要措施，保证评标工作在严格保密的情况下进行，所有参与评标活动的人员均不得泄露评标的有关信息。

第六条 公路工程建设项目的招标人或者其指定机构应当对评标过程录音录像并存档备查。

第二章 职责分工

第七条 招标人负责组织评标工作并履行下列职责：

（一）按照国家有关规定组建评标委员会；办理评标专家的抽取、通知等事宜；为参与评标工作的招标人代表提供授权函；

（二）向评标委员会提供评标所必需的工作环境、资料和信息以及必要的服务；

（三）向评标委员会成员发放合理的评标劳务报酬；

（四）在招标投标情况书面报告中载明评标委员会成员在评标活动中的履职情况；

（五）保障评标工作的安全性和保密性。

公路工程建设项目实行委托招标的，招标代理机构应当在招标人委托的范围内组织评标工作，且遵守本细则关于招标人的规定。

第八条 评标委员会负责评标工作并履行下列职责：

（一）审查、评价投标文件是否符合招标文件的实质性要求；

（二）要求投标人对投标文件有关事项作出澄清或者说明（如需要）；

（三）对投标文件进行比较和评价；

（四）撰写评标报告，推荐中标候选人，或者根据招标人授权直接确定中标人；

（五）在评标报告中记录评标监督人员、招标人代表或者其他工作人员有无干预正常评标活动或者其他不正当言行；

（六）向交通运输主管部门报告评标过程中发现的其他违法违规行为。

第九条 交通运输主管部门负责监督评标工作并履行下列职责：

（一）按照规定的招标监督职责分工，对评标委员会成员的确定方式、评标专家的抽取和评标活动进行监督；

（二）对评标程序、评标委员会使用的评标标准和方法进行监督；

（三）对招标人代表、评标专家和其他参加评标活动工作人员的不当言论或者违法违规行为及时制止和纠正；

（四）对招标人、招标代理机构、投标人以及评标委员会成员等当事人在评标活动中的违法违规行为进行行政处理并依法公告，同时将上述违法违规行为记入相应当事人的信用档案。

第三章 评标工作的组织与准备

第十条 评标由招标人依法组建的评标委员会负责。

评标委员会由评标专家和招标人代表共同组成，人数为五人以上单数。其中，评标专家人数不得少于成员总数的三分之二。评标专家由招标人按照交通运输部有关规定从评标专家库相关专业中随机抽取。

对于技术复杂、专业性强或者国家有特殊要求，采取随机抽取方式确定的评标专家难以保证胜任评标工作的特殊招标项目，招标人可以直接确定相应专业领域的评标专家。

投标文件采用双信封形式密封的，招标人不得组建两个评标委员会分别负责第一信封（商务文件和技术文件）和第二信封（报价文件）的评标工作。

第十一条 在评标委员会开始评标工作之前，招标人应当准备评标所必需的信息，主要包括招标文件、招标文件的澄清或者修改、开标记录、投标文件、资格预审文件。

第十二条 招标人协助评标委员会评标的，应当选派熟悉招标工作、政治素质高的人员，具体数量由招标人视工作量确定。评标委员会成员和招标人选派的协助评标人员应当实行回避制度。

属于下列情况之一的人员，不得进入评标委员会或者协助评标：

（一）负责招标项目监督管理的交通运输主管部门的工作人员；

（二）与投标人法定代表人或者授权参与投标的代理人有近亲属关系的人员；

（三）投标人的工作人员或者退休人员；

（四）与投标人有其他利害关系，可能影响评标活动公正性的人员；

（五）在与招标投标有关的活动中有过违法违规行为、曾受过行政处罚或者刑事处罚的人员。

招标人及其子公司、招标人的上级主管部门或者控股公司、招标代理机构的工作人员或者退休人员不得以专家身份参与本单位招标或者招标代理项目的评标。

第十三条　招标人协助评标的，应当在评标委员会开始评标工作的同时或者之前进行评标的协助工作。协助评标工作应当以招标文件规定的评标标准和方法为依据，主要内容包括：

（一）编制评标使用的相应表格；

（二）对投标报价进行算术性校核；

（三）列出投标文件相对于招标文件的所有偏差，并进行归类汇总；

（四）查询公路建设市场信用信息管理系统，对投标人的资质、业绩、主要人员资历和目前在岗情况、信用等级进行核实；

（五）通过相关网站对各类注册资格证书、安全生产考核合格证等证件进行查询核实；

（六）在评标过程中，对评标委员会各成员的评分表进行复核，统计汇总；对评标过程资料进行整理。

第十四条　招标人协助评标工作应当客观、准确，如实反映投标文件对招标文件规定的响应情况；不得故意遗漏或者片面摘录，不得对投标文件作出任何评价，不得在评标委员会对所有偏差定性之前透露存有偏差的投标人名称；不得明示或者暗示其倾向或者排斥特定投标人。

第四章　评标工作的实施

第十五条　评标工作现场应当处于通信屏蔽状态，或者将评标委员会成员及现场工作人员的手机、电脑、录音录像等电子设备统一集中保管。

第十六条　评标工作应当按照以下程序进行：

（一）招标人代表出示加盖招标人单位公章的授权函及身份证，向评标委员会其他成员表明身份；

（二）招标人代表核对评标委员会其他成员的身份证；

（三）招标人代表宣布评标纪律；

（四）招标人代表公布已开标的投标人名单，并询问评标委员会成员有否回避的情形；评标委员会成员存在应当回避情形的，应当主动提出回避；

（五）招标人代表与评标委员会其他成员共同推选主任委员；

（六）评标委员会主任委员主持会议，要求招标人介绍项目概况、招标文件中与评标相关的关键内容及协助评标工作（如有）相关情况；

（七）评标委员会评标，完成并签署评标报告，将评标报告提交给招标人代表；

（八）招标人代表对评标报告进行形式检查，有本细则第三十三条规定情形的，提请评标委员会进行修改完善；

（九）评标报告经形式检查无误后，评标委员会主任委员宣布评标工作结束。

第十七条 投标文件采用双信封形式密封的，招标人应当合理安排第二信封（报价文件）公开开标的时间和地点，保证与第一信封（商务文件和技术文件）的评审工作有序衔接，避免泄露评标工作信息。

第十八条 评标过程中，评标委员会成员有回避事由、擅离职守或者因健康等原因不能继续评标的，应当及时更换。被更换的评标委员会成员作出的评审结论无效，由更换后的评标委员会成员重新进行评审。更换评标委员会成员的情况应当在评标报告中予以记录。

被更换的评标委员会成员如为评标专家库专家，招标人应当从原评标专家库中按照原方式抽取更换后的评标委员会成员，或者在符合法律规定的前提下相应减少评标委员会中招标人代表数量。

无法及时更换评标委员会成员导致评标委员会构成不满足法定要求的，评标委员会应当停止评标活动，已作出的评审结论无效。招标人封存所有投标文件和开标、评标资料，依法重新组建评标委员会进行评标。招标人应当将重新组建评标委员会的情况在招标投标情况书面报告中予以说明。

第十九条 评标委员会应当民主推荐一名主任委员，负责组织评标委员会成员开展评标工作。评标委员会主任委员与评标委员会的其他成员享有同等权利与义务。评标委员会应当保证各成员对所有投标文件的全面、客观、独立评审，确保评标工作质量。

第二十条 评标委员会应当首先听取招标人关于招标项目概况的介绍和协助评标工作内容（如有）的说明，并认真阅读招标文件，获取评标所需的重要信息和数据，主要包括以下内容：

（一）招标项目建设规模、技术标准和工程特点；

（二）招标文件规定的评标标准和方法；

（三）其他与评标有关的内容。

第二十一条 招标人协助评标的，评标委员会应当根据招标文件规定，对投标文件相对于招标文件的所有偏差依法逐类进行定性，对招标人提供的评标工作用表和评标内容进行认真核对，对与招标文件不一致、存在错误或者遗漏的内容要进行修正。

评标委员会应当对全部投标文件进行认真审查，招标人提供的协助评标工作内容及信息仅作为评标的参考。评标委员会不得以招标人在协助评标过程中未发现投标文件存有偏差或者招标人协助评标工作存在疏忽为由规避评标责任。

第二十二条 评标委员会应当按照招标文件规定的评标标准和方法，对投标文件进行评审和比较。招标文件没有规定的评标标准和方法不得作为评标的依据。

对于招标文件规定的评标标准和方法，评标委员会认为其违反法律、行政法规的强制性规定，违反公开、公平、公正和诚实信用原则，影响潜在投标人投标的，评标委员会有权停止评标工作并向招标人书面说明情况，招标人应当修改招标文件后重新招标。

评标委员会发现招标文件规定的评标标准和方法存在明显文字错误，且修改后不会影响评标结果的，评标委员会可以对其进行修改，并在评标报告说明修改的内容和修改原因。除此之外，评标委员会不得以任何理由修改评标标准和方法。

第二十三条 对于投标文件存在的偏差，评标委员会应当根据招标文件规定的评标标准和方法进行评审，依法判定其属于重大偏差还是细微偏差。凡属于招标文件评标标准和方法中规定的重大偏差，或者招标文件评标标准和方法中未做强制性规定，但出现了法律、行政法规规定的否决投标情形的，评标委员会应当否决投标人的投标文件。

由于评标标准和方法前后内容不一致或者部分条款存在易引起歧义、模糊的文字，导致难以界定投标文件偏差的性质，评标委员会应当按照有利于投标人的原则进行处理。

第二十四条 评标委员会应当根据《中华人民共和国招标投标法实施条例》第三十九条、第四十条、第四十一条的有关规定，对在评标过程中发现的投标人与投标人之间、投标人与招标人之间存在的串通投标的情形进行评审和认定；存在串通投标情形的，评标委员会应当否决其投标。

投标人以他人名义投标、以行贿手段谋取中标，或者投标弄虚作假的，评标委员会应当否决其投标。

第二十五条 评标过程中，投标文件中存在下列情形之一且评标委员会认为需要投标人作出必要澄清、说明的，应当书面通知该投标人进行澄清或者说明：

（一）投标文件中有含义不明确的内容或者明显文字错误；
（二）投标报价有算术性错误；
（三）投标报价可能低于成本价；
（四）招标文件规定的细微偏差。

评标委员会应当给予投标人合理的澄清、说明时间。

投标人的澄清、说明应当采用书面形式，按照招标文件规定的格式签署盖章，且不得超出投标文件的范围或者改变投标文件的实质性内容。投标人的澄清或者说明内容将视为投标文件的组成部分。投标标的、投标函文字报价、质量标准、履行期限均视为投标文件的实质性内容，评标委员会不得要求投标人进行澄清。

评标委员会不得暗示或者诱导投标人作出澄清、说明，不得接受投标人主动提出的澄清、说明。

第二十六条 投标报价有算术性错误的，评标委员会应当按照招标文件规定的原则对投标报价进行修正。对算术性修正结果，评标委员会应当按照本细则第二十五条规定的程序要求投标人进行书面澄清。投标人对修正结果进行书面确认的，修正结果对投标人具有约束力，其投标文件可继续参加评审。

投标人对算术性修正结果存有不同意见或者未做书面确认的，评标委员会应当重新复核修正结果。如果确认修正结果无误且投标人拒不按照要求对修正结果进行确认的，应当否决该投标人的投标；如果发现修正结果存在差错，应当及时作出调整并重新进行书面澄清。

第二十七条 评标委员会发现投标人的投标报价明显低于其他投标人报价或者在设有标底时明显低于标底的，应当按照本细则第二十五条规定的程序要求该投标人对相应投标报价作出书面说明，并提供相关证明材料。

如果投标人不能提供相关证明材料，或者提交的相关材料无法证明投标人可以按照其报价以及招标文件规定的质量标准和履行期限完成招标项目的，评标委员会应当认定该投标人以低于成本价竞标，并否决其投标。

第二十八条 除评标价和履约信誉评分项外，评标委员会成员对投标人商务和技术各项因素的评分一般不得低于招标文件规定该因素满分值的60%；评分低于满分值60%的，评标委员会成员应当在评标报告中作出说明。投标文件各项评分因素得分应以评标委员会各成员的打分平均值确定，评标委员会成员总数为七人以上时，该平均值以去掉一个最高分和一个最低分后计算。

第二十九条 在评标过程中，如有效投标不足3个，评标委员会应当对有效投标是否仍具有竞争性进行评审。评标委员会一致认为有效投标仍具有竞争性的，应当继续推荐中标候选人，并在评标报告中予以说明。评标委员会对有效投标是否仍具有竞争性无法达成一致意见的，应当否决全部投标。

第三十条 评标委员会成员对需要共同认定的事项存在争议的，应当按照少数服从多数的原则作出结论。持不同意见的评标委员会成员应当在评标报告上以书面形式说明其不同意见和理由并签字确认。评标委员会成员拒绝在评标报告上签字又不书面说明其不同意见和理由的，视为同意评标结果。

第三十一条 评审完成后，评标委员会主任委员应当组织编写书面评标报告。评标报告中推荐的中标候选人应当不超过3个，并标明排序。

第三十二条 评标报告应当载明下列内容：

（一）招标项目基本情况；

（二）评标委员会成员名单；

（三）监督人员名单；

（四）开标记录；

（五）符合要求的投标人名单；

（六）否决的投标人名单以及否决理由；

（七）串通投标情形的评审情况说明；

（八）评分情况；

（九）经评审的投标人排序；

（十）中标候选人名单；

（十一）澄清、说明事项纪要；

（十二）需要说明的其他事项；

（十三）评标附表。

对评标监督人员、招标人代表或者其他工作人员干预正常评标活动，以及对招标投标活动的其他不正当言行，评标委员会应当在评标报告第（十二）项内容中如实记录。

除第一款规定的第（一）、（三）、（四）项内容外，评标委员会所有成员应当在评标报告上逐页签字。

第三十三条 招标人代表收到评标委员会完成的评标报告后，应当对评标报告内容进行形式检查，发现问题应当及时告知评标委员会进行必要的修改完善。形式检查仅限于以下内容：

（一）评标报告正文以及所附文件、表格是否完整、清晰；

（二）报告正文和附表等内容是否有涂改，涂改处是否有做出涂改的评标委员会成员签名；

（三）投标报价修正和评分计算是否有算术性错误；

（四）评标委员会成员对客观评审因素评分是否一致；

（五）投标文件各项评分因素得分是否符合本细则第二十八条相关要求；

（六）评标委员会成员签字是否齐全。

形式检查并不免除评标委员会对评标工作应负的责任。

第三十四条 评标报告经形式检查无误后，评标委员会主任委员宣布评标工作结束。

第三十五条 评标结束后，如招标人发现提供给评标委员会的信息、数据有误或者不完整，或者由于评标委员会的原因导致评标结果出现重大偏差，招标人应当及时邀请原评标委员会成员按照招标文件规定的评标标准和方法对评标报告内容进行审查确认，并形成书面审查确认报告。

投标人或者其他利害关系人对招标项目的评标结果提出异议或者投诉的，评标委员会成员有义务针对异议或者投诉的事项进行审查确认，并形成书面审查确认报告。

审查确认过程应当接受交通运输主管部门的监督。审查确认改变评标结果的，招标人应当公示评标委员会重新推荐的中标候选人，并将审查确认报告作为招标投标情况书面报告的组成部分，报具有招标监督职责的交通运输主管部门备案。

第五章 纪 律

第三十六条 评标委员会成员应当客观、公正、审慎地履行职责，遵守职业道德；应当依据评标办法规定的评审顺序和内容逐项完成评标工作，对本人提出的评审意见以及评分的公正性、客观性、准确性负责。

评标委员会成员不得对主观评审因素协商评分。

招标人不得向评标委员会作倾向性、误导性的解释或者说明。

第三十七条 评标委员会成员有依法获取劳务报酬的权利，但不得向招标人索取或者报销与评标工作无关的其他费用。

第三十八条 评标委员会向招标人提交书面评标报告后自动解散。评标工作中使用的文件、表格以及其他资料应当同时归还招标人。评标委员会成员不得记录、复制或者从评标现场带离任何评标资料。

第三十九条 评标委员会成员和其他参加评标活动的工作人员不得与任何投标人或者与投标人有利害关系的人进行私下接触，不得收受投标人和其他与投标有利害关系的人的财物或者其他好处。

在评标期间，评标委员会成员和其他参加评标活动的工作人员不得发表有倾向性或者诱导、影响其他评审成员的言论，不得对不同投标人采取不同的审查标准。

第四十条 评标委员会成员和其他参加评标活动的工作人员，不得向他人透露对投标文件的评审、中标候选人的推荐情况以及与评标有关的其他情况，且对在评标过程中获悉的国家秘密、商业秘密负有保密责任。

第四十一条 省级以上人民政府交通运输主管部门应当对评标专家实行动态监管，建立评标专家准入、诫勉、清退制度，健全对评标专家的评价机制，对评标专家的工作态度、业务水平、职业道德等进行全面考核。

第六章 附 则

第四十二条 本细则由交通运输部负责解释。

第四十三条 使用国际组织或者外国政府贷款、援助资金的项目，贷款方、资金提供方对评标工作和程序有不同规定的，可以适用其规定，但违背中华人民共和国的社会公共利益的除外。

第四十四条 在公共资源交易平台开展评标工作的，评标职责分工、评标工作的准备与实施等均应当遵守本细则规定。

采用电子评标的，应当按照本细则和国家有关电子评标的规定执行。

第四十五条 本细则自发布日起施行，有效期5年。《公路工程施工招标评标委员会评标工作细则》（交公路发〔2003〕70号）同时废止。

关于发布公路工程标准施工招标资格预审文件和公路工程标准施工招标文件2009年版的通知

交公路发〔2009〕221号

各省、自治区、直辖市、新疆生产建设兵团交通厅（局、委），天津市市政公路管理局：

为加强公路工程施工招标管理，规范资格预审文件和招标文件编制工作，我部在国家九部委联合编制的《标准施工招标资格预审文件》和《标准施工招标文件》（以下简称《标准文件》）基础上，结合公路工程施工招标特点和管理需要，组织制定了《公路工程标准施工招标资格预审文件》（2009年版）和《公路工程标准施工招标文件》（2009年版）（以下简称《公路工程标准文件》），现予发布。

《公路工程标准文件》中"申请人须知""资格审查办法""投标人须知""评标办法"和"通用合同条款"等部分，与《标准文件》内容相同的只保留条目号，具体内容见《标准文件》。《标准文件》电子文本可在我部网站（www.moc.gov.cn）"下载中心"下载。

《公路工程标准文件》自2009年8月1日起施行，原《公路工程国内招标文件范本》（2003年版）同时废止，之前根据《公路工程国内招标文件范本》完成招标工作的项目仍按原合同条款执行。

自施行之日起，必须进行招标的二级及以上公路工程应当使用《公路工程标准文件》，二级以下公路项目可参照执行。在具体项目招标过程中，招标人可根据项目实际情况，编制项目专用文件，与《公路工程标准文件》共同使用，但不得违反九部委56号令的规定。

请各地交通运输主管部门加强对《公路工程标准文件》贯彻落实情况的监督检查，并注意收集有关意见和建议，及时向部反馈。

中华人民共和国交通运输部
二〇〇九年五月十一日

关于发布《公路工程标准勘察设计招标资格预审文件》和《公路工程标准勘察设计招标文件》的通知

交公路发〔2010〕742号

各省、自治区、直辖市、新疆生产建设兵团交通运输厅（局、委），天津市市政公路管理局，各有关单位：

  为进一步加强公路工程勘察设计招标管理，规范资格预审文件和招标文件编制工作，部在 2003 年版《公路工程勘察设计招标资格预审文件范本》和《公路工程勘察设计招标文件范本》（以下简称《2003 年设计招标范本》）的基础上，组织制定了《公路工程标准勘察设计招标资格预审文件》和《公路工程标准勘察设计招标文件》（以下简称《公路设计招标标准文件》），现予发布。

  依法必须招标的公路工程勘察设计项目，应当使用《公路设计招标标准文件》。招标人编制资格预审文件和招标文件时，应按照《公路设计招标标准文件》使用说明及注释有关规定执行。

  《公路设计招标标准文件》自 2011 年 3 月 1 日起施行，《2003 年设计招标范本》同时废止，之前已发布招标公告的项目可按《2003 年设计招标范本》执行。

  《公路设计招标标准文件》的管理权和解释权归交通运输部。

中华人民共和国交通运输部
二〇一〇年十二月十四日

关于发布公路工程施工监理招标文件范本的通知

交质监发〔2008〕557号

各省、自治区、直辖市、新疆生产建设兵团交通厅（局、委），天津市市政公路管理局：

为规范施工监理招标文件编制等工作，部组织编制了《公路工程施工监理招标文件范本》，现予发布，自即日起施行。

二级及二级以上公路、独立大桥及特大桥、独立长隧道及特长隧道的新建、改建以及养护大修工程项目，其主体工程的施工监理招标文件，应当使用《公路工程施工监理招标文件范本》。附属设施工程及其他等级的公路工程项目的施工监理招标文件，可参照《公路工程施工监理招标文件范本》进行编制。

各地交通主管部门应注意收集范本使用情况的意见和建议，及时反馈部质监总站。

《公路工程施工监理招标文件范本》由人民交通出版社发行。

中华人民共和国交通运输部
二〇〇八年十二月二十五日

关于发布《经营性公路建设项目投资人招标资格预审文件示范文本》和《经营性公路建设项目投资人招标文件示范文本》的通知

交公路发〔2011〕135号

各省、自治区、直辖市、新疆生产建设兵团交通运输厅（局、委），天津市市政公路管理局，各有关单位：

为加强经营性公路建设项目投资人招标管理，规范资格预审文件和招标文件编制工作，部组织制定了《经营性公路建设项目投资人招标资格预审文件示范文本》和《经营性公路建设项目投资人招标文件示范文本》（以下统称示范文本），现予发布。示范文本自2011年5月1日起施行，推荐使用。

示范文本的管理权和解释权归交通运输部。

交通运输部
二〇一一年三月二十八日

第三部分 信用管理

国务院关于印发社会信用体系建设规划纲要（2014—2020年）的通知

国发〔2014〕21号

各省、自治区、直辖市人民政府，国务院各部委、各直属机构：

现将《社会信用体系建设规划纲要（2014—2020年）》印发给你们，请认真贯彻执行。

国务院

2014年6月14日

（此件公开发布）

社会信用体系建设规划纲要（2014—2020 年）

社会信用体系是社会主义市场经济体制和社会治理体制的重要组成部分。它以法律、法规、标准和契约为依据，以健全覆盖社会成员的信用记录和信用基础设施网络为基础，以信用信息合规应用和信用服务体系为支撑，以树立诚信文化理念、弘扬诚信传统美德为内在要求，以守信激励和失信约束为奖惩机制，目的是提高全社会的诚信意识和信用水平。

加快社会信用体系建设是全面落实科学发展观、构建社会主义和谐社会的重要基础，是完善社会主义市场经济体制、加强和创新社会治理的重要手段，对增强社会成员诚信意识，营造优良信用环境，提升国家整体竞争力，促进社会发展与文明进步具有重要意义。

根据党的十八大提出的"加强政务诚信、商务诚信、社会诚信和司法公信建设"，党的十八届三中全会提出的"建立健全社会征信体系，褒扬诚信，惩戒失信"，《中共中央 国务院关于加强和创新社会管理的意见》提出的"建立健全社会诚信制度"，以及《中华人民共和国国民经济和社会发展第十二个五年规划纲要》（以下简称"十二五"规划纲要）提出的"加快社会信用体系建设"的总体要求，制定本规划纲要。规划期为 2014—2020 年。

一、社会信用体系建设总体思路

（一）发展现状。

党中央、国务院高度重视社会信用体系建设。有关地区、部门和单位探索推进，社会信用体系建设取得积极进展。国务院建立社会信用体系建设部际联席会议制度统筹推进信用体系建设，公布实施《征信业管理条例》，一批信用体系建设的规章和标准相继出台。全国集中统一的金融信用信息基础数据库建成，小微企业和农村信用体系建设积极推进；各部门推动信用信息公开，开展行业信用评价，实施信用分类监管；各行业积极开展诚信宣传教育和诚信自律活动；各地区探索建立综合性信用信息共享平台，促进本地区各部门、各单位的信用信息整合应用；社会对信用服务产品的需求日益上升，信用服务市场规模不断扩大。

我国社会信用体系建设虽然取得一定进展，但与经济发展水平和社会发展阶段不匹配、不协调、不适应的矛盾仍然突出。存在的主要问题包括：覆盖全社会的征信系统尚未形成，社会成员信用记录严重缺失，守信激励和失信惩戒机制尚不健全，守信激励不足，失信成本偏低；信用服务市场不发达，服务体系不成熟，服务行为不规范，服务机构公信力不足，信用信息主体权益保护机制缺失；社会诚信意识和信用水平偏低，履约践诺、诚实守信的社会氛围尚未形成，重特大生产安全事故、食品药品安全事件时有发生，商业欺诈、制假售假、偷逃骗税、虚报冒领、学术不端等现象屡禁不止，政务诚信度、司法公信度离人民群众的期待还有一定差距等。

（二）形势和要求。

我国正处于深化经济体制改革和完善社会主义市场经济体制的攻坚期。现代市场经济是信用经济，建立健全社会信用体系，是整顿和规范市场经济秩序、改善市场信用环境、降低交易成本、防范经济风险的重要举措，是减少政府对经济的行政干预、完善社会主义市场经济体制的迫切要求。

我国正处于加快转变发展方式、实现科学发展的战略机遇期。加快推进社会信用体系建设，是促进资源优化配置、扩大内需、促进产业结构优化升级的重要前提，是完善科学发展机制的迫切要求。

我国正处于经济社会转型的关键期。利益主体更加多元化，各种社会矛盾凸显，社会组织形式及管理方式也在发生深刻变化。全面推进社会信用体系建设，是增强社会诚信、促进社会互信、减少社会矛盾的有效手段，是加强和创新社会治理、构建社会主义和谐社会的迫切要求。

我国正处于在更大范围、更宽领域、更深层次上提高开放型经济水平的拓展期。经济全球化使我国对外开放程度不断提高，与其他国家和地区的经济社会交流更加密切。完善社会信用体系，是深化国际合作与交往，树立国际品牌和声誉，降低对外交易成本，提升国家软实力和国际影响力的必要条件，是推动建立客观、公正、合理、平衡的国际信用评级体系，适应全球化新形势，驾驭全球化新格局的迫切要求。

（三）指导思想和目标原则。

全面推动社会信用体系建设，必须坚持以邓小平理论、"三个代表"重要思想、科学发展观为指导，按照党的十八大、十八届三中全会和"十二五"规划纲要精神，以健全信用法律法规和标准体系、形成覆盖全社会的征信系统为基础，以推进政务诚信、商务诚信、社会诚信和司法公信建设为主要内容，以推进诚信文化建设、建立守信激励和失信惩戒机制为重点，以推进行业信用建设、地方信用建设和信用服务市场发展为支撑，以提高全社会诚信意识和信用水平、改善经济社会运行环境为目的，以人为本，在全社会广泛形成守信光荣、失信可耻的浓厚氛围，使诚实守信成为全民的自觉行为规范。

社会信用体系建设的主要目标是：到2020年，社会信用基础性法律法规和标准体系基本建立，以信用信息资源共享为基础的覆盖全社会的征信系统基本建成，信用监管体制基本健全，信用服务市场体系比较完善，守信激励和失信惩戒机制全面发挥作用。政务诚信、商务诚信、社会诚信和司法公信建设取得明显进展，市场和社会满意度大幅提高。全社会诚信意识普遍增强，经济社会发展信用环境明显改善，经济社会秩序显著好转。

社会信用体系建设的主要原则是：

政府推动，社会共建。充分发挥政府的组织、引导、推动和示范作用。政府负责制定实施发展规划，健全法规和标准，培育和监管信用服务市场。注重发挥市场机制作用，协调并优化资源配置，鼓励和调动社会力量，广泛参与，共同推进，形成社会信用体系建设合力。

健全法制，规范发展。逐步建立健全信用法律法规体系和信用标准体系，加强信用信息管理，规范信用服务体系发展，维护信用信息安全和信息主体权益。

统筹规划，分步实施。针对社会信用体系建设的长期性、系统性和复杂性，强化顶层设计，立足当前，着眼长远，统筹全局，系统规划，有计划、分步骤地组织实施。

重点突破，强化应用。选择重点领域和典型地区开展信用建设示范。积极推广信用产品的社会化应用，促进信用信息互联互通、协同共享，健全社会信用奖惩联动机制，营造诚实、自律、守信、互信的社会信用环境。

二、推进重点领域诚信建设

（一）加快推进政务诚信建设。

政务诚信是社会信用体系建设的关键，各类政务行为主体的诚信水平，对其他社会主体诚信建设发挥着重要的表率和导向作用。

坚持依法行政。将依法行政贯穿于决策、执行、监督和服务的全过程，全面推进政务公开，在保护国家信息安全、商业秘密和个人隐私的前提下，依法公开在行政管理中掌握的信用信息，建立有效的信息共享机制。切实提高政府工作效率和服务水平，转变政府职能。健全权力运行制约和监督体系，确保决策权、执行权、监督权既相互制约又相互协调。完善政府决策机制和程序，提高决策透明度。进一步推广重大决策事项公示和听证制度，拓宽公众参与政府决策的渠道，加强对权力运行的社会监督和约束，提升政府公信力，树立政府公开、公平、清廉的诚信形象。

发挥政府诚信建设示范作用。各级人民政府首先要加强自身诚信建设，以政府的诚信施政，带动全社会诚信意识的树立和诚信水平的提高。在行政许可、政府采购、招标投标、劳动就业、社会保障、科研管理、干部选拔任用和管理监督、申请政府资金支持等领域，率先使用信用信息和信用产品，培育信用服务市场发展。

加快政府守信践诺机制建设。严格履行政府向社会作出的承诺，把政务履约和守诺服务纳入政府绩效评价体系，把发展规划和政府工作报告关于经济社会发展目标落实情况以及为百姓办实事的践诺情况作为评价政府诚信水平的重要内容，推动各地区、各部门逐步建立健全政务和行政承诺考核制度。各级人民政府对依法作出的政策承诺和签订的各类合同要认真履约和兑现。要积极营造公平竞争、统一高效的市场环境，不得施行地方保护主义措施，如滥用行政权力封锁市场、包庇纵容行政区域内社会主体的违法违规和失信行为等。要支持统计部门依法统计、真实统计。政府举债要依法依规、规模适度、风险可控、程序透明。政府收支必须强化预算约束，提高透明度。加强和完善群众监督和舆论监督机制。完善政务诚信约束和问责机制。各级人民政府要自觉接受本级人大的法律监督和政协的民主监督。加大监察、审计等部门对行政行为的监督和审计力度。

加强公务员诚信管理和教育。建立公务员诚信档案，依法依规将公务员个人有关事项报告、廉政记录、年度考核结果、相关违法违纪违约行为等信用信息纳入档案，将公务员诚信记录作为干部考核、任用和奖惩的重要依据。深入开展公务员诚信、守法和道德教育，加强法律知识和信用知识学习，编制公务员诚信手册，增强公务员法律和诚信意识，建立一支守法守信、高效廉洁的公务员队伍。

（二）深入推进商务诚信建设。

提高商务诚信水平是社会信用体系建设的重点，是商务关系有效维护、商务运行成本有效降低、营商环境有效改善的基本条件，是各类商务主体可持续发展的生存之本，也是各类经济活动高效开展的基础保障。

生产领域信用建设。建立安全生产信用公告制度，完善安全生产承诺和安全生产不良信用记录及安全生产失信行为惩戒制度。以煤矿、非煤矿山、危险化学品、烟花爆竹、特种设备生产企业以及民用爆炸物品生产、销售企业和爆破企业或单位为重点，健全安全生产准入和退出信用审核机制，促进企业落实安全生产主体责任。以食品、药品、日用消费品、农产品和农业投入品为重点，加强各类生产经营主体生产和加工环节的信用管理，建立产品质量信用信息异地和部门间共享制度。推动建立质量信用征信系统，加快完善12365产品质量投诉举报咨询服务平台，建立质量诚信报告、失信黑名单披露、市场禁入和退出制度。

流通领域信用建设。研究制定商贸流通领域企业信用信息征集共享制度，完善商贸流通企业信用评价基本规则和指标体系。推进批发零售、商贸物流、住宿餐饮及居民服务行业信用建设，开展企业信用分类管理。完善零售商与供应商信用合作模式。强化反垄断与反不正当竞争执法，加大对市场混淆行为、虚假宣传、商业欺诈、商业诋毁、商业贿赂等违法行为的查处力度，对典型案件、重大案件予以曝光，增加企业失信成本，促进诚信经营和公平竞争。逐步建立以商品条形码等标识为基础的全国商品流通追溯体系。加强检验检疫质量诚信体系建设。支持商贸服务企业信用融资，发展商业保理，规范预付消费行为。鼓励企业扩大信用销售，促进个人信用消费。推进对外经济贸易信用建设，进一步加强对外贸易、对外援助、对外投资合作等领域的信用信息管理、信用风险监测预警和企业信用等级分类管理。借助电子口岸管理平台，建立完善进出口企业信用评价体系、信用分类管理和联合监管制度。

金融领域信用建设。创新金融信用产品，改善金融服务，维护金融消费者个人信息安全，保护金融消费者合法权益。加大对金融欺诈、恶意逃废银行债务、内幕交易、制售假保单、骗保骗赔、披露虚假信息、非法集资、逃套骗汇等金融失信行为的惩戒力度，规范金融市场秩序。加强金融信用信息基础设施建设，进一步扩大信用记录的覆盖面，强化金融业对守信者的激励作用和对失信者的约束作用。

税务领域信用建设。建立跨部门信用信息共享机制。开展纳税人基础信息、各类交易信息、财产保有和转让信息以及纳税记录等涉税信息的交换、比对和应用工作。进一步完善纳税信用等级评定和发布制度，加强税务领域信用分类管理，发挥信用评定差异对纳税人的奖惩作用。建立税收违法黑名单制度。推进纳税信用与其他社会信用联动管理，提升纳税人税法遵从度。

价格领域信用建设。指导企业和经营者加强价格自律，规范和引导经营者价格行为，实行经营者明码标价和收费公示制度，着力推行"明码实价"。督促经营者加强内部价格管理，根据经营者条件建立健全内部价格管理制度。完善经营者价格诚信制度，做好信息披露工作，推动实施奖惩制度。强化价格执法检查与反垄断执法，依法查处捏造和散布涨价信息、价格欺诈、价格垄断等价格失信行为，对典型案例予以公开曝光，规范市场价格秩序。

工程建设领域信用建设。推进工程建设市场信用体系建设。加快工程建设市场信用法规制度建设，制定工程建设市场各方主体和从业人员信用标准。推进工程建设领域项目信息公开和诚信体系建设,依托政府网站,全面设立项目信息和信用信息公开共享专栏,集中公开工程建设项目信息和信用信息,推动建设全国性的综合检索平台,实现工程建设项目信息和信用信息公开共享的"一站式"综合检索服务。深入开展工程质量诚信建设。完善工程建设市场准入退出制度,加大对发生重大工程质量、安全责任事故或有其他重大失信行为的企业及负有责任的从业人员的惩戒力度。建立企业和从业人员信用评价结果与资质审批、执业资格注册、资质资格取消等审批审核事项的关联管理机制。建立科学、有效的建设领域从业人员信用评价机制和失信责任追溯制度,将肢解发包、转包、违法分包、拖欠工程款和农民工工资等列入失信责任追究范围。

政府采购领域信用建设。加强政府采购信用管理,强化联动惩戒,保护政府采购当事人的合法权益。制定供应商、评审专家、政府采购代理机构以及相关从业人员的信用记录标准。依法建立政府采购供应商不良行为记录名单,对列入不良行为记录名单的供应商,在一定期限内禁止参加政府采购活动。完善政府采购市场的准入和退出机制,充分利用工商、税务、金融、检察等其他部门提供的信用信息,加强对政府采购当事人和相关人员的信用管理。加快建设全国统一的政府采购管理交易系统,提高政府采购活动透明度,实现信用信息的统一发布和共享。

招标投标领域信用建设。扩大招标投标信用信息公开和共享范围,建立涵盖招标投标情况的信用评价指标和评价标准体系,健全招标投标信用信息公开和共享制度。进一步贯彻落实招标投标违法行为记录公告制度,推动完善奖惩联动机制。依托电子招标投标系统及其公共服务平台,实现招标投标和合同履行等信用信息的互联互通、实时交换和整合共享。鼓励市场主体运用基本信用信息和第三方信用评价结果,并将其作为投标人资格审查、评标、定标和合同签订的重要依据。

交通运输领域信用建设。形成部门规章制度和地方性法规、地方政府规章相结合的交通运输信用法规体系。完善信用考核标准,实施分类考核监管。针对公路、铁路、水路、民航、管道等运输市场不同经营门类分别制定考核指标,加强信用考核评价监督管理,积极引导第三方机构参与信用考核评价,逐步建立交通运输管理机构与社会信用评价机构相结合,具有监督、申诉和复核机制的综合考核评价体系。将各类交通运输违法行为列入失信记录。鼓励和支持各单位在采购交通运输服务、招标投标、人员招聘等方面优先选择信用考核等级高的交通运输企业和从业人员。对失信企业和从业人员,要加强监管和惩戒,逐步建立跨地区、跨行业信用奖惩联动机制。

电子商务领域信用建设。建立健全电子商务企业客户信用管理和交易信用评估制度,加强电子商务企业自身开发和销售信用产品的质量监督。推行电子商务主体身份标识制度,完善网店实名制。加强网店产品质量检查,严厉查处电子商务领域制假售假、传销活动、虚假广告、以次充好、服务违约等欺诈行为。打击内外勾结、伪造流量和商业信誉的行为,对失信主体建立行业限期禁入制度。促进电子商务信用信息与社会其他领域相关信息的交换和共享,推动电子商务与线下交易信用评价。完善电子商务信用服务保障制度,推动信用调查、信用评估、信用担保、信用保险、信用支付、商账管理等第三方信用服务和产品在电子商务中的推广应用。开展电子商务网站可信认证服务工作，推广应用网站可信标识，为电子商务用户识别假冒、钓鱼网站提供手段。

统计领域信用建设。开展企业诚信统计承诺活动，营造诚实报数光荣、失信造假可耻的良好风气。完善统计诚信评价标准体系。建立健全企业统计诚信评价制度和统计从业人员诚信档案。加强执法检查，严厉查处统计领域的弄虚作假行为，建立统计失信行为通报和公开曝光制度。加大对统计失信企业的联合惩戒力度。将统计失信企业名单档案及其违法违规信息纳入金融、工商等行业和部门信用信息系统，将统计信用记录与企业融资、政府补贴、工商注册登记等直接挂钩，切实强化对统计失信行为的惩戒和制约。

中介服务业信用建设。建立完善中介服务机构及其从业人员的信用记录和披露制度，并作为市场行政执法部门实施信用分类管理的重要依据。重点加强公证仲裁类、律师类、会计类、担保类、鉴证类、检验检测类、评估类、认证类、代理类、经纪类、职业介绍类、咨询类、交易类等机构信用分类管理，探索建立科学合理的评估指标体系、评估制度和工作机制。

会展、广告领域信用建设。推动展会主办机构诚信办展，践行诚信服务公约，建立信用档案和违法违规单位信息披露制度，推广信用服务和产品的应用。加强广告业诚信建设，建立健全广告业信用分类管理制度，打击各类虚假广告，突出广告制作、传播环节各参与者责任，完善广告活动主体失信惩戒机制和严重失信淘汰机制。

企业诚信管理制度建设。开展各行业企业诚信承诺活动，加大诚信企业示范宣传和典型失信案件曝光力度，引导企业增强社会责任感，在生产经营、财务管理和劳动用工管理等各环节中强化信用自律，改善商务信用生态环境。鼓励企业建立客户档案、开展客户诚信评价，将客户诚信交易记录纳入应收账款管理、信用销售授信额度计量，建立科学的企业信用管理流程，防范信用风险，提升企业综合竞争力。强化企业在发债、借款、担保等债权债务信用交易及生产经营活动中诚信履约。鼓励和支持有条件的企业设立信用管理师。鼓励企业建立内部职工诚信考核与评价制度。加强供水、供电、供热、燃气、电信、铁路、航空等关系人民群众日常生活行业企业的自身信用建设。

（三）全面推进社会诚信建设。

社会诚信是社会信用体系建设的基础，社会成员之间只有以诚相待、以信为本，才会形成和谐友爱的人际关系，才能促进社会文明进步，实现社会和谐稳定和长治久安。

医药卫生和计划生育领域信用建设。加强医疗卫生机构信用管理和行业诚信作风建设。树立大医精诚的价值理念，坚持仁心仁术的执业操守。培育诚信执业、诚信采购、诚信诊疗、诚信收费、诚信医保理念，坚持合理检查、合理用药、合理治疗、合理收费等诚信医疗服务准则，全面建立药品价格、医疗服务价格公示制度，开展诚信医院、诚信药店创建活动，制定医疗机构和执业医师、药师、护士等医务人员信用评价指标标准，推进医院评审评价和医师定期考核，开展医务人员医德综合评价，惩戒收受贿赂、过度诊疗等违法和失信行为，建立诚信医疗服务体系。加快完善药品安全领域信用制度，建立药品研发、生产和流通企业信用档案。积极开展以"诚信至上，以质取胜"为主题的药品安全诚信承诺活动，切实提高药品安全信用监管水平，严厉打击制假贩假行为，保障人民群众用药安全有效。加强人口计生领域信用建设，开展人口和计划生育信用信息共享工作。

社会保障领域信用建设。在救灾、救助、养老、社会保险、慈善、彩票等方面，建立全面的诚信制度，打击各类诈捐骗捐等失信行为。建立健全社会救助、保障性住房等民生政策实施中的申请、审核、退出等各环节的诚信制度，加强对申请相关民生政策的条件审核，强化对社会救助动态管理及保障房使用的监管，将失信和违规的个人纳入信用黑名单。构建居民家庭经济状况核对信息系统，建立和完善低收入家庭认定机制，确保社会救助、保障性住房等民生政策公平、公正和健康运行。建立健全社会保险诚信管理制度，加强社会保险经办管理，加强社会保险领域的劳动保障监督执法，规范参保缴费行为，加大对医保定点医院、定点药店、工伤保险协议医疗机构等社会保险协议服务机构及其工作人员、各类参保人员的违规、欺诈、骗保等行为的惩戒力度，防止和打击各种骗保行为。进一步完善社会保险基金管理制度，提高基金征收、管理、支付等各环节的透明度，推动社会保险诚信制度建设，规范参保缴费行为，确保社会保险基金的安全运行。

劳动用工领域信用建设。进一步落实和完善企业劳动保障守法诚信制度，制定重大劳动保障违法行为社会公示办法。建立用人单位拖欠工资违法行为公示制度，健全用人单位劳动保障诚信等级评价办法。规范用工行为，加强对劳动合同履行和仲裁的管理，推动企业积极开展和谐劳动关系创建活动。加强劳动保障监督执法，加大对违法行为的打击力度。加强人力资源市场诚信建设，规范职业中介行为，打击各种黑中介、黑用工等违法失信行为。

教育、科研领域信用建设。加强教师和科研人员诚信教育。开展教师诚信承诺活动，自觉接受广大学生、家长和社会各界的监督。发挥教师诚信执教、为人师表的影响作用。加强学生诚信教育，培养诚实守信良好习惯，为提高全民族诚信素质奠定基础。探索建立教育机构及其从业人员、教师和学生、科研机构和科技社团及科研人员的信用评价制度，将信用评价与考试招生、学籍管理、学历学位授予、科研项目立项、专业技术职务评聘、岗位聘用、评选表彰等挂钩，努力解决学历造假、论文抄袭、学术不端、考试招生作弊等问题。

文化、体育、旅游领域信用建设。依托全国文化市场技术监管与公共服务平台，建立健全娱乐、演出、艺术品、网络文化等领域文化企业主体、从业人员以及文化产品的信用信息数据库；依法制定文化市场诚信管理措施，加强文化市场动态监管。制定职业体育从业人员诚信从业准则，建立职业体育从业人员、职业体育俱乐部和中介企业信用等级的第三方评估制度，推进相关信用信息记录和信用评级在参加或举办职业体育赛事、职业体育准入、转会等方面广泛运用。制定旅游从业人员诚信服务准则，建立旅游业消费者意见反馈和投诉记录与公开制度，建立旅行社、旅游景区和宾馆饭店信用等级第三方评估制度。

知识产权领域信用建设。建立健全知识产权诚信管理制度，出台知识产权保护信用评价办法。重点打击侵犯知识产权和制售假冒伪劣商品行为，将知识产权侵权行为信息纳入失信记录，强化对盗版侵权等知识产权侵权失信行为的联合惩戒，提升全社会的知识产权保护意识。开展知识产权服务机构信用建设，探索建立各类知识产权服务标准化体系和诚信评价制度。

环境保护和能源节约领域信用建设。推进国家环境监测、信息与统计能力建设，加强环保信用数据的采集和整理，实现环境保护工作业务协同和信息共享，完善环境信息公开目录。建立环境管理、监测信息公开制度。完善环评文件责任追究机制，建立环评机构及其从业人员、评估专家诚信档案数据库，强化对环评机构及其从业人员、评估专家的信用考核分类监管。建立企业对所排放污染物开展自行监测并公布污染物排放情况以及突发环境事件发生和处理情况制度。建立企业环境行为信用评价制度，定期发布评价结果，并组织开展动态分类管理，根据企业的信用等级予以相应的鼓励、警示或惩戒。完善企业环境行为信用信息共享机制，加强与银行、证券、保险、商务等部门的联动。加强国家能源利用数据统计、分析与信息上报能力建设。加强重点用能单位节能目标责任考核，定期公布考核结果，研究建立重点用能单位信用评价机制。强化对能源审计、节能评估和审查机构及其从业人员的信用评级和监管。研究开展节能服务公司信用评价工作，并逐步向全社会定期发布信用评级结果。加强对环资项目评审专家从业情况的信用考核管理。

社会组织诚信建设。依托法人单位信息资源库，加快完善社会组织登记管理信息。健全社会组织信息公开制度，引导社会组织提升运作的公开性和透明度，规范社会组织信息公开行为。把诚信建设内容纳入各类社会组织章程，强化社会组织诚信自律，提高社会组织公信力。发挥行业协会（商会）在行业信用建设中的作用，加强会员诚信宣传教育和培训。

自然人信用建设。突出自然人信用建设在社会信用体系建设中的基础性作用，依托国家人口信息资源库，建立完善自然人在经济社会活动中的信用记录，实现全国范围内自然人信用记录全覆盖。加强重点人群职业信用建设，建立公务员、企业法定代表人、律师、会计从业人员、注册会计师、统计从业人员、注册税务师、审计师、评估师、认证和检验检测从业人员、证券期货从业人员、上市公司高管人员、保险经纪人、医务人员、教师、科研人员、专利服务从业人员、项目经理、新闻媒体从业人员、导游、执业兽医等人员信用记录，推广使用职业信用报告，引导职业道德建设与行为规范。

互联网应用及服务领域信用建设。大力推进网络诚信建设，培育依法办网、诚信用网理念，逐步落实网络实名制，完善网络信用建设的法律保障，大力推进网络信用监管机制建设。建立网络信用评价体系，对互联网企业的服务经营行为、上网人员的网上行为进行信用评估，记录信用等级。建立涵盖互联网企业、上网个人的网络信用档案，积极推进建立网络信用信息与社会其他领域相关信用信息的交换共享机制，大力推动网络信用信息在社会各领域推广应用。建立网络信用黑名单制度，将实施网络欺诈、造谣传谣、侵害他人合法权益等严重网络失信行为的企业、个人列入黑名单，对列入黑名单的主体采取网上行为限制、行业禁入等措施，通报相关部门并进行公开曝光。

（四）大力推进司法公信建设。

司法公信是社会信用体系建设的重要内容，是树立司法权威的前提，是社会公平正义的底线。

法院公信建设。提升司法审判信息化水平，实现覆盖审判工作全过程的全国四级法院审判信息互联互通。推进强制执行案件信息公开，完善执行联动机制，提高生效法律文书执行率。发挥审判职能作用，鼓励诚信交易、倡导互信合作，制裁商业欺诈和恣意违约毁约等失信行为，引导诚实守信风尚。

检察公信建设。进一步深化检务公开，创新检务公开的手段和途径，广泛听取群众意见，保障人民群众对检察工作的知情权、参与权、表达权和监督权。继续推行"阳光办案"，严格管理制度，强化内外部监督，建立健全专项检查、同步监督、责任追究机制。充分发挥法律监督职能作用，加大查办和预防职务犯罪力度，促进诚信建设。完善行贿犯罪档案查询制度，规范和加强查询工作管理，建立健全行贿犯罪档案查询与应用的社会联动机制。

公共安全领域公信建设。全面推行"阳光执法"，依法及时公开执法办案的制度规范、程序时限等信息，对于办案进展等不宜向社会公开，但涉及特定权利义务、需要特定对象知悉的信息，应当告知特定对象，或者为特定对象提供查询服务。进一步加强人口信息同各地区、各部门信息资源的交换和共享，完善国家人口信息资源库建设。将公民交通安全违法情况纳入诚信档案，促进全社会成员提高交通安全意识。定期向社会公开火灾高危单位消防安全评估结果，并作为单位信用等级的重要参考依据。将社会单位遵守消防安全法律法规情况纳入诚信管理，强化社会单位消防安全主体责任。

司法行政系统公信建设。进一步提高监狱、戒毒场所、社区矫正机构管理的规范化、制度化水平，维护服刑人员、戒毒人员、社区矫正人员合法权益。大力推进司法行政信息公开，进一步规范和创新律师、公证、基层法律服务、法律援助、司法考试、司法鉴定等信息管理和披露手段，保障人民群众的知情权。

司法执法和从业人员信用建设。建立各级公安、司法行政等工作人员信用档案，依法依规将徇私枉法以及不作为等不良记录纳入档案，并作为考核评价和奖惩依据。推进律师、公证员、基层法律服务工作者、法律援助人员、司法鉴定人员等诚信规范执业。建立司法从业人员诚信承诺制度。

健全促进司法公信的制度基础。深化司法体制和工作机制改革，推进执法规范化建设，严密执法程序，坚持有法必依、违法必究和法律面前人人平等，提高司法工作的科学化、制度化和规范化水平。充分发挥人大、政协和社会公众对司法工作的监督作用，完善司法机关之间的相互监督制约机制，强化司法机关的内部监督，实现以监督促公平、促公正、促公信。

三、加强诚信教育与诚信文化建设

诚信教育与诚信文化建设是引领社会成员诚信自律、提升社会成员道德素养的重要途径，是社会主义核心价值体系建设的重要内容。

（一）普及诚信教育。

以建设社会主义核心价值体系、培育和践行社会主义核心价值观为根本，将诚信教育贯穿公民道德建设和精神文明创建全过程。推进公民道德建设工程，加强社会公德、职业道德、家庭美德和个人品德教育，传承中华传统美德，弘扬时代新风，在全社会形成"以诚实守信为荣、以见利忘义为耻"的良好风尚。

在各级各类教育和培训中进一步充实诚信教育内容。大力开展信用宣传普及教育进机关、进企业、进学校、进社区、进村屯、进家庭活动。

建好用好道德讲堂，倡导爱国、敬业、诚信、友善等价值理念和道德规范。开展群众道德评议活动，对诚信缺失、不讲信用现象进行分析评议，引导人们诚实守信、遵德守礼。

（二）加强诚信文化建设。

弘扬诚信文化。以社会成员为对象，以诚信宣传为手段，以诚信教育为载体，大力倡导诚信道德规范，弘扬中华民族积极向善、诚实守信的传统文化和现代市场经济的契约精神，形成崇尚诚信、践行诚信的社会风尚。

树立诚信典型。充分发挥电视、广播、报纸、网络等媒体的宣传引导作用，结合道德模范评选和各行业诚信创建活动，树立社会诚信典范，使社会成员学有榜样、赶有目标，使诚实守信成为全社会的自觉追求。

深入开展诚信主题活动。有步骤、有重点地组织开展"诚信活动周""质量月""安全生产月""诚信兴商宣传月""3·5"学雷锋活动日、"3·15"国际消费者权益保护日、"6·14"信用记录关爱日、"12·4"全国法制宣传日等公益活动，突出诚信主题，营造诚信和谐的社会氛围。

大力开展重点行业领域诚信问题专项治理。深入开展道德领域突出问题专项教育和治理活动，针对诚信缺失问题突出、诚信建设需求迫切的行业领域开展专项治理，坚决纠正以权谋私、造假欺诈、见利忘义、损人利己的歪风邪气，树立行业诚信风尚。

（三）加快信用专业人才培养。

加强信用管理学科专业建设。把信用管理列为国家经济体制改革与社会治理发展急需的新兴、重点学科，支持有条件的高校设置信用管理专业或开设相关课程，在研究生培养中开设信用管理研究方向。开展信用理论、信用管理、信用技术、信用标准、信用政策等方面研究。

加强信用管理职业培训与专业考评。建立健全信用管理职业培训与专业考评制度。推广信用管理职业资格培训，培养信用管理专业化队伍。促进和加强信用从业人员、信用管理人员的交流与培训，为社会信用体系建设提供人力资源支撑。

四、加快推进信用信息系统建设和应用

健全社会成员信用记录是社会信用体系建设的基本要求。发挥行业、地方、市场的力量和作用，加快推进信用信息系统建设，完善信用信息的记录、整合和应用，是形成守信激励和失信惩戒机制的基础和前提。

（一）行业信用信息系统建设。

加强重点领域信用记录建设。以工商、纳税、价格、进出口、安全生产、产品质量、环境保护、食品药品、医疗卫生、知识产权、流通服务、工程建设、电子商务、交通运输、合同履约、人力资源和社会保障、教育科研等领域为重点，完善行业信用记录和从业人员信用档案。

建立行业信用信息数据库。各部门要以数据标准化和应用标准化为原则，依托国家各项重大信息化工程，整合行业内的信用信息资源，实现信用记录的电子化存储，加快建设信用信息系统，加快推进行业间信用信息互联互通。各行业分别负责本行业信用信息的组织与发布。

（二）地方信用信息系统建设。

加快推进政务信用信息整合。各地区要对本地区各部门、各单位履行公共管理职能过程中产生的信用信息进行记录、完善、整合，形成统一的信用信息共享平台，为企业、个人和社会征信机构等查询政务信用信息提供便利。

加强地区内信用信息的应用。各地区要制定政务信用信息公开目录，形成信息公开的监督机制。大力推进本地区各部门、各单位政务信用信息的交换与共享，在公共管理中加强信用信息应用，提高履职效率。

（三）征信系统建设。

加快征信系统建设。征信机构开展征信业务，应建立以企事业单位及其他社会组织、个人为对象的征信系统，依法采集、整理、保存、加工企事业单位及其他社会组织、个人的信用信息，并采取合理措施保障信用信息的准确性。各地区、各行业要支持征信机构建立征信系统。

对外提供专业化征信服务。征信机构要根据市场需求，对外提供专业化的征信服务，有序推进信用服务产品创新。建立健全并严格执行内部风险防范、避免利益冲突和保障信息安全的规章制度，依法向客户提供方便、快捷、高效的征信服务，进一步扩大信用报告在银行业、证券业、保险业及政府部门行政执法等多个领域中的应用。

（四）金融业统一征信平台建设。

完善金融信用信息基础数据库。继续推进金融信用信息基础数据库建设，提升数据质量，完善系统功能，加强系统安全运行管理，进一步扩大信用报告的覆盖范围，提升系统对外服务水平。

推动金融业统一征信平台建设。继续推动银行、证券、保险、外汇等金融管理部门之间信用信息系统的链接，推动金融业统一征信平台建设，推进金融监管部门信用信息的交换与共享。

（五）推进信用信息的交换与共享。

逐步推进政务信用信息的交换与共享。各地区、各行业要以需求为导向，在保护隐私、责任明确、数据及时准确的前提下，按照风险分散的原则，建立信用信息交换共享机制，统筹利用现有信用信息系统基础设施，依法推进各信用信息系统的互联互通和信用信息的交换共享，逐步形成覆盖全部信用主体、所有信用信息类别、全国所有区域的信用信息网络。各行业主管部门要对信用信息进行分类分级管理，确定查询权限，特殊查询需求特殊申请。

依法推进政务信用信息系统与征信系统间的信息交换与共享。发挥市场激励机制的作用，鼓励社会征信机构加强对已公开政务信用信息和非政务信用信息的整合，建立面向不同对象的征信服务产品体系，满足社会多层次、多样化和专业化的征信服务需求。

五、完善以奖惩制度为重点的社会信用体系运行机制

运行机制是保障社会信用体系各系统协调运行的制度基础。其中，守信激励和失信惩戒机制直接作用于各个社会主体信用行为，是社会信用体系运行的核心机制。

（一）构建守信激励和失信惩戒机制。

加强对守信主体的奖励和激励。加大对守信行为的表彰和宣传力度。按规定对诚信企业和模范个人给予表彰，通过新闻媒体广泛宣传，营造守信光荣的舆论氛围。发展改革、财政、金融、环境保护、住房城乡建设、交通运输、商务、工商、税务、质检、安全监管、海关、知识产权等部门，在市场监管和公共服务过程中，要深化信用信息和信用产品的应用，对诚实守信者实行优先办理、简化程序等"绿色通道"支持激励政策。

加强对失信主体的约束和惩戒。强化行政监管性约束和惩戒。在现有行政处罚措施的基础上，健全失信惩戒制度，建立各行业黑名单制度和市场退出机制。推动各级人民政府在市场监管和公共服务的市场准入、资质认定、行政审批、政策扶持等方面实施信用分类监管，结合监管对象的失信类别和程度，使失信者受到惩戒。逐步建立行政许可申请人信用承诺制度，并开展申请人信用审查，确保申请人在政府推荐的征信机构中有信用记录，配合征信机构开展信用信息采集工作。推动形成市场性约束和惩戒。制定信用基准性评价指标体系和评价方法，完善失信信息记录和披露制度，使失信者在市场交易中受到制约。推动形成行业性约束和惩戒。通过行业协会制定行业自律规则并监督会员遵守。对违规的失信者，按照情节轻重，对机构会员和个人会员实行警告、行业内通报批评、公开谴责等惩戒措施。推动形成社会性约束和惩戒。完善社会舆论监督机制，加强对失信行为的披露和曝光，发挥群众评议讨论、批评报道等作用，通过社会的道德谴责，形成社会震慑力，约束社会成员的失信行为。

建立失信行为有奖举报制度。切实落实对举报人的奖励，保护举报人的合法权益。

建立多部门、跨地区信用联合奖惩机制。通过信用信息交换共享，实现多部门、跨地区信用奖惩联动，使守信者处处受益、失信者寸步难行。

（二）建立健全信用法律法规和标准体系。

完善信用法律法规体系。推进信用立法工作，使信用信息征集、查询、应用、互联互通、信用信息安全和主体权益保护等有法可依。出台《征信业管理条例》相关配套制度和实施细则，建立异议处理、投诉办理和侵权责任追究制度。

推进行业、部门和地方信用制度建设。各地区、各部门分别根据本地区、相关行业信用体系建设的需要，制定地区或行业信用建设的规章制度，明确信用信息记录主体的责任，保证信用信息的客观、真实、准确和及时更新，完善信用信息共享公开制度，推动信用信息资源的有序开发利用。

建立信用信息分类管理制度。制定信用信息目录，明确信用信息分类，按照信用信息的属性，结合保护个人隐私和商业秘密，依法推进信用信息在采集、共享、使用、公开等环节的分类管理。加大对贩卖个人隐私和商业秘密行为的查处力度。

加快信用信息标准体系建设。制定全国统一的信用信息采集和分类管理标准，统一信用指标目录和建设规范。

建立统一社会信用代码制度。建立自然人、法人和其他组织统一社会信用代码制度。完善相关制度标准，推动在经济社会活动中广泛使用统一社会信用代码。

（三）培育和规范信用服务市场。

发展各类信用服务机构。逐步建立公共信用服务机构和社会信用服务机构互为补充、信用信息基础服务和增值服务相辅相成的多层次、全方位的信用服务组织体系。

推进并规范信用评级行业发展。培育发展本土评级机构，增强我国评级机构的国际影响力。规范发展信用评级市场，提高信用评级行业的整体公信力。探索创新双评级、再评级制度。鼓励我国评级机构参与国际竞争和制定国际标准，加强与其他国家信用评级机构的协调和合作。

推动信用服务产品广泛运用。拓展信用服务产品应用范围，加大信用服务产品在社会治理和市场交易中的应用。鼓励信用服务产品开发和创新，推动信用保险、信用担保、商业保理、履约担保、信用管理咨询及培训等信用服务业务发展。

建立政务信用信息有序开放制度。明确政务信用信息的开放分类和基本目录，有序扩大政务信用信息对社会的开放，优化信用调查、信用评级和信用管理等行业的发展环境。

完善信用服务市场监管体制。根据信用服务市场、机构业务的不同特点，依法实施分类监管，完善监管制度，明确监管职责，切实维护市场秩序。推动制定信用服务相关法律制度，建立信用服务机构准入与退出机制，实现从业资格认定的公开透明，进一步完善信用服务业务规范，促进信用服务业健康发展。

推动信用服务机构完善法人治理。强化信用服务机构内部控制，完善约束机制，提升信用服务质量。

加强信用服务机构自身信用建设。信用服务机构要确立行为准则，加强规范管理，提高服务质量，坚持公正性和独立性，提升公信力。鼓励各类信用服务机构设立首席信用监督官，加强自身信用管理。

加强信用服务行业自律。推动建立信用服务行业自律组织，在组织内建立信用服务机构和从业人员基本行为准则和业务规范，强化自律约束，全面提升信用服务机构诚信水平。

（四）保护信用信息主体权益。

健全信用信息主体权益保护机制。充分发挥行政监管、行业自律和社会监督在信用信息主体权益保护中的作用，综合运用法律、经济和行政等手段，切实保护信用信息主体权益。加强对信用信息主体的引导教育，不断增强其维护自身合法权益的意识。

建立自我纠错、主动自新的社会鼓励与关爱机制。以建立针对未成年人失信行为的教育机制为重点，通过对已悔过改正旧有轻微失信行为的社会成员予以适当保护，形成守信正向激励机制。

建立信用信息侵权责任追究机制。制定信用信息异议处理、投诉办理、诉讼管理制度及操作细则。进一步加大执法力度，对信用服务机构泄露国家秘密、商业秘密和侵犯个人隐私等违法行为,依法予以严厉处罚。通过各类媒体披露各种侵害信息主体权益的行为,强化社会监督作用。

（五）强化信用信息安全管理。

健全信用信息安全管理体制。完善信用信息保护和网络信任体系,建立健全信用信息安全监控体系。加大信用信息安全监督检查力度,开展信用信息安全风险评估,实行信用信息安全等级保护。开展信用信息系统安全认证,加强信用信息服务系统安全管理。建立和完善信用信息安全应急处理机制。加强信用信息安全基础设施建设。

加强信用服务机构信用信息安全内部管理。强化信用服务机构信息安全防护能力,加大安全保障、技术研发和资金投入,高起点、高标准建设信用信息安全保障系统。依法制定和实施信用信息采集、整理、加工、保存、使用等方面的规章制度。

六、建立实施支撑体系

（一）强化责任落实。

各地区、各部门要统一思想,按照本规划纲要总体要求,成立规划纲要推进小组,根据职责分工和工作实际,制定具体落实方案。

各地区、各部门要定期对本地区、相关行业社会信用体系建设情况进行总结和评估,及时发现问题并提出改进措施。

对社会信用体系建设成效突出的地区、部门和单位,按规定予以表彰。对推进不力、失信现象多发地区、部门和单位的负责人,按规定实施行政问责。

（二）加大政策支持。

各级人民政府要根据社会信用体系建设需要,将应由政府负担的经费纳入财政预算予以保障。加大对信用基础设施建设、重点领域创新示范工程等方面的资金支持。

鼓励各地区、各部门结合规划纲要部署和自身工作实际,在社会信用体系建设创新示范领域先行先试,并在政府投资、融资安排等方面给予支持。

（三）实施专项工程。

政务信息公开工程。深入贯彻实施《中华人民共和国政府信息公开条例》,按照主动公开、依申请公开进行分类管理,切实加大政务信息公开力度,树立公开、透明的政府形象。

农村信用体系建设工程。为农户、农场、农民合作社、休闲农业和农产品生产、加工企业等农村社会成员建立信用档案,夯实农村信用体系建设的基础。开展信用户、信用村、信用乡（镇）创建活动,深入推进青年信用示范户工作,发挥典型示范作用,使农民在参与中受到教育,得到实惠,在实践中提高信用意识。推进农产品生产、加工、流通企业和休闲农业等涉农企业信用建设。建立健全农民信用联保制度,推进和发展农业保险,完善农村信用担保体系。

小微企业信用体系建设工程。建立健全适合小微企业特点的信用记录和评价体系,完善小微企业信用信息查询、共享服务网络及区域性小微企业信用记录。引导各类信用服务机构为小微企业提供信用服务,创新小微企业集合信用服务方式,鼓励开展形式多样的小微企业诚信宣传和培训活动，为小微企业便利融资和健康发展营造良好的信用环境。

（四）推动创新示范。

地方信用建设综合示范。示范地区率先对本地区各部门、各单位的信用信息进行整合，形成统一的信用信息共享平台，依法向社会有序开放。示范地区各部门在开展经济社会管理和提供公共服务过程中，强化使用信用信息和信用产品，并作为政府管理和服务的必备要件。建立健全社会信用奖惩联动机制，使守信者得到激励和奖励，失信者受到制约和惩戒。对违法违规等典型失信行为予以公开，对严重失信行为加大打击力度。探索建立地方政府信用评价标准和方法，在发行地方政府债券等符合法律法规规定的信用融资活动中试行开展地方政府综合信用评价。

区域信用建设合作示范。探索建立区域信用联动机制，开展区域信用体系建设创新示范，推进信用信息交换共享，实现跨地区信用奖惩联动，优化区域信用环境。

重点领域和行业信用信息应用示范。在食品药品安全、环境保护、安全生产、产品质量、工程建设、电子商务、证券期货、融资担保、政府采购、招标投标等领域，试点推行信用报告制度。

（五）健全组织保障。

完善组织协调机制。完善社会信用体系建设部际联席会议制度，充分发挥其统筹协调作用，加强对各地区、各部门社会信用体系建设工作的指导、督促和检查。健全组织机构，各地区、各部门要设立专门机构负责推动社会信用体系建设。成立全国性信用协会，加强行业自律，充分发挥各类社会组织在推进社会信用体系建设中的作用。

建立地方政府推进机制。地方各级人民政府要将社会信用体系建设纳入重要工作日程，推进政务诚信、商务诚信、社会诚信和司法公信建设，加强督查，强化考核，把社会信用体系建设工作作为目标责任考核和政绩考核的重要内容。

建立工作通报和协调制度。社会信用体系建设部际联席会议定期召开工作协调会议，通报工作进展情况，及时研究解决社会信用体系建设中的重大问题。

国务院关于建立完善守信联合激励和失信联合惩戒制度加快推进社会诚信建设的指导意见

国发〔2016〕33号

各省、自治区、直辖市人民政府，国务院各部委、各直属机构：

健全社会信用体系，加快构建以信用为核心的新型市场监管体制，有利于进一步推动简政放权和政府职能转变，营造公平诚信的市场环境。为建立完善守信联合激励和失信联合惩戒制度，加快推进社会诚信建设，现提出如下意见。

一、总体要求

（一）指导思想。

全面贯彻党的十八大和十八届三中、四中、五中全会精神，深入贯彻习近平总书记系列重要讲话精神，按照党中央、国务院决策部署，紧紧围绕"四个全面"战略布局，牢固树立创新、协调、绿色、开放、共享发展理念，落实加强和创新社会治理要求，加快推进社会信用体系建设，加强信用信息公开和共享，依法依规运用信用激励和约束手段，构建政府、社会共同参与的跨地区、跨部门、跨领域的守信联合激励和失信联合惩戒机制，促进市场主体依法诚信经营，维护市场正常秩序，营造诚信社会环境。

（二）基本原则。

——褒扬诚信，惩戒失信。充分运用信用激励和约束手段，加大对诚信主体激励和对严重失信主体惩戒力度，让守信者受益、失信者受限，形成褒扬诚信、惩戒失信的制度机制。

——部门联动，社会协同。通过信用信息公开和共享，建立跨地区、跨部门、跨领域的联合激励与惩戒机制，形成政府部门协同联动、行业组织自律管理、信用服务机构积极参与、社会舆论广泛监督的共同治理格局。

——依法依规，保护权益。严格依照法律法规和政策规定，科学界定守信和失信行为，开展守信联合激励和失信联合惩戒。建立健全信用修复、异议申诉等机制，保护当事人合法权益。

——突出重点，统筹推进。坚持问题导向，着力解决当前危害公共利益和公共安全、人民群众反映强烈、对经济社会发展造成重大负面影响的重点领域失信问题。鼓励支持地方人民政府和有关部门创新示范，逐步将守信激励和失信惩戒机制推广到经济社会各领域。

二、健全褒扬和激励诚信行为机制

（三）多渠道选树诚信典型。将有关部门和社会组织实施信用分类监管确定的信用状况良好的行政相对人、诚信道德模范、优秀青年志愿者，行业协会商会推荐的诚信会员，新闻媒体挖掘的诚信主体等树立为诚信典型。鼓励有关部门和社会组织在监管和服务中建立各类主体信用记录，向社会推介无不良信用记录者和有关诚信典型，联合其他部门和社会组织实施守信激励。鼓励行业协会商会完善会员企业信用评价机制。引导企业主动发布综合信用承诺或产品服务质量等专项承诺，开展产品服务标准等自我声明公开，接受社会监督，形成企业争做诚信模范的良好氛围。

（四）探索建立行政审批"绿色通道"。在办理行政许可过程中，对诚信典型和连续三年无不良信用记录的行政相对人，可根据实际情况实施"绿色通道"和"容缺受理"等便利服务措施。对符合条件的行政相对人，除法律法规要求提供的材料外，部分申报材料不齐备的，如其书面承诺在规定期限内提供，应先行受理，加快办理进度。

（五）优先提供公共服务便利。在实施财政性资金项目安排、招商引资配套优惠政策等各类政府优惠政策中，优先考虑诚信市场主体，加大扶持力度。在教育、就业、创业、社会保障等领域对诚信个人给予重点支持和优先便利。在有关公共资源交易活动中，提倡依法依约对诚信市场主体采取信用加分等措施。

（六）优化诚信企业行政监管安排。各级市场监管部门应根据监管对象的信用记录和信用评价分类，注重运用大数据手段，完善事中事后监管措施，为市场主体提供便利化服务。对符合一定条件的诚信企业，在日常检查、专项检查中优化检查频次。

（七）降低市场交易成本。鼓励有关部门和单位开发"税易贷""信易贷""信易债"等守信激励产品，引导金融机构和商业销售机构等市场服务机构参考使用市场主体信用信息、信用积分和信用评价结果，对诚信市场主体给予优惠和便利，使守信者在市场中获得更多机会和实惠。

（八）大力推介诚信市场主体。各级人民政府有关部门应将诚信市场主体优良信用信息及时在政府网站和"信用中国"网站进行公示，在会展、银企对接等活动中重点推介诚信企业，让信用成为市场配置资源的重要考量因素。引导征信机构加强对市场主体正面信息的采集，在诚信问题反映较为集中的行业领域，对守信者加大激励性评分比重。推动行业协会商会加强诚信建设和行业自律，表彰诚信会员，讲好行业"诚信故事"。

三、健全约束和惩戒失信行为机制

（九）对重点领域和严重失信行为实施联合惩戒。在有关部门和社会组织依法依规对本领域失信行为作出处理和评价基础上，通过信息共享，推动其他部门和社会组织依法依规对严重失信行为采取联合惩戒措施。重点包括：一是严重危害人民群众身体健康和生命安全的行为，包括食品药品、生态环境、工程质量、安全生产、消防安全、强制性产品认证等领域的严重失信行为。二是严重破坏市场公平竞争秩序和社会正常秩序的行为，包括贿赂、逃税骗税、恶意逃废债务、恶意拖欠货款或服务费、恶意欠薪、非法集资、合同欺诈、传销、无证照经营、制售假冒伪劣产品和故意侵犯知识产权、出借和借用资质投标、围标串标、虚假广告、侵害消费者或证券期货投资者合法权益、严重破坏网络空间传播秩序、聚众扰乱社秩序等严重失信行为。三是拒不履行法定义务，严重影响司法机关、行政机关公信力的行为，包括当事人在司法机关、行政机关作出判决或决定后，有履行能力但拒不履行、逃避执行等严重失信行为。四是拒不履行国防义务，拒绝、逃避兵役，拒绝、拖延民用资源征用或者阻碍对被征用的民用资源进行改造，危害国防利益，破坏国防设施等行为。

（十）依法依规加强对失信行为的行政性约束和惩戒。对严重失信主体，各地区、各有关部门应将其列为重点监管对象，依法依规采取行政性约束和惩戒措施。从严审核行政许可审批项目，从严控制生产许可证发放，限制新增项目审批、核准，限制股票发行上市融资或发行债券，限制在全国股份转让系统挂牌、融资，限制发起设立或参股金融机构以及小额贷款公司、融资担保公司、创业投资公司、互联网融资平台等机构，限制从事互联网信息服务等。严格限制申请财政性资金项目，限制参与有关公共资源交易活动，限制参与基础设施和公用事业特许经营。对严重失信企业及其法定代表人、主要负责人和对失信行为负有直接责任的注册执业人员等实施市场和行业禁入措施。及时撤销严重失信企业及其法定代表人、负责人、高级管理人员和对失信行为负有直接责任的董事、股东等人员的荣誉称号，取消参加评先评优资格。

（十一）加强对失信行为的市场性约束和惩戒。对严重失信主体，有关部门和机构应以统一社会信用代码为索引，及时公开披露相关信息，便于市场识别失信行为，防范信用风险。督促有关企业和个人履行法定义务，对有履行能力但拒不履行的严重失信主体实施限制出境和限制购买不动产、乘坐飞机、乘坐高等级列车和席次、旅游度假、入住星级以上宾馆及其他高消费行为等措施。支持征信机构采集严重失信行为信息，纳入信用记录和信用报告。引导商业银行、证券期货经营机构、保险公司等金融机构按照风险定价原则，对严重失信主体提高贷款利率和财产保险费率，或者限制向其提供贷款、保荐、承销、保险等服务。

（十二）加强对失信行为的行业性约束和惩戒。建立健全行业自律公约和职业道德准则，推动行业信用建设。引导行业协会商会完善行业内部信用信息采集、共享机制，将严重失信行为记入会员信用档案。鼓励行业协会商会与有资质的第三方信用服务机构合作，开展会员企业信用等级评价。支持行业协会商会按照行业标准、行规、行约等，视情节轻重对失信会员实行警告、行业内通报批评、公开谴责、不予接纳、劝退等惩戒措施。

（十三）加强对失信行为的社会性约束和惩戒。充分发挥各类社会组织作用，引导社会力量广泛参与失信联合惩戒。建立完善失信举报制度，鼓励公众举报企业严重失信行为，对举报人信息严格保密。支持有关社会组织依法对污染环境、侵害消费者或公众投资者合法权益等群体性侵权行为提起公益诉讼。鼓励公正、独立、有条件的社会机构开展失信行为大数据舆情监测，编制发布地区、行业信用分析报告。

（十四）完善个人信用记录，推动联合惩戒措施落实到人。对企事业单位严重失信行为，在记入企事业单位信用记录的同时，记入其法定代表人、主要负责人和其他负有直接责任人员的个人信用记录。在对失信企事业单位进行联合惩戒的同时，依照法律法规和政策规定对相关责任人员采取相应的联合惩戒措施。通过建立完整的个人信用记录数据库及联合惩戒机制，使失信惩戒措施落实到人。

四、构建守信联合激励和失信联合惩戒协同机制

（十五）建立触发反馈机制。在社会信用体系建设部际联席会议制度下，建立守信联合激励和失信联合惩戒的发起与响应机制。各领域守信联合激励和失信联合惩戒的发起部门负责确定激励和惩戒对象，实施部门负责对有关主体采取相应的联合激励和联合惩戒措施。

（十六）实施部省协同和跨区域联动。鼓励各地区对本行政区域内确定的诚信典型和严重失信主体，发起部省协同和跨区域联合激励与惩戒。充分发挥社会信用体系建设部际联席会议制度的指导作用，建立健全跨地区、跨部门、跨领域的信用体系建设合作机制，加强信用信息共享和信用评价结果互认。

（十七）建立健全信用信息公示机制。推动政务信用信息公开，全面落实行政许可和行政处罚信息上网公开制度。除法律法规另有规定外，县级以上人民政府及其部门要将各类自然人、法人和其他组织的行政许可、行政处罚等信息在7个工作日内通过政府网站公开，并及时归集至"信用中国"网站，为社会提供"一站式"查询服务。涉及企业的相关信息按照企业信息公示暂行条例规定在企业信用信息公示系统公示。推动司法机关在"信用中国"网站公示司法判决、失信被执行人名单等信用信息。

（十八）建立健全信用信息归集共享和使用机制。依托国家电子政务外网，建立全国信用信息共享平台，发挥信用信息归集共享枢纽作用。加快建立健全各省（区、市）信用信息共享平台和各行业信用信息系统，推动青年志愿者信用信息系统等项目建设，归集整合本地区、本行业信用信息，与全国信用信息共享平台实现互联互通和信息共享。依托全国信用信息共享平台，根据有关部门签署的合作备忘录，建立守信联合激励和失信联合惩戒的信用信息管理系统，实现发起响应、信息推送、执行反馈、信用修复、异议处理等动态协同功能。各级人民政府及其部门应将全国信用信息共享平台信用信息查询使用嵌入审批、监管工作流程中，确保"应查必查""奖惩到位"。健全政府与征信机构、金融机构、行业协会商会等组织的信息共享机制，促进政务信用信息与社会信用信息互动融合，最大限度发挥守信联合激励和失信联合惩戒作用。

（十九）规范信用红黑名单制度。不断完善诚信典型"红名单"制度和严重失信主体"黑名单"制度，依法依规规范各领域红黑名单产生和发布行为，建立健全退出机制。在保证独立、公正、客观前提下，鼓励有关群众团体、金融机构、征信机构、评级机构、行业协会商会等将产生的"红名单"和"黑名单"信息提供给政府部门参考使用。

（二十）建立激励和惩戒措施清单制度。在有关领域合作备忘录基础上，梳理法律法规和政策规定明确的联合激励和惩戒事项，建立守信联合激励和失信联合惩戒措施清单，主要分为两类：一类是强制性措施，即依法必须联合执行的激励和惩戒措施；另一类是推荐性措施，即由参与各方推荐的，符合褒扬诚信、惩戒失信政策导向，各地区、各部门可根据实际情况实施的措施。社会信用体系建设部际联席会议应总结经验，不断完善两类措施清单，并推动相关法律法规建设。

（二十一）建立健全信用修复机制。联合惩戒措施的发起部门和实施部门应按照法律法

规和政策规定明确各类失信行为的联合惩戒期限。在规定期限内纠正失信行为、消除不良影响的，不再作为联合惩戒对象。建立有利于自我纠错、主动自新的社会鼓励与关爱机制，支持有失信行为的个人通过社会公益服务等方式修复个人信用。

（二十二）建立健全信用主体权益保护机制。建立健全信用信息异议、投诉制度。有关部门和单位在执行失信联合惩戒措施时主动发现、经市场主体提出异议申请或投诉发现信息不实的，应及时告知信息提供单位核实，信息提供单位应尽快核实并反馈。联合惩戒措施在信息核实期间暂不执行。经核实有误的信息应及时更正或撤销。因错误采取联合惩戒措施损害有关主体合法权益的，有关部门和单位应积极采取措施恢复其信誉、消除不良影响。支持有关主体通过行政复议、行政诉讼等方式维护自身合法权益。

（二十三）建立跟踪问效机制。各地区、各有关部门要建立完善信用联合激励惩戒工作的各项制度，充分利用全国信用信息共享平台的相关信用信息管理系统，建立健全信用联合激励惩戒的跟踪、监测、统计、评估机制并建立相应的督查、考核制度。对信用信息归集、共享和激励惩戒措施落实不力的部门和单位，进行通报和督促整改，切实把各项联合激励和联合惩戒措施落到实处。

五、加强法规制度和诚信文化建设

（二十四）完善相关法律法规。继续研究论证社会信用领域立法。加快研究推进信用信息归集、共享、公开和使用，以及失信行为联合惩戒等方面的立法工作。按照强化信用约束和协同监管要求，各地区、各部门应对现行法律、法规、规章和规范性文件有关规定提出修订建议或进行有针对性的修改。

（二十五）建立健全标准规范。制定信用信息采集、存储、共享、公开、使用和信用评价、信用分类管理等标准。确定各级信用信息共享平台建设规范，统一数据格式、数据接口等技术要求。各地区、各部门要结合实际，制定信用信息归集、共享、公开、使用和守信联合激励、失信联合惩戒的工作流程和操作规范。

（二十六）加强诚信教育和诚信文化建设。组织社会各方面力量，引导广大市场主体依法诚信经营，树立"诚信兴商"理念，组织新闻媒体多渠道宣传诚信企业和个人，营造浓厚社会氛围。加强对失信行为的道德约束，完善社会舆论监督机制，通过报刊、广播、电视、网络等媒体加大对失信主体的监督力度，依法曝光社会影响恶劣、情节严重的失信案件，开展群众评议、讨论、批评等活动，形成对严重失信行为的舆论压力和道德约束。通过学校、单位、社区、家庭等，加强对失信个人的教育和帮助，引导其及时纠正失信行为。加强对企业负责人、学生和青年群体的诚信宣传教育，加强会计审计人员、导游、保险经纪人、公职人员等重点人群以诚信为重要内容的职业道德建设。加大对守信联合激励和失信联合惩戒的宣传报道和案例剖析力度，弘扬社会主义核心价值观。

（二十七）加强组织实施和督促检查。各地区、各有关部门要把实施守信联合激励和失信联合惩戒作为推进社会信用体系建设的重要举措，认真贯彻落实本意见并制定具体实施方案，切实加强组织领导，落实工作机构、人员编制、项目经费等必要保障，确保各项联合激励和联合惩戒措施落实到位。鼓励有关地区和部门先行先试,通过签署合作备忘录或出台规范性文件等多种方式,建立长效机制,不断丰富信用激励内容,强化信用约束措施。国家发展改革委要加强统筹协调,及时跟踪掌握工作进展,督促检查任务落实情况并报告国务院。

国务院

2016年5月30日

关于印发建立公路建设市场信用体系的指导意见

交公路发〔2006〕683号

各省、自治区、直辖市交通厅（委），上海市市政工程管理局，天津市市政工程局，新疆生产建设兵团交通局：

现将部制定的《关于建立公路建设市场信用体系的指导意见》印发你们，请认真贯彻执行。各省级交通主管部门要结合本地实际，研究制定本辖区公路建设市场信用体系建设的具体实施意见，并报部公路司备案。

二〇〇六年十二月五日

建立公路建设市场信用体系的指导意见

为加强公路建设市场管理，规范公路建设从业单位和从业人员行为，维护统一开放、竞争有序的市场秩序，促进公路建设又好又快发展，根据《中华人民共和国公路法》《中华人民共和国招标投标法》和《公路建设市场管理办法》等相关法规，现就建立公路建设市场信用体系提出以下意见：

一、公路建设市场信用体系建设的总体要求

（一）指导思想。

按照党中央、国务院关于加快建设社会信用体系的总体要求，结合公路建设行业实际和特点，以信用管理为手段，以规范公路建设从业单位和人员行为为目的，通过加强行政监管、行业自律和社会监督，加快建立与社会主义市场经济相适应的公路建设市场信用体系。

（二）建设目标。

公路建设市场信用体系建设的总体目标是：要用五年左右的时间，建立起比较完善的公路建设市场信用体系，使我国公路建设管理水平和建设市场的规范化程度迈上一个新台阶。

——在规范管理方面，建立起比较完善的公路建设市场信用监管体系、征信制度、信用评价制度、发布制度和奖惩制度，使公路建设信用体系有法可依，有章可循。

——在信息共享方面，加快建立全国共享的公路建设市场信用信息平台，不断提高信息管理和服务水平，基本满足信息需求者的查询和使用需求。

——在信用活动方面，通过宣传教育、褒奖诚信、惩戒失信，全面提高广大从业单位和人员的信用意识，营造诚信为荣、失信为耻的公路建设市场氛围。

（三）建设原则。

1. 坚持统筹规划、分级管理的原则

交通部负责全国公路建设市场信用体系建设的总体框架设计，制定和完善信用管理的规章制度，建立全国共享的信用信息平台。

各省级交通主管部门按照交通部的统一要求，负责本辖区公路建设市场信用体系建设工作，组织对公路建设从业单位和人员信用的征集、评价和发布，并按交通部要求上报相关信息。

2. 坚持政府推动、各方参与的原则

当前，公路建设市场信用环境尚不成熟，信用体系建设需要依靠政府的推动和引导。各级交通主管部门要通过制定规则，采取行政措施，推动信用体系的建设。同时，注重发挥质监机构、建设单位（项目法人）和行业协会的作用，充分利用司法机关、金融机构、政府

监督部门的相关信息，不断完善信用体系建设。

3. 坚持突出重点、分步实施的原则

目前，信用评价对象应以施工、监理、勘察设计企业为重点，兼顾咨询、代理、材料和设备供应商等其他单位和从业人员，条件成熟时项目法人亦应列为信用评价对象。在实施步骤上，应在完善相关制度的基础上，首先公布公路建设市场基本信息，包括从业单位的基本情况、以往业绩和有关信用记录，再开展信用评价工作。

4. 坚持公开、公平、公正和诚实信用的原则

各级交通主管部门要按照依法执政和执政为民的要求，切实加强行政监管，提高工作透明度，发挥建设单位和行业协会的作用，接受社会监督，确保信用体系建设工作的公开、公平、公正。不得将信用作为地方保护和行业保护的工具，不得泄露相关单位的商业秘密和个人隐私资料。各从业单位和人员要信守承诺，依法从业，并按照相关规定如实填报、更新相关信用信息，不得弄虚作假。

二、公路建设市场信用体系建设的主要内容

（一）信用信息征集。

部负责制定公路建设从业单位和人员信用信息征集的管理制度，并建立全国公路建设市场信用信息平台，发布相关从业单位和人员奖惩信息，以及部审查、审批资质企业的基本信息、列入部建设计划的重点建设项目信息等。各省级交通主管部门要在部需信息的基础上，结合本辖区信用体系建设的需要，做好本辖区公路建设市场信用信息征集工作，建立和完善规章制度，确保信用信息及时、准确、有效，并按要求将有关信息及时报部。

（二）信用评价。

信用评价主要包括评价内容和主体、评价等级划分、评价标准和方法等。

1. 评价主体和主要内容。现阶段，守法评价的主体是各级交通主管部门；履约考核信用评价的主体是建设单位（项目业主）；质量评价的主体是交通主管部门及其授权的质量监督机构。评价主体对信用评价的结果负责，从业单位对其提供信息的真实性和及时性负责。随着信用市场的逐步完善，应当发挥社会中介机构在信用评价方面的作用。省级交通主管部门应当做好相关评价的监督和管理工作，妥善处理评价双方的争议，确保评价工作规范有序。

2. 评价等级划分。全国公路建设从业单位信用等级从高到低统一划分五个级别，即：信用好、较好、一般、较差、差，分别用 AA、A、B、C、D 表示，不再对同一等级进行细分。施工企业的信用等级解释如下：

AA：考核期内企业信用好，招投标行为规范，严格履行合同承诺，工程质量、安全保证体系健全并全部得到落实。

A：考核期内企业信用较好，招投标行为规范，履行合同承诺，工程质量、安全保证体系健全并基本得到落实。

B：考核期内企业信用一般，招投标行为基本规范，履行合同承诺一般，工程质量、安

全、进度基本得到保证。

C：考核期内企业信用较差，招投标行为不规范，履行合同承诺情况较差，工程进度滞后，或发生工程质量或安全事故的。

D：考核期内企业信用差，招投标中有违法行为，不履行合同承诺，工程质量和安全无法得到保证。同时，有下列情况之一的，直接列入信用D级，全国通报。

（1）出借、借用资质证书进行投标或承接工程的；

（2）存在围标、串标行为的；

（3）以弄虚作假、行贿或其他违法形式骗取中标资格的；

（4）将承包的工程非法转包的；

（5）被司法部门认定有行贿行为，并构成犯罪的；

（6）在建项目发生重大质量、安全责任事故或社会公共事件，造成严重社会影响；或瞒报、虚报事故情况的；

（7）其他被限制投标，并在限制期内的；

（8）法律、法规规定的其他情形。

从业人员的信用等级参照从业单位划分，但考虑到目前基础条件和考核标准尚不成熟，可以个人信用档案形式记录不良信用行为、良好信用行为，以掌握主要从业人员的信用状况。从业单位及主要从业人员的信用记录在信用档案中永久保存。

3. 评价标准。各省级交通主管部门应根据上述信用等级划分，结合各地实际情况，按照"公开、公平、量化、便于操作"的原则制定信用评价标准，并严格按照标准和程序进行信用评价，保证评价结论的合法性和权威性。随着全国公路建设市场信用体系建设的逐步完善，交通部将研究制定全国统一的评价标准。

各地应客观、公正对待新进入本辖区公路建设市场的从业单位，不得以没有本地信用记录为由设置市场准入限制和地方保护。若该从业单位在其他省份无不良信用记录，可按A级信用对待；若有不良信用记录，但不良信用性质不严重，可按B级对待，若不良信用性质严重，可参照本辖区信用等级评定标准按B级以下对待。

信用等级为C及以上的施工企业，有下列行为之一的，每发生一次，信用等级降低一级，直至降至D级。

（1）在资格预审申请文件或投标文件中伪造材料的；

（2）将承包的工程违规分包的；

（3）被确定中标后，放弃中标的；

（4）恶意拖欠农民工工资的；或由拖欠农民工工资引发群体性事件，造成较大社会影响的；

（5）交通部、省级交通主管部门要求企业自主填报并向社会公开的重要信用信息，如主要从业人员、身份识别代码、业绩、施工能力等，经查实，存在弄虚作假的；

（6）其他违反法律、法规的行为。

4. 评价周期。从业单位信用等级评定和履约考核原则上每年评定1~2次。若从业单位受到政府或有关部门的行政处罚，或存在信用等级 D 级所列情形及降低信用等级行为的，应立即对其信用进行重新评级并公布，强化信用行为的动态管理。

（三）建立信用信息平台。

公路建设市场信用平台按部、省二级建立，各有侧重，互联互通。部负责建立"全国公路建设市场信用信息系统"，发布相关从业单位和人员的基本信息和信用信息。同时，研究制订统一的信用信息分类及编码、信用信息格式、信用报告文本和征信数据库建设规范等，为实现全国公路建设市场信用信息互联互通创造条件。

各省级交通主管部门负责本辖区的信用信息平台建设。平台建设要符合相关行业标准，充分利用现代信息技术，提高行政效率和管理水平。平台要与省级交通主管部门门户网站建立链接。同时，要逐步通过信用信息平台实现招投标信息的发布，投标单位基本信息的获取，逐步实现网上招标，充分发挥信用信息平台的作用。

网上公开的信息应注意保守企业的商业秘密和个人隐私，公路建设市场管理必需的资料，如企业组织机构代码、主要业绩和经营状况、施工能力、主要人员身份证号码等信息，从业单位不得以商业秘密或个人隐私为由拒绝提供。

（四）信用奖惩机制。

各级交通主管部门要充分利用信用信息平台，加强对公路建设从业单位和人员的动态管理。对长期评定为 AA、A 级的守法诚信单位要给予宣传和表彰，可在招投标、履约保证金等方面给予一定优惠，通过各种奖励措施，逐步建立对诚信单位的长效激励机制，使之真正获得诚信效益；对存在违法、违规、违约等行为的从业单位，要依法查处、重点监管，并按有关规定降低信用等级。

三、加快公路建设市场信用体系建设的保障措施

（一）加强组织领导，明确职责分工。

公路建设市场信用体系建设既是一项长期而复杂的系统工程，又是一项当前亟待加强的重要工作，各省级交通主管部门要高度重视，切实加强组织领导，落实信息系统建设与维护等必需的工作经费，明确具体的职能部门和工作职责，做到科学筹划，精心组织，推动本辖区公路建设市场信用体系建设的规范有序进行。

（二）完善规章制度，严格依法行政。

各省级交通主管部门要按照建立法治政府和信用政府的要求，建立和完善相关的规章制度，为信用体系建设提供制度保障。要加强对公路建设从业单位和人员的监管，依法查处违法违规行为，为信用体系建设提供行政保障。

（三）强化舆论引导，倡导信用理念。

各有关单位要高度重视公路建设市场信用体系建设的宣传工作，充分利用各种媒体，采用多种形式，在公路建设领域广泛开展诚实守信教育，使信用观念、信用意识、信用道德深入人心。特别是注重引导和培养广大从业单位和人员的诚信经营意识，维护自身诚信品牌，使建设廉政工程、打造精品公路、树立诚信企业成为公路建设市场的主旋律。

（四）典型引路，稳步推进。

目前，公路建设市场信用体系建设刚刚起步，相关法规环境还不成熟，工作经验比较欠缺。各省级交通主管部门要尽快制定信用体系建设实施方案，用一年左右的时间，在高速公路建设领域开展信用体系建设试点工作。在总结试点经验的基础上，进一步完善相关规章制度，稳步推进公路建设市场信用体系建设。

关于印发公路建设市场信用信息管理办法的通知

交公路发〔2009〕731号

各省、自治区、直辖市、新建生产建设兵团交通运输厅（局、委），天津市市政公路管理局：

现将《公路建设市场信用信息管理办法（试行)》印发给你们，请遵照执行。

中华人民共和国交通运输部
二〇〇九年十一月二十七日

公路建设市场信用信息管理办法(试行)

第一章 总 则

第一条 为加强公路建设市场信用信息管理,规范公路建设从业单位和从业人员的市场行为,营造诚实守信的市场环境,根据《中华人民共和国政府信息公开条例》《公路建设市场管理办法》《公路建设监督管理办法》《关于建立公路建设市场信用体系的指导意见》,制定本办法。

第二条 公路建设从业单位及从业人员信用信息的征集、更新、发布、管理等活动适用于本办法。

第三条 本办法所称公路建设市场信用信息,是指各级交通运输主管部门、公路建设管理有关部门或单位、公路行业社团组织、司法机关在履行职责过程中,以及从业单位和从业人员在工作过程中产生、记录、归集的能够反映公路建设从业单位和从业人员基本情况、市场表现等信用状况的各类信息。

第四条 信用信息管理应遵循客观、公正的原则,确保信用信息的真实性、完整性、及时性和准确性。

第二章 管 理 职 责

第五条 公路建设市场信用信息管理实行统一管理、分级负责。

第六条 国务院交通运输主管部门负责全国公路建设市场信用信息的管理工作。主要职责是:

(一)组织制定全国公路建设市场信用信息管理的规章制度;

(二)建立和完善全国公路建设市场信用信息管理系统,发布由国务院有关部门许可的公路工程从业单位的基本情况、奖惩记录、信用评价结果,以及国家审批或核准的重点公路建设项目信息等;

(三)指导省级交通运输主管部门的公路建设市场信用信息管理工作。

第七条 省级交通运输主管部门负责本行政区域内的公路建设市场信用信息的管理工作。主要职责是:

(一)结合本行政区域的实际情况,制定公路建设市场信用信息管理实施细则和管理制度并组织实施;

(二)建立和完善省级公路建设市场信用信息管理系统;

(三)发布以下信息:

1. 本行政区域内公路建设从业单位基本情况(由国务院交通运输主管部门负责发布的

除外）；

2. 本行政区域内从业单位的奖惩记录和信用评价结果；

3. 公路建设项目信息；

4. 其他与公路建设市场有关的信息。

（四）向国务院交通运输主管部门报送从业单位奖惩信息、信用评价结果、重点公路建设项目信息、其他与公路建设市场有关的信息。

第三章　信用信息内容

第八条　公路建设市场信用信息包括公路建设从业单位基本信息、表彰奖励类良好行为信息、不良行为信息和信用评价信息。

第九条　从业单位基本信息是区分从业单位身份、反映从业单位状况的信息，主要有：

（一）从业单位名称、法定代表人、注册登记基本情况及组织机构代码；

（二）基本财务指标、在金融机构开立基本账户情况；

（三）资质、资格情况；

（四）主要经济、管理和工程技术从业人员的职称及执业资格基本状况；

（五）自有设备基本状况；

（六）近5年主要业绩及全部在建的公路项目情况等。

第十条　从业单位表彰奖励类良好行为信息主要有：

（一）模范履约、诚信经营，受到市级及以上交通运输主管部门、与公路建设有关的政府监督部门或机构表彰和奖励的信息；

（二）被省级及以上交通运输主管部门评价为最高信用等级（AA级）的记录。

第十一条　从业单位不良行为信息主要有：

（一）从业单位在从事公路建设活动以及信用信息填报过程中违反有关法律、法规、标准等要求，受到市级及以上交通运输主管部门、与公路建设有关的政府监督部门或机构行政处罚及通报批评的信息；

（二）司法机关、审计部门认定的违法违规信息；

（三）被省级及以上交通运输主管部门评价为最低信用等级（D级）的记录。

第十二条　信用评价信息是省级及以上交通运输主管部门或其委托机构按照国务院交通运输主管部门制定的公路勘察设计、施工、监理、试验检测等企业信用评价规则，对公路建设从业单位从业行为状况的评价结果。

第四章　信用信息征集与更新

第十三条　公路建设市场信用信息按以下方式征集，由省级交通运输主管部门汇总录入：

（一）基本信息由从业单位按规定自行登录填报，对真实性负责；

（二）表彰奖励类良好行为信息由市级及以上交通运输主管部门、与公路建设有关的单位或涉及的从业单位提供。从业单位自主提供的，需附相关表彰奖励确认文件；

（三）不良行为信息由市级及以上地方交通运输主管部门、与公路建设有关的单位提供；

（四）信用评价信息由国务院和省级交通运输主管部门分别录入。

第十四条 公路建设项目法人或建设管理单位应及时将在建项目情况及从业单位承担项目情况、履约情况，按项目管理权限报相关地方交通运输主管部门，由省级交通运输主管部门复核后记入公路建设市场信用信息管理系统。

第十五条 省级交通运输主管部门应当加强与其他政府监督部门、司法机关、金融机构的联系，逐步建立信用信息互联互通、资源共享的渠道，保证从业单位信用信息征集及时、完整、准确。

第十六条 工程所在地省级交通运输主管部门对从业单位主要业绩和在建项目信息真实性进行动态审核，并负责受理举报。从业单位注册所在地省级交通运输主管部门对其他基本信息进行动态审核，并负责受理举报。

各级交通运输主管部门均可对从业单位基本信息进行复核、调查。

第十七条 从业单位基本信息在公路建设市场信用信息管理系统中处于锁定状态，发生变化的，应于10个工作日内向负责公布相应信息的交通运输主管部门提出申请后予以更新。

公路建设市场其他信用信息按照随时报送、随时复核、随时更新的原则，实现动态更新。

第十八条 省级及以上交通运输主管部门应当建立健全公路建设市场信用信息管理工作制度，指定专人或委托专门机构负责信用信息管理工作，保证公路建设市场信用信息及时更新。

第五章 信用信息发布与管理

第十九条 省级及以上交通运输主管部门应通过公路建设市场信用信息管理系统及时发布公路建设市场信用信息。

第二十条 公路建设市场信用信息管理系统按照部、省两级建立。省级公路建设市场信用信息管理系统应按国务院交通运输主管部门公布的接口标准与全国公路建设市场信用信息管理系统对接，做到互联互通。

第二十一条 信用信息发布应保守从业单位商业秘密和从业人员个人隐私，不得侵犯其合法权益。从业单位基本账户等商业信息仅供交通运输主管部门市场管理用，不对外公布。

第二十二条 信用信息发布期限按照下列规定设定：

（一）从业单位基本信息公布期限为长期；

（二）表彰奖励类良好行为信息、不良行为信息公布期限为2年，信用评价信息公布期限为 1 年，期满后系统自动解除公布，转为系统档案信息。

行政处罚期未满的不良行为信息将延长至行政处罚期满。

上述期限均自认定相应行为或作出相应决定之日起计算。

第二十三条 公路建设市场信用信息接受社会监督，任何单位和个人发现从业单位基本信息虚假的，均可向负责公布从业单位基本信息的交通运输主管部门举报。

第二十四条 省级及以上交通运输主管部门查实从业单位填报信息虚假的，即列入不良行为信息，并按相关评价规则扣减其信用评价得分。

第二十五条 从业单位认为公布的信用信息与事实不符的，应及时向负责公布相应信息的交通运输主管部门提出变更申请，负责公布信用信息的交通运输主管部门应在 10 个工作日内做出处理，并告知申请人。

第二十六条 全国公路建设市场信用信息管理系统发布的从业单位基本信息是由国务院交通运输主管部门负责审查、审批资质企业进入公路建设市场的基础资料，企业参与公路工程资格审查和投标时，可不再提交有关业绩、主要人员资历证明材料的复印件，可查阅全国公路建设市场信用信息管理系统中的相关信息。

未记录在全国公路建设市场信用信息管理系统中的从业单位、业绩和主要工程技术人员，参与公路建设项目投标时可不予认定。

上述具体要求由招标人在招标文件中规定。

第二十七条 省级公路建设市场信用信息管理系统应用的规定由省级交通运输主管部门确定。

第二十八条 各级交通运输主管部门应充分利用公路建设市场信用信息管理系统，建立激励机制。对信用好的从业单位在参与投标数量、资格审查、履约担保金额、质量保证金额等方面给予优惠和奖励，对信用等级低和不良行为较多的从业单位要重点监管，根据不同情节提出限制条件。

第二十九条 省级及以上交通运输主管部门在动态管理中，发现勘察、设计、施工、监理、试验检测等单位的人员、业绩等指标低于相关资质、资格标准要求的，应对该单位提出整改预警，整改后仍不符合要求的，可采取限制投标的措施，直至依法降低其资质等级

第六章 附 则

第三十条 公路建设市场中实行执业资格制度的各类从业人员信用信息管理，可参照本办法执行。

第三十一条 本办法由交通运输部负责解释。

第三十二条 本办法自发布之日起试行。

交通运输部关于加强交通运输行业信用体系建设的若干意见

交政研发〔2015〕75号

各省、自治区、直辖市、新疆生产建设兵团交通运输厅（局、委），有关交通运输企业，部管各社团、部属各单位、部内各司局、驻部监察局：

为贯彻落实国务院《社会信用体系建设规划纲要（2014—2020年）》和中央文明委《关于推进诚信建设制度化的意见》精神，切实加强交通运输行业信用体系建设，推动交通运输科学发展，制定如下意见。

一、总体要求

（一）指导思想。

深入贯彻落实党的十八大和十八届三中、四中全会精神，紧紧围绕协调推进"四个全面"战略布局，结合交通运输行业特点，聚焦重点领域，完善信用建设制度标准，强化系统平台支撑和信息应用服务，以法治思维和法治方式推进行业信用体系建设，全面提升行业诚信意识和信用水平，为完善行业治理体系、提升行业治理能力、加快推进"四个交通"发展提供保障。

（二）主要原则。

政府推动，社会共建。充分发挥各级交通运输主管部门在制度设计、标准制定和实施、监督使用中的作用，注重发挥市场机制作用，鼓励和调动社会力量广泛参与信息系统建设和第三方评价应用。

加强衔接，协作共享。在国家统一指导下，制定完善行业相关制度标准，注重和其他行业、其他部门的有效衔接，逐步实现信息共享、协作共用。

统筹规划，分步实施。充分考虑行业信用体系建设的长期性、系统性和复杂性，强化顶层设计，立足现有基础，促进衔接融合，有计划、分步骤推进。

重点突破，强化应用。坚持问题导向，聚焦工程建设、运输服务和安全生产等行业重点领域，率先在信用制度、信用评价和奖惩机制建设方面取得积极进展。

（三）建设目标。

到2020年，形成交通运输行业信用建设的规章制度和标准体系，行业信用信息系统基本建成，信用考核标准基本健全，形成交通运输管理机构与社会信用评价机构、信息化智能化等相结合，具有监督、申诉和复核机制的综合考核评价体系，信用信息评价结果在交通运输各领域各环节得到有效应用，守信激励和失信惩戒机制切实发挥作用，逐步建立跨部门、跨行业的信用奖惩联动机制。

二、重点领域

政务诚信领域。坚持依法行政，全面推进政务公开，依法公开在行政管理中掌握的信用信息，建立有效的信息共享机制。建立健全重大决策事项公示和听证制度，拓宽公众参与政府决策的渠道。发挥政府诚信建设示范作用，各级交通运输主管部门加强自身诚信建设，加强公务员诚信管理和教育，带动全行业树立诚信意识、提高诚信水平。建立健全政务和行政承诺考核制度，把发展规划确定的交通运输事业发展目标落实情况以及为百姓办实事的践诺情况作为评价诚信水平的重要内容。严格执法程序，提高行政执法科学化、制度化和规范化水平。强化预算约束，提高透明度。

工程建设领域。围绕交通运输工程项目招标投标、勘察设计、施工、监理、工程咨询、检验检测、运营和养护，以及产品设备供应、竣工结算和竣工决算审计等关键环节，建立交通运输企业和从业人员信用评价结果与资质审批、执业资格注册、资质资格取消等审批审核事项的关联管理机制。鼓励运用基本信用信息和第三方信用评价结果，作为投标人资格审查、评标、定标和合同签订的重要依据。把工程项目肢解发包、转包、违法分包、拖欠工程款和农民工工资等列入失信责任追究范围。

运输服务领域。围绕旅客运输、货物运输、运输站场、运输工具检验与维修、驾驶员培训以及相关服务机构等重点方向，将诚信监管纳入运输行政管理日常工作，明确诚信监管职能，提高企业诚信经营、文明服务的自律意识。结合市场准入管理和日常监督检查，建立运输企业、从业人员诚信信息收集和整理制度，通过信息系统自动记录企业、从业人员的各种信用信息。

安全生产领域。围绕工程建设和运输服务重点部位、关键岗位，将安全生产与企业信誉、优惠政策、行政许可、市场准入、资质审核、工程招标投标挂钩，作为重要内容纳入企业安全生产诚信评价体系。

信息统计领域。围绕统计数据报送、数据质量、数据发布等重点环节，将统计信息的真实性、准确性作为交通运输企业诚信评价的重要内容，切实强化对统计失信行为的惩戒和制约。

价格领域。指导企业和经营者加强价格自律，规范和引导经营者价格行为，实行经营者明码标价和收费公示制度，着力推行"明码实价"。督促经营者加强内部价格管理，根据经营者条件建立健全内部价格管理制度。完善经营者价格诚信制度，推动实施奖惩制度。

企业管理领域。开展企业诚信承诺活动，在生产经营、财务管理和劳动用工管理等各环节强化信用自律。鼓励企业建立客户档案、开展客户诚信评价，鼓励企业建立内部职工诚信考核与评价制度。

关键岗位从业人员领域。在行业关键岗位从业人员资格准入、专业评价、年审考核、职称评定中，强化诚信教育，培养职业操守。

三、主要任务

（一）完善信用制度标准体系。

加强行业信用制度建设。根据法律和行政法规规定，及时将较为成熟的信用记录、档案、评价、监督、奖惩、应用等机制及信用信息采集、共享、公开、管理等制度写入相应的法规规章，逐步完善交通运输行业信用体系建设制度。

加强行业信用标准建设。重点围绕信用信息分类与编码、信用信息资源元数据等标准规范，推动工程建设、运输服务等领域信用信息系统相关标准规范的制修订。建立以组织机构代码和居民身份证号为基础的统一规范的信用信息采集和分类管理标准，对各方主体的基本信息、不良行为记录信息等内容作出统一规定。

加强行业信用信息采集管理制度建设。完善信用信息采集机制，推进信用记录和从业人员信用档案建设。完善信用信息记录管理制度，明确信用信息记录主体责任，保证信用信息的客观、真实、准确。制定信用信息异议处理、投诉办理制度，保护信用信息主体合法权益。

（二）加快信用信息系统建设。

建立完善的信用信息征集系统、查询系统，依法建立和完善信息系统平台登录和查询功能。按照统一标准加快各领域信用信息系统平台建设，推进交通运输企业和关键岗位从业人员信用系统和信息数据库建设。做好现有系统平台的升级完善与对接融合，实现部、省两级信用信息系统平台互联互通。

（三）完善信用评价监管制度。

完善信用评价制度。结合行业特点，分领域制定信用评价办法及评价标准，对信用评价的指标体系、评价方法、评价程序以及动态管理等作出明确规定。发挥行业学会协会等中介组织作用，引导和规范第三方机构参与信用评价。

开展信用等级评价。建立行业统一的信用等级，按照5级（AA、A、B、C、D，分别对应好、较好、一般、较差、差）确定信用等级，并作为奖惩的重要依据。

明确失信行为。建立完善交通运输行业失信行为目录，作为开展信用等级评价的重要依据。将各类交通运输违法行为直接列入失信记录。

规范信用评价活动。加强对评价机构的监督管理，引导评价机构依法开展活动，严格评价程序，坚持规范运作，做到标准公开、程序公开、客观公正，对评价机构弄虚作假等行为依法严肃查处。

（四）推进信用信息应用。

推进信用信息公开。建立信用信息通报制度，分级分类明确各级交通运输主管部门对相关信用信息的披露权限和程序，明确有关社会机构、个人对信用信息的查询权限和程序。依托政府网站，推进信用信息公开共享，建设覆盖全行业的综合检索平台，实现信用信息公开共享的"一站式"综合检索服务。建立信用信息交换共享机制，统筹利用现有基础设施，依法推进各系统的互联互通和信息交换共享，推动信用信息资源的有序开发利用。

守信奖励和激励。加强对守信主体的奖励和激励，实行优先办理、简化程序等"绿色通道"支持激励措施。鼓励和支持有关单位在采购交通运输服务、招标投标、人员招聘等方面，优先选择信用良好的企业和人员。

失信约束和惩戒。加强对失信主体的约束和惩戒，强化行政监管性约束和惩戒，健全失信惩戒制度，建立行业黑名单制度和市场退出机制。推动形成市场性约束和惩戒，使失信者在市场上受到制约。推动形成行业性约束和惩戒，通过行业协会制定行业自律规则并监督会员遵守。逐步建立跨地区、跨行业的信用奖惩联动机制，完善失信行为通报和公开曝光制度。

（五）加强信用信息安全管理。

建立健全信用信息安全监控体系，加大安全监督检查力度，做好安全风险评估，加强信用信息服务系统安全管理，建立和完善应急处理机制，加快推进行业信用信息安全基础设施建设。

四、工作要求

（一）加强组织领导。

各级交通运输主管部门要高度重视，加强组织推动，制定落实本意见的方案，分解目标任务，明确责任分工，注重协调配合，强化科技支撑与人才保障。要落实资金保障，将应由政府部门负担的经费纳入财政预算。

（二）强化督查考核。

交通运输部将对交通运输领域信用体系建设情况进行督查指导和抽查通报，逐步推行信用报告制度。各级交通运输主管部门要结合日常业务和专项检查，定期或不定期检查交通运输企业和从业人员守法诚信情况，及时发现、制止和惩戒各类违法失信行为。

（三）加强诚信文化建设。

大力加强诚信文化建设，推进诚信文化进机关、进企业、进工地、进站场。广泛开展行业信用体系建设宣传交流活动，推广先进工作经验，树立行业诚信典范，营造诚信为荣、失信可耻的良好氛围。

交通运输部
2015 年 5 月 12 日

交通运输部办公厅关于开展部省两级公路建设市场信用信息管理系统互联互通工作的通知

交办公路函〔2016〕984号

各省、自治区、直辖市、新疆生产建设兵团交通运输厅（局、委）：

为进一步完善公路建设领域信用体系建设，实现部省两级信用信息数据共享及协同应用，根据《交通运输部关于加强交通运输行业信用体系建设的若干意见》（交政研发〔2015〕75号）和《2016年交通运输行业信用体系建设重点工作方案》（交办政研〔2015〕180号）等有关要求部署，部将加快开展部省两级公路建设市场信用信息管理系统互联互通工作（以下简称部省平台互联互通工作）。现就有关事项通知如下：

一、工作目标

按照"统一标准、联动实施、集中管理、分级应用"的原则，建立覆盖公路勘察设计、施工、监理企业及从业人员的全国公路建设市场信用信息数据库，加快推进公路建设行业电子招标投标。

2016年底前完成北京、河北、内蒙古、辽宁、江苏、山东、湖北、湖南、广东、广西、海南、西藏、甘肃和新疆等14个试点省（区、市）的省级公路建设市场信用信息管理系统（以下简称省级平台）与全国公路建设市场信用信息管理系统（以下简称部级平台）的互联互通工作。

2017年底前完成其余省份的省级平台与部级平台的互联互通。

二、首要任务

（一）积极推动信用信息采集。各省级交通运输主管部门负责做好本行政区域内公路建设从业企业信息录入的宣传、指导以及督促工作，组织所有公路勘察设计、施工、监理企业向各自行业协会申领部级平台账户并录入相关信息，形成标准统一的全国公路建设市场信用信息数据库。相关从业企业对录入信息的真实性、完整性和准确性负责。

（二）做好数据标准对接。按照交通运输部信用体系建设统一标准，部制定了《全国公路建设市场信用信息管理系统数据标准》（见附件1，以下简称数据标准）。各省级交通运输主管部门要按照行业统一数据标准，做好省级平台软、硬件设施设备和数据传输网络改造工作，实现部省两级平台的互联互通。

（三）推进信用信息联网应用。各省级交通运输主管部门负责制定本省（区、市）公路建设市场信用信息管理系统使用细则，实现与部级平台的数据联网共享、跨省应用，加强信用信息在公路建设市场监管、招标投标、联合奖惩等方面的应用。

三、时间安排

（一）各省级交通运输主管部门根据数据标准，完成省级平台开发改造、互联互通调试测试、互联互通试运行等工作，并针对试运行中的问题进行修改完善。2016年12月底前，14个试点省份的省级平台实现与部级平台互联互通。

（二）2017年底前，其余省级平台完成与部级平台的互联互通工作。

四、工作要求

（一）加强组织领导。各省级交通运输主管部门要高度重视部省平台互联互通工作，分解目标任务，落实工作责任，加强督促检查，确保各项工作目标顺利推进。

（二）加大保障投入。各地交通运输主管部门要积极协调有关部门，加大资金投入，保障部省平台互联互通工作顺利实施，并建立运行维护长效机制。

（三）加强实施管理。各地交通运输主管部门要按照本通知要求，抓紧制定切实可行的互联互通工作实施方案，并确定本省（区、市）公路建设市场信用管理信息系统互联互通工作责任单位，于2016年9月20日前将实施方案和责任单位联系方式（见附件2）报部。部省平台互联互通工作过程中的有关问题和意见，请及时向技术支持单位进行咨询和反馈。

附件：1. 全国公路建设市场信用信息管理系统数据标准（略）
　　　2. 公路建设市场信用信息管理系统互联互通工作联系方式（略）

关于印发公路施工企业信用评价规则的通知

交公路发〔2009〕733号

各省、自治区、直辖市、新建生产建设兵团交通运输厅（局、委），天津市市政公路管理局：

现将《公路施工企业信用评价规则（试行）》印发给你们，请遵照执行。

中华人民共和国交通运输部
二〇〇九年十一月二十七日

公路施工企业信用评价规则(试行)

第一条 为规范公路施工企业信用评价工作,统一方法和标准,根据《中华人民共和国公路法》《建设工程质量管理条例》《公路建设市场管理办法》《公路建设监督管理办法》和《关于建立公路建设市场信用体系的指导意见》,制定本规则。

第二条 本规则所称公路施工企业信用评价是指省级及以上交通运输主管部门或其委托机构依据有关法律法规、标准规范、合同文件等,通过量化方式对具有公路施工资质的企业在公路建设市场从业行为的评价。

第三条 公路施工企业信用评价遵循公平、公正、公开的原则,评价结果实行签认和公示、公告制度。

第四条 信用评价管理工作实行统一管理、分级负责。

第五条 国务院交通运输主管部门负责全国公路施工企业信用评价的监督管理工作。主要职责是:

(一)制定全国公路施工企业信用行为评价标准;

(二)指导省级交通运输主管部门的信用评价管理工作;

(三)对国务院有关部门许可资质的公路施工企业进行全国综合评价。

第六条 省级交通运输主管部门负责本行政区域内公路施工企业的信用评价管理工作。主要职责是:

(一)制定本行政区域公路施工企业信用评价实施细则并组织实施;

(二)对在本行政区域内从业的公路施工企业进行省级综合评价。

第七条 公路施工企业信用评价工作实行定期评价和动态评价相结合的方式。

第八条 定期评价工作每年开展一次,对公路施工企业上一年度(1月1日至12月31日期间)的信用行为进行评价。

省级交通运输主管部门应在2月底前组织完成对上年度本行政区域公路施工企业的综合评价,并于3月底前将由国务院交通运输主管部门评价的施工企业的评价结果上报。

国务院交通运输主管部门应当在4月底前完成由国务院有关部门许可资质的公路施工企业的全国综合评价。

第九条 公路施工企业信用评价等级分为AA、A、B、C、D五个等级,各信用等级对应的企业评分X分别为:

AA级 $95 \text{分} \leq X \leq 100 \text{分}$,信用好;

A级 $85 \text{分} \leq X < 95 \text{分}$,信用较好;

B级 $75 \text{分} \leq X < 85 \text{分}$,信用一般;

C级 $60 \text{分} \leq X < 75 \text{分}$,信用较差;

D级 $X < 60 \text{分}$,信用差。

第十条 评价内容由公路施工企业投标行为、履约行为和其他行为构成,具体见《公路施工企业信用行为评定标准》(附件1)。

投标行为以公路施工企业单次投标为评价单元,履约行为以单个施工合同段为评价单元。

第十一条 投标行为和履约行为初始分值为100分,实行累计扣分制。若有其他行为的,从企业信用评价总得分中扣除。具体的评分计算见《公路施工企业信用行为评价计算方法》(附件2)。

第十二条 公路施工企业投标行为由招标人负责评价,履约行为由项目法人负责评价,其他行为由负责项目监管的相应地方人民政府交通运输主管部门负责评价。

招标人、项目法人、负责项目监管的相应地方人民政府交通运输主管部门等评价人对评价结果签认负责。

第十三条 公路施工企业信用评价的依据为:

(一)交通运输主管部门及其公路管理机构、质量监督机构、造价管理机构督查、检查结果或奖罚通报、决定;

(二)招标人、项目法人管理工作中的正式文件;

(三)举报、投诉或质量、安全事故调查处理结果;

(四)司法机关做出的司法认定及审计部门的审计意见;

(五)其他可以认定不良行为的有关资料。

第十四条 公路施工企业的信用评价程序为:

(一)投标行为评价。招标人完成每次招标工作后,仅对存在不良投标行为的公路施工企业进行投标行为评价。联合体有不良投标行为的,其各方均按相应标准扣分。

(二)履约行为评价。结合日常建设管理情况,项目法人对参与项目建设的公路施工企业当年度的履约行为实时记录并进行评价。对当年组织交工验收的工程项目,项目法人应在交工验收时完成有关公路施工企业本年度的履约行为评价。

联合体有不良履约行为的,其各方均按相应标准扣分。

(三)其他行为评价。负责项目监管的相应地方人民政府交通运输主管部门对公路施工企业其他行为进行评价。

(四)省级综合评价。省级交通运输主管部门或其委托机构对本行政区域公路施工企业信用行为进行评价,确定其得分及信用等级,并公示、公告信用评价结果。公示期不少于10个工作日。

(五)全国综合评价。国务院交通运输主管部门根据各省级交通运输主管部门上报的公路施工企业信用评价结果,在汇总分析的基础上,对施工企业的信用行为进行综合评价并公示、公告。

第十五条 公路施工企业对信用评价结果有异议的,可在公示期限内向公示部门提出申诉。

第十六条 对信用行为直接定为D级的施工企业实行动态评价,自省级交通运输主管部门认定之日起,企业在该省一年内信用评价等级为D级。对实施行政处罚的施工企业,评价为 D 级的时间不低于行政处罚期限。

被 1 个省级交通运输主管部门直接认定为 D 级的企业，其全国综合评价直接定为 C 级；被 2 个及以上省级交通运输主管部门直接认定为 D 级以及被国务院交通运输主管部门行政处罚的公路施工企业，其全国综合评价直接定为 D 级。

第十七条　公路施工企业资质升级的，其信用评价等级不变。企业分立的，按照新设立企业确定信用评价等级，但不得高于原评价等级。企业合并的，按照信用评价等级较低企业的等级确定合并后企业。

第十八条　公路施工企业信用评价结果按以下原则应用：

（一）公路施工企业的省级综合评价结果应用于本行政区域。

（二）国务院有关部门许可资质的公路施工企业初次进入某省级行政区域时，其等级按照全国综合评价结果确定。尚无全国综合评价的企业，若无不良信用记录，可按 A 级对待。若有不良信用记录，视其严重程度按 B 级及以下对待。

（三）其他施工企业（国务院有关部门许可资质的除外）初次进入某省级行政区域时，其等级参照注册地省级综合评价结果确定。

（四）联合体参与投标的，其信用等级按照联合体中最低等级方认定。

第十九条　公路施工企业信用评价结果有效期 1 年，下一年度公路施工企业在该省份无信用评价结果的，其在该省份信用评价等级可延续 1 年。延续 1 年后仍无信用评价结果的，按照初次进入该省份确定，但不得高于其在该省份原评价等级的上一等级。

第二十条　公路建设项目的招标人和项目法人应当建立公路施工企业信用管理台账，及时、客观、公正地对公路施工企业进行信用评价，不得徇私舞弊，不得设置市场壁垒，一经发现，将在全国通报批评。

第二十一条　省级交通运输主管部门应当建立对招标人、项目法人评价工作的考核、处罚机制，确保公路施工企业信用评价工作客观、公正。

第二十二条　省级及以上交通运输主管部门应当建立健全信用评价工作机制和监督举报制度，结合督查工作不定期对公路施工企业的从业行为进行抽查，当招标人或项目法人对施工企业的评价与实际情况不符的，应当责令招标人或项目法人重新评价或直接予以调整。

任何单位和个人均可对公路施工企业的不良行为，以及信用评价工作中的违纪、违规行为进行投诉举报。

第二十三条　省级交通运输主管部门可依据本规则制定本行政区域公路施工企业信用评价实施细则，对履约行为检查的频率、组织方式等作出具体要求。信用评价实施细则报国务院交通运输主管部门备案。

第二十四条　本规则由国务院交通运输主管部门负责解释。

第二十五条　本规则自 2010 年 1 月 1 日起试行。

附件 1

公路施工企业信用行为评定标准

评定内容	行为代码	不良行为	行为等级和扣分标准	条文说明
投标行为（满分100，扣完为止。行为代码 GLSG1）	GLSG1-1	超越资质等级承揽工程	直接定为D级	
	GLSG1-2	出借资质，允许其他单位或个人以本单位名义承揽工程	直接定为D级	
	GLSG1-3	借用他人资质证书承揽工程	直接定为D级	
	GLSG1-4	与招标人资质或与其他投标人申通投标	直接定为D级	
	GLSG1-5	投标中有行贿行为	直接定为D级	
	GLSG1-6	因违反法律、法规、规章被禁止投标后，在禁止期内仍参与投标	D级延期半年/次	
	GLSG1-7	资审材料或投标文件虚假骗取中标	40分/次	
	GLSG1-8	资审材料或投标文件虚假未中标	30分/次	
	GLSG1-9	虚假投诉举报	20分/次	
	GLSG1-10	中标后无正当理由放弃中标	20分/次	因评标时间过长，材料价格上涨过快造成成本价发生较大变化的除外
	GLSG1-11	对同一合同段递交多份资格预审申请文件或投标文件	5分/次	
	GLSG1-12	非招标人或招标文件原因放弃投标，未提前书面告知招标人	6分/次	
	GLSG1-13	未按时确认补遗书等招标人发出的通知	1分/次	
	GLSG1-14	不及时反馈评标澄清	1分/次	
	GLSG1-15	无正当理由拖延合同签订时间	2分/次	因合同谈判原因的除外
	GLSG1-	其他被认为失信的投标行为	1~10分	由省级交通运输主管部门根据本地实际情况在实施细则中增加

·266·

续上表

评定内容	行为代码	不良行为	行为等级和扣分标准	条文说明
严重不良行为（行为代码GLSG2-1）	GLSG2-1-1	将中标合同转让	直接定为D级	
	GLSG2-1-2	将合同段全部工作内容肢解后分别分包	直接定为D级	
	GLSG2-1-3	发生重大质量或重大及以上安全生产责任事故	直接定为D级	
	GLSG2-1-4	经质监机构鉴定合同段工程质量不合格，或施工管理综合评价为差	直接定为D级	
	GLSG2-1-5	造成生态环境破坏或乱占土地，造成较大影响	20分/次	
	GLSG2-1-6	发生较大安全生产责任事故	20分/次	
	GLSG2-1-7	将承包工程违法分包	30分/次	不含劳务分包
	GLSG2-1-8	承包人疏于管理，分包工程再次分包	20分/次	
	GLSG2-1-9	违反公路工程建设强制性标准	30分/次	
履约行为（满分100，扣完为止。行为代码GLSG2）	GLSG2-2-1	签订合同后无正当理由不按投标文件承诺时间进场	2分/延迟十日	
	GLSG2-2-2	项目经理未按投标承诺到位，或在施工期间所更换项目经理资格降低，或未经批准擅自更换	4分/人次	项目法人要求更换的除外
	GLSG2-2-3	项目经理在施工期间不低于原资格更换	0.5分/人次	项目法人要求更换的除外
	GLSG2-2-4	技术负责人未按投标承诺到位，或在施工期间更换人员资格降低，或未经批准擅自更换	3分/人次	项目法人要求更换的除外
	GLSG2-2-5	技术负责人在施工期间不低于原人员资格更换	0.3分/人次	项目法人要求更换的除外
	GLSG2-2-6	安全员或其他注册执业人员未按投标承诺到位，或无正当理由更换	0.5分/人次	项目法人要求更换的除外
人员、设备到位（满分10，扣完为止。行为代码GLSG2-2）	GLSG2-2-7	主要工程管理、技术人员未按投标承诺到位	0.2分/人次	
	GLSG2-2-8	主要施工机械、试验检测设备未按要求到位	0.5~1分/台套	
	GLSG2-2-9	有关人员未按要求持证上岗	1分/人次	按照有关管理文件、招标文件要求检查
	GLSG2-2-10	未按规定签订劳务用工合同	2分/次	

续上表

评定内容		行为代码	不良行为	行为等级和扣分标准	条文说明
履约行为（满分100，扣完为止。GLSG2）	质量管理、进度管理（满分50，扣完为止。行为代码GLSG2-3）	GLSG2-3-1	拒绝或阻碍依法进行公路建设监督检查工作	8分/次	
		GLSG2-3-2	未对职工进行专项教育和培训	0.5分/人次	
		GLSG2-3-3	质量保证体系或质量保证措施不健全	3分	
		GLSG2-3-4	特殊季节施工预防措施不健全	2分/次	对季节性施工有特殊预防要求的，如雨季、冬季施工，应有相应预防措施
		GLSG2-3-5	未建立工程质量责任登记制度	8分	
		GLSG2-3-6	使用不合格的建筑材料、建筑构配件和设备	10分/次	
		GLSG2-3-7	不按设计图纸施工	8分/次	
		GLSG2-3-8	不按施工技术标准、规范施工	5分/次	
		GLSG2-3-9	未经监理签认进入下道工序或分项工程	3分/次	
		GLSG2-3-10	未经监理签认将建筑材料、建筑构配件和设备在工程上使用或安装	3分/次	
		GLSG2-3-11	监理下达停工指令拒不执行	5分/次	
		GLSG2-3-12	未对建筑材料、建筑构配件、设备和商品混凝土进行检验，或者未对涉及结构安全的试块、试件以及有关材料取样检测直接使用	5分/次	
		GLSG2-3-13	施工过程中偷工减料	5分/次	
		GLSG2-3-14	原材料堆放混乱，对使用质量造成影响	3分/次	如砂石材料堆放未分界，场地未硬化，未采取防雨防潮措施等
		GLSG2-3-15	工程检查中抽测实体质量不合格	6分/次	指交通主管部门组织的督查或项目法人组织的正式检查

续上表

评定内容	行为代码	不良行为	行为等级和扣分标准	条文说明
履约行为（满分100，扣完为止。GLSG2）	GLSG2-3-16	因施工原因出现质量问题，对工程实体质量影响不大	2分/次	如水泥混凝土表面蜂窝麻面，砌筑砂浆不饱满，钢筋混凝土保护层不够等
质量管理、进度管理（满分50，扣完为止。行为代码GLSG2-3）	GLSG2-3-17	因施工原因发生一般质量责任事故	15分/次	
	GLSG2-3-18	出现质量问题经整改仍达不到要求的	5分/次	被项目法人或交通主管部门发现有质量问题并要求整改，整改不合格的
	GLSG2-3-19	施工现场管理混乱	2分/次	
	GLSG2-3-20	内业资料不全或不规范	1~2分	
	GLSG2-3-21	工地试验室不符合要求	1~3分	
	GLSG2-3-22	试验检测数据或内业资料虚假	5分/次	
	GLSG2-3-23	因施工单位原因造成工程进度滞后计划工期或合同工期	1分/延迟十日	
	GLSG2-3-24	未达到合同约定的质量标准	10分	
	GLSG2-3-25	不配合业主进行交工验收	3分/次	
	GLSG2-3-26	不履行保修义务或者拖延履行保修义务	10分	
财务管理（满分10，扣完为止。行为代码GLSG2-4）	GLSG2-4-1	财务管理制度不健全	5分/次	
	GLSG2-4-2	财务管理混乱，管理台账不完备	5分/次	
	GLSG2-4-3	工程变更弄虚作假	6分/次	
	GLSG2-4-4	虚假计量	5分/次	
	GLSG2-4-5	流动资金不能满足工程建设	5分/次	

· 269 ·

续上表

评定内容	行为代码	不良行为	行为等级和扣分标准	条文说明
财务管理（满分10，扣完为止。行为代码 GLSG2-4）	GLSG2-4-6	挪用工程款，造成管理混乱、进度滞后等不良影响	10分/次	
	GLSG2-4-7	因施工企业原因拖欠工程款、农民工工资、材料款，尚未造成影响	0.5分/次	
安全生产（满分20，扣完为止。行为代码 GLSG2-5）	GLSG2-5-1	因施工企业原因未签订安全生产合同	3分	
	GLSG2-5-2	未建立健全安全生产规章制度、操作规程或安全生产保证体系	1~3分	
	GLSG2-5-3	项目负责人、专职安全生产管理人员、作业人员或者特种作业人员，未经安全教育培训或考核不合格即从事相关工作	3分/次	
	GLSG2-5-4	未对职工进行安全生产教育和培训，或者未如实告知有关安全生产事项	2分/次	
	GLSG2-5-5	未在施工现场的危险部位设置明显的安全警示标志和安全防护，或者未按照国家有关规定在施工现场设置消防通道、消防水源、配备消防设施和灭火器材	2分/次	
	GLSG2-5-6	未向作业人员提供安全防护用具和安全防护服装	1分/次	
	GLSG2-5-7	特种作业设备未经具有专业资质的机构检测，或使用未经验收或者验收不合格的施工起重机械和整体提升脚手架、模板等自升式架设设施	5分/次	
	GLSG2-5-8	使用国家明令淘汰、禁止使用的危及生产安全的工艺、设备	6分/次	
	GLSG2-5-9	储存、使用危险物品，未建立专门安全管理制度、未采取可靠的安全措施或者不接受有关主管部门依法实施的监督管理	4分/次	
	GLSG2-5-10	对重大危险源未登记建档，或者未进行评估、监控，或者未制定应急预案	4分/次	

履约行为（满分100，扣完为止。GLSG2）

续上表

评定内容		行为代码	不良行为	行为等级和扣分标准	条文说明
履约行为（满分100，扣完为止。GLSG2）	安全生产（满分20，扣完为止。行为代码GLSG2-5）	GLSG2-5-11	进行爆破、吊装等危险作业，未安排专门管理人员进行现场安全管理	3分/次	
		GLSG2-5-12	两个以上单位在同一作业区域内进行可能危及对方安全生产的生产经营活动，因自身原因未签订安全生产管理协议或者未指定专职安全生产管理人员进行安全检查与协调	3分/次	
		GLSG2-5-13	储存、使用危险物品的车间、仓库与员工宿舍在同一座建筑内，或者员工宿舍的距离不符合安全要求；施工现场和员工宿舍未设有符合紧急疏散需要、标志明显、保持畅通的出口，或者封闭、堵塞施工现场或者员工宿舍出口	3分/次	
		GLSG2-5-14	从业人员不服从管理，违反安全生产规章制度或者操作规程	2分/次	
		GLSG2-5-15	未及时、如实报告生产安全事故	5分/次	
		GLSG2-5-16	主要负责人在本单位发生重大生产安全事故时，不立即组织抢救或者在事故调查处理期间擅离职守或者逃匿	15分/次	
		GLSG2-5-17	挪用列入建设工程概算的安全生产作业环境及安全施工措施所需费用	2分/次	
		GLSG2-5-18	每项工程实施前，未进行安全生产技术交底	2分/次	
		GLSG2-5-19	未根据不同施工阶段和周围环境及季节、气候的变化，在施工现场采取相应的安全施工措施	1分/次	
		GLSG2-5-20	施工现场临时搭建的建筑物不符合安全使用要求	3分/次	
		GLSG2-5-21	对危险性较大的工程未编制专项施工方案并附安全验算结果	2分/次	

续上表

评定内容	行为代码	不良行为	行为等级和扣分标准	条文说明
履约行为（满分100，扣完为止。GLSG2）| 安全生产（满分20，扣完为止。行为代码GLSG2-5）| GLSG2-5-22	未对因建设工程施工可能造成损害的毗邻建筑物、构筑物和地下管线等采取专项防护措施	2分/次	
	GLSG2-5-23	安全防护用具、机械设备、施工机具及配件在进入施工现场前未经查验或者验收不合格即投入使用	2分/次	
	GLSG2-5-24	委托不具有相应资质的单位承租施工现场安装、拆卸施工起重机械和整体提升脚手架、模板等自升式架设设施	10分/次	
	GLSG2-5-25	未取得安全生产许可证擅自进行生产，安全生产许可证有效期满未办理延期手续，继续进行生产；逾期不办理延期手续，继续进行生产	15分/次	
	GLSG2-5-26	使用伪造的安全生产许可证	15分/次	
	GLSG2-5-27	多次整改仍然存在安全问题；对存在重大安全事故隐患但拒绝整改或者整改效果不明显	10分/次	
	GLSG2-5-28	在沿海水域进行水上水下施工以及划定相应的安全作业区，未报经主管机关核准公告；施工单位擅自扩大安全作业区范围	4分/次	被项目法人或交通主管部门发现有安全生产问题并要求整改，整改不合格的
	GLSG2-5-29	施工现场安全防护不到位，存在安全隐患	1分/次	
	GLSG2-5-30	未编制安全生产应急预案并落实人员、器材，组织演练	2分	
	GLSG2-5-31	发生一般安全生产责任事故	10分/次	
	GLSG2-5-32	未办理施工现场人员人身意外伤害保险	5分/次	

续上表

评定内容	行为代码	不良行为	行为等级和扣分标准	条文说明
履约行为（满分100，扣完为止。GLSG2） 社会责任（满分10，扣完为止。行为代码GLSG2-6）	GLSG2-6-1	在崩塌滑坡危险区、泥石流易发区范围内取土、挖砂或者采石	8分/次	
	GLSG2-6-2	施工产生的废渣随意堆放或丢弃、废水随意排放	2分/次	
	GLSG2-6-3	施工中破坏生态环境	3分/次	
	GLSG2-6-4	施工过程中造成水土流失，不进行治理	4分/次	
	GLSG2-6-5	生活区、办公区设置杂乱，卫生环境差	3分/次	
	GLSG2-6-6	建设项目出现突发事件，拒不执行应急救援任务	10分/次	
	GLSG2-6-7	乱占土地、草场	3分/次	
	GLSG2-6-8	临时占用农田、林地等未及时复垦或恢复原状	5分/次	
	GLSG2-6-9	未按要求签订廉政合同	5分/次	
	GLSG2-6-10	违反廉政合同	5分/人次	
	GLSG2-7-	其他被认为失信的履约行为	1～10分	由省级交通运输主管部门根据本地实际情况在实施细则中增加
其他行为（行为代码GLSG3）	GLSG3-1	被司法机关认定有行贿、受贿行为，并构成犯罪	直接定为D级	
	GLSG3-2	省级及以上交通运输主管部门要求企业填报向社会公布的信息，存在虚假的	3分/次（在企业总分中扣除）	
	GLSG3-3	信用评价弄虚作假或以不正当手段骗取较高信用等级	4分/次（在企业总分中扣除）	

·273·

续上表

评定内容	行为代码	不良行为	行为等级和扣分标准	条文说明
其他行为（行为代码 GLSG3）	GLSG3-4	恶意拖欠工程款、农民工工资、材料款被司法机关强制执行，或因拖欠问题造成群体事件或不良社会影响	5分/次（在企业总分中扣除）	
	GLSG3-5	拒绝参与交通运输主管部门组织的应急抢险任务	2分/次（在企业总分中扣除）	
	GLSG3-6	被设区的市级交通运输主管部门通报批评	2分/次（在企业总分中扣除）	
	GLSG3-7	被省级交通运输主管部门通报批评	3分/次（在企业总分中扣除）	
	GLSG3-8	被国务院交通运输主管部门通报批评	5分/次（在企业总分中扣除）	
	GLSG3-9-	其他被认为失信的行为	1~10分	由省级交通运输主管部门根据本地实际情况在实施细则中增加

注：履约行为检查一般每半年开展一次，一种行为在同次检查中原则上不重复扣分。检查结果以正式书面文件为准。

附件2

公路施工企业信用行为评价计算方法

一、单项评价

企业投标行为评价得分：$T = 100 - \sum_{i=1}^{n} A_i$，其中，$i$ 为不良投标行为数量，A_i 为不良投标行为对应的扣分标准。

企业履约行为信用评价得分：$L = 100 - \sum_{i=1}^{n} B_i$，其中，$i$ 为不良履约行为数量，B_i 为不良履约行为对应的扣分标准。

二、省级综合评价

企业在某省份投标行为评价得分和履约行为评价得分计算公式（倒权重计分法）为

投标行为评价得分：
$$T = \frac{\sum_{i=1}^{n} i T_i}{\sum_{i=1}^{n} i}$$

（i 为企业在不同合同段投标行为信用评价得分名次，$i = 1、2、\cdots n$，T_i 为施工企业在某合同段投标行为信用评价得分，且 $T_1 \geq T_2 \geq \cdots \geq T_n$）

算例：企业6次投标行为评价分为90、90、95、85、98、99，则企业投标行为分 T = （1×99 + 2×98 + 3×95 + 4×90 + 5×90 + 6×85）/（1+2+3+4+5+6）= 90.5

履约行为评价得分：
$$L = \frac{\sum_{i=1}^{n} i L_i}{\sum_{i=1}^{n} i}$$

（L_i 为施工企业在某合同段履约行为信用评价得分值，i 为企业在不同合同段履约行为信用评价得分名次，$i = 1、2、\cdots n$，且 $L_1 \geq L_2 \geq \cdots \geq L_n$）

算例：企业共有4个合同项目，履约行为分分别为100、90、100、80，则企业履约评价分 L = （1×100 + 2×100 + 3×90 + 4×80）/（1+2+3+4）= 89.00

施工企业在从业省份综合评分：
$$X = aT + bL - \sum_{i=1}^{n} Q_i$$

（T 为企业投标行为评价得分，L 为企业履约行为评价得分，Q_i 为其他行为对应扣分标准。a、b 为评分系数，当评价周期内企业在某省只存在投标行为评价时，$a = 1$，$b = 0$；当企业在某省只存在履约行为评价时，$a = 0$，$b = 1$；当企业在某省同时存在投标行为评价和履约行为评价时，$a = 0.2$，$b = 0.8$）

三、全国综合评价

$$X = a \frac{\sum_{i=1}^{m} T_i}{m} + b \frac{\sum_{j=1}^{n} L_j F_j}{\sum_{j=1}^{n} F_j} - \frac{\sum_{k=1}^{p} Q_k}{G}$$

(T_i 为施工企业在某省份投标行为评分。L_j 为施工企业在某省份履约行为评分,且 $L_1 \geq L_2 \geq \cdots \geq L_J$。$Q_k$ 为企业在某省其他行为评价的扣分分值。F_j 为企业在该省份参与履约行为评价的项目数量。i、j、k 分别为对企业进行投标信用评价、履约信用评价和其他行为评价的省份数量,G 为对企业进行信用评价的全部省份数量。a、b 为评分系数,当评价周期内企业只存在投标行为评价时,$a=1$,$b=0$;当企业只存在履约行为评价时,$a=0$,$b=1$;当企业同时存在投标行为评价和履约行为评价时,$a=0.2$,$b=0.8$)。

各省级交通运输主管部门上报本区企业评价结果时,应同时上报 T_i、L_j、Q_k、F_j 等数值。

交通运输部关于印发公路设计企业信用评价规则的通知

交公路发〔2013〕636号

各省、自治区、直辖市、新疆生产建设兵团交通运输厅（局、委），天津市市政公路管理局：

现将《公路设计企业信用评价规则（试行）》印发给你们，请遵照执行。

附件：1. 公路设计企业信用行为评定标准
　　　2. 公路设计企业信用行为评价计算方法

交通运输部
2013年10月28日

公路设计企业信用评价规则（试行）

第一条 为规范公路设计企业信用评价工作，统一评定方法和标准，增强公路设计企业诚信履约意识，促进行业自律，根据《中华人民共和国公路法》《建设工程质量管理条例》《公路建设市场管理办法》《公路建设监督管理办法》和《关于建立公路建设市场信用体系的指导意见》，制定本规则。

第二条 本规则所称公路设计企业信用评价是指省级及以上交通运输主管部门或其委托机构依据有关法律法规、标准规范、合同文件等，按照评定标准对具有公路设计资质的企业在公路建设市场中的从业行为所进行的评价。

第三条 公路设计企业信用评价遵循公平、公正、公开的原则，评价结果实行签认和公示公告制度。

第四条 信用评价管理工作实行统一管理，分级负责。

第五条 国务院交通运输主管部门负责全国公路设计企业信用评价的监督管理工作。主要职责是：

（一）制定全国公路设计企业信用评定标准；

（二）指导省级交通运输主管部门的信用评价管理工作；

（三）对具有国务院有关部门许可资质的公路设计企业的从业行为进行全国综合评价。

第六条 省级交通运输主管部门负责本行政区域内公路设计企业的信用评价管理工作。主要职责是：

（一）制定本行政区域公路设计企业信用评价实施细则并组织实施；

（二）对在本行政区域内从业的公路设计企业进行省级综合评价；

（三）指导本行政区域内公路设计企业信用评价相关部门、机构的管理工作。

第七条 公路设计企业信用评价等级分为 AA、A、B、C、D 五个等级。各信用等级对应的企业信用评分 X 分别为：

AA 级：95 分 ≤ X ≤ 100 分，信用好；

A 级：85 分 ≤ X < 95 分，信用较好；

B 级：75 分 ≤ X < 85 分，信用一般；

C 级：60 分 ≤ X < 75 分，信用较差；

D 级：X < 60 分，或存在严重失信行为，信用差。

第八条 公路设计企业信用评价的依据为：

（一）交通运输主管部门及其公路管理、质量监督、造价管理等机构评审、督查、检查结果或奖罚通报、决定；

（二）招标人、项目建设管理单位管理工作中的正式文件；

（三）举报、投诉或质量、安全事故调查处理结果；

（四）司法机关做出的司法认定及审计部门的审计意见；

（五）其他可以认定不良信用行为的有关资料。

第九条 评价内容由公路设计企业投标行为、履约行为和其他行为构成，具体见《公路设计企业信用行为评定标准》（附件1）。

第十条 公路设计企业信用评价工作实行动态评价与定期评价相结合的方式：

（一）动态评价是企业发生严重失信行为时，省级以上交通运输主管部门直接确定公路设计企业信用等级为 D 级的信用评价工作。

被交通运输主管部门动态评价为 D 级的企业，自认定之日起，在相应行政区域一年内信用评价等级为 D 级。因受到行政处罚被直接认定为 D 级的企业，其评价为 D 级的时间不得低于该行政处罚期限。

（二）定期评价是省级及以上交通运输主管部门对公路设计企业在上一年度（1月1日至12月31日）的信用行为进行的周期性评价，一般每年开展一次。

对于由国务院交通运输主管部门评价从业行为的公路设计企业，其评价结果应由省级交通运输主管部门于3月31日前报送。

国务院交通运输主管部门应当在4月底前完成全国综合评价。

第十一条 投标行为和履约行为初始分值为100分，以单个勘察设计合同段为评价单元，实行累计扣分制。若有《公路设计企业信用行为评定标准》（附件1）所列其他行为的，从企业信用评价总得分中扣除。具体的评分计算方法见《公路设计企业信用行为评价计算方法》（附件2）。

第十二条 公路设计企业定期评价程序为：

（一）投标行为评价。招标人完成每次招标工作后，仅对存在不良投标行为的公路设计企业进行投标行为评价，经签认后记入信用管理台账，写入评标报告以向主管部门备案。被投诉举报并经查实投标过程中存在失信行为的，应追溯进行投标行为评价。

（二）履约行为评价。合同有效期内，项目建设管理单位对参与项目勘察设计的公路设计企业的履约行为实时记入信用管理台账进行评价，经签认及时公示。

（三）其他行为评价。负责项目监管的相应地方人民政府交通运输主管部门或其委托机构对公路设计企业其他行为进行评价，签认后予以公示。其他行为被省级主管部门认定通报的从省级综合评价得分中扣除相应分数；被国务院行政主管部门认定通报的从全国综合评价得分中扣除相应分数。

（四）省级综合评价。省级交通运输主管部门或其委托机构对在本行政区域从业的公路设计企业信用行为进行评价，计算其省级综合评价得分，根据得分确定信用等级。省级综合评价结果应公示、公告，公示期不少于10个工作日。

（五）全国综合评价。具有公路行业甲级资质、公路专业甲级资质企业承担投资额2亿元以上，或具有公路专业乙级资质企业承担投资额1亿元以上国、省道干线公路新建、改扩建或大修工程勘察设计时，应进行全国综合评价。国务院交通运输主管部门根据省级交通运输主管部门上报的省级综合评价结果，在核查汇总的基础上，计算出全国综合评价得分，并根据掌握的其他行为予以扣分后，确定信用等级。被1个省级交通运输主管部门动态评价为D级的企业，其全国综合评价直接定为C级；被2个及以上省级交通运输主管部门动态评价为D级或被国务院交通运输主管部门行政处罚的企业，其全国综合评价直接定为D级。全国综合评价结果应进行公示、公告，公示期不少于10个工作日。

第十三条 对于设计联合体，当信用评价过程中有不良行为的，评价人应按相应标准对联合体各组成企业分别予以扣分，并记入信用管理台账，确定信用等级。

第十四条 公路设计企业资质升级的，其信用评价等级不变。企业分立的，按照新设立企业确定信用评价等级，但不得高于原评价等级。企业合并的，按照信用评价等级较低企业的等级确定合并后企业信用等级。

第十五条 企业对信用评价结果有异议的，可在公示期限内依法向公示部门提出申诉。任何单位或个人可对公路设计企业的失信行为，以及信用评价工作中的违纪、违规行为等进行投诉或举报。申诉、投诉或举报时应提交书面材料。

第十六条 交通运输主管部门收到申诉、投诉或举报书面材料后，应及时组织调查、核查，在30个工作日内将处理结果告知申诉人、投诉人或举报人。

第十七条 企业信用评价结果有效期1年，下一年度企业在某省份或全国无信用评价结果的，其信用评价等级可延续1年。延续1年后仍无信用评价结果的，按照初次进入确定，但不得高于其原评价等级的上一等级。

第十八条 企业信用评价结果按以下原则应用：

（一）企业的全国综合评价结果应用于全国公路建设市场；省级综合评价结果可应用于本行政区域公路建设市场，具体应用办法由省级交通运输主管部门在相关实施细则中明确。

（二）具有国务院有关部门许可资质的公路设计企业初次进入某省级行政区域从业时，其信用等级按照全国综合评价结果确定。尚无全国综合评价结果的公路设计企业，若无不良信用记录，可按A级对待。若有不良信用记录，视其严重程度按B级或以下等级对待。

（三）企业组成的联合体参与投标的，其信用等级按照联合体成员中最低信用等级方认定。

第十九条 省级交通运输主管部门应建立激励机制，对评为AA级或连续3年评为A级的守法诚信企业，在招投标、履约保证金、质量保证金等方面给予一定的优惠和奖励。

第二十条 各级交通运输主管部门和项目建设管理单位，对信用评价等级为C级或D级的企业，要加强资质条件动态审核和投标资格审查，并对其履约行为进行重点监管。

第二十一条 省级交通运输主管部门应制定并向部报备实施细则，明确组织机构、评价程序、台账管理、签认机制、结果应用等方面的具体内容。建立对项目建设管理单位、省级交通运输部门委托机构评价工作的考核、处罚机制，确保公路设计企业信用评价工作客观、公正。

省级交通运输部门及其委托机构、项目建设管理单位应当建立公路设计企业信用管理台账，及时、客观、公正地记录企业不良行为，并按照标准进行扣分，及时告知相应从业企业，或在局域网络、互联网络、行业媒体公示。

项目建设管理单位不得徇私舞弊，不得随意扣分或规避扣分。省级交通运输主管部门应于每年年初对上年度信用评价日常管理工作组织开展年度检查，重点对信用管理台账真实性和完整性、扣分标准准确性、告知或签认程序完备性等进行监督检查。

第二十二条 本规则由国务院交通运输主管部门负责解释。

第二十三条 本规则自 2013 年 12 月 1 日起施行。

附件 1

公路设计企业信用行为评定标准

评定内容		行为代码	失信行为	行为等级和扣分标准	备注
投标行为（满分100，扣完为止。行为代码GLSJ1）	严重失信行为（行为代码GLSJ1-1）	GLSJ1-1-1	超越资质等级许可范围承揽工程	直接定为D级	由省级交通运输主管部门根据本地实际情况在实施细则中增加，行为代码可顺延
		GLSJ1-1-2	出借资质，允许以本单位名义投标	直接定为D级	
		GLSJ1-1-3	受让或租借资质，以他人名义投标	直接定为D级	
		GLSJ1-1-4	与招标人或其他投标人串通投标	直接定为D级	
		GLSJ1-1-5	资审申请文件或投标文件虚假	直接定为D级	
		GLSJ1-1-6	因违反法律、法规、规章被禁止投标后，在禁止期内仍参与投标	直接定为D级；已为D级的，D级延期半年	
	其他失信行为（行为代码GLSJ1-2）	GLSJ1-2-1	中标人拒不按照招标文件要求提交履约保证金	20分/次	
		GLSJ1-2-2	中标后无正当理由放弃中标	20分/次	
		GLSJ1-2-3	未按时确认补遗书等招标人发出的通知	10分/次	
		GLSJ1-2-4	无正当理由未在规定时间内签订合同	10分/次	
		GLSJ1-2-5	其他被认定为失信的投标行为	6～10分	
履约行为（满分100，扣完为止。行为代码GLSJ2）	严重失信行为（行为代码GLSJ2-1）	GLSJ2-1-1	因勘察设计原因造成重大质量或重大及以上安全事故	直接定为D级	
		GLSJ2-1-2	将中标合同转包或违法分包	直接定为D级	
	人员到位（满分25，扣完为止。行为代码GLSJ2-2）	GLSJ2-2-1	投标书承诺的项目负责人未经同意更换	12分/人次	
		GLSJ2-2-2	投标书承诺的其他专业负责人未经同意更换	6分/人次	
		GLSJ2-2-3	设计人员不具备相应执业资格条件	5分/人次	
		GLSJ2-2-4	投标书承诺的施工期设计代表未经同意更换	6分/人次	
		GLSJ2-2-5	施工期设计代表因自身过失原因被更换	12分/人次	
	进度管理（满分15，扣完为止。行为代码GLSJ2-3）	GLSJ2-3-1	因勘察设计原因未按合同约定时间提交设计文件成果	12分/次	
		GLSJ2-3-2	因自身原因未按合同约定开展外业工作或因自身原因提交外业成果的时间不满足合同规定要求	10分/次	

续上表

评定内容		行为代码	失信行为	行为等级和扣分标准	备注
履约行为（满分100，扣完为止。行为代码GLSJ2）	进度管理（满分15，扣完为止。行为代码GLSJ2-3）	GLSJ2-3-3	因勘察设计进度原因，引起项目推迟开工	10分/次	
		GLSJ2-3-4	因后期服务原因，引起工期延误	10分/次	
		GLSJ2-3-5	因自身原因未按时参加交（竣）工验收或工程质量事故分析	6分/次	
	成果质量（满分30，扣完为止。行为代码GLSJ2-4）	GLSJ2-4-1	因勘察设计原因引起一般质量事故或较大安全事故	20分/次	
		GLSJ2-4-2	因勘察设计原因引起一般质量问题或一般安全事故	13分/次	
		GLSJ2-4-3	因设计原因，项目各阶段设计投资额度超过上一阶段批准投资额的允许偏差范围	10分/次	
		GLSJ2-4-4	成果文件不满足有关主管部门批复意见和强制性标准要求	10分/次	
		GLSJ2-4-5	成果文件不满足勘察设计深度要求	5分/项次	单次审查、验收或检查为一次
		GLSJ2-4-6	签章不全、未授权代签或借用他人资格签章	5分/项次	
		GLSJ2-4-7	对批复意见或审查意见的技术方案未落实	5分/项次	
		GLSJ2-4-8	因勘察设计原因，引起重大设计变更	20分/项次	
		GLSJ2-4-9	因勘察设计原因，引起较大设计变更	13分/项次	
	其他失信行为（满分30，扣完为止。行为代码GLSJ2-5）	GLSJ2-5-1	在设计变更中，违规谋取非法利益	30分/次	
		GLSJ2-5-2	未按合同规定进行地质勘查	30分/次	
		GLSJ2-5-3	地质勘查时间滞后，地质勘查成果未利用	20分/次	
		GLSJ2-5-4	地质勘查深度不足	20分/次	单次审查、验收或检查为一次
		GLSJ2-5-5	设计单位指定建筑材料生产厂家、供应商	10分/次	
		GLSJ2-5-6	提供虚假地质勘查资料的	10分/次	
		GLSJ2-5-7	发生廉政事件但未触及刑事法律	8分/次	
		GLSJ2-5-8	勘察设计工作大纲及实施细则未落实	6分/项次	

续上表

评定内容	行为代码	失信行为	行为等级和扣分标准	备注
严重失信行为（行为代码GLSJ3-1）	GLSJ3-1	被司法机关认定有单位行贿、受贿行为，并构成犯罪	直接定为D级	
其他失信行为（行为代码GLSJ3-2）	GLSJ3-2-1	进行虚假投诉	20分/次	单个合同段单次投诉举报为1次
	GLSJ3-2-2	信用评价中弄虚作假或以不正当手段骗取较高信用等级	15分/次	
	GLSJ3-2-3	在资质申报、延续、变更等过程中弄虚作假	10分/项次	省级部门认定的，在相应省份省级综合评价中扣除；国务院行业主管部门认定的，在全国综合评价中扣除；单个人员、设备、业绩等信息为1项
	GLSJ3-2-4	省级及以上交通运输主管部门要求企业填报向社会公布信息，存在虚假的	10分/项次	在相应省份省级综合评价中扣除，单个人员、设备、业绩等信息为1项
	GLSJ3-2-5	被国务院交通运输主管部门通报批评	15分/次	在全国综合评价中扣除
	GLSJ3-2-6	被省级交通运输主管部门通报批评	10分/次	在相应省份省级综合评价中扣除
	GLSJ3-2-7	被设区的市级交通运输主管部门通报批评	5分/次	在相应省份省级综合评价中扣除
	GLSJ3-2-8	其他被认定为失信的行为	2~10分	由省级交通运输主管部门根据本地实际情况在实施细则中增加，行为代码可顺延

注：履约行为检查一般每半年开展一次，检查结果以正式书面文件为准。除以项次扣分的行为外，一种行为在单个合同段的同次检查中原则上不重复扣分。

附件 2

公路设计企业信用行为评价计算方法

一、单项评价（以合同段为评价单元）

企业投标行为信用评价得分：$T = 100 - \sum_{i=1}^{n} A_i$，其中，$i$ 为不良投标行为数量，A_i 为不良投标行为对应的扣分标准。

企业履约行为信用评价得分：$L = 100 - \sum_{i=1}^{n} B_i$，其中，$i$ 为不良履约行为数量，B_i 为不良履约行为对应的扣分标准。

二、省级评价

企业在某省份投标行为评价得分和履约行为评价得分计算公式为

投标行为评价得分：
$$T = \frac{\sum_{i=1}^{n} T_i}{n}$$

（i 为企业在某省份被进行投标行为评价的合同段数量，$i = 1、2、\cdots n$，T_i 为企业在某合同段投标行为信用评价得分）

履约行为评价得分：
$$L = \frac{\sum_{i=1}^{n} (L_i C_i)}{\sum_{i=1}^{n} C_i}$$

（i 为企业在某省份被进行履约行为评价的合同段数量，$i = 1、2、\cdots n$，L_i 为企业在某合同段履约行为信用评价得分，C_i 为企业所履约合同段的标价）

设计企业在从业省份综合评分：
$$X = aT + bL - \sum_{i=1}^{n} Q_i$$

（T 为设计企业投标行为评价得分，L 为履约行为评价得分，Q_i 为其他行为对应扣分标准。a、b 为评分系数，当评价周期内企业在某省只存在投标行为评价时，$a = 1$，$b = 0$；当评价周期内企业在某省只存在履约行为评价时，$a = 0$，$b = 1$；当企业在某省同时存在投标行为评价和履约行为评价时，$a = 0.2$，$b = 0.8$）

三、全国综合评价

$$X = a \frac{\sum_{i=1}^{m} T_i}{m} + b \frac{\sum_{j=1}^{n} (L_j C_j)}{\sum_{j=1}^{n} C_j} - \frac{\sum_{k=1}^{p} Q_k}{G} - \sum_{l=1}^{q} R_l$$

（T_i 为设计企业在某省份投标行为评分。L_j 为设计企业在某省份履约行为评分。Q_k 为企业在某省其他行为评价的扣分分值。C_j 为企业在该省份参与履约行为评价合同段的标价总额。i、j、k 分别为对企业进行投标信用评价、履约信用评价和其他行为评价的省份数量，G 为对企业进行信用评价的全部省份数量。l 为部级层面认定的不良行为数量，R_l 为部级层面认定的不良行为对应的扣分标准。a、b 为评分系数，当评价周期内企业只存在投标行为评价时，$a=1$，$b=0$；当企业只存在履约行为评价时，$a=0$，$b=1$；当企业同时存在投标行为评价和履约行为评价时，$a=0.2$，$b=0.8$）。

各省级交通运输主管部门应按时向部上报 T_i、L_j、C_j、Q_k 等数值。

交通运输部关于印发《公路水运工程监理信用评价办法》的通知

交质监发〔2012〕774号

各省、自治区、直辖市、新疆生产建设兵团交通厅（局，委），天津市市政公路管理局，长江航务管理局：

现将《公路水运工程监理信用评价办法》印发给你们，请遵照执行。原《公路水运工程监理信用评价办法（试行）》（交质监发〔2009〕5号）同时废止。

中华人民共和国交通运输部
2012年12月25日

公路水运工程监理信用评价办法

第一章 总 则

第一条 为加强公路水运工程监理市场管理,维护公平有序竞争的市场秩序,增强监理企业和监理工程师诚信意识,推动诚信体系的建设,根据《中华人民共和国招标投标法》《中华人民共和国安全生产法》《建设工程质量管理条例》《建设工程安全生产管理条例》等法律法规,制定本办法。

第二条 本办法所称信用评价是指交通运输主管部门依据有关法律法规和合同文件等,对监理企业和监理工程师从业承诺履行状况的评定。

监理企业和监理工程师在工程项目监理过程中的行为,监理企业在资质许可、定期检验、资质复查、资质变更、投标活动以及履行监理合同等过程中的行为,监理工程师在岗位登记、业绩填报、履行合同等过程中的行为,属于从业承诺履行行为。

第三条 本办法所称监理企业是指依法取得交通运输部颁发的甲、乙级及专项监理资质证书的企业。

本办法所称监理工程师是指具有交通运输部核准的监理工程师或专业监理工程师资格的人员。

第四条 本办法第二条第二款中的工程项目,是指列入交通运输质量监督机构监督范围、监理合同额50万元(含)以上的公路水运工程项目。其中公路工程项目还应满足以下条件:合同工期大于等于3个月的二级(含)以上项目。

第五条 不属于第四条规定的工程项目范围,但属于下列情形之一的,纳入信用评价范围:

(一)在交通运输主管部门或其质量监督机构受理的举报事件中查实存在违法违规问题的监理企业和监理工程师;

(二)在重大质量事故中涉及的监理企业和监理工程师;

(三)在较大及以上等级安全生产责任事故中涉及的监理企业和监理工程师;

(四)从业过程中有本办法附件1中"直接定为D级"行为的监理企业。

第六条 信用评价应遵循公开、公平、公正的原则。

第七条 信用评价工作实行评价人签认负责制度和评价结果公示、公告制度。

第八条 信用评价工作实行统一管理、分级负责。

交通运输部负责全国范围内从业的监理企业和监理工程师的信用评价管理工作,交通运输部质量监督机构负责对具体信用评价工作进行指导并负责综合信用评价。

省级交通运输主管部门负责在本地区从业的监理企业和监理工程师的信用评价管理工

作，省级交通运输质量监督机构负责本地区信用评价的具体工作。

项目业主负责本项目监理企业和监理工程师的信用评价初评工作。

监理企业负责本企业信用评价申报以及相关基本信息录入工作。

第九条 下列资料可以作为信用评价采信的基础资料：

（一）交通运输主管部门及其质量监督机构文件（含督查、检查、通报文件）和执法文书；

（二）质量监督机构发出的监督意见通知书、停工通知书、质量安全问题整改通知单；

（三）工程其他监管部门稽查、督查（察）、检查等活动中形成的检查文件；

（四）举报投诉调查处理的相关文件和专家鉴定意见；

（五）质量、安全事故调查处理及责任认定相关文件；

（六）项目业主有关现场监理机构和监理人员履约、质量和安全问题的处理意见；

（七）总监办、项目监理部、驻地办有关质量安全问题的处理意见；

（八）项目业主向质量监督机构提供的项目监理人员履约情况（包括合同规定监理人员、实际到位人员及人员变更情况等内容）。

第十条 项目业主、项目交通运输质量监督机构、省级交通运输质量监督机构及省级交通运输主管部门应对收集的基础资料进行分析、确认，对有疑问或证据不充足的资料应查证后作为评价依据。

项目交通运输质量监督机构应对纳入信用评价范围的工程项目每年不少于1次进行现场检查评价。

第十一条 监理企业信用评价周期为1年，从每年1月1日起，至当年12月31日止。

监理工程师信用评价周期为3年，从第一年1月1日起，至第三年12月31日止。

第十二条 监理企业负责组织项目监理机构于每年1月10日前将上一年度项目监理情况向项目业主提出信用评价申报，并将项目监理机构和扣分监理工程师的相关信用自评信息录入部信用信息数据库。项目业主应于每年1月底前将上一年度对监理企业和监理工程师的初评结果、扣分依据等相关资料报项目交通运输质量监督机构，同时将初评结果抄送相关监理企业。监理企业如有异议可于收到初评结果后5个工作日内向项目交通运输质量监督机构申诉。项目交通运输质量监督机构根据现场检查评价情况、申诉调查结论等对项目业主的初评结果进行核实，将核实后的初评结果报省级交通运输质量监督机构。

省级交通运输质量监督机构根据项目交通运输质量监督机构核实后的初评结果，并结合收集的其他资料进行审核和综合评分后，将评价结论报省级交通运输主管部门审定。

第十三条 省级交通运输主管部门应于每年3月底前将审定后的评价结果委托省级交通运输质量监督机构录入部信用信息数据库，并同时将书面文件报部。

交通运输部质量监督机构在汇总各省评分的基础上，结合掌握的相关企业和个人的信用情况，对监理企业和监理工程师进行综合评价。

第二章 监理企业信用评价

第十四条 监理企业信用评价实行信用综合评分制。监理企业信用评分的基准分为100分,以每个单独签订合同的公路水运工程监理合同段为一评价单元进行扣分,具体扣分标准按照附件1执行。对有多个监理合同段的企业,按照监理合同额进行加权,计算其综合评分。

联合体在工程监理过程中的失信行为,对联合体各方均按照扣分标准进行扣分或确定信用等级。合同额不进行拆分。

第十五条 项目业主对监理企业的初评评分按附件3中的公式(四)计算。

监理企业在从业省份及全国范围内的信用综合评分按附件3中的公式(一)、(二)分别计算。

第十六条 对于评价当年交工验收的工程项目,除按照本办法规定对监理企业当年的从业承诺履行状况进行评价外,还应对监理企业在该工程项目建设期间的从业承诺履行状况进行总体评价。

监理企业在工程项目建设期间的信用总体评价的评分按附件3中的公式(三)计算。

第十七条 监理企业信用评价分为AA、A、B、C、D五个等级。评分对应的信用等级分别为:

AA级:95分<评分≤100分,信用好;

A级:85分<评分≤95分,信用较好;

B级:70分<评分≤85分,信用一般;

C级:60分≤评分≤70分,信用较差;

D级:评分<60分,信用很差。

第十八条 监理企业首次参与监理信用评价的,当年全国信用评价等级最高为A级。

任一年内,水运工程监理企业仅在1个省从业的,当年全国信用评价等级最高为A级。

第十九条 对信用行为"直接定为D级"的监理企业实行动态评价,自省级交通运输主管部门认定之日起,企业在该省和全国范围内当年的信用等级定为D级,且定为D级的时间为一年。

第二十条 监理企业在工程项目建设期间,任一年在该工程项目上发生"直接定为D级"行为之一的,其在该项目上的总体信用评价等级最高为B级。

第二十一条 监理企业有本办法附件1中第35项行为的,在任一年内每发生一次,其在全国当年的信用等级降低一级,直至降到D级。

第三章 监理工程师信用评价

第二十二条 监理工程师信用评价实行累计扣分制,具体扣分标准按照附件2执行。

第二十三条　评价周期内，对监理工程师失信行为扣分进行累加。

第二十四条　对评价周期内累计扣分分值大于等于 12 分、但小于 24 分的监理工程师，在其数据库资料中标注"评价周期内从业承诺履行状况较差"。

对评价周期内累计扣分分值大于等于 24 分的监理工程师，在其数据库资料中标注"评价周期内从业承诺履行状况很差"。

第四章　信用评价管理

第二十五条　交通运输主管部门应将评价结果公示，公示时间不应少于 10 个工作日。交通运输主管部门应将最终确定的评价结果向社会公告。

第二十六条　监理企业的信用评价结果自正式公告之日起 4 年内，向社会提供公开查询。

"评价周期内从业承诺履行状况较差"和"评价周期内从业承诺履行状况很差"监理工程师的扣分情况，向社会提供公开查询。

第二十七条　交通运输主管部门应将信用评价等级为 D 级的企业、累计扣分大于等于 24 分的监理工程师列入"信用不良的重点监管对象"加强管理。

第二十八条　省级交通运输质量监督机构应指定专人负责信用评价资料的整理和归档等工作。录入交通运输部数据库的信用数据资料应经省级交通运输质量监督机构负责人签认。

第二十九条　交通运输部质量监督机构负责信用评价数据库的管理和维护。省级交通运输质量监督机构负责本地区监理企业和监理工程师信用评价资料的管理。

监理企业信用评价纸质资料及信用评（扣）分、信用等级等的电子数据资料保存期限应不少于 5 年。监理工程师的信用评价资料应不少于 6 年。

第三十条　监理企业或监理工程师对省级交通运输主管部门的信用评价公示结果有异议的，应按时向省级交通运输主管部门申诉；如对省级交通运输主管部门申诉处理结果有异议的，可向上一级交通运输主管部门再次申诉。

第三十一条　交通运输部不定期组织对全国信用评价情况进行监督检查。

第五章　附　　则

第三十二条　在本办法第四条规定范围以外的其他项目上从业的甲、乙级及专项监理资质企业和监理工程师的信用评价工作，由省级交通运输主管部门参照本办法制定评价办法。

第三十三条　本办法自印发之日起施行。

第三十四条　本办法由交通运输部负责解释。

附件1

公路水运工程监理企业信用评价标准

评价内容		失信行为代码	失信行为	信用等级或扣分标准
投标行为		JJX101001	出借监理企业资质的	直接定为D级
		JJX101002	以他人名义或弄虚作假进行投标的，以向招标人或评标委员会成员行贿的手段谋取中标的，或串标、围标的	直接定为D级
		JJX101003	监理企业中标后无正当理由放弃中标的	在全国信用评价总分中扣5分/次
履约行为	严重不良行为	JJX101004	分包、转包工程监理工作的	直接定为D级
		JJX101005	弄虚作假，故意降低工程质量标准的	直接定为D级
		JJX101006	在重大质量事故或较大及以上等级安全生产责任事故中，监理企业负有主要责任的	直接定为D级
		JJX101007	在重大质量事故或较大及以上等级安全生产责任事故中，监理企业负有责任的	20分/次
	质量、安全生产、环保监理	JJX101008	将不合格的单位、分部、分项工程、工序按照合格签字的	15分/次
		JJX101009	将不合格的建筑材料、建筑构配件或设备按照合格签字的	10分/次
		JJX101010	在环保事件中负有责任的	10分/次
		JJX101011	在一般质量事故或安全生产责任事故中，监理企业负有责任的	10分/次
		JJX101012	工程项目出现重大安全生产事故隐患，监理企业负有责任的	6分/次
		JJX101013	工程项目出现质量问题，监理企业负有责任的	5分/次
		JJX101014	对交通运输主管部门或质量监督机构检查（督查）提出的监理问题未整改、整改不及时或经整改达不到要求的	5分/次
		JJX101015	未按规定对施工组织设计、专项施工方案等进行审批的，或监理计划（规划）、监理实施细则未按规定审批的	5分/次
		JJX101016	未按规定进行隐蔽工程验收或进行中间交工验收和质量评定的	5分/次
		JJX101017	存在假数据、假资料问题的	5分/类·次
		JJX101018	对施工现场发现的质量问题、安全隐患、环保问题，未及时提出书面指令督促施工单位整改的	3分/项·次
		JJX101019	未按规定频率进行抽检和质量检验（评定）的	3分/次
		JJX101020	监理日志、巡视、旁站记录中重要内容未记录的	2分/项·次
	费用监理	JJX101021	工程量计量不真实的	5分/次
	进度监理	JJX101022	由于施工单位原因导致工期滞后，监理未及时提出书面指令督促施工单位整改的	3分/次
	人员设备到位	JJX101023	企业所属监理人员冒用他人证书从事监理工作的	10分/人次
		JJX101024	监理人员使用假证书从事监理工作的	5分/人次
		JJX101025	监理人员有吃拿卡要行为的	5分/人次

续上表

评价内容		失信行为代码	失信行为	信用等级或扣分标准
履约行为	人员设备到位	JJX101026	未按投标承诺的条件配备总监、副总监、驻地监理、总监代表的	5分/人次
		JJX101027	派驻到工程建设项目上的总监、副总监、驻地监理、总监代表未在中标监理企业从业登记的	5分/人次
		JJX101028	派驻到工程建设项目上的监理工程师在中标监理企业从业登记的人数不足合同约定监理工程师总人数50%的	每少1人，扣5分/人次
		JJX101029	未经业主许可调换总监、副总监、驻地监理、总监代表的	5分/人次
		JJX101030	实际到岗监理工程师不足合同约定70%的	3分/次
		JJX101031	监理工地试验室未经质量监督机构备案审核或实际工作中不满足备案要求的	3分/次
		JJX101032	监理工程师同时在两个及以上高速公路或大型水运工程项目中从业的	2分/人次
	其他行为	JJX101033	监理企业应申请评价而拒绝申请评价的	直接定为D级
		JJX101034	被交通运输部通报批评的	直接定为D级
		JJX101035	在申请资质许可、定期检验、资质复查及变更等过程中存在企业业绩弄虚作假的	发现一次，在全国信用等级降一级
		JJX101036	监理企业在资质许可、资质复查、定期检验等过程中，存在监理工程师业绩等虚假的	在全国信用评价总分中扣2分/人次
		JJX101037	监理企业根据交通运输主管部门要求填报向社会公布的信息存在虚假的	在全国信用评价总分中扣3分/次
		JJX101038	被省级交通运输主管部门、质量监督机构或省级其他行政主管部门通报批评或行政处罚的	15分/次
		JJX101039	被地（市）级交通运输主管部门、质量监督机构或地（市）级其他行政主管部门通报批评或行政处罚的	5分/次

注：1. JJX101006、JJX101007、JJX101010、JJX101011、JJX101013，应根据事故调查组《事故认定或结案报告》，对监理责任认定情况及事故等级或程度进行相应扣分。质量事故、安全事故、质量问题等级划分标准见《公路工程质量事故等级划分及事故报告》（交公路发〔1999〕90号）、《水运工程质量事故等级划分及事故报告》（交通部水运质监字〔1999〕404号）、《生产安全事故报告和调查处理条例》（国务院第493号令）、《安全生产事故隐患排查治理暂行规定》（安监总局2007年第16号令）等文件。质量问题还包括被交通运输主管部门或质量监督机构责令返工、报废处理，或结构物加固补强造成永久性质量缺陷等情况。

JJX101012，安全事故隐患的分级情况见《2008年交通基础设施建设安全生产隐患排查治理工作实施意见》（厅质监字〔2008〕48号）的有关规定。本标准中的重大安全生产事故隐患（简称重大隐患）指列入各级交通运输主管部门挂牌督办范围的重大隐患。

2. JJX101015，"未按规定对施工组织设计、专项施工方案等进行审批的，或监理计划（规划）、监理实施细则未按规定审批的"，是指监理未对施工单位提交的施工组织设计进行审批，包括安全技术措施、环保技术措施、施工现场临时用电方案、专项施工方案等，或者监理计划（规划）、监理实施细则未按规定审批的，扣5分/次。

3. JJX101017，"存在假数据、假资料问题的"，主要扣分情况分以下几类：

   （1）监理企业抽检数据不真实或出现严重偏差的；

   （2）巡视、旁站、监理日志等记录不真实，与实际施工情况或监理事项不符；

   （3）质量安全问题处理复查记录存在编造或不属实；

   （4）标准试验、配合比设计验证审批资料虚假；

   （5）其他监理文件和资料存在编造或不属实的；

   （6）监理资料中存在违规代签现象的。

   以上各类情况发现一次扣5分/类，多类同时发现的累加扣分。

4. JJX101018，"对施工现场发现的质量问题、安全隐患、环保问题，未及时提出书面指令督促施工单位整改的"：指工程现场发生质量问题、安全隐患或环保问题时，监理应及时向施工单位发出书面监理指令，督促施工单位整改，并对整改情况予以验收和书面确认。未按上述程序实施的，扣3分/项·次，"项"指的是按照质量问题、安全隐患、环保问题分项。

5. JJX101020，监理日志、巡视、旁站记录中重要内容未记录的，扣2分/项·次，"项"指的是按照监理日志、巡视和旁站分项。

6. JJX101026，"未按投标承诺的条件配备总监、副总监、驻地监理工程师、总监代表的"：指监理企业派驻现场关键人的岗位能力不满足合同要求，如主要业绩、职称、专业、资格要求等。主要扣分情况分以下几类：

   （1）派驻关键人条件有降低的，即使有履行变更手续经业主同意的情形，或关键人到岗时间不足合同约定时间的2/3，扣5分/人次；

   （2）关键人条件无降低，但每一个关键人岗位在施工监理期内累计变更次数达到两次（含）以上的，从第二次变更起，施工监理期每变更一次扣2分/人次（只变更一次不扣分）；

   （3）关键人条件有降低，且每一个岗位在施工监理期内累计变更次数超过两次（含）以上，应按照上述第（2）和（3）条累加扣分。

7. JJX101028，"派驻到工程建设项目上的监理工程师在中标监理企业从业登记的人数不足合同约定监理工程师总人数50%的"：指监理工程师在中标企业从业登记人数少于合同约定监理工程师总人数的50%时，每少1人扣5分/次，不够1人按1人扣分计算；登记在中标企业监理工程师人数大于等于总人数50%时不扣分。

8. JJX101032，"监理工程师同时在两个及以上高速公路或大型水运工程项目中从业的"：指监理工程师同时在两个及以上高速公路或大型水运工程项目中兼职的，扣2分/人次，但其中有暂停施工的项目除外。

9. JJX101037，"监理企业根据交通运输主管部门要求填报向社会公布的信息存在虚假的"：监理企业向社会公布的信息包括企业基本信息、企业业绩、主要从业人员信息、人员业绩等，经查实，存在虚假的，在全国信用评价总分上扣3分/次。

10. JJX101038和JJX101039，被省级或地（市）级交通运输主管部门、质量监督机构、省级或地（市）级其他行政主管部门通报批评或行政处罚的：当通报批评或行政处罚涉及标准中其他具体失信行为时，原则上不重复扣分，应按"就高不就低"原则进行扣分。

11. 关于监理企业在项目实施中发生失信行为扣分的"次"，作如下解释：有关主管部门在检查中发现的监理企业存在失信行为，依据标准进行相应扣分，并要求监理企业在一定时限内整改，整改期内不重复扣分。整改期后，相关主管部门仍发现同一失信行为时，可进行下一次扣分。

附件 2

公路水运工程监理工程师信用评价标准

序号	失信行为代码	失信行为	扣分标准
1	JJX102001	监理工作中，有吃拿卡要等行为的	24 分/次
2	JJX102002	使用假监理工程师或专业监理工程师资格证书的	24 分/次
3	JJX102003	被交通运输部通报批评的	24 分/次
4	JJX102004	在重大质量事故或较大及以上等级安全生产责任事故中负有主要责任的	24 分/次
5	JJX102005	将不合格的单位、分部、分项工程按合格签字的	20 分/次
6	JJX102006	将不合格的工序、建筑材料、建筑配件和设备按照合格签字的	16 分/次
7	JJX102007	在环保事件中负有责任的	6~12 分/次（视责任程度扣）
8	JJX102008	监理工程师存在造假行为的	12 分/次
9	JJX102009	被省级交通运输主管部门、质量监督机构或省级其他行政主管部门通报批评或行政处罚的	12 分/次
10	JJX102010	在重大质量事故或较大及以上等级安全生产责任事故中负有责任的	12 分/次
11	JJX102011	在一般质量事故或安全生产责任事故中负有责任的	8 分/次
12	JJX102012	在重大安全生产事故隐患中负有责任的	8 分/次
13	JJX102013	在质量问题中负有责任的	6 分/次
14	JJX102014	被地（市）级交通运输主管部门、质量监督机构或地（市）级其他行政主管部门通报批评或行政处罚的	6 分/次
15	JJX102015	出借资格证书的	6 分/次
16	JJX102016	无正当理由，不履行劳动合同的	6 分/次
17	JJX102017	从事监理工作未进行从业登记或业绩登记的	6 分/次
18	JJX102018	违规代签监理资料的	3 分/次
19	JJX102019	现场监理工程师无正当理由不到岗、不出勤的	2 分/次

注：1. JJX102004、JJX102010 至 JJX102013 的相关说明参见《公路水运工程监理企业信用评价标准》注 1。

2. JJX102008，"监理工程师存在造假行为的"：包括编造、伪造试验资料或监理资料，以及在从业登记和业绩登记中提供虚假资料，扣 12 分/次。

3. JJX102009、JJX102014，"被省级或地（市）级及以上交通运输主管部门、质量监督机构、省级或地（市）级其他行政主管部门通报批评的"：当通报批评涉及标准中其他失信行为时，原则上不重复扣分，应按"就高不就低"原则进行扣分。

4. JJX102015，"出借资格证书的"：是指监理工程师与监理企业无劳动关系，仅将其资格证书信息登记在该企业，并提供证书供企业投标、办理资质许可相关事宜的行为，应扣 6 分/次。

5. JJX102017，"从事监理工作未进行从业登记或业绩登记的"：是指监理工程师未按规定在交通运输部质量监督局网站"监理工程师岗位登记系统"中进行了从业登记和业绩登记。

6. 关于监理工程师在项目实施中发生失信行为扣分的"次"，作如下解释：有关主管部门在检查中发现的监理工程师存在失信行为，依据标准进行相应扣分，并要求监理工程师在一定时限内整改，整改期内不重复扣分。整改期后，相关主管部门仍发现同一失信行为时，可进行下一次扣分。

附件3

公路水运工程监理信用评价相关计算公式

（一）监理企业在从业省份的信用综合评分计算公式。

$$S = \frac{\sum_{i=1}^{n}(F_i \times H_i)}{\sum_{i=1}^{n} H_i}$$

式中：S——企业在某省的信用综合评分；

F_i——企业在某省内某一合同段的信用评分；

H_i——企业在某省内某一合同段的合同额；

n——企业在某省内从业的监理合同段总数。

（二）监理企业在全国范围内的信用综合评分计算公式。

$$G = \frac{\sum_{j=1}^{m}(S_j \times I_j)}{\sum_{j=1}^{m} I_j}$$

式中：G——企业在全国范围内的信用综合评分；

S_j——企业在某省的信用综合评分；

I_j——企业在某省的合同总额；

m——企业从业的省份总数。

（三）监理企业在工程项目建设期间的信用总体评价的评分计算公式。

$$X = \frac{\sum_{i=1}^{k} N_i}{k}$$

式中：X——企业在工程项目建设期间的信用总体评分；

N_i——企业在工程项目建设期间某一年的信用综合评分，按（四）中公式计算；

k——企业在工程项目上的从业年份数量。

（四）监理企业在工程项目建设期间某一年的信用综合评分计算公式。

$$N = \frac{\sum_{i=1}^{n}(F_i \times H_i)}{\sum_{i=1}^{n} H_i}$$

式中：F_i——企业在工程项目某一合同段的信用评分；

H_i——企业在工程项目上某一合同段的合同额；

n——企业在工程项目上的合同段总数。

公路建设单位信用评价规则

(送审稿,以正式印发文件为准)

第一章 总 则

第一条 为加强公路建设单位管理,开展公路建设单位信用评价工作,统一评价方法和标准,根据《中华人民共和国公路法》《建设工程质量管理条例》《公路建设市场管理办法》《公路建设监督管理办法》《社会信用体系建设规划纲要》和《关于建立公路建设市场信用体系的指导意见》等法律、法规和规章,制定本规则。

第二条 本规则适用于已开工建设至尚未竣工验收的高速公路、一级公路、独立桥梁和独立隧道项目的新建或改扩建工程,其他公路项目可参照执行。

第三条 本规则所称公路建设单位信用评价是指省级及以上交通运输主管部门或其委托机构依据有关法律法规、标准规范、合同文件等,按照评定标准对公路建设单位在公路建设市场中的从业行为所进行的评价。

第四条 本规则所称公路建设单位,是指实际承担公路建设项目实施阶段的组织、协调和建设管理活动的项目建设管理法人或具备法人资格的代建单位。

第五条 公路建设单位信用评价遵循公平、公开、公正的原则,评价结果实行签认和公示公告制度。

第六条 信用评价管理工作实行统一领导、分级负责。

第七条 国务院交通运输主管部门负责全国公路建设单位信用评价的监督管理等工作。主要职责是:

(一)制定全国公路建设单位信用评价标准;

(二)指导省级交通运输主管部门的信用评价管理工作;

(三)对高速公路、独立特大桥梁和特长隧道项目公路建设单位的从业行为进行全国综合信用评价。

第八条 省级交通运输主管部门负责本行政区域内公路建设单位的信用评价管理工作。主要职责是:

(一)制定本行政区域内公路建设单位信用评价实施细则并组织实施;

(二)对在本行政区域内从业的公路建设单位进行省级综合信用评价;

第九条 公路建设单位信用评价等级分为 AA、A、B、C、D 五个等级,各信用等级对应的评分 X 分别为:

AA 级:95 分 ≤ X ≤ 100 分,好;

A 级：85 分≤X＜95 分，较好；

B 级：75 分≤X＜85 分，一般；

C 级：60 分≤X＜75 分，较差；

D 级：X＜60 分，或存在严重失信行为，信用差。

第十条 公路建设单位信用评价的依据为：

（一）交通运输主管部门及其职能部门督查、检查结果或处罚通报、决定；

（二）招标人管理工作中的正式文件；

（三）成立项目管理机构的地方人民政府或项目法人督查、检查结果或处罚通报、决定；

（四）公路建设单位履职、履约情况等日常基础资料；

（五）举报、投诉或质量、安全事故调查处理结果；

（六）司法机关做出的生效司法认定，纪检监察机关的有关党纪、政纪处分意见及审计部门的审计意见；

（七）其他可以认定不良行为的有关资料。

第十一条 公路建设单位信用评价工作实行定期评价和动态评价相结合的方式。

（一）定期评价是省级及以上交通运输主管部门对公路建设单位上一年度的信用行为进行的周期性评价，一般每年开展一次。

省级交通运输主管部门应当于 3 月 31 日前将本行政区域内承担高速公路、一级公路、独立特大桥梁和特长隧道项目公路建设单位的省级综合信用评价结果报送国务院交通运输主管部门。

国务院交通运输主管部门应当在 4 月底前完成全国综合评价。

（二）动态评价是公路建设单位发生严重失信行为时，省级及以上交通运输主管部门直接确定其信用等级为 D 级的信用评价工作。

被交通运输主管部门动态评价为 D 级的公路建设单位，自认定之日起，在相应行政区域一年内信用评价等级为 D 级。因受到行政处罚被直接认定为 D 级的公路建设单位，其评价为 D 级的时间不得低于该行政处罚期限。

第二章　公路建设单位信用评价

第十二条 评价内容由公路建设单位投标行为、履职履约行为和其他行为构成，具体见《公路建设单位信用行为评价标准》。

投标行为以公路建设单位单次投标为评价单元，履职履约行为以单个公路建设项目为评价单元。具体的评分计算方法见《公路建设单位信用评价计算方法》。

第十三条 公路建设单位定期评价程序为：

（一）投标行为评价。招标人完成每次招标工作后，仅对存在不良投标行为的公路建设单位进行投标行为评价，记入信用管理台账，写入评标报告以向主管部门备案。被投诉举报并经查实投标过程中存在失信行为的，应追溯进行投标行为评价。

（二）履职履约行为评价。合同有效期内，交通运输主管部门或其委托机构对公路建设单位的履职履约行为实时记入信用管理台账进行评价并予以公示。

（三）其他行为评价。交通运输主管部门或其委托机构对公路建设单位其他行为进行评价并予以公示。其他行为被省级交通运输主管部门认定通报的从省级综合评价得分中扣除相应分数；被国务院交通运输主管部门认定通报的从全国综合评价得分中扣除相应分数。

国务院交通运输主管部门对省级交通运输主管部门认定通报的其他行为评价原则上不再重复扣除相应得分。

（四）省级综合评价。省级交通运输主管部门或其委托机构对本行政区域公路建设单位信用行为进行评价，计算其省级综合评价得分，根据得分确定信用等级。省级综合评价结果应公示、公告，公示期不少于10个工作日。

（五）全国综合评价。国务院交通运输主管部门根据省级交通运输主管部门上报的省级综合评价结果，在核查的基础上，结合掌握的其他行为予以扣分后，计算出全国综合评价得分，确定信用等级。被1个省级交通运输主管部门动态评价为D级的单位，其全国综合评价直接定为C级；被2个及以上省级交通运输主管部门动态评价为D级以及被国务院交通运输主管部门行政处罚的公路建设单位，其全国综合评价直接定为D级。全国综合评价结果应进行公示、公告，公示期不少于10个工作日。

（六）政府投资项目或国有企业投资项目，评价结果抄告公路建设单位上级主管部门；央企投资项目抄告国务院国资委。

第十四条 公路建设单位信用信息采用动态采集和定期采集相结合的方法。

（一）公路建设单位上报。公路建设单位应该主动上报本规则第十条所列资料；

（二）质量、安全、造价监督等机构采集。公路建设单位质量、安全、造价管理等情况的资料，可依托项目质量、安全、造价监督管理等机构采集；

（三）向其他政府部门查询。交通运输主管部门到司法、纪检、审计、信访等部门查询采集相关信息；

（四）第三方机构采集。交通运输主管部门可委托第三方机构对公路建设单位相关失信行为的资料进行采集。

第三章 公路建设单位信用评价管理

第十五条 公路建设单位对信用评价结果有异议的，可在公示期限内依法向公示部门提出申诉。任何单位或个人可对公路建设单位的失信行为，以及信用评价工作中的违纪、违规行为进行投诉或举报。申诉、投诉或举报时应提交书面材料。

第十六条 交通运输主管部门收到申诉、投诉或举报书面材料后，应及时组织调查、核查，在30个工作日内将处理结果告知申诉人、投诉人或举报人。

第十七条 公路建设单位信用评价结果有效期1年，下一年度公路建设单位在该省份无信用评价结果的，其在该省份信用评价等级可延续 1 年。延续 1 年后仍无信用评价结果的，按照初次进入该省份确定，但不得高于其在该省份原评价等级的上一等级。

第十八条 省级交通运输主管部门应建立激励机制，对评为 AA 级或连续 3 年评为 A 级的守法诚信建设单位，在招投标、履约保证金、质量保证金等方面给予一定的优惠和奖励政策。

交通运输主管部门应公开本行政区内信用评价结果为 D 级的公路建设单位及其失信行为，并将其列入"信用不良"单位，要加强资质条件动态审核和投标资质审核，并对其履约行为进行重点监管。

第十九条 在公示评价结果时，同时公示被评价机构的法定代表人（或负责人）、技术负责人。对有社会资本参与投资的项目，还应公示社会资本方。

第二十条 省级交通运输主管部门应制定并向部报备实施细则，明确组织机构、评价程序、台账管理、签认机制、结果应用等方面的具体内容。

省级交通运输部门及其委托机构应当建立公路建设单位信用管理台账，及时、客观、公正地记录公路建设单位不良行为，并按照标准进行扣分，及时告知或在局域网络、互联网络、行业媒体公示。

省级交通运输部门不得徇私舞弊，不得随意扣分或规避扣分。省级交通运输主管部门应于每年年初对上年度信用评价日常管理工作组织开展年度检查，重点对信用管理台账真实性和完整性、扣分标准准确性、告知或签认程序完备性等进行监督检查。

第四章 附 则

第二十一条 本规则由国务院交通运输主管部门负责解释。

第二十二条 本规则自发布之日起施行，有效期 5 年。

附件 1

公路建设单位信用评价标准

序号	评价内容		失信行为代码	失信行为	信用等级扣分标准	条文说明
	评价分项	评价子项				
一	投标行为（100分行为代码 GLJS1）	严重失信行为（行为代码 GLJS1-1）	GLJS1-1-1	被招投标管理机构认定有串通投标行为的	直接认定为D级	作为投标人参与公路工程建设项目的建设管理招投标活动时
			GLJS1-1-2	出让或者出租资质、资质证书供他人投标的	直接认定为D级	
			GLJS1-1-3	投标人以他人名义投标或者以其他方式弄虚作假，骗取中标的（包括虚报、瞒报、提供虚假资料信息等情况）	直接认定为D级	
			GLJS1-1-4	超越资质等级许可范围承揽工程	直接认定为D级	
			GLJS1-1-5	投标人以向招标人或者评标委员会成员行贿谋取中标的	直接认定为D级	
			GLJS1-1-6	因违反法律、法规、规章被禁止投标，在禁止期内仍参加投标	直接认定为D级，已为D级的，D级延期半年	
		投标失信行为（行为代码 GLJS1-2）	GLJS1-2-1	中标人拒不按照招标文件要求提交履约保证金	10分/次	由省级交通运输主管部门根据本地实际情况在实施细则中增加，代码可顺延
			GLJS1-2-2	中标后无正当理由放弃中标	10分/次	
			GLJS1-2-3	无正当理由未在规定时间内签订合同	10分/次	
			GLJS1-2-4	捏造事实、伪造材料或者以非法手段取得证明材料进行投诉，给他人造成损失的	20分/次	
			GLJS1-2-5	其他被认定为失信的投标行为	5～10分	
二	履职履约行为（100分行为代码 GLJS2）	严重失信行为（行为代码 GLJS2-1）	GLJS2-1-1	因建设单位责任发生围标、串标或转包、违法分包	直接定为D级	
			GLJS2-1-2	建设项目必须实行工程监理而未实行工程监理	直接定为D级	自管模式的建设项目除外
			GLJS2-1-3	对不具备交工验收条件的公路工程组织交工验收	直接定为D级	
			GLJS2-1-4	因建设单位原因，对未交工验收、交工验收不合格或未备案的工程开放交通进行试运营	直接定为D级	
			GLJS2-1-5	试运营期超过三年不申请组织竣工验收，被交通运输主管部门责令整改仍不组织竣工验收的	直接定为D级	

续上表

序号	评价内容		失信行为代码	失信行为	信用等级或扣分标准	条文说明
	评价分项	评价子项				
二	履职履约行为（100分行为代码GLJS2）	严重失信行为（行为代码GLJS2-1）	GLJS2-1-6	项目竣工验收综合评分不合格（低于75分）	直接定为D级	
			GLJS2-1-7	发生重大及以上质量或安全事故	直接定为D级	
			GLJS2-1-8	发生重大质量或安全责任事故，未按有关规定和时间向有关部门报告的	直接定为D级	
			GLJS2-1-9	竣工验收建设项目质量鉴定得分或发生工程质量评分＜75分	直接定为D级	
			GLJS2-1-10	由于子项目原因，主要班子成员发生重大腐败问题，被追究刑事责任的	直接定为D级	
			GLJS2-1-11	环境保护工程、水土保持工程未与主体工程同时设计、施工和投入使用	直接定为D级	
			GLJS2-1-12	因建设单位监管缺失，施工期间发生重大环保问题，并造成较大危害	直接定为D级	
			GLJS2-1-13	将中标合同转让的	直接定为D级	
			GLJS2-1-14	因建设单位原因造成单位工程停工超过三个月以上	直接定为D级	
			GLJS2-1-15	安保工程、未与主体工程同时设计、施工和投入使用，直接定位D级	直接定为D级	
			GLJS2-1-16	依法必须进行招标而不招标或将必须进行招标的项目化整为零或者以其他任何方式规避招标的	直接定为D级	
			GLJS2-1-17	向他人透露已获取招标文件的潜在投标人的名称、数量或者可能影响公平竞争的有关招标投标的其他情况的；或者泄露标底的	直接定为D级	
		招标失信行为（15分行为代码GLJS2-2）	GLJS2-2-1	应该公开招标而不公开、未经批准采用邀请招标方式不招标的	10分/次	
			GLJS2-2-2	应当发布招标公告而不发或是不按照规定在指定媒介发布资格审查公告或招标公告的，在不同媒介发布的同一招标项目的资格审查公告或者招标公告内容不一致的	3分/次	

续上表

序号	评价内容		失信行为代码	失信行为	信用等级或扣分标准	条文说明
	评价分项	评价子项				
二	履职履约行为（100分行为代码GLJS2）	招标失信行为（15分行为代码GLJS2-2）	GLJS2-2-3	招标文件、资格预审文件的发售、确定的提交资格预审申请文件、投标文件的时限不符合招标投标法和招标投标法实施条例规定的	10分/次	
			GLJS2-2-4	接受未通过资格预审的单位或者个人参加投标；接受应当拒收的投标文件	5分/次	
			GLJS2-2-5	以不合理条件限制或排斥潜在投标人的；对潜在投标人实行歧视待遇的；强制要求投标人组成共同体联合投标的；或者限制投标人之间竞争等	5分/次	
			GLJS2-2-6	不按规定组建评标委员会，或者确定、更换评标委员会成员违反招标投标法和招标投标法实施条例规定的	5分/次	
			GLJS2-2-7	无正当理由不发出中标通知书；不按照规定改变中标结果；无正当理由不与中标人订立合同；在订立合同时向中标人提出附加条件	10分/次	
			GLJS2-2-8	在评标委员会依法推荐的中标候选人以外确定中标人；所有投标被评标委员会否决后自行确定中标人	10分/次	
			GLJS2-2-9	招标文件及招标投标情况书面报告未及时报备行业主管部门	3分/次	
			GLJS2-2-10	超过招标投标法实施条例规定的比例收取投标保证金、履约保证金或者不按照规定退还投标保证金及银行同期存款利率的	3分/次	
			GLJS2-2-11	与投标人就投标价格、投标方案等实质性内容进行谈判	5分/次	
			GLJS2-2-12	与中标人不按照招标文件和中标人的投标文件订立合同；或者与中标人订立背离合同实质性内容的协议	5分/次	
			GLJS2-2-13	因建设单位过错造成有理投诉或对查出问题拒不整改	3分/次	
		建设程序（10分行为代码GLJS2-3）	GLJS2-3-1	因建设单位原因，未严格执行可行性研究、初步设计、施工图设计批复、施工许可批复（含质量安全监督）的程序	缺项或未批先建的扣10分任一环节顺序倒置扣5分	

续上表

序号	评价内容		失信行为代码	失信行为	信用等级或扣分标准	条文说明
评价分项	评价子项					
二	履职履约行为（100分行为代码GLJS2）	建设程序（10分行为代码GLJS2-3）	GLJS2-3-2	未组织有关专家或委托相应工程咨询或设计资质的单位对施工图文件按规定进行审查	2分/项	
			GLJS2-3-3	未将施工图文件上报交通运输主管部门审批	5分	
			GLJS2-3-4	因建设单位原因，建设资金未落实或建设资金未经交通运输主管部门审批，征地手续未办，基本拆迁工作未完成开始施工的；施工、监理单位未依法依规确认开始施工的；质量和安全保障措施未落实开始施工的	5分/项	
			GLJS2-3-5	未按照批复的规模标准组织建设，自行提高或降低标准，增加或减少规模	5~10分/次	
			GLJS2-3-6	拖延3个月以上不组织项目交工验收的	5分/项	
			GLJS2-3-7	因建设单位原因，交工验收后试运营前不发放合同段交工证书	5分	
			GLJS2-3-8	在试运营期结束前不及时报上级交通运输主管部门进行竣工验收的	5分	
		设计变更和造价管理（10分行为代码GLJS2-4）	GLJS2-4-1	未建立设计变更管理台账，未实施变更管理的	5分	
			GLJS2-4-2	未按照规定权限，条件和程序审查批准一般变更或重大变更，重大变更肢解规避审批的	3分/项次	
			GLJS2-4-3	未经批准先实施变更的	3分/项次	
			GLJS2-4-4	未按照规定建立造价管理台账，未实施有效造价管理的	2分/项	
			GLJS2-4-5	存在虚列变更项目或虚报工程量，多结算工程款，或设计变更掩盖施工质量问题的	5~10分/项	
			GLJS2-4-6	未严格执行合同，非必要情况下变更合同工程项目的	3分/次	

续上表

序号	评价内容		失信行为代码	失信行为	信用等级或扣分标准	条文说明
	评价分项	评价子项				
二	履职履约行为（100分为代码GLJS2）	信用建设管理（10分行为代码GLJS2-5）	GLJS2-5-1	未设置专职管理人员	5分	
			GLJS2-5-2	未按照规定时间或未在30天内完成部、省平台项目信息录入及维护的	3分/项次	
			GLJS2-5-3	未建立信用管理台账、未实施有效信用管理的	10分	
			GLJS2-5-4	信用管理台账30天内未及时更新的	1分/项次	
			GLJS2-5-5	未实行电子化管理台账	未实现电子台账的扣3分；简单电脑登记管理的扣2分；以具备软件管理的扣1分；实现与部省平台实时链接的不扣分	
			GLJS2-5-6	基础信息错漏	1分/项次	
			GLJS2-5-7	未正确运用评价规则（如与部评分规则不一致、违规设置加分项，对不同从业单位评价标准不一致，应扣分未扣分的）	3分/项次	
			GLJS2-5-8	未按规定时间完成评价工作	5分	
			GLJS2-5-9	评价结果未按规定在项目招投标、履约监管等方面得以应用	未应用扣20分。应用不准确、不全面、不合理扣3分/项次	
			GLJS2-5-10	未执行信用评价结果公示、复议制度的	3分/起	
			GLJS2-5-11	评价年度内，建设单位信用评价工作不及时或不到位，影响全省从业信用评价汇总评价工作的	2分/项次	
			GLJS2-5-12	未在省级交通运输主管部门政府网站或其他规定网站及时更新工程概况、建设各方、征地拆迁等项目基本信息及招投标信息、信用评价情况等市场信息的	1～5分	

续上表

序号	评价内容		失信行为代码	失信行为	信用等级扣分标准	条文说明
	评价分项	评价子项				
二	履职履约行为（100分行为代码GLJS2）	信用建设管理（10分行为代码GLJS2-5）	GLJS2-5-13	评价年度内，建设单位在对本项目勘察设计、施工、监理企业的信用评价工作中，对被评价的从业单位失信行为包庇纵容，未如实反映从业单位的真实从业情况的	2分/项次	
			GLJS2-5-14	评价年度内，建设单位在对本项目勘察设计、施工、监理企业的信用评价工作中，存在应评未评或者漏评，导致应评价的从业单位没有评价的	3分/项次	
		质量安全管理（10分行为代码GLJS2-6）	GLJS2-6-1	未建立质量保证体系、安全生产工作计划，质量管理制度、安全生产管理制度和应急预案，或建立的质量保证体系、安全生产工作计划、质量管理制度、安全生产管理制度和应急预案不符合相关规定的，且整改不到位的	1~2分/项次	
			GLJS2-6-2	未建立质量管理制度和安全生产工作计划开展项目安全生产工作的	1~3分	
			GLJS2-6-3	未进行质量安全检查工作的，或质量安全问题排查、整改不到位的	4分	
			GLJS2-6-4	督促质量安全问题查整改不到位的	1分/项	
			GLJS2-6-5	发生工程质量与安全生产责任事故	发生较大或一般质量安全责任事故扣10分/起；发生一般质量安全责任事故扣5分/起。事故后未建立针对性措施防范类似问题的扣20分	
			GLJS2-6-6	未按规定选择相应资质等级的设计、施工、监理、检测单位从事工程建设的	10分/次	
			GLJS2-6-7	未执行建设强制性标准	3分/项	
			GLJS2-6-8	明示或者暗示施工单位使用不合格的建筑材料、建筑构配件和设备	1~3分	

· 306 ·

续上表

序号	评价分项	评价内容 评价子项	失信行为代码	失信行为	信用等级或扣分标准	条文说明
二	履职履约行为（100分行为代码 GLJS2）	质量安全管理（10分 行为代码 GLJS2-6）	GLJS2-6-9	招标文件未对从业单位安全生产管理提出明确要求	2分	
			GLJS2-6-10	发生质量安全事故未按规定报告并进行处置	3分/次	
			GLJS2-6-11	未按规定足额提取安全生产专项经费	5分	
			GLJS2-6-12	未部署、落实、检查、督促整改标准化施工管理要求的	2分/次	
		资金拨付财务管理（10分 行为代码 GLJS2-7）	GLJS2-7-1	未根据工程实际和投资计划制定资金使用计划	2分	
			GLJS2-7-2	因建设单位原因，违反规定超概算投资	5分	政策因素导致的除外
			GLJS2-7-3	超前支付工程款	3分/次	
			GLJS2-7-4	未及时支付征地拆迁费用或对征地拆迁补偿款监管不力	2分/次	
			GLJS2-7-5	除投标保证金、质量保证金、履约保证金、农民工工资保证金以外，要求企业提交额外的保证金	5分	
			GLJS2-7-6	未按照规定的期限及时退还保证金	5分/次	
			GLJS2-7-7	因建设资金不到位，违反合同要求企业带资承包	5分	
			GLJS2-7-8	未按照规定的期限及时办理工程结算	3分/次	
			GLJS2-7-9	财务管理机构和财务管理制度不健全	5分	
			GLJS2-7-10	未对农民工工资支付实现有效监管	无监管办法扣5分 监管不到位扣3分	
			GLJS2-7-11	未及时编制竣工财务决算，配合做好决算审计工作	2分	
			GLJS2-7-12	未按要求开展项目审计工作，及时处理审计问题	未按要求开展项目审计工作扣5分 审计问题未处理扣3分/项	
			GLJS2-7-13	存在挪用、截留、侵占工程建设资金行为	10分	
			GLJS2-7-14	非建设合同约定原因，未按合同约定支付工程计量款、监理费、检测费等	2分/次，超过3次直接降为D	

续上表

序号	评价内容		失信行为代码	失信行为	信用等级或扣分标准	条文说明
	评价分项	评价子项				
二	履职履约行为（100分行为代码GLJS2）	合同管理（15分行为代码GLJS2-8）	GLJS2-8-1	未按照招标文件订立合同的	5分/项	
			GLJS2-8-2	未按要求建立管理机构，管理机构人员不符合要求的	未建立管理机构扣5分人员不符合要求扣1分/人	
			GLJS2-8-3	未及时向行业主管部门上报组织机构、管理人员等	2分	
			GLJS2-8-4	主要管理人员履约率低于70%	5分/项	
			GLJS2-8-5	主要管理人员未履行变更手续	2分/人	
			GLJS2-8-6	合同工期变更未经审批	8分	
			GLJS2-8-7	未对分包申请进行审核、备案	未审核扣5分、未备案扣2分/家	
			GLJS2-8-8	未制定并执行施工标准化及考核评价制度	未制定扣3分未开展考核评价工作扣3分/项	
			GLJS2-8-9	违反合同要求，随意指定材料供应商	5分	特指与建设单位签订的关于检测或材料供应的具体要求
			GLJS2-8-10	违反合同要求，随意指定第三方检测单位	5分	
			GLJS2-8-11	违反合同约定指定专业分包或劳务分包	5分/次	
			GLJS2-8-12	因建设用地移交滞后，致使施工企业不能按期开工	5分	非建设单位因素除外
		档案管理（5分行为代码GLJS2-9）	GLJS2-9-1	未按照《建设工程文件归档规范》要求归档，因建设单位原因造成档案整理不及时、不完整、不规范	1~3分	
			GLJS2-9-2	项目交工验收1年内未通过竣工档案专项验收	5分	
			GLJS2-9-3	建设有关部门交建设工验收后，建设单位未向建设主管部门或者其他有关部门交建设项目档案的；或未按档案管理规定对档案进行有效存放保管的	3分	

续上表

序号	评价内容		失信行为代码	失信行为	信用等级扣分标准	条文说明
	评价分项	评价子项				
二	履职履约行为（100分行为代码GLJS2）	维稳工作（5分 行为代码GLJS2-10）	GLJS2-10-1	因建设单位未按政策妥善处理好征地、拆迁及相关地方矛盾，影响工程建设的	5分起	
			GLJS2-10-2	因建设单位原因导致参建企业拖欠工程款、农民工工资、材料款等，引发不良社会影响的	5分起	
		廉政建设（5分 行为代码GLJS2-11）	GLJS2-11-1	未制定廉政建设规章制度	1~3分	
			GLJS2-11-2	按规定需签订廉政合同而未签订的	3分	
			GLJS2-11-3	班子成员发生与本项目相关的腐败问题	行政警告以上处分的，一例扣2分；行政记过以上处分的，一例扣3分构成犯罪的（班子成员除外）一例扣5分	
		生态环保（5分 行为代码GLJS2-12）	GLJS2-12-1	未制定环保和水保措施，或措施不完善	1~2分	
			GLJS2-12-2	因施工原因，造成环保问题被投诉并开认定属实，且未及时处理	2~4分/次	
			GLJS2-12-3	项目交工验收1年内交竣工验收环保、水保验收未通过	5分	
		其他失信行为（行为代码GLJS2-13）	GLJS2-13	其他被认定为失信的履职履约行为	5~10分	由省级交通运输主管部门根据本地实际情况在实施细则中增加，代码可顺延，在履职履约行为总分中扣除
三	其他行为（行为代码GLJS3）		GLJS3-1	向省级及以上交通运输主管部门提供的项目相关信息不及时、不完整、不符合要求	3分/次	在总分中扣除
			GLJS3-2	信用评价弄虚作假或提供了虚假信息	4分/次	
			GLJS3-3	对交通行业主管部门提出的有关技术要求拒不执行的	5分/次	
			GLJS3-4	被国务院交通运输主管部门通报批评	5分/次	
			GLJS3-5	被省级交通运输主管部门通报批评	3分/次	
			GLJS3-6	由省级交通运输主管部门根据本地实际情况在实施细则中增加的其他失信行为	1~10分	

注：履职履约行为检查一般每半年开展一次，检查结果以正式书面文件为准。除以项扣分的行为外，一种行为在合同复查中原则上不重复扣分。

附件 2

公路建设单位信用评价计算方法

一、单项评价（以合同段为评价单元）

公路建设单位投标行为信用评价得分：$T = 100 - \sum_{i=1}^{n} A_i$，其中，$i$ 为不良投标行为数量，A_i 为不良投标行为对应的扣分标准。

公路建设单位履职履约行为信用评价得分：$L = 100 - \sum_{i=1}^{n} B_i$，其中，$i$ 为不良履职履约行为数量，B_i 为不良履职履约行为对应的扣分标准。

二、省级综合评分

公路建设单位在某省份投标行为评价得分和履职履约行为评价得分计算公式（倒权重计分法）为

投标行为评价得分：$T = \dfrac{\sum_{i=1}^{n} i T_i}{\sum_{i=1}^{n} i}$

（i 为公路建设单位在不同合同段投标行为信用评价得分名次，$i = 1, 2, \cdots n$，T_i 为公路建设单位在某合同段投标行为信用评价得分，且 $T_1 \geq T_2 \geq \cdots \geq T_n$）

算例：公路建设单位 6 次投标行为评价得分为 90、90、95、85、98、99，则公路建设单位投标行为分

$T = (1 \times 99 + 2 \times 98 + 3 \times 95 + 4 \times 90 + 5 \times 90 + 6 \times 85) / (1 + 2 + 3 + 4 + 5 + 6) = 90.5$

履职履约行为评价得分：$L = \dfrac{\sum_{i=1}^{n} i L_i}{\sum_{i=1}^{n} i}$

（L_i 为公路建设单位在某合同段履职履约行为信用评价得分值，为公路建设单位在不同合同段履职履约行为信用评价得分名次，$i = 1, 2, \cdots n$，且 $L_1 \geq L_2 \geq \cdots \geq L_n$）

算例：公路建设单位共有 4 个合同项目，履职履约行为评价得分为 100、90、100、80，则公路建设单位履职履约行为分

$L = (1 \times 100 + 2 \times 100 + 3 \times 90 + 4 \times 80) / (1 + 2 + 3 + 4) = 89.00$

公路建设单位在从业省份综合评分：

$$X = aT + bL - \sum_{i=1}^{n} Q_i$$

（T 为公路建设单位投标行为评价得分，L 为履职履约行为评价得分，Q_i 为其他行为对应扣分标准。a、b 为评分系数，评价周期内公路建设单位在某省只存在投标行为的，如未发生严重失信行为，不对其进行信用评价，若发生严重失信行为，直接定为 D 级；评价周期内公路建设单位在某省只存在履职履约行为评价时，$a = 0$，$b = 1$；当公路建设单位在某省

同时存在投标行为评价和履职履约行为评价时，$a=0.1$，$b=0.9$）

三、全国综合评价

$$X = a\frac{\sum_{i=1}^{m}T_i}{m} + b\frac{\sum_{j=1}^{n}L_jF_j}{\sum_{j=1}^{n}F_j} - \frac{\sum_{k=1}^{p}Q_k}{G}$$

（T_i 为公路建设单位在某省份投标行为评分。L_j 为公路建设单位在某省份履职履约行为评分，且 $L_1 \geq L_2 \geq \cdots \geq L_J$。$Q_k$ 为公路建设单位在某省其他行为评价的扣分分值。F_j 为公路建设单位在该省份参与履职履约行为评价的项目数量。i，j，k 分别为对公路建设单位进行投标信用评价、履约信用评价和其他行为评价的省份数量，G 为对公路建设单位进行信用评价的全部省份数量。a，b 为评分系数，当评价周期内公路建设单位在某省只存在投标行为时，如未发生严重失信行为，不对其进行信用评价，若发生严重失信行为，直接定为 D 级；评价周期内公路建设单位在某省只存在履职履约行为评价时，$a=0$，$b=1$；当公路建设单位在某省同时存在投标行为评价和履职履约行为评价时，$a=0.1$，$b=0.9$）。

各省级交通运输主管部门上报本区公路建设单位评价结果时，应同时上报 T_i、L_j、Q_k、F_j 等数值。

第四部分　资质管理

公路水运工程监理企业资质管理规定

(送审稿,以正式印发文件为准)

第一章 总 则

第一条 为加强公路、水运工程监理企业的资质管理,规范公路、水运建设市场秩序,保证公路、水运工程建设质量,根据《中华人民共和国公路法》《中华人民共和国港口法》《中华人民共和国航道法》和《建设工程质量管理条例》的有关规定,制定本规定。

第二条 本规定适用于公路、水运工程监理企业资质的行政许可及其监督管理活动。

第三条 监理企业资质,是指监理企业的人员组成、专业配置、测试仪器的配备、财务状况、管理水平等方面的综合能力。

第四条 监理企业从事公路、水运工程监理活动,应当按照本规定取得资质后方可开展相应的监理业务。

第五条 交通运输部负责全国公路、水运工程监理企业资质监督管理工作。

省、自治区、直辖市人民政府交通运输主管部门负责本行政区域内公路、水运工程监理企业资质管理工作,其所属的质量监督机构受省、自治区、直辖市人民政府交通运输主管部门委托具体负责本行政区域内公路、水运工程监理企业资质的监督管理工作。

第二章 资质等级和从业范围

第六条 公路、水运工程监理企业资质按专业划分为公路工程和水运工程两个专业。

公路工程专业监理资质分为甲级、乙级、丙级三个等级和特殊独立大桥专项、特殊独立隧道专项、公路机电工程专项;水运工程专业监理资质分为甲级、乙级、丙级三个等级和水运机电工程专项。

第七条 公路、水运工程监理企业应当按照其获得的资质等级和业务范围开展监理业务:

(一)获得公路工程专业甲级监理资质,可在全国范围内从事一、二、三类公路工程、桥梁工程、隧道工程项目的监理业务;

(二)获得公路工程专业乙级监理资质,可在全国范围内从事二、三类公路工程、桥梁工程、隧道工程项目的监理业务;

(三)获得公路工程专业丙级监理资质,可在企业所在地的省级行政区域内从事三类公路工程、桥梁工程、隧道工程项目的监理业务;

（四）获得公路工程专业特殊独立大桥专项监理资质，可在全国范围内从事特殊独立大桥项目的监理业务；

（五）获得公路工程专业特殊独立隧道专项监理资质，可在全国范围内从事特殊独立隧道项目的监理业务；

（六）获得公路工程专业公路机电工程专项监理资质，可在全国范围内从事各等级公路、桥梁、隧道工程通信、监控、收费等机电工程项目的监理业务；

（七）获得水运工程专业甲级监理资质，可在全国范围内从事大、中、小型水运工程项目的监理业务；

（八）获得水运工程专业乙级监理资质，可在全国范围内从事中、小型水运工程项目的监理业务；

（九）获得水运工程专业丙级监理资质，可在企业所在地的省级行政区域内从事小型水运工程项目的监理业务；

（十）获得水运工程专业水运机电工程专项监理资质，可在全国范围内从事水运机电工程项目的监理业务。

公路、水运工程监理业务的分级标准见本规定附件3。

第三章　申请与许可

第八条　申请公路、水运工程监理资质的企业，应当信誉良好，并具备本规定附件1、2规定的相应资质条件。

第九条　交通运输部负责公路工程专业甲级监理资质，公路工程专业特殊独立大桥专项、特殊独立隧道专项、公路机电工程专项监理资质的行政许可工作。

省、自治区、直辖市人民政府交通运输主管部门负责公路工程专业乙级、丙级监理资质，水运工程专业甲级、乙级、丙级监理资质，水运机电工程专项监理资质的行政许可工作。

第十条　申请人申请公路、水运工程监理资质应当向许可机关提交下列申请材料：

（一）《公路水运工程监理企业资质申请表》；

（二）《企业法人营业执照》（复印件）或者工商行政管理部门核发的企业名称预登记证明；

（三）企业章程和制度；

（四）监理工程师和中级职称以上人员名单；

（五）企业、人员从业业绩清单；

（六）主要试验检测仪器和设备清单。

申请人的人员、业绩、仪器设备情况，应在全国或省级交通运输公路、水运建设市场信用信息管理系统中录入核备，在申请许可时提供在系统核备的名单或清单打印页。

申请人应当如实向许可机关提交有关材料和反映真实情况，并对其提交材料实质内容的真实性负责。

第十一条　属于交通运输部受理的申请，申请人在向交通运输部递交申请材料的同时，应当向企业注册地的省、自治区、直辖市人民政府交通运输主管部门递交申请材料副本。

有关省、自治区、直辖市人民政府交通运输主管部门自收到申请人的申请材料副本之日起十日内提出审查意见报交通运输部。

交通运输部自收到申请人完整齐备的申请材料之日起二十日内作出行政许可决定。准予许可的，颁发相应的《监理资质证书》；不予许可的，应当书面通知申请人并说明理由。

第十二条　属于省、自治区、直辖市人民政府交通运输主管部门受理的申请，申请人应当向企业注册地的省、自治区、直辖市人民政府交通运输主管部门递交本规定第十条规定的申请材料。省、自治区、直辖市人民政府交通运输主管部门自收到完整齐备的申请材料之日起二十日内作出行政许可决定。准予许可的，颁发相应的《监理资质证书》，并在三十日内向交通运输部报备；不予许可的，应当书面通知申请人并说明理由。

第十三条　许可机关在作出行政许可决定的过程中可以聘请专家对申请材料进行评审，依托公路、水运建设市场信用信息管理系统对企业、人员及其业绩等条件进行审查，并且将评审结果向社会公示。

专家评审的时间不计算在行政许可期限内，但应当将专家评审需要的时间告知申请人。专家评审的时间最长不得超过六十日。

第十四条　许可机关聘请的评审专家应当从其建立的公路、水运工程监理专家库中选定。

选择专家应当符合回避的要求；参与评审的专家应当履行公正评审、保守企业商业秘密的义务。

第十五条　许可机关在许可过程中需要核查申请人有关条件的，可以对申请人的有关情况进行实地核查，申请人应当配合。

第十六条　许可机关作出的准予许可决定，应当向社会公开，公众有权查阅。

第十七条　《监理资质证书》有效期限为四年。

第十八条　监理企业在领取新的资质证书时，应将原资质证书交回原发证机关。

第四章　监督检查

第十九条　监理企业应当依法、依合同对公路、水运工程建设项目实施监理。

第二十条　监理企业和各有关机构必须如实填写《项目监理评定书》。《项目监理评定书》的格式由交通运输部规定。

第二十一条　资质证书有效期满，拟继续从事监理业务的企业，应当在证书有效期满60日前，向原资质许可机关提出资质延续申请。原资质许可机关组织对其现有各项条件进行审查。

第二十二条　资质延续申请企业应当向许可机关提交下列申请材料：

（一）《公路水运工程监理企业资质延续申请表》；

（二）《公路水运工程监理企业资质延续申请证明材料》。

第二十三条　对符合资质等级所要求各项条件的企业，资质许可机关对原资质延续4年。对不满足资质等级所要求条件的企业，原资质在证书有效期满后自动失效。

第二十四条　企业有下列情形之一的，相关监管部门应提请原许可机关降低资质等级，原许可机关依法予以降低资质等级或撤销其资质。

（一）资质有效期内，任一年度全国监理企业信用评价等级为D级的；

（二）因监理未履行职责，发生过1起特别重大安全事故或重大质量事故的；

（三）因监理未履行职责，发生过2起以上较大安全事故或一般质量事故的；

（四）企业不再满足资质等级所要求条件的；

（五）违反法律法规的其他行为。

第二十五条　有下列情形之一的，监理企业应当及时向资质许可机关提出注销资质的申请，交回资质证书，资质许可机关应当注销监理资质，并公告其资质证书作废：

（一）未按规定期限申请资质延续的；

（二）企业依法终止的；

（三）资质证书依法被撤回、撤销或吊销的；

（四）法律、法规规定的应当注销资质的其他情形。

第二十六条　监理企业遗失《监理资质证书》，应当在公开媒体和质量监督机构指定的网站上声明作废，并到原许可机关办理补证手续。

第二十七条　资质证书信息发生变更的，企业应向行政机关提请办理证书变更手续。企业名称、地址、法定代表人等一般事项变更，由省级交通运输主管部门在原证书上签注变更；企业合并、分立、重组、改制等重大事项变更，由资质对应的许可机关重新核定企业资质等级。

第二十八条　各级交通运输主管部门及其质量监督机构应当加强对监理企业以及监理现场工作的监督检查，有关单位应当配合。

第二十九条　交通运输部和省、自治区、直辖市人民政府交通运输主管部门依据职权有权对利害关系人的举报进行调查核实，有关单位应当配合。

第五章　罚　　则

第三十条　监理企业违反本规定，由交通运输部或者省、自治区、直辖市人民政府交通运输主管部门依据《建设工程质量管理条例》《公路建设监督管理办法》《水运建设市场监督管理办法》的有关规定给予相应处罚。

第三十一条　监理企业违反国家规定，降低工程质量标准，造成重大质量安全事故，构成犯罪的，对直接责任人员依法追究刑事责任。

第三十二条　交通运输主管部门工作人员在资质许可和监督管理工作中玩忽职守、滥用职权、徇私舞弊等严重失职的，由所在单位或其上级机关依照国家有关规定给予行政处分；构成犯罪的，依法追究刑事责任。

第六章 附 则

第三十三条 监理企业的《监理资质证书》由资质许可机关按照交通运输部规定的统一格式印制，正本一份，副本二份，副本与正本具有同等法律效力。

第三十四条 本规定自颁布之日施行。《关于公路水运工程监理企业资质申报工作有关事项的通知》（厅质监字〔2005〕378号）、《公路水运工程监理企业资质定期检验和复查办法》（厅质监字〔2007〕246号）和《公路水运工程甲乙级及专项监理资质复查标准（暂行）》（厅质监字〔2010〕58号）同时废止。

第三十五条 本规定由交通运输部负责解释。

附件1

公路水运工程监理企业资质等级条件

一、公路工程

（一）甲级监理资质条件

1. 人员、业绩和人员结构条件。

企业负责人和技术负责人中至少有2人具有公路或者相关专业高级技术职称，10年以上从事公路、桥梁、隧道工程工作经历，5年以上监理或者建设管理工作经历，已取得监理工程师资格。

企业拥有中级职称以上各类专业技术人员不少于50人。其中，持监理工程师资格证书的人数不少于30人，工程系列高级专业技术人员数不少于10人，经济师、会计师或造价工程师不少于3人。上述各类人员中，与企业签订3年以上劳动合同，且企业为其购买社会保险（医疗、失业、养老）满6个月的人数不低于70%。

企业需具有公路工程乙级监理资质，且具备不少于5项二类企业监理业绩，其中桥梁、隧道类业绩不超过2项。持监理工程师证书人员中，不少于9人具有2项一类工程监理业绩，不少于3人具有高级驻地监理工程师经历；上述人员与企业签订的劳动合同期限不少于3年，且企业为其购买社会保险（医疗、失业、养老）满6个月。

企业各类专业技术人员结构合理。主要包括路基路面、桥隧结构、试验检测、工程地质、工程经济、合同管理等专业人员。

2. 企业拥有材料、路基路面等工程试验检测设备和测量放样等仪器，具备建立工地试验室条件（见附件2）。

3. 企业具有完善的规章制度和组织体系。

4. 企业作为工程质量安全事件当事人，已经有关主管部门认定无责任，或者虽受到有关主管部门的行政处罚但处罚期实施已满1年。

5. 企业信誉良好。最近一期公路建设市场全国综合信用评价等级不低于A级。

6. 资质延续要求。

（1）原资质有效期内，监理企业具备2项一类业绩，或同时具备1项一类和2项二类工程业绩。

（2）最近一期公路建设市场全国综合信用评价等级为B级以上（含B级）。

（3）其他条件同本条第1、2、3款，其中个人业绩和经历不再考核。

（二）乙级监理资质条件

1. 人员、业绩和人员结构条件。

企业负责人和技术负责人中至少有2人具有公路或者相关专业中级技术职称，8年以上从事公路、桥梁、隧道工程工作经历，3年以上监理或者建设管理工作经历，已取得监理工程师资格。

企业拥有中级职称以上各类专业技术人员不少于30人。其中，持监理工程师资格证书的人数不少于18人，工程系列高级专业技术人员数不少于5人，经济师、会计师或造价工程师不少于2人。上述各类人员中，与企业签订3年以上劳动合同，且企业为其购买社会保险（医疗、失业、养老）满6个月的人数不低于70%。

持监理工程师证书的人员中，不少于9人具有2项二类及以上工程监理业绩，不少于3人具有高级驻地监理工程师经历；上述人员与企业签订的劳动合同期限不少于3年，且企业为其购买社会保险（医疗、失业、养老）满6个月。不具备本条前述条件，但具备以下条件者视为符合本条条件：监理企业具备不少于5项三类工程业绩［三类以下业绩以《项目评定书》或竣（交）工证明为准］。

各类专业技术人员结构合理。主要包括路基路面、桥隧结构、试验检测、工程地质、工程经济、合同管理等专业人员。

2. 企业拥有材料、路基路面等工程试验检测设备和测量放样等仪器，具有建立工地试验室的条件（见附件2）。

3. 企业具有完善的规章制度和组织体系。

4. 企业作为工程质量安全事件当事人，已经有关主管部门认定无责任，或者虽受到有关主管部门的行政处罚但处罚期实施已满1年。

5. 企业信誉良好。最近一期公路建设市场全国综合信用评价等级不低于A级。

6. 资质延续要求。

（1）原资质有效期内，监理企业具备2项二类业绩，或同时具备1项二类和2项三类工程业绩。

（2）最近一期公路建设市场全国综合信用评价等级为B级以上（含B级）。

（3）其他条件同本条第1、2、3款，其中个人业绩和经历不再考核。

（三）丙级监理资质条件

1. 人员、业绩和人员结构条件。

企业负责人和技术负责人中至少有2人具有公路或者相关专业中级技术职称，5年以上从事公路、桥梁、隧道工程工作经历，2年以上监理或者建设管理工作经历，已取得监理工程师资格。

企业拥有中级职称以上各类专业技术人员不少于20人。其中，持监理工程师资格证书的人数不少于8人，工程系列高级技术职称人数不少于3人，经济师、会计师或造价工程师不少于1人。上述各类人员中，与企业签订3年以上劳动合同，且企业为其购买社会保险（医疗、失业、养老）满6个月的人数不低于70%。

持监理工程师证书的人员中，不少于3人具有2项三类及以上工程监理业绩，上述人员与企业签订的劳动合同期限不少于3年，且企业为其购买社会保险（医疗、失业、养老）满6个月。

各类专业技术人员结构合理。主要包括路基路面、桥隧结构、试验检测、工程地质、工程经济、合同管理等专业人员。

2. 企业拥有必要的试验检测设备和测量放样仪器（见附件2）。

3. 企业拥有完善的规章制度和组织体系。

4. 企业作为工程质量安全事件当事人，已经有关主管部门认定无责任，或者虽受到有关主管部门的行政处罚但处罚期实施已满1年。

5. 资质延续要求。

同本条第1、2、3、4款。

（四）特殊独立大桥专项监理资质条件

1. 已取得公路工程甲级监理资质。

2. 持监理工程师证书人员中，有不少于20人具有特殊独立大桥监理业绩，上述人员与企业签订的劳动合同期限不少于3年，且企业为其购买社会保险（医疗、失业、养老）满6个月。不具备本条前述条件，但具备以下条件者视为符合本条条件：监理企业具有4项以上特大桥监理业绩。

3. 企业作为工程质量安全事件当事人，已经有关主管部门认定无责任，或者虽受到有关主管部门的行政处罚但处罚期实施已满1年。

4. 企业信誉良好。最近一期公路建设市场全国综合信用评价等级不低于A级。

5. 资质延续条件。

（1）原资质有效期内监理企业具备1项特殊独立大桥或2项特大桥工程业绩。个人业绩和经历不再考核。

（2）最近一期公路建设市场全国综合信用评价等级为B级以上（含B级）。

（3）其他条件同本条第1款，其中个人业绩和经历不再考核。

（五）特殊独立隧道专项监理资质条件

1. 已取得公路工程甲级监理资质。

2. 持监理工程师证书人员中，有不少于20人具有特长隧道监理业绩，有不少于10人是隧道专业监理工程师，上述人员与企业签订的劳动合同期限不少于3年，且企业为其购买社会保险（医疗、失业、养老）满6个月。不具备本条前述条件，但具备以下条件者视为符合本条条件：监理企业具有2项以上特长隧道监理业绩。

3. 企业作为工程质量安全事件当事人，已经有关主管部门认定无责任，或者虽受到有关主管部门的行政处罚但处罚期实施已满1年。

4. 企业信誉良好。最近一期公路建设市场全国综合信用评价等级不低于A级。

5. 资质延续条件。

（1）企业为10名隧道专业监理工程师购买的社会保险（医疗、失业、养老）满6个月。

（2）原资质有效期内监理企业具备1项特殊独立隧道或2项长隧道工程业绩。个人业绩和经历不再考核。

（3）最近一期公路建设市场全国综合信用评价等级为B级以上（含B级）。

（4）其他条件同本条第1款，其中个人业绩和经历不再考核。

（六）公路机电工程专项监理资质条件

1. 人员、业绩和人员结构条件。

企业负责人和技术负责人中至少2人以上具有机电专业高级技术职称，8年以上从事相关专业工作经历，5年以上监理或者建设管理工作经历，已取得公路机电专业监理工程师资格。

企业拥有中级职称以上各类专业技术人员不少于30人。其中，持公路机电专业监理工程师资格证书人数不少于15人，高级专业技术人员数不少于10人，经济师、会计师或造价工程师不少于2人。上述各类人员中，与企业签订3年以上劳动合同，且企业为其购买社会保险（医疗、失业、养老）满6个月的人数不低于70%。

持监理工程师证书人员中，不少于8人具有公路机电工程监理业绩，以上人员与企业签订的劳动合同期限不少于3年，且企业为其购买社会保险（医疗、失业、养老）满6个月。

2. 企业拥有公路机电工程所需的常用试验检测设备（见附件2）。

3. 企业具有完善的规章制度和组织体系。

4. 企业作为工程质量安全事件当事人，已经有关主管部门认定无责任，或者虽受到有关主管部门的行政处罚但处罚期实施已满1年。

5. 企业信誉良好。最近一期公路建设市场全国综合信用评价等级不低于A级。

6. 资质延续条件。

（1）原资质有效期内监理企业具备2项公路机电工程业绩。

（2）最近一期公路建设市场全国综合信用评价等级为B级以上（含B级）。

（3）其他条件同本条第1、2、3款，其中个人业绩和经历不再考核。

二、水运工程

（一）甲级监理资质条件

1. 人员、业绩和人员结构条件。

企业负责人中至少有1人具备10年以上水运工程建设的经历，具有监理工程师资格；技术负责人应具有15年以上水运工程建设的经历，承担过大型水运工程项目的总监工作，具有水运工程系列高级专业技术职称和监理工程师资格。

企业拥有中级技术职称以上各类专业技术人员不少于40人。其中，持监理工程师资格证书的人员不少于25人，取得港口、航道监理工程师资格证书的人员不少于18人，工程系列高级技术专业职称人数不少于10人，经济师、会计师或造价工程师不少于2人。上述各类人员中，与企业签订3年以上劳动合同，且企业为其购买社会保险（医疗、失业、养老）满6个月的人数不低于70%。

企业需具有水运工程乙级监理资质，且具备不少于5项中型水运工程监理业绩。持监理工程师资格证书人员中，不少于10人具有大型工程监理业绩，不少于3人具有大型工程监理项目负责人经历。上述人员与企业签订的劳动合同不少于3年，且企业为其购买社会保险

(医疗、失业、养老)满6个月。

各类专业技术人员结构合理。主要包括港口、航道、工民建、测量、试验检测、合同管理等专业人员。

2. 企业拥有材料、土工等工程试验仪器和检测设备，具有建立工地试验室的条件（见附件2）。

3. 企业具有完善的规章制度和组织体系。

4. 企业作为工程质量安全事件当事人，已经有关主管部门认定无责任，或者虽受到有关主管部门的行政处罚但处罚期实施已满1年。

5. 企业信誉良好。最近一期水运工程建设市场全国综合信用评价等级不低于A级。

6. 资质延续条件。

（1）原资质有效期内，监理企业具备2项大型水运工程业绩，或同时具备1项大型水运工程业绩和2项中型水运工程业绩。

（2）最近一期公路建设市场全国综合信用评价等级为B级以上（含B级）。

（3）其他条件同本条第1、2、3款，其中个人业绩和经历不再考核。

（二）乙级监理资质条件

1. 人员、业绩和人员结构条件。

企业负责人中至少有1人具有8年以上水运工程建设的经历，具有监理工程师资格；技术负责人应具有10年以上水运工程建设的经历，承担过中型水运工程项目的总监工作，具有水运工程系列高级专业技术职称和监理工程师资格。

企业拥有中级技术职称以上各类专业技术人员不少于30人。其中，持监理工程师资格证书的人员不少于15人，取得港口、航道监理工程师资格证书的人员不少于10人，工程系列高级技术专业职称人数不少于5人，经济师、会计师或造价工程师不少于1人。上述各类人员中，与企业签订3年以上劳动合同，且企业为其购买社会保险（医疗、失业、养老）满6个月的人数不低于70%。

持监理工程师资格证书的人员中，不少于5人具有中型水运工程监理业绩，不少于2人具有中型水运工程监理项目负责人经历，上述人员与企业签订的劳动合同不少于3年，且企业为其购买社会保险（医疗、失业、养老）满6个月；不具备本条前述条件，但具备以下条件者视为符合本条条件：具备5项以上小型水运工程业绩。

各类专业技术人员结构合理。主要包括港口、航道、工民建、测量、试验检测、合同管理等专业人员。

2. 企业拥有材料、土工等工程试验仪器和检测设备，具有建立工地试验室的条件（见附件2）。

3. 企业具有完善的规章制度和组织体系。

4. 企业作为工程质量安全事件当事人，已经有关主管部门认定无责任，或者虽受到有关主管部门的行政处罚但处罚期实施已满1年。

5. 企业信誉良好。最近一期水运工程建设市场全国综合信用评价等级不低于A级。

6. 资质延续条件。

（1）原资质有效期内，监理企业具备 2 项中型水运工程业绩，或同时具备 1 项中型水运工程业绩和 2 项小型水运工程业绩。

（2）最近一期公路建设市场全国综合信用评价等级为 B 级以上（含 B 级）。

（3）其他条件同本条第 1、2、3 款，其中个人业绩和经历不再考核。

（三）丙级监理资质条件

1. 人员、业绩和人员结构条件。

企业负责人中至少有 1 人具有 5 年以上水运工程建设的经历，具有监理工程师资格；技术负责人应具有 8 年以上水运工程建设的经历，承担过小型水运工程项目的总监工作，具有水运工程监理工程师资格。

企业拥有中级技术职称以上各类专业技术人员不少于 15 人。其中，持监理工程师资格证书的人员不少于 8 人，工程系列高级技术专业职称人数不少于 3 人。上述各类人员中，与企业签订 3 年以上劳动合同，且企业为其购买社会保险（医疗、失业、养老）满 6 个月的人数不低于 70%。

持监理工程师资格证书的人员中，不少于 3 人具有小型水运工程监理业绩，不少于 2 人具有小型水运工程监理项目负责人经历，上述人员与企业签订的劳动合同不少于 3 年，且企业为其购买社会保险（医疗、失业、养老）满 6 个月。

企业作为工程质量和安全事件当事人，已经有关主管部门认定无责任，或者虽受到有关主管部门的行政处罚但处罚期实施已满 1 年。

3. 企业具有完善的规章制度和组织体系。

4. 企业作为工程质量安全事件当事人，已经有关主管部门认定无责任，或者虽受到有关主管部门的行政处罚但处罚期实施已满 1 年。

5. 资质延续条件。

同本条第 1、2、3、4 款。

（四）水运机电工程专项监理资质条件

1. 人员、业绩和人员结构条件。

企业负责人中至少有 1 人具备 10 年以上水运机电工程建设的经历，具有监理工程师资格；技术负责人应具有 15 年以上水运机电工程建设的经历，承担过水运机电工程项目的总监工作，具有水运工程系列高级专业技术职称和水运机电监理工程师资格。

企业拥有中级技术职称以上各类专业技术人员不少于 25 人。其中，持监理工程师资格证书的人员不少于 15 人，取得机电监理工程师资格证书的人员不少于 10 人，工程系列高级技术专业职称人数不少于 10 人，经济师、会计师或造价工程师不少于 2 人。上述各类人员中，与企业签订 3 年以上劳动合同，且企业为其购买社会保险（医疗、失业、养老）满 6 个月的人数不低于 70%。

持监理工程师资格证书人员中，不少于 8 人具有水运机电工程监理业绩，不少于 3 人具有水运机电工程监理项目负责人经历，上述人员与企业签订的劳动合同不少于 3 年，且企业为其购买社会保险（医疗、失业、养老）满6个月。

各类专业技术人员结构合理。主要包括机电、测量、试验检测、合同管理等专业人员。

2. 企业拥有机电工程试验仪器和检测设备，具有建立工地试验室的条件（见附件2）。

3. 企业具有完善的规章制度和组织体系。

4. 企业作为工程质量安全事件当事人，已经有关主管部门认定无责任，或者虽受到有关主管部门的行政处罚但处罚期实施已满1年。

5. 企业信誉良好。最近一期水运工程建设市场全国综合信用评价等级不低于A级。

6. 资质延续条件。

（1）原资质有效期内，监理企业具备2项水运机电工程业绩。

（2）最近一期公路建设市场全国综合信用评价等级为B级以上（含B级）。

（3）其他条件同本条第1、2、3款，其中个人业绩和经历不再考核。

说明：

1. 信用评价结果。最近一期无全国信用评价的，采用其上一年度结果；无全国综合信用评价的，可采用省级信用评价结果；无省级信用评价结果且未发现严重不良行为的，可视为信誉良好。

2. 监理工程师。指在公路、水运建设市场信用信息管理系统中完成监理工程师岗位登记的人员。

3. 人员监理业绩。指在公路、水运建设市场信用信息管理系统中登记且已完工的个人监理业绩。

4. 企业监理业绩。指近10年内且竣（交）工的工程业绩。其中三级（含）以上公路、独立招标的特大桥、大桥、特长隧道、长隧道、中隧道、公路机电工程等须在公路建设市场信用信息管理系统中完成业绩登记；水运工程业绩应在水运建设市场信用信息管理系统中完成业绩登记。

附件 2

公路水运工程监理企业基本试验检测能力或仪器设备配备标准

一、公路工程

（一）甲级监理资质

1. 土工试验（筛分、密度、含水量、塑液限、击实）

2. 石灰试验（有效钙镁含量）

3. 水泥混凝土（坍落度、抗压强度、抗折强度）、砂浆强度试验、配合比设计

4. 沥青指标试验（针入度、延度、软化点）

5. 沥青混凝土配合比设计

6. 路面基层材料试验（击实、无侧限抗压强度、灰剂量、配合比设计）

7. 路基、路面、构造物几何尺寸检测

8. 路基路面检测（压实度、厚度、平整度、弯沉、路面构造深度、摩擦系数）

9. 砌石工程常规试验检测

10. 钢材、焊接试验

11. 测量设备（经纬仪、水准仪、测距仪、全站仪）

（二）乙级监理资质

1. 土工试验（筛分、密度、含水量、塑液限、击实）

2. 石灰试验（有效钙镁含量）

3. 水泥混凝土（坍落度、抗压强度、抗折强度）、砂浆强度试验、配合比设计

4. 沥青指标试验（针入度、延度、软化点）

5. 路面基层材料试验（击实、无侧限抗压强度、灰剂量、配合比设计）

6. 路基、路面、构造物几何尺寸检测

7. 路基路面检测（压实度、厚度、平整度、弯沉、路面构造深度、摩擦系数）

8. 砌石工程常规试验检测

9. 钢材、焊接试验

10. 测量设备（经纬仪、水准仪、测距仪）

（三）丙级监理资质

1. 土工试验（筛分、密度、含水量、塑液限、击实）

2. 石灰试验（有效钙镁含量）

3. 水泥混凝土（坍落度）、砂浆强度试验、配合比设计

4. 路基、路面、构造物几何尺寸检测

5. 路基路面（压实度、厚度、平整度、摩擦系数）

6. 砌石工程常规试验检测

7. 测量设备（经纬仪、水准仪）

（四）公路机电工程专项监理资质

1. 光功率计/光源
2. 光时域反射仪
3. 误码仪
4. 音频信号发生器
5. SDH综合测试仪
6. 音频性能分析仪
7. 声压计
8. 数据通信测试分析仪
9. PCM综合测试仪
10. 综合布线认证分析仪
11. 计算机网络分析仪
12. 秒表
13. 低速数据测试仪
14. 脉冲数字线路故障测试器
15. 视频分析仪/信号源
16. 色彩色差计
17. 雷达测速器
18. 数字式功率计
19. 风速仪
20. 闭路电视测试仪
21. 远红外线湿度测试仪
22. 轻便气象综合测试仪
23. 交流电源分析仪
24. 绝缘电阻测试仪
25. 耐压强度测试仪
26. 数字式地阻仪
27. 直流高压发生器
28. 钳流表
29. 照度测试仪
30. 经纬仪
31. 亮度计
32. 电缆故障测试仪
33. 焊口探伤仪

34. 数字万用表

35. 数显卡尺

36. 材料阻燃性能分析仪

37. RCL 测试仪

38. 逆反射系数测定仪

39. 双臂电桥

40. 电子涂层测厚仪

41. 超声波测厚仪

42. 数字存储示波器

二、水运工程

（一）甲级监理资质

1. 测量（经纬仪、水准仪、测距仪、全站仪）

2. 砂试验（筛分、含泥量、泥块含量、密度）

3. 石试验（筛分、含泥量、泥块含量、密度、压碎指标）

4. 混凝土、砂浆试验（配合比设计、稠度、强度）

5. 钢筋试验（钢筋力学和工艺性能、焊接接头机械性能）

6. 土工试验（筛分、密度、含水率、强度）

7. 非破损检测

（二）乙级监理资质

1. 测量（经纬仪、水准仪、测距仪）

2. 砂试验（筛分、含泥量、泥块含量、密度）

3. 石试验（筛分、含泥量、泥块含量、密度、压碎指标）

4. 混凝土、砂浆试验（配合比设计、稠度、强度）

5. 土工试验（筛分、密度、含水量、击实）

6. 非破损检测

（三）水运机电工程专项监理资质

1. 经纬仪、水准仪、测距仪

2. 拉压力传感器

3. 荷重传感器

4. 手持数字转速表

5. 数字多用表

6. 数字钳形表

7. 绝缘电阻表

8. 照度计

9. 超声波测厚仪

10. 超声波探测仪
11. 超声波涂层测厚仪
12. 尺寸检测量具
13. 红外式温度计
14. 接地电阻测试仪
15. 噪声计
16. 水平仪
17. 风速仪

附件 3

公路水运工程监理业务分级标准

一、公路工程分级标准

表1

分 级	一类	二类	三类
1. 公路工程	高速公路	高速公路路基工程及一级公路	一级公路路基工程及二级以下各级公路
2. 桥梁工程	特大桥	大桥、中桥	小桥、涵洞
3. 隧道工程	特长隧道、长隧道	中隧道	短隧道

表2

1. 特殊独立大桥	主跨 250 米以上钢筋混凝土拱桥、单跨 250 米以上预应力混凝土连续结构、400 米以上斜拉桥、800 米以上悬索桥等结构复杂的独立特大桥项目
2. 特殊独立隧道	大于 3000 米的独立特长隧道项目
3. 公路机电工程	通信、监控、收费等机电工程

注：1. 本标准使用术语含义与交通运输部《公路工程技术标准》（JTG B01—2003）规定一致。
　　2. 一、二、三类分级标准中含配套的交通安全设施、环保工程和沿线附属设施；不含各专项内容。

二、水运工程分级标准

序号	建设项目		计量单位	大型	中型	小型
1	沿海港口工程	集装箱、件杂、多用途等	吨级	≥20000	10000～20000	<10000
		散货、原油	吨级	≥30000	10000～30000	<10000
2	内河港口工程		吨级	≥1000	300～1000	<300
3	通航建筑与整治工程		吨级	≥1000	300～1000	<300
4	航道工程	沿海	吨级	≥30000	10000～30000	<10000
		内河	吨级	≥1000	300～1000	<300
5	修造船水工工程	船坞	船舶吨级	≥10000	3000～10000	<3000
		船台、滑道	船体重量	≥5000	1000～5000	<1000
6	防波堤、导流堤等水工工程		最大水深（米）	≥6	6	
7	其他水运工程项目	沿海	受监的建安工程费（万元）	≥6000	2000～6000	<2000
		内河	受监的建安工程费（万元）	≥4000	1000～4000	<1000

建筑业企业资质管理规定

中华人民共和国住房和城乡建设部令第 22 号

第一章 总 则

第一条 为了加强对建筑活动的监督管理,维护公共利益和规范建筑市场秩序,保证建设工程质量安全,促进建筑业的健康发展,根据《中华人民共和国建筑法》《中华人民共和国行政许可法》《建设工程质量管理条例》《建设工程安全生产管理条例》等法律、行政法规,制定本规定。

第二条 在中华人民共和国境内申请建筑业企业资质,实施对建筑业企业资质监督管理,适用本规定。

本规定所称建筑业企业,是指从事土木工程、建筑工程、线路管道设备安装工程的新建、扩建、改建等施工活动的企业。

第三条 企业应当按照其拥有的资产、主要人员、已完成的工程业绩和技术装备等条件申请建筑业企业资质,经审查合格,取得建筑业企业资质证书后,方可在资质许可的范围内从事建筑施工活动。

第四条 国务院住房城乡建设主管部门负责全国建筑业企业资质的统一监督管理。国务院交通运输、水利、工业信息化等有关部门配合国务院住房城乡建设主管部门实施相关资质类别建筑业企业资质的管理工作。

省、自治区、直辖市人民政府住房城乡建设主管部门负责本行政区域内建筑业企业资质的统一监督管理。省、自治区、直辖市人民政府交通运输、水利、通信等有关部门配合同级住房城乡建设主管部门实施本行政区域内相关资质类别建筑业企业资质的管理工作。

第五条 建筑业企业资质分为施工总承包资质、专业承包资质、施工劳务资质三个序列。

施工总承包资质、专业承包资质按照工程性质和技术特点分别划分为若干资质类别,各资质类别按照规定的条件划分为若干资质等级。施工劳务资质不分类别与等级。

第六条 建筑业企业资质标准和取得相应资质的企业可以承担工程的具体范围,由国务院住房城乡建设主管部门会同国务院有关部门制定。

第七条 国家鼓励取得施工总承包资质的企业拥有全资或者控股的劳务企业。

建筑业企业应当加强技术创新和人员培训,使用先进的建造技术、建筑材料,开展绿色施工。

第二章 申请与许可

第八条 企业可以申请一项或多项建筑业企业资质。

企业首次申请或增项申请资质，应当申请最低等级资质。

第九条 下列建筑业企业资质，由国务院住房城乡建设主管部门许可：

（一）施工总承包资质序列特级资质、一级资质及铁路工程施工总承包二级资质；

（二）专业承包资质序列公路、水运、水利、铁路、民航方面的专业承包一级资质及铁路、民航方面的专业承包二级资质；涉及多个专业的专业承包一级资质。

第十条 下列建筑业企业资质，由企业工商注册所在地省、自治区、直辖市人民政府住房城乡建设主管部门许可：

（一）施工总承包资质序列二级资质及铁路、通信工程施工总承包三级资质；

（二）专业承包资质序列一级资质（不含公路、水运、水利、铁路、民航方面的专业承包一级资质及涉及多个专业的专业承包一级资质）；

（三）专业承包资质序列二级资质（不含铁路、民航方面的专业承包二级资质）；铁路方面专业承包三级资质；特种工程专业承包资质。

第十一条 下列建筑业企业资质，由企业工商注册所在地设区的市人民政府住房城乡建设主管部门许可：

（一）施工总承包资质序列三级资质（不含铁路、通信工程施工总承包三级资质）；

（二）专业承包资质序列三级资质（不含铁路方面专业承包资质）及预拌混凝土、模板脚手架专业承包资质；

（三）施工劳务资质；

（四）燃气燃烧器具安装、维修企业资质。

第十二条 申请本规定第九条所列资质的，应当向企业工商注册所在地省、自治区、直辖市人民政府住房城乡建设主管部门提出申请。其中，国务院国有资产管理部门直接监管的建筑企业及其下属一层级的企业，可以由国务院国有资产管理部门直接监管的建筑企业向国务院住房城乡建设主管部门提出申请。

省、自治区、直辖市人民政府住房城乡建设主管部门应当自受理申请之日起20个工作日内初审完毕，并将初审意见和申请材料报国务院住房城乡建设主管部门。

国务院住房城乡建设主管部门应当自省、自治区、直辖市人民政府住房城乡建设主管部门受理申请材料之日起60个工作日内完成审查，公示审查意见，公示时间为10个工作日。其中，涉及公路、水运、水利、通信、铁路、民航等方面资质的，由国务院住房城乡建设主管部门会同国务院有关部门审查。

第十三条 本规定第十条规定的资质许可程序由省、自治区、直辖市人民政府住房城乡建设主管部门依法确定，并向社会公布。

本规定第十一条规定的资质许可程序由设区的市级人民政府住房城乡建设主管部门依法

确定，并向社会公布。

第十四条 企业申请建筑业企业资质，应当提交以下材料：

（一）建筑业企业资质申请表及相应的电子文档；

（二）企业营业执照正副本复印件；

（三）企业章程复印件；

（四）企业资产证明文件复印件；

（五）企业主要人员证明文件复印件；

（六）企业资质标准要求的技术装备的相应证明文件复印件；

（七）企业安全生产条件有关材料复印件；

（八）按照国家有关规定应提交的其他材料。

第十五条 企业申请建筑业企业资质，应当如实提交有关申请材料。资质许可机关收到申请材料后，应当按照《中华人民共和国行政许可法》的规定办理受理手续。

第十六条 资质许可机关应当及时将资质许可决定向社会公开，并为公众查询提供便利。

第十七条 建筑业企业资质证书分为正本和副本，由国务院住房城乡建设主管部门统一印制，正、副本具备同等法律效力。资质证书有效期为5年。

第三章 延续与变更

第十八条 建筑业企业资质证书有效期届满，企业继续从事建筑施工活动的，应当于资质证书有效期届满3个月前，向原资质许可机关提出延续申请。

资质许可机关应当在建筑业企业资质证书有效期届满前做出是否准予延续的决定；逾期未做出决定的，视为准予延续。

第十九条 企业在建筑业企业资质证书有效期内名称、地址、注册资本、法定代表人等发生变更的，应当在工商部门办理变更手续后1个月内办理资质证书变更手续。

第二十条 由国务院住房城乡建设主管部门颁发的建筑业企业资质证书的变更，企业应当向企业工商注册所在地省、自治区、直辖市人民政府住房城乡建设主管部门提出变更申请，省、自治区、直辖市人民政府住房城乡建设主管部门应当自受理申请之日起2日内将有关变更证明材料报国务院住房城乡建设主管部门，由国务院住房城乡建设主管部门在2日内办理变更手续。

前款规定以外的资质证书的变更，由企业工商注册所在地的省、自治区、直辖市人民政府住房城乡建设主管部门或者设区的市人民政府住房城乡建设主管部门依法另行规定。变更结果应当在资质证书变更后15日内，报国务院住房城乡建设主管部门备案。

涉及公路、水运、水利、通信、铁路、民航等方面的建筑业企业资质证书的变更，办理变更手续的住房城乡建设主管部门应当将建筑业企业资质证书变更情况告知同级有关部门。

第二十一条 企业发生合并、分立、重组以及改制等事项，需承继原建筑业企业资质的，应当申请重新核定建筑业企业资质等级。

第二十二条　企业需更换、遗失补办建筑业企业资质证书的，应当持建筑业企业资质证书更换、遗失补办申请等材料向资质许可机关申请办理。资质许可机关应当在2个工作日内办理完毕。

企业遗失建筑业企业资质证书的，在申请补办前应当在公众媒体上刊登遗失声明。

第二十三条　企业申请建筑业企业资质升级、资质增项，在申请之日起前一年至资质许可决定作出前，有下列情形之一的，资质许可机关不予批准其建筑业企业资质升级申请和增项申请：

（一）超越本企业资质等级或以其他企业的名义承揽工程，或允许其他企业或个人以本企业的名义承揽工程的；

（二）与建设单位或企业之间相互串通投标，或以行贿等不正当手段谋取中标的；

（三）未取得施工许可证擅自施工的；

（四）将承包的工程转包或违法分包的；

（五）违反国家工程建设强制性标准施工的；

（六）恶意拖欠分包企业工程款或者劳务人员工资的；

（七）隐瞒或谎报、拖延报告工程质量安全事故，破坏事故现场、阻碍对事故调查的；

（八）按照国家法律、法规和标准规定需要持证上岗的现场管理人员和技术工种作业人员未取得证书上岗的；

（九）未依法履行工程质量保修义务或拖延履行保修义务的；

（十）伪造、变造、倒卖、出租、出借或者以其他形式非法转让建筑业企业资质证书的；

（十一）发生过较大以上质量安全事故或者发生过两起以上一般质量安全事故的；

（十二）其他违反法律、法规的行为。

第四章　监　督　管　理

第二十四条　县级以上人民政府住房城乡建设主管部门和其他有关部门应当依照有关法律、法规和本规定，加强对企业取得建筑业企业资质后是否满足资质标准和市场行为的监督管理。

上级住房城乡建设主管部门应当加强对下级住房城乡建设主管部门资质管理工作的监督检查，及时纠正建筑业企业资质管理中的违法行为。

第二十五条　住房城乡建设主管部门、其他有关部门的监督检查人员履行监督检查职责时，有权采取下列措施：

（一）要求被检查企业提供建筑业企业资质证书、企业有关人员的注册执业证书、职称证书、岗位证书和考核或者培训合格证书，有关施工业务的文档，有关质量管理、安全生产管理、合同管理、档案管理、财务管理等企业内部管理制度的文件；

（二）进入被检查企业进行检查，查阅相关资料；

（三）纠正违反有关法律、法规和本规定及有关规范和标准的行为。

监督检查人员应当将监督检查情况和处理结果予以记录，由监督检查人员和被检查企业的有关人员签字确认后归档。

第二十六条　住房城乡建设主管部门、其他有关部门的监督检查人员在实施监督检查时，应当出示证件，并要有两名以上人员参加。

监督检查人员应当为被检查企业保守商业秘密，不得索取或者收受企业的财物，不得谋取其他利益。

有关企业和个人对依法进行的监督检查应当协助与配合，不得拒绝或者阻挠。

监督检查机关应当将监督检查的处理结果向社会公布。

第二十七条　企业违法从事建筑活动的，违法行为发生地的县级以上地方人民政府住房城乡建设主管部门或者其他有关部门应当依法查处，并将违法事实、处理结果或者处理建议及时告知该建筑业企业资质的许可机关。

对取得国务院住房城乡建设主管部门颁发的建筑业企业资质证书的企业需要处以停业整顿、降低资质等级、吊销资质证书行政处罚的，县级以上地方人民政府住房城乡建设主管部门或者其他有关部门，应当通过省、自治区、直辖市人民政府住房城乡建设主管部门或者国务院有关部门，将违法事实、处理建议及时报送国务院住房城乡建设主管部门。

第二十八条　取得建筑业企业资质证书的企业，应当保持资产、主要人员、技术装备等方面满足相应建筑业企业资质标准要求的条件。

企业不再符合相应建筑业企业资质标准要求条件的，县级以上地方人民政府住房城乡建设主管部门、其他有关部门，应当责令其限期改正并向社会公告，整改期限最长不超过3个月；企业整改期间不得申请建筑业企业资质的升级、增项，不能承揽新的工程；逾期仍未达到建筑业企业资质标准要求条件的，资质许可机关可以撤回其建筑业企业资质证书。

被撤回建筑业企业资质证书的企业，可以在资质被撤回后3个月内，向资质许可机关提出核定低于原等级同类别资质的申请。

第二十九条　有下列情形之一的，资质许可机关应当撤销建筑业企业资质：

（一）资质许可机关工作人员滥用职权、玩忽职守准予资质许可的；

（二）超越法定职权准予资质许可的；

（三）违反法定程序准予资质许可的；

（四）对不符合资质标准条件的申请企业准予资质许可的；

（五）依法可以撤销资质许可的其他情形。

以欺骗、贿赂等不正当手段取得资质许可的，应当予以撤销。

第三十条　有下列情形之一的，资质许可机关应当依法注销建筑业企业资质，并向社会公布其建筑业企业资质证书作废，企业应当及时将建筑业企业资质证书交回资质许可机关：

（一）资质证书有效期届满，未依法申请延续的；

（二）企业依法终止的；

（三）资质证书依法被撤回、撤销或吊销的；

（四）企业提出注销申请的；

（五）法律、法规规定的应当注销建筑业企业资质的其他情形。

第三十一条 有关部门应当将监督检查情况和处理意见及时告知资质许可机关。资质许可机关应当将涉及有关公路、水运、水利、通信、铁路、民航等方面的建筑业企业资质许可被撤回、撤销、吊销和注销的情况告知同级有关部门。

第三十二条 资质许可机关应当建立、健全建筑业企业信用档案管理制度。建筑业企业信用档案应当包括企业基本情况、资质、业绩、工程质量和安全、合同履约、社会投诉和违法行为等情况。

企业的信用档案信息按照有关规定向社会公开。

取得建筑业企业资质的企业应当按照有关规定，向资质许可机关提供真实、准确、完整的企业信用档案信息。

第三十三条 县级以上地方人民政府住房城乡建设主管部门或其他有关部门依法给予企业行政处罚的，应当将行政处罚决定以及给予行政处罚的事实、理由和依据，通过省、自治区、直辖市人民政府住房城乡建设主管部门或者国务院有关部门报国务院住房城乡建设主管部门备案。

第三十四条 资质许可机关应当推行建筑业企业资质许可电子化，建立建筑业企业资质管理信息系统。

第五章 法 律 责 任

第三十五条 申请企业隐瞒有关真实情况或者提供虚假材料申请建筑业企业资质的，资质许可机关不予许可，并给予警告，申请企业在1年内不得再次申请建筑业企业资质。

第三十六条 企业以欺骗、贿赂等不正当手段取得建筑业企业资质的，由原资质许可机关予以撤销；由县级以上地方人民政府住房城乡建设主管部门或者其他有关部门给予警告，并处3万元的罚款；申请企业3年内不得再次申请建筑业企业资质。

第三十七条 企业有本规定第二十三条行为之一，《中华人民共和国建筑法》《建设工程质量管理条例》和其他有关法律、法规对处罚机关和处罚方式有规定的，依照法律、法规的规定执行；法律、法规未作规定的，由县级以上地方人民政府住房城乡建设主管部门或者其他有关部门给予警告，责令改正，并处1万元以上3万元以下的罚款。

第三十八条 企业未按照本规定及时办理建筑业企业资质证书变更手续的，由县级以上地方人民政府住房城乡建设主管部门责令限期办理；逾期不办理的，可处以1000元以上1万元以下的罚款。

第三十九条 企业在接受监督检查时，不如实提供有关材料，或者拒绝、阻碍监督检查的，由县级以上地方人民政府住房城乡建设主管部门责令限期改正，并可以处3万元以下罚款。

第四十条　企业未按照本规定要求提供企业信用档案信息的，由县级以上地方人民政府住房城乡建设主管部门或者其他有关部门给予警告，责令限期改正；逾期未改正的，可处以 1000 元以上 1 万元以下的罚款。

第四十一条　县级以上人民政府住房城乡建设主管部门及其工作人员，违反本规定，有下列情形之一的，由其上级行政机关或者监察机关责令改正；对直接负责的主管人员和其他直接责任人员，依法给予行政处分；直接负责的主管人员和其他直接责任人员构成犯罪的，依法追究刑事责任：

（一）对不符合资质标准规定条件的申请企业准予资质许可的；

（二）对符合受理条件的申请企业不予受理或者未在法定期限内初审完毕的；

（三）对符合资质标准规定条件的申请企业不予许可或者不在法定期限内准予资质许可的；

（四）发现违反本规定规定的行为不予查处，或者接到举报后不依法处理的；

（五）在企业资质许可和监督管理中，利用职务上的便利，收受他人财物或者其他好处，以及有其他违法行为的。

第六章　附　　则

第四十二条　本规定自 2015 年 3 月 1 日起施行。2007 年 6 月 26 日建设部颁布的《建筑业企业资质管理规定》（建设部令第 159 号）同时废止。

建设工程勘察设计资质管理规定

中华人民共和国建设部令第160号

第一章 总 则

第一条 为了加强对建设工程勘察、设计活动的监督管理，保证建设工程勘察、设计质量，根据《中华人民共和国行政许可法》《中华人民共和国建筑法》《建设工程质量管理条例》和《建设工程勘察设计管理条例》等法律、行政法规，制定本规定。

第二条 在中华人民共和国境内申请建设工程勘察、工程设计资质，实施对建设工程勘察、工程设计资质的监督管理，适用本规定。

第三条 从事建设工程勘察、工程设计活动的企业，应当按照其拥有的注册资本、专业技术人员、技术装备和勘察设计业绩等条件申请资质，经审查合格，取得建设工程勘察、工程设计资质证书后，方可在资质许可的范围内从事建设工程勘察、工程设计活动。

第四条 国务院建设主管部门负责全国建设工程勘察、工程设计资质的统一监督管理。国务院铁路、交通、水利、信息产业、民航等有关部门配合国务院建设主管部门实施相应行业的建设工程勘察、工程设计资质管理工作。

省、自治区、直辖市人民政府建设主管部门负责本行政区域内建设工程勘察、工程设计资质的统一监督管理。省、自治区、直辖市人民政府交通、水利、信息产业等有关部门配合同级建设主管部门实施本行政区域内相应行业的建设工程勘察、工程设计资质管理工作。

第二章 资质分类和分级

第五条 工程勘察资质分为工程勘察综合资质、工程勘察专业资质、工程勘察劳务资质。

工程勘察综合资质只设甲级；工程勘察专业资质设甲级、乙级，根据工程性质和技术特点，部分专业可以设丙级；工程勘察劳务资质不分等级。

取得工程勘察综合资质的企业，可以承接各专业（海洋工程勘察除外）、各等级工程勘察业务；取得工程勘察专业资质的企业，可以承接相应等级相应专业的工程勘察业务；取得工程勘察劳务资质的企业，可以承接岩土工程治理、工程钻探、凿井等工程勘察劳务业务。

第六条 工程设计资质分为工程设计综合资质、工程设计行业资质、工程设计专业资质和工程设计专项资质。

工程设计综合资质只设甲级；工程设计行业资质、工程设计专业资质、工程设计专项资质设甲级、乙级。

根据工程性质和技术特点，个别行业、专业、专项资质可以设丙级，建筑工程专业资质可以设丁级。

取得工程设计综合资质的企业，可以承接各行业、各等级的建设工程设计业务；取得工程设计行业资质的企业，可以承接相应行业相应等级的工程设计业务及本行业范围内同级别的相应专业、专项（设计施工一体化资质除外）工程设计业务；取得工程设计专业资质的企业，可以承接本专业相应等级的专业工程设计业务及同级别的相应专项工程设计业务（设计施工一体化资质除外）；取得工程设计专项资质的企业，可以承接本专项相应等级的专项工程设计业务。

第七条 建设工程勘察、工程设计资质标准和各资质类别、级别企业承担工程的具体范围由国务院建设主管部门商国务院有关部门制定。

第三章 资质申请和审批

第八条 申请工程勘察甲级资质、工程设计甲级资质，以及涉及铁路、交通、水利、信息产业、民航等方面的工程设计乙级资质的，应当向企业工商注册所在地的省、自治区、直辖市人民政府建设主管部门提出申请。其中，国务院国资委管理的企业应当向国务院建设主管部门提出申请；国务院国资委管理的企业下属一层级的企业申请资质，应当由国务院国资委管理的企业向国务院建设主管部门提出申请。

省、自治区、直辖市人民政府建设主管部门应当自受理申请之日起20日内初审完毕，并将初审意见和申请材料报国务院建设主管部门。

国务院建设主管部门应当自省、自治区、直辖市人民政府建设主管部门受理申请材料之日起60日内完成审查，公示审查意见，公示时间为10日。其中，涉及铁路、交通、水利、信息产业、民航等方面的工程设计资质，由国务院建设主管部门送国务院有关部门审核，国务院有关部门在20日内审核完毕，并将审核意见送国务院建设主管部门。

第九条 工程勘察乙级及以下资质、劳务资质、工程设计乙级（涉及铁路、交通、水利、信息产业、民航等方面的工程设计乙级资质除外）及以下资质许可由省、自治区、直辖市人民政府建设主管部门实施。具体实施程序由省、自治区、直辖市人民政府建设主管部门依法确定。

省、自治区、直辖市人民政府建设主管部门应当自作出决定之日起30日内，将准予资质许可的决定报国务院建设主管部门备案。

第十条 工程勘察、工程设计资质证书分为正本和副本，正本一份，副本六份，由国务院建设主管部门统一印制，正、副本具备同等法律效力。资质证书有效期为5年。

第十一条 企业首次申请工程勘察、工程设计资质，应当提供以下材料：

（一）工程勘察、工程设计资质申请表；

（二）企业法人、合伙企业营业执照副本复印件；

（三）企业章程或合伙人协议；

（四）企业法定代表人、合伙人的身份证明；

（五）企业负责人、技术负责人的身份证明、任职文件、毕业证书、职称证书及相关资质标准要求提供的材料；

（六）工程勘察、工程设计资质申请表中所列注册执业人员的身份证明、注册执业证书；

（七）工程勘察、工程设计资质标准要求的非注册专业技术人员的职称证书、毕业证书、身份证明及个人业绩材料；

（八）工程勘察、工程设计资质标准要求的注册执业人员、其他专业技术人员与原聘用单位解除聘用劳动合同的证明及新单位的聘用劳动合同；

（九）资质标准要求的其他有关材料。

第十二条　企业申请资质升级应当提交以下材料：

（一）本规定第十一条第（一）、（二）、（五）、（六）、（七）、（九）项所列资料；

（二）工程勘察、工程设计资质标准要求的非注册专业技术人员与本单位签订的劳动合同及社保证明；

（三）原工程勘察、工程设计资质证书副本复印件；

（四）满足资质标准要求的企业工程业绩和个人工程业绩。

第十三条　企业增项申请工程勘察、工程设计资质，应当提交下列材料：

（一）本规定第十一条所列（一）、（二）、（五）、（六）、（七）、（九）的资料；

（二）工程勘察、工程设计资质标准要求的非注册专业技术人员与本单位签订的劳动合同及社保证明；

（三）原资质证书正、副本复印件；

（四）满足相应资质标准要求的个人工程业绩证明。

第十四条　资质有效期届满，企业需要延续资质证书有效期的，应当在资质证书有效期届满60日前，向原资质许可机关提出资质延续申请。

对在资质有效期内遵守有关法律、法规、规章、技术标准，信用档案中无不良行为记录，且专业技术人员满足资质标准要求的企业，经资质许可机关同意，有效期延续5年。

第十五条　企业在资质证书有效期内名称、地址、注册资本、法定代表人等发生变更的，应当在工商部门办理变更手续后30日内办理资质证书变更手续。

取得工程勘察甲级资质、工程设计甲级资质，以及涉及铁路、交通、水利、信息产业、民航等方面的工程设计乙级资质的企业，在资质证书有效期内发生企业名称变更的，应当向企业工商注册所在地省、自治区、直辖市人民政府建设主管部门提出变更申请，省、自治区、直辖市人民政府建设主管部门应当自受理申请之日起2日内将有关变更证明材料报国务院建设主管部门，由国务院建设主管部门在2日内办理变更手续。

前款规定以外的资质证书变更手续，由企业工商注册所在地的省、自治区、直辖市人民政府建设主管部门负责办理。省、自治区、直辖市人民政府建设主管部门应当自受理申请之日起2日内办理变更手续，并在办理资质证书变更手续后15日内将变更结果报国务院建设主管部门备案。

涉及铁路、交通、水利、信息产业、民航等方面的工程设计资质的变更，国务院建设主管部门应当将企业资质变更情况告知国务院有关部门。

第十六条　企业申请资质证书变更，应当提交以下材料：

（一）资质证书变更申请；

（二）企业法人、合伙企业营业执照副本复印件；

（三）资质证书正、副本原件；

（四）与资质变更事项有关的证明材料。

企业改制的，除提供前款规定资料外，还应当提供改制重组方案、上级资产管理部门或者股东大会的批准决定、企业职工代表大会同意改制重组的决议。

第十七条　企业首次申请、增项申请工程勘察、工程设计资质，其申请资质等级最高不超过乙级，且不考核企业工程勘察、工程设计业绩。

已具备施工资质的企业首次申请同类别或相近类别的工程勘察、工程设计资质的，可以将相应规模的工程总承包业绩作为工程业绩予以申报。其申请资质等级最高不超过其现有施工资质等级。

第十八条　企业合并的，合并后存续或者新设立的企业可以承继合并前各方中较高的资质等级，但应当符合相应的资质标准条件。

企业分立的，分立后企业的资质按照资质标准及本规定的审批程序核定。

企业改制的，改制后不再符合资质标准的，应按其实际达到的资质标准及本规定重新核定；资质条件不发生变化的，按本规定第十六条办理。

第十九条　从事建设工程勘察、设计活动的企业，申请资质升级、资质增项，在申请之日起前一年内有下列情形之一的，资质许可机关不予批准企业的资质升级申请和增项申请：

（一）企业相互串通投标或者与招标人串通投标承揽工程勘察、工程设计业务的；

（二）将承揽的工程勘察、工程设计业务转包或违法分包的；

（三）注册执业人员未按照规定在勘察设计文件上签字的；

（四）违反国家工程建设强制性标准的；

（五）因勘察设计原因造成过重大生产安全事故的；

（六）设计单位未根据勘察成果文件进行工程设计的；

（七）设计单位违反规定指定建筑材料、建筑构配件的生产厂、供应商的；

（八）无工程勘察、工程设计资质或者超越资质等级范围承揽工程勘察、工程设计业务的；

（九）涂改、倒卖、出租、出借或者以其他形式非法转让资质证书的；

（十）允许其他单位、个人以本单位名义承揽建设工程勘察、设计业务的；

（十一）其他违反法律、法规行为的。

第二十条　企业在领取新的工程勘察、工程设计资质证书的同时，应当将原资质证书交回原发证机关予以注销。

企业需增补（含增加、更换、遗失补办）工程勘察、工程设计资质证书的，应当持资质证书增补申请等材料向资质许可机关申请办理。遗失资质证书的，在申请补办前应当在公众媒体上刊登遗失声明。资质许可机关应当在 2 日内办理完毕。

第四章 监督与管理

第二十一条 国务院建设主管部门对全国的建设工程勘察、设计资质实施统一的监督管理。国务院铁路、交通、水利、信息产业、民航等有关部门配合国务院建设主管部门对相应的行业资质进行监督管理。

县级以上地方人民政府建设主管部门负责对本行政区域内的建设工程勘察、设计资质实施监督管理。县级以上人民政府交通、水利、信息产业等有关部门配合同级建设主管部门对相应的行业资质进行监督管理。

上级建设主管部门应当加强对下级建设主管部门资质管理工作的监督检查，及时纠正资质管理中的违法行为。

第二十二条 建设主管部门、有关部门履行监督检查职责时，有权采取下列措施：

（一）要求被检查单位提供工程勘察、设计资质证书、注册执业人员的注册执业证书，有关工程勘察、设计业务的文档，有关质量管理、安全生产管理、档案管理、财务管理等企业内部管理制度的文件；

（二）进入被检查单位进行检查，查阅相关资料；

（三）纠正违反有关法律、法规和本规定及有关规范和标准的行为。

建设主管部门、有关部门依法对企业从事行政许可事项的活动进行监督检查时，应当将监督检查情况和处理结果予以记录，由监督检查人员签字后归档。

第二十三条 建设主管部门、有关部门在实施监督检查时，应当有两名以上监督检查人员参加，并出示执法证件，不得妨碍企业正常的生产经营活动，不得索取或者收受企业的财物，不得谋取其他利益。

有关单位和个人对依法进行的监督检查应当协助与配合，不得拒绝或者阻挠。

监督检查机关应当将监督检查的处理结果向社会公布。

第二十四条 企业违法从事工程勘察、工程设计活动的，其违法行为发生地的建设主管部门应当依法将企业的违法事实、处理结果或处理建议告知该企业的资质许可机关。

第二十五条 企业取得工程勘察、设计资质后，不再符合相应资质条件的，建设主管部门、有关部门根据利害关系人的请求或者依据职权，可以责令其限期改正；逾期不改的，资质许可机关可以撤回其资质。

第二十六条 有下列情形之一的，资质许可机关或者其上级机关，根据利害关系人的请求或者依据职权，可以撤销工程勘察、工程设计资质：

（一）资质许可机关工作人员滥用职权、玩忽职守作出准予工程勘察、工程设计资质许可的；

（二）超越法定职权作出准予工程勘察、工程设计资质许可；

（三）违反资质审批程序作出准予工程勘察、工程设计资质许可的；

（四）对不符合许可条件的申请人作出工程勘察、工程设计资质许可的；

（五）依法可以撤销资质证书的其他情形。

以欺骗、贿赂等不正当手段取得工程勘察、工程设计资质证书的，应当予以撤销。

第二十七条 有下列情形之一的，企业应当及时向资质许可机关提出注销资质的申请，交回资质证书，资质许可机关应当办理注销手续，公告其资质证书作废：

（一）资质证书有效期届满未依法申请延续的；

（二）企业依法终止的；

（三）资质证书依法被撤销、撤回，或者吊销的；

（四）法律、法规规定的应当注销资质的其他情形。

第二十八条 有关部门应当将监督检查情况和处理意见及时告知建设主管部门。资质许可机关应当将涉及铁路、交通、水利、信息产业、民航等方面的资质被撤回、撤销和注销的情况及时告知有关部门。

第二十九条 企业应当按照有关规定，向资质许可机关提供真实、准确、完整的企业信用档案信息。

企业的信用档案应当包括企业基本情况、业绩、工程质量和安全、合同违约等情况。被投诉举报和处理、行政处罚等情况应当作为不良行为记入其信用档案。

企业的信用档案信息按照有关规定向社会公示。

第五章 法 律 责 任

第三十条 企业隐瞒有关情况或者提供虚假材料申请资质的，资质许可机关不予受理或者不予行政许可，并给予警告，该企业在1年内不得再次申请该资质。

第三十一条 企业以欺骗、贿赂等不正当手段取得资质证书的，由县级以上地方人民政府建设主管部门或者有关部门给予警告，并依法处以罚款；该企业在3年内不得再次申请该资质。

第三十二条 企业不及时办理资质证书变更手续的，由资质许可机关责令限期办理；逾期不办理的，可处以1000元以上1万元以下的罚款。

第三十三条 企业未按照规定提供信用档案信息的，由县级以上地方人民政府建设主管部门给予警告，责令限期改正；逾期未改正的，可处以1000元以上1万元以下的罚款。

第三十四条 涂改、倒卖、出租、出借或者以其他形式非法转让资质证书的，由县级以上地方人民政府建设主管部门或者有关部门给予警告，责令改正，并处以1万元以上3万元以下的罚款；造成损失的，依法承担赔偿责任；构成犯罪的，依法追究刑事责任。

第三十五条 县级以上地方人民政府建设主管部门依法给予工程勘察、设计企业行政处罚的，应当将行政处罚决定以及给予行政处罚的事实、理由和依据，报国务院建设主管部门备案。

第三十六条 建设主管部门及其工作人员，违反本规定，有下列情形之一的，由其上级行政机关或者监察机关责令改正；情节严重的，对直接负责的主管人员和其他直接责任人员，依法给予行政处分：

（一）对不符合条件的申请人准予工程勘察、设计资质许可的；

（二）对符合条件的申请人不予工程勘察、设计资质许可或者未在法定期限内作出许可决定的；

（三）对符合条件的申请不予受理或者未在法定期限内初审完毕的；

（四）利用职务上的便利，收受他人财物或者其他好处的；

（五）不依法履行监督职责或者监督不力，造成严重后果的。

第六章 附 则

第三十七条 本规定所称建设工程勘察包括建设工程项目的岩土工程、水文地质、工程测量、海洋工程勘察等。

第三十八条 本规定所称建设工程设计是指：

（一）建设工程项目的主体工程和配套工程［含厂（矿）区内的自备电站、道路、专用铁路、通信、各种管网管线和配套的建筑物等全部配套工程］以及与主体工程、配套工程相关的工艺、土木、建筑、环境保护、水土保持、消防、安全、卫生、节能、防雷、抗震、照明工程等的设计。

（二）建筑工程建设用地规划许可证范围内的室外工程设计、建筑物构筑物设计、民用建筑修建的地下工程设计及住宅小区、工厂厂前区、工厂生活区、小区规划设计及单体设计等，以及上述建筑工程所包含的相关专业的设计内容（包括总平面布置、竖向设计、各类管网管线设计、景观设计、室内外环境设计及建筑装饰、道路、消防、安保、通信、防雷、人防、供配电、照明、废水治理、空调设施、抗震加固等）。

第三十九条 取得工程勘察、工程设计资质证书的企业，可以从事资质证书许可范围内相应的建设工程总承包业务，可以从事工程项目管理和相关的技术与管理服务。

第四十条 本规定自2007年9月1日起实施。2001年7月25日建设部颁布的《建设工程勘察设计企业资质管理规定》（建设部令第93号）同时废止。

第五部分 廉政建设

交通基础设施建设廉政合同考核暂行办法

交监察发〔2003〕231号

第一章 总 则

第一条 为了加强交通基础设施建设中廉政建设，全面准确地考核廉政合同实施情况，根据交通部《关于在交通基础设施建设中推行廉政合同的通知》精神，制定本考核办法。

第二条 交通基础设施建设廉政合同考核，要坚持实事求是的原则，从严考核，维护廉政合同的严肃性。

第二章 考核内容

第三条 廉政合同签订形式是否规范，单位印章、负责人签字、签字日期是否齐全，非法人代表签约有无正式委托书，合同内容是否符合廉政建设有关规定。

第四条 合同双方是否存在违反国家法律法规的行为。

第五条 合同双方是否严格履行廉政合同具体条款。

第六条 是否建立廉政责任制度等配套制度。

第七条 是否组织开展廉政宣传教育，建立廉政警示牌（栏）、举报箱，公布举报电话。

第八条 工程建设资金的管理、使用是否符合规定，对挪用、截留、挤占等违反建设资金管理、使用规定的现象，是否及时查处、纠正。

第九条 工程是否按投标承诺及施工、监理合同组织施工、监理，是否有转包和非法分包行为；变更设计是否符合规定程序。

第十条 工程结算计量是否准确、及时，有无虚报现象。工程建设主要材料、设备的采购是否实行公开招标或按合同规定。

第十一条 群众举报的问题是否及时得到查处。

第十二条 对合同违约方及有关责任人，是否进行了处理。

第三章 考核方法

第十三条 考核分为项目实施中考核和竣工验收考核。项目实施中考核，采取平时抽查与定期检查结合的方式，并把平时考核纳入项目验收考核之中。

考核工作在各受检单位自查考核的基础上，采取听汇报、召开座谈会、个别谈话、问卷调查、查阅有关原始记录、凭证、文件、领导讲话材料、现场察看等方法进行。

第四章 考核评定

第十四条 廉政合同考核量化评分由自查考核、平时考核、项目竣工验收考核几部分构成，采用分项打分、累进计算方式。

第十五条 量化考核采用百分制，根据考核量化打分结果，对考核对象的评定为：好、较好、一般、差四个档次。凡发生行贿、受贿等严重违反工程廉政合同者，实行一票否决制，评定为差。考核结果记入该施工、监理单位工程建设廉政档案。

第五章 考核奖惩

第十六条 根据考核结果，对履行廉政合同考核成绩好的施工、监理单位进行表彰、奖励。

第十七条 对廉政合同考核差的单位，除按《廉政合同》违约责任和交通部《在交通基础设施建设中加强廉政建设的若干意见》之规定处理外，根据违约情况进行通报批评、黄牌警告等处罚。

凡发现违反《廉政合同》具体条款的，根据情节，按管理权限，依据有关规定对责任人给予党纪、政纪或组织处理，涉嫌犯罪的，移交司法机关追究刑事责任。

凡业主单位违反《廉政合同》具体条款，给施工、监理单位造成经济损失的，责令其赔偿。

凡在施工期间被黄牌警告的施工、监理单位必须在限期内整改，经考核合格后再摘牌。项目竣工验收考核中确定为差的施工、监理单位，有关部门应给予其一定期限内不准参加交通基础设施建设工程投标的处罚，并通过媒体向社会公布。

第六章 考核纪律

第十八条 检查考核人员要坚持实事求是、公平公正的原则，严密组织，认真考核，不得敷衍塞责、营私舞弊，违者视情节给予党纪政纪处分。

第十九条 检查考核人员不得接受受检单位的贿赂，不得故意刁难受检单位，不得知情不报、故意包庇违法违纪单位或责任人。违者，给予党纪政纪处分。

第七章 附则

第二十条 交通基础设施建设廉政合同考核工作由合同双方的上级交通纪检监察部门组织实施。

第二十一条 各省（区、市）交通纪检监察部门可参照本办法。根据各省廉政合同具体条款，确定考核内容，制定评分办法。

交通部关于在交通基础设施建设中推行廉政合同的通知

交监察发〔2000〕516号

各省、自治区、直辖市、新疆生产建设兵团交通厅（局、委）、上海、天津市政工程局，部属各单位，部内各单位：

为加强交通基础设施建设中的廉政建设工作，保证工程建设的高效优质，确保建设资金的安全和有效使用，按照部《在交通基础设施建设中加强廉政建设的若干意见（试行）》的要求，决定在国家重点交通基础设施建设中推行《廉政合同》。现将有关事项通知如下：

一、从2001年1月1日起，凡由国家计委或交通部审批可行性研究报告，且由国内企业进行施工和监理，项目法人（建设单位）行政关系隶属于交通部门的新开工基础设施项目，项目法人（建设单位）与承包商（施工单位、监理单位）在签订工程合同的同时签订《廉政合同》。上述基础设施项目包括公路、水运和交通支持系统建设。

二、《廉政合同》的内容包括：合同双方按照国家法律、法规和政策应该履行的廉政行为；各方在廉政建设中的权力、义务和责任；各方的违约责任；合同履行情况的监督单位及进行检查的方法、标准及时间约定等（见《廉政合同范本》）。

《廉政合同范本》为推荐文本，可根据本地区、本单位的实际增加条款，但内容不得与推荐范本相悖。

三、项目法人（建设单位）对《廉政合同》的签订和合同的样本要事先明示，与工程招标文件一起提供给参加施工、监理投标的单位，并在招标书中明确有关要求。

四、《廉政合同》的监督单位要加强对合同履行情况的监督检查。检查情况应形成文字材料与工程合同一并归档备案，工程验收时应将《廉政合同》的内容一起检查验收。没有签订《廉政合同》的，在工程验收时应视为缺损项目进行考评。

五、推行《廉政合同》是一项涉及面广、政策性强的工作，各级党政领导，特别是一把手要加强领导，把推行《廉政合同》作为在交通基础设施建设中加强廉政建设的一项重要措施，精心组织，抓好落实。要加强对项目管理和参建单位广大干部、职工的宣传、教育和培训，使之了解推行《廉政合同》的重要意义，掌握《廉政合同》的内容与具体操作方法。交通建设主管部门和纪检监察机关要密切配合，做好协调工作。

六、各地区、各单位在推行《廉政合同》中要注意总结经验，抓好试点，树立典型，把握好推行《廉政合同》的关键环节。在具体操作时，要注意规范程序，保证《廉政合同》签订和履行的严肃性。对在推行中发现的新情况和新问题，要及时向上级有关部门报告。

交通部

2000 年 9 月 29 日